(社) 한국어문회 주관 / 공인급수

'섞음漢字'를 이용한 특수 암기법!

이 한권의 책으로 합격이 충만!!

배정漢字를 끝냈어도 암기가 제대로 되는것은 아닙니다.
다시 섞인 상태에서 가끔 읽어보고 모르는 글자만 쏙쏙 뽑아서 훈음표 번호를 대조하여 외워 버리니 재미가 절로나고 완벽하게 암기가 됨으로써 문제도 매우 잘 풀립니다.

한국어문회 시행

한자능력검정시험 2급

기본서 + 문제집

- ◆ 각 유형별 상세정리 50P
- ◆ 섞음漢字 12P
- ◆ 각 유형별 문제집 19P
- ◆ 쓰기 문제집 9P
- ◆ 예상 문제집 13회
- ◆ 최근 기출 문제집 10회

'섞음漢字' 특허 : 제10-0636034호

백상빈 · 김금초 엮음

能率 능률원

머리말

우리나라 말(한국어) 어휘의 70% 정도가 한자어로 구성되어 있는 현실에서 한글전용만으로는 상호간의 의사소통이 모호할 뿐만 아니라 학생들의 학습능력을 감소시킴으로써 국민의 국어능력을 전면적으로 저하시키는 결과가 과거 30여 년간의 한글 전용 교육에서 명백히 드러났음을 우리는 보아왔습니다.

이는 우리 선조들이 약 2000년 전에 중국의 한자와 대륙문화를 받아들이고 중국 사람들과 많이 교통하면서 한자로 이루어진 어휘를 많이 빌려쓰게 되었으며, 그후 계속해서 오늘날에 이르기까지 계속 한자어를 사용해 오던 것을 갑자기 이런 큰 틀을 뒤엎고 한글 전용만을 주장한다면 우리말을 이해하고 표현하는데 큰 어려움이 따르기 때문입니다.

우리는 이제 한글과 한자를 혼용함으로써 우리말 어휘력 향상에 공헌하고 한국어를 제대로 이해해야 할 것입니다.

다행히도 1990년대에 들어서 한국어문회 산하인 한국한자능력검정회에서 각 급수별 자격시험을 실시하여 수험생들에게 국어의 이해력과 어휘력 향상을 크게 높여 오고 있는 것은 매우 고무적이고 다행스런 일이라 하겠습니다.

때에 맞춰 한자학습에 대한 이런 관심이 사회 각계에서 반영되고 있는데 한자능력에 따라 인사, 승진 등 인사고과의 혜택과 대학수시모집 및 특기자 전형에서 그 실례를 찾을 수 있습니다.

이에 따라 본 학습서가 전국한자능력시험을 준비하는 학생들에게 훌륭한 길잡이가 되어 최선의 학습방법으로 합격의 기쁨을 누리기 바랍니다.

차례

학습지침서

1 본 교재는 기본서+섞음漢字+각 유형별 익힘문제+예상문제+최근기출문제로 편집하였으며 독음, 훈음(72), 반의어(10), 유의어(10), 사자성어(10), 약자(3), 부수(4) 문제의 유형들만으로도 105점대에 진입할 수 있으며 나머지 장음(5), 쓰기(30) 뜻풀이(5) 문제에서 50% 정도만 맞춰도 높은 점수를 획득할 수 있도록 풍부한 기본자료를 갖추어 편성하였다. 특히 '섞음漢字'를 이용해 독음과 훈음쓰기는 만전을 기할 수 있으며 다른 유형에까지 큰 영향을 미치게 된다.

2 배정한자 과정을 마치고 나서 29쪽 '섞음漢字' 과정을 해야 한다. 그러므로 26쪽 '섞음漢字' 사용법을 필이 참조하기 바란다. 독음(讀音) 연습문제(122쪽)를 풀 때 80% 이상의 확률이 나오지 않을때는 '섞음漢字'를 더 익혀야 한다. 또한 '섞음漢字'는 비록 잘 안다고 할지라도 시험 4~5일 전에는 가위로 잘라서 검사하여 틀린글자를 복습한다.

3 예상문제와 기출문제는 그 이전의 과정을 충실히 익힌 다음에 풀기 바라며 예상문제 총 13회 가운데 1~6회까지 푸는 동안에 105점대에 진입하지 못하면 다시 연습분야중 필요한 부분을 익힌 뒤에 나머지 예상문제와 기출·예상문제를 풀기 바란다. 예상문제를 푸는 기간에도 기출·예상문제 시험지를 몇 차례 풀어보면서 자기 점수대를 가늠해 보는 것도 좋다. 예상문제는 기출·예상문제 보다 어려울 수 있다.

4 기출·예상문제집 4~6회 까지의 문제는 실제 시험일짜 10일 전부터 풀어서 마지막 자신의 합격점수대를 예측할 수 있어야 한다. 기출·예상문제 점수대는 실제 당일 급수시험 점수대와 거의 같다.

사단법인 한국어문회
한자능력검정시험 출제기준

급수별 합격기준

구 분	특급	특급II	1급	2급	3급	3급II	4급	4급II	5급	5급II	6급	6급II	7급	7급II	8급
출제문항수	200	200	200	150	150	150	100	100	100	100	90	80	70	60	50
합격문항수	160	160	160	105	105	105	70	70	70	70	63	56	49	42	35
시험시간	100	90	90	60	60	60	50	50	50	50	50	50	50	52	50

급수별 출제유형

문제유형	특급	특급II	1급	2급	3급	3급II	4급	4급II	5급	5급II	6급	6급II	7급	7급II	8급
읽기배정한자	5,978	4,918	3,500	2,350	1,817	1,500	1,000	750	500	400	300	300	150	100	50
쓰기배정한자	3,500	2,355	2,005	1,817	1,000	750	500	400	300	225	150	50	0	0	0
독 음	50	50	50	45	45	45	30	35	35	35	33	32	32	22	25
훈 음	32	32	32	27	27	27	22	22	24	23	23	30	30	30	25
장단음	10	10	10	5	5	5	5	0	0	0	0	0	0	0	0
반의어	10	10	10	10	10	10	3	3	4	3	4	3	3	2	0
완성형(성어)	15	15	15	10	10	10	5	5	5	4	4	3	3	2	0
부 수	10	10	10	5	5	5	3	3	0	0	0	0	0	0	0
동의어	10	10	10	5	5	5	3	3	3	3	2	0	0	0	0
동음이의어	10	10	10	5	5	5	3	3	3	3	2	0	0	0	0
뜻풀이	10	10	10	5	5	5	3	3	3	3	2	2	2	2	0
필 순	0	0	0	0	0	0	0	0	3	3	3	3	2	2	2
약 자	3	3	3	3	3	3	3	3	3	3	0	0	0	0	0
한자쓰기	40	40	40	30	30	30	20	20	20	20	20	10	0	0	0

대학 수시모집 및 특별전형에 반영

대 학	학 과
경북대학교	특기자특별전형(한자/한문 분야)
경상대학교	특기자특별전형 - 본회 2급 이상
경성대학교	외국어 우수자 선발(한문학과) - 본회 3급 이상
공주대학교	특기자특별전형(한자/한문 분야) - 본회 3급 이상
계명대학교	대학독자적 기준에 의한 특별전형(학교장 또는 교사 추천자) - 한문교육
국민대학교	특기자특별전형(중어중문학과) - 본회 1급 이상
단국대학교	특기자특별전형(한문 분야)
동아대학교	특기자특별전형(국어/한문 분야) - 본회 3급 이상
동의대학교	특기자특별전형(어학 특기자) - 본회 1급 이상
대구대학교	특기자특별전형(한자우수자) - 본회 3급 이상
명지대학교	특기자특별전형(어학분야) - 본회 2급 이상
부산외국어대학교	대학독자적 기준에 의한 특별전형(외국어능력우수자) - 본회 3급 이상
성균관대학교	특기자전형 : 인문과학계열(유학동양학부) - 본회 2급 이상
아주대학교	특기자특별전형(문학 및 한문 분야)
영남대학교	특기자특별전형(어학) - 본회 2급 이상
원광대학교	특기자특별전형(한문 분야)
중앙대학교	특기자특별전형(국제화특기분야) - 본회 2급 이상
충남대학교	특기자특별전형(문학 · 어학분야) - 본회 3급 이상

기업체 입사 · 승진 · 인사고과 반영

구 분	내 용	비 고
육 군	부사관 5급 이상 / 위관장교 4급 이상 / 영관장교 3급 이상	인사고과
조선일보	기자채용시 3급 이상 우대	입 사
삼성그룹외	중요기업체들 입사시 한문 비중있게 출제 3급 이상 가산점	입 사

한자능력검정 시험안내

한자능력시험(http://www.hanja.re.kr) 〉 기출문제 출력가능
(※ 네이버에 한글로 "한국어문회" 쓰고 클릭)

▶ **주 관** : (사)한국어문회(☎ 02-6003-1400), (☎ 1566-1400)

▶ **시험일시** : 연 4회 ┌ 교육급수 : 2, 4, 8, 11월 오전 11시
└ 공인급수 : 2, 4, 8, 11월 오후 3시

※ 공인급수, 교육급수 분리시행
공인급수는 특급·특급Ⅱ·1급·2급·3급·3급Ⅱ이며, 교육급수는 4급·4급Ⅱ·5급·6급·6급Ⅱ·7급·8급입니다.

▶ **접수방법**

1. 방문접수
- 접수급수 : 특급 ~ 8급
- 접 수 처 : 각 시·도 지정 접수처 ※ (02)6003-1400, 1566-1400, 또는 인터넷(네이버에 "한국어문회" 치고 들어가서 다시 "한자검정" 클릭
- 접수방법 : 먼저 스스로에게 맞는 급수를 정한 후, 반명함판사진(3×4㎝) 3매, 급수증 수령주조, 주민등록번호, 한자이름을 메모해서 해당접수처로 가서 급수에 해당하는 응시료를 현금으로 납부한 후 원서를 작성하여 접수처에 제출하면 됩니다.

2. 인터넷접수
- 접수급수 : 특급 ~ 8급
- 접 수 처 : www.hangum.re.kr
- 접수방법 : 인터넷 접수처 게시

3. 우편접수
- 접수급수 : 특급, 특급Ⅱ
- 접 수 처 : 한국한자능력검정회(서울특별시 서초구 서초1동 1627－1 교대벤처타워 401호)
- 접수방법 : 해당 회차 인터넷 또는 청구접수기간내 발송한 우편물에 한하여 접수가능(접수마감일 소인 유효)

▶ **검 정 료**

급수/검정료	특 급	특급Ⅱ	1 급	2급~3급Ⅱ	4 급	4급Ⅱ	5 급	6 급	6급Ⅱ	7 급	7급Ⅱ	8 급
	40,000	40,000	40,000	20,000	15,000							

※ 인터넷으로 접수하실 경우 위 검정료에 접수수수료가 추가됩니다.

▶ **접수시 준비물**

반명함판사진 3매 / 응시료(현금) / 이름(한글·한자) / 주민등록번호 / 급수증 수령주소

▶ **응시자격** :
- 제한없음, 능력에 맞게 급수를 선택하여 응시하면 됩니다.
- 1급은 서울, 부산, 대구, 광주, 대전, 전주, 청주, 제주에서만 실시하고, 특급과 특급Ⅱ는 서울에서만 실시합니다.

▶ **합격자발표** : 인터넷접수 사이트(www.hangum.re.kr) 및 ARS(060-800-1100), 1566-1400

漢字의 構成原理

● 한자는 어떻게 만들어졌을까?

六書 (육서) 漢字가 만들어지는 6가지 原理 : (1)象形(상형) (2)指事(지사) (3)會意(회의) (4)形聲(형성) (5)轉注(전주) (6)假借(가차)

1 象形文字

물체의 모양을 본떠 만들어진 그림같은 문자로써 기초부수의 대부분의 글자가 이에 속한다.

[보기] 川・日・月・人・耳・女・馬・鳥・牛・目…

(날일) 해의 모양을 보고 '날일'이라고 하였음.

(나무목) 나무의 모양을 본떠 '나무목'이라고 하였음.

(메산) 산의 모양을 본떠 '메산'이라고 하였음.

(내천) 냇물이 흘러가는 것을 보고 '내천'이라고 하였음.

2 指事文字

지사란 상형으로 나타낼수 없는 문자를 점(・)이나 선(-) 또는 부호를 써서 만든 文字이다.

[보기] 一・二・三・上・下・中・十・寸・母・未…

3 會意文字

두개 이상의 글자가 뜻으로 결합하여 새로운 글자를 만드는데 이를 '회의문자'라고 하며 '林'字처럼 같은 글자가 합하는 경우와 '明'字처럼 다른글자끼리 합한것도 있다.

[보기] 男・好・明・林・絲・品・炎・休・囚・信…

木＋木 = 林(수풀림), 火＋火 = 炎(불꽃염), 日＋明 = 明(밝을명), 女＋子 = 好(좋을호)

4 形聲文字

뜻(訓)을 나타내는 부분과 음(音)을 나타내는 부분이 결합되어 만들어짐. 이때 音이 정확하게 이음(移音)되는것과 비슷한 성조[聲調]로 전음(轉音)되는 것들이 있다.

※ 육서(六書)中에서 형성문자에 속한 글자가 가장 많음.

[보기1] 問・聞・簡・盛・城・味・基・群・校…

土＋成 = 城(성), 口＋未 = 味(미), 言＋己 = 記(기), 君＋羊 = 群(군)

[보기2] 비슷한 聲調(비슷한 목소리의 가락) : **江・河・松・結・終…**

氵＋工 = 江(강), 氵＋可= 河(하), 木＋公 = 松(송), 糸＋冬 = 終(종)

5 轉注文字

글자 본래의 의미가 확대되어 전혀 다른 음(音)과 뜻(訓)을 나타내는 글자를 '전주문자'라고 함.

[보기]

更 다시 **갱** / 고칠 **경**

度 법도 **도** / 헤아릴 **탁**

說 말씀 **설** / 기쁠 **열** / 달랠 **세**

洞 골 **동** / 꿰뚫을 **통**

樂 풍류 **악** / 즐길 **락** / 좋아할 **요**

6 假借文字

漢字는 뜻글자이므로 소리글자인 한글과는 달리 여러나라들의 글자를 漢字로 표현할수가 없다. 따라서 이러한 불편한점을 해결하기 위해 원래의 뜻과 상관없이 音만을 빌려쓰는데 이러한 문자를 '가차문자'라고 한다.

[보기1] (外來語를 표기할때) : **美國・伊太利・佛蘭西・巴利・亞細亞…**

[보기2] (일반적으로 유사한 音을 빌려쓸때) : **弗**(아니불) → 달러($)를 표기할때

燕(제비연) → 잔치연(宴)으로,

女(계집녀) → 汝(너여)로 빌려쓰는 경우

漢字語(單語)의 짜임

漢字語(단어)를 뜻풀이(해석)하는데 쉽게 하기 위해서 漢字語의 짜임에 대해서 알아둘 필요가 있다.

漢字語(단어)의 짜임은 보통 두 글자로 구성되지만 세 자, 네 자로 되어있는 것도 많다. 이렇게 세 글자, 네 글자로 구성된 漢字語는 원래 두 글자로 구성된 漢字語에 또 다른 漢字語를 합하거나 확장시킨 것들이다.

원래 두 글자로 이루어진 漢字語는 처음부터 차례대로 풀이하는 것과 뒤에 글자를 먼저 풀고 앞글자를 나중에 푸는 경우가 있는데 이런 것들은 형식상 일정한 문법상의 용어(用語)를 갖추고 있다.

♣ 차례대로 푸는 경우

[보기] ① 鳥飛(새가 날다) ② 花開(꽃이 피다) ——— 주·술관계[주어+서술어(술어)]
① 寢室(잠자는 방) ② 招待(초청하여 대접함) — 수식관계(앞 글자가 뒷글자를 꾸밈)
① 得失(얻음과 잃음) ② 手足(손과 발) ———— 대립관계(서로 반대되는 글자로 짜여짐)
① 家屋(사람이 사는 집) ② 年歲(나이) ———— 유사관계(서로 비슷한 글자로 짜여짐)

♣ 뒷글자를 먼저 푸는 경우

[보기] ① 讀書(책을 읽음) ② 納稅(세금을 냄) ——— 술·목관계[서술어+목적어(명사)]
① 入學(학교에 들어감) ② 有別(분별이 있음) —— 술·보관계[서술어+보어(명사)]

※ 위의 용어(用語)에 대한 설명

ㄱ. 주어(主語) : 문장의 주체가 되는 말
ㄴ. 서술어(술어) : 주어의 행동이나 상황을 설명하는 말로써 동사, 형용사에 해당하는 말
ㄷ. 목적어(目的語) : ~을(를) 어떠하다에서 ~을(를)에 속한 말
ㄹ. 보어(輔語) : 서술어 뒤에 와서 서술어의 구실을 도와주는 말.(~에, ~에게, ~이, ~으로 등에 해당하는 말)
ㅁ. 관형어(수식어) : 뒷글자를 수식(꾸밈)하는 앞글자－주로 체언(명사)를 수식함
ㅂ. 부사어(수식어) : 뒷글자를 수식(꾸밈)하는 앞글자－주로 용언(서술어)를 수식함
ㅅ. 대립관계 : 서로 반대 또는 상대되는 字끼리 결합된 말(반의결합어)
ㅇ. 유사관계 : 서로 같거나 비슷한 字끼리 결합된 말(유의결합어)

※위와 같은 漢字語의 짜임들이 서로 이동하고 합해지면서 문장이 형성된다.
(이런 경우 문장전체를 풀어가는 순서는 문장의 형식에 의해 되는데 문장의 형식에 대해서는 여기서는 생략함.)

[보기] ① 無(술) 子息(보) 上(술) 八字(보) ② 刻(술) 舟(보) 求(술) 劍(목) ③ 人(주) 無(술) 遠(관) 慮(보) 必(부) 有(술) 近(관) 憂(보)

※다음 漢字語를 순서에 따라 말이 되도록 뜻을 말하시오. 또 여러분이 공부하는 독음(讀音)도 이런식으로 풀어보세요.

① 勸農(2 1) ② 勉學(2 1) ③ 祝辭(1 2) ④ 豫測(1 2) ⑤ 登山(2 1) ⑥ 天上(1 2) ⑦ 易老(2 1) ⑧ 離陸(1 2) ⑨ 約昏(2 1) ⑩ 晝夜(1 2)

⑪ 堅固(1 2) ⑫ 正正堂堂(1 2 3 4) ⑬ 明明白白(1 2 3 4) ⑭ 苦樂(1 2) ⑮ 歌曲(1 2) ⑯ 父母(1 2)

2급 배정漢字(2,355字)

2급 배정漢字는 3급 1,817字에 새로운 538字를 추가해서 2,355字입니다.
※ 2급 쓰기 배정漢字는 3급 1,817字 입니다.

3급 배정漢字 1,817字

** 별표가 2개 있는 글자는 3급Ⅱ, * 별표가 1개 있는 글자는 3급 글자입니다.

	家	집 가	갓머리[宀]부/총10획
	歌	노래 가	하품흠[欠]부/총14획
	價	값 가	사람인변[亻(人)]부/총15획
	加	더할 가	힘력[力]부/총5획
	可	옳을 가:	입구[口]부/총5획
	假	거짓 가:	사람인변[亻(人)]부/총11획
	街	거리 가(:)	다닐행[行]부/총12획
	暇	틈/겨를 가:	날일[日]부/총13획
**	佳	아름다울 가:	사람인변[亻(人)]부/총8획
**	架	시렁 가:	나무목[木]부/총9획
	各	각각 각	입구[口]부/총6획
	角	뿔 각	뿔각[角]부/총7획
	刻	새길 각	선칼도방[刂(刀)]부/총8획
	覺	깨달을 각	볼견[見]부/총20획
**	脚	다리 각	육달월[月(肉)]부/총11획
**	閣	집 각	문문[門]부/총14획
*	却	물리칠 각	병부절[卩]부/총7획
	間	사이 간(:)	문문[門]부/총12획
	干	방패 간	방패간[干]부/총3획
	看	볼 간	눈목[目]부/총9획
	簡	대쪽/간략할 간(:)	대죽머리[(竹)]부/총18획
**	刊	새길 간	선칼도방[刂(刀)]부/총5획
**	幹	줄기 간	방패간[干]부/총13획
**	懇	간절할 간:	마음심[心]부/총17획
**	肝	간 간(:)	육달월[月(肉)]부/총7획
*	姦	간음할 간	계집녀[女]부/총9획
*	渴	목마를 갈	삼수변[氵(水)]부/총12획
	感	느낄 감:	마음심[心]부/총13획
	減	덜 감:	삼수변[氵(水)]부/총12획
	監	볼 감	그릇명[皿]부/총14획
	敢	감히/구태여 감(:)	등글월문방[攵(攴)]부/총12획
	甘	달 감	달감[甘]부/총5획
**	鑑	거울 감	쇠금[金]부/총22획
	甲	갑옷/첫째천간 갑	밭전[田]부/총5획
	江	강 강	삼수변[氵(水)]부/총6획
	強	강할 강(:)	활궁[弓]부/총12획
	康	편안할 강	집엄[广]부/총11획
	講	욀 강:	말씀언[言]부/총17획
	降	내릴 강/항복할 항	좌부변[阝(阜)]부/총9획
**	剛	굳셀 강	선칼도방[刂(刀)]부/총10획
**	綱	벼리 강	실사[糸]부/총14획
**	鋼	강철 강	쇠금[金]부/총16획
	開	열 개	문문[門]부/총12획
	改	고칠 개(:)	등글월문방[攵(攴)]부/총7획
	個	낱 개(:)	사람인변[亻(人)]부/총10획
**	介	낄 개:	사람인[人]부/총4획
**	槪	대개 개:	나무목[木]부/총15획
*	慨	슬퍼할 개:	심방변[忄(心)]부/총14획
*	皆	다(總) 개	흰백[白]부/총9획
**	蓋	덮을 개(:)	초두[艹(艸)]부/총13획
	客	손 객	갓머리[宀]부/총9획
	車	수레 거·차	수레차[車]부/총7획
	去	갈 거:	마늘모[厶]부/총5획
	擧	들 거:	손수[手]부/총17획
	居	살 거	주검시[尸]부/총8획
	巨	클 거:	장인공[工]부/총5획
	拒	막을 거:	재방변[扌(手)]부/총8획
	據	근거 거:	재방변[扌(手)]부/총16획
**	距	상거할 거:	발족[足]부/총12획
	件	물건 건	사람인변[亻(人)]부/총6획
	健	굳셀 건:	사람인변[亻(人)]부/총11획
	建	세울 건:	민받침변[廴]부/총9획
**	乾	하늘/마를 건	새을[乙]부/총11획
	傑	뛰어날 걸	사람인변[亻(人)]부/총12획
*	乞	빌 걸	새을[乙]부/총3획
	檢	검사할 검:	나무목[木]부/총17획
	儉	검소할 검:	사람인변[亻(人)]부/총15획
**	劍	칼 검:	선칼도방[刂(刀)]부/총15획
	格	격식 격	나무목[木]부/총10획
	擊	칠 격	손수[手]부/총17획
	激	격할 격	삼수변[氵(水)]부/총16획
**	隔	사이뜰 격	좌부변[阝(阜)]부/총13획
	見	볼 견:/뵈올 현:	볼견[見]부/총7획
	堅	굳을 견	흙토[土]부/총11획
	犬	개 견	개견[犬]부/총4획
*	牽	이끌/끌 견	소우[牛]부/총11획
*	絹	비단 견	실사[糸]부/총13획
*	肩	어깨 견	육달월[月(肉)]부/총8획
*	遣	보낼 견:	책받침[辶(辵)]부/총14획
	決	결단할 결	삼수변[氵(水)]부/총7획
	結	맺을 결	실사[糸]부/총12획
	潔	깨끗할 결	삼수변[氵(水)]부/총15획
	缺	이지러질 결	장군부[缶]부/총10획
**	訣	이별할 결	말씀언[言]부/총11획
**	兼	겸할 겸	여덟팔[八]부/총10획
**	謙	겸손할 겸	말씀언[言]부/총17획
	京	서울 경	돼지해머리[亠]부/총8획
	敬	공경할 경:	등글월문방[攵(攴)]부/총12획
	景	볕 경(:)	날일[日]부/총12획
	競	다툴 경	설립[立]부/총20획
	輕	가벼울 경	수레거[車]부/총14획
	境	지경 경	흙토[土]부/총14획
	慶	경사 경	마음심[心]부/총15획
	經	지날/글 경	실사[糸]부/총13획
	警	깨우칠 경:	말씀언[言]부/총19획
	傾	기울 경:	사람인변[亻(人)]부/총13획
	更	고칠 경/다시 갱:	가로왈[曰]부/총7획
	鏡	거울 경:	쇠금[金]부/총19획
	驚	놀랄 경	말마[馬]부/총22획
**	耕	밭갈 경	쟁기뢰[耒]부/총10획
**	頃	이랑/잠깐 경	머리혈[頁]부/총11획
*	卿	벼슬 경	병부절[卩]부/총12획
*	庚	별(星)/일곱째천간 경	집엄[广]부/총8획
**	徑	지름길/길 경	두인변[彳]부/총10획
**	硬	굳을 경	돌석[石]부/총12획
*	竟	마침내 경:	설립[立]부/총11획
	界	지경 계:	밭전[田]부/총9획
	計	셀 계:	말씀언[言]부/총9획
	係	맬 계:	사람인변[亻(人)]부/총9획
	季	계절 계:	아들자[子]부/총8획
	戒	경계할 계	창과[戈]부/총7획
	系	이어맬 계:	실사[糸]부/총7획
	繼	이을 계:	실사[糸]부/총20획
	階	섬돌 계	좌부변[阝(阜)]부/총12획
	鷄	닭 계:	새조[鳥]부/총21획
**	啓	열 계:	입구[口]부/총11획
**	契	맺을 계:	큰대[大]부/총9획
**	械	기계 계:	나무목[木]부/총11획
**	溪	시내 계	삼수변[氵(水)]부/총13획
**	桂	계수나무 계:	나무목[木]부/총10획
*	癸	북방/열째천간 계:	필발머리[癶]부/총9획
*	繫	맬 계:	실사[糸]부/총19획
	古	옛 고:	입구[口]부/총5획
	苦	쓸(味覺) 고	초두[艹(艸)]부/총8획
	高	높을 고	높을고[高]부/총10획
	告	고할 고:	입구[口]부/총7획
	考	생각할 고(:)	늙을로[耂(老)]부/총6획
	固	굳을 고(:)	큰입구[口]부/총8획

故	연고 고(:)	등글월문방[攵(攴)]부/총9획
孤	외로울 고	아들자[子]부/총8획
庫	곳집 고	집엄[广]부/총10획
**姑	시어미 고	계집녀[女]부/총8획
**稿	원고/볏짚 고	벼화[禾]부/총15획
**鼓	북 고	북고[鼓]부/총13획
*枯	마를 고	나무목[木]부/총9획
*顧	돌아볼 고	머리혈[頁]부/총21획
曲	굽을 곡	가로왈[曰]부/총6획
穀	곡식 곡	벼화[禾]부/총15획
**哭	울 곡	입구[口]부/총10획
**谷	골 곡	골곡[谷]부/총7획
困	곤할 곤:	큰입구[口]부/총7획
*坤	따 곤	흙토[土]부/총8획
骨	뼈 골	뼈골[骨]부/총10획
工	장인 공	장인공[工]부/총3획
空	빌 공	구멍혈[穴]부/총8획
公	공평할 공	여덟팔[八]부/총4획
共	한가지 공:	여덟팔[八]부/총6획
功	공(勳) 공	힘력[力]부/총5획
孔	구멍 공:	아들자[子]부/총4획
攻	칠 공:	등글월문방[攵(攴)]부/총7획
**供	이바지할 공:	사람인변[亻(人)]부/총8획
**恐	두려울 공(:)	마음심[心]부/총10획
**恭	공손할 공	마음심[忄(心)]부/총10획
**貢	바칠 공:	조개패[貝]부/총10획
果	실과 과:	나무목[木]부/총8획
科	과목 과	벼화[禾]부/총9획
課	공부할/과정 과:	말씀언[言]부/총15획
過	지날 과:	책받침[辶(辵)]부/총13획
**寡	적을 과:	갓머리[宀]부/총14획
**誇	자랑할 과:	말씀언[言]부/총13획
*郭	둘레/외성 곽	우부방[阝(邑)]부/총11획
觀	볼 관	볼견[見]부/총24획
關	관계할 관	문문[門]부/총19획
官	벼슬 관	갓머리[宀]부/총8획
管	대롱/주관할 관	대죽머리[(竹)]부/총14획
**冠	갓 관	민갓머리[冖]부/총9획
**寬	너그러울 관	갓머리[宀]부/총14획
**慣	익숙할 관	심방변[忄(心)]부/총14획
**貫	꿸 관(:)	조개패[貝]부/총11획
**館	집 관	밥식[食]부/총17획
光	빛 광	어진사람인[儿]부/총6획
廣	넓을 광:	집엄[广]부/총15획
鑛	쇳돌 광:	쇠금[金]부/총23획
**狂	미칠 광	개사슴록변[犭(犬)]부/총7획
*掛	걸 괘	재방변[扌(手)]부/총11획
**壞	무너질 괴:	흙토[土]부/총19획
**怪	괴이할 괴(:)	심방변[忄(心)]부/총8획
*塊	흙덩이 괴	흙토[土]부/총13획
*愧	부끄러울 괴:	심방변[忄(心)]부/총13획
敎	가르칠 교:	등글월문방[攵(攴)]부/총11획
校	학교 교:	나무목[木]부/총10획
交	사귈 교	돼지머리해[亠]부/총6획
橋	다리 교	나무목[木]부/총16획
**巧	공교할 교	장인공[工]부/총5획
**較	견줄/비교할 교	수레거[車]부/총13획
*矯	바로잡을 교:	화살시[矢]부/총17획
*郊	들(野) 교	우부방[阝(邑)]부/총9획
九	아홉 구	새을[乙]부/총2획
口	입 구(:)	입구[口]부/총3획
區	구분할/지경 구	상자방[匚]부/총11획
球	공 구	임금왕[王(玉)]부/총11획
具	갖출 구(:)	여덟팔[八]부/총8획
救	구원할 구:	등글월문방[攵(攴)]부/총11획
舊	예 구:	절구구[臼]부/총17획
句	글귀 구	입구[口]부/총5획
求	구할 구	물수변형[氺(水)]부/총7획
究	연구할 구	구멍혈[穴]부/총7획
構	얽을 구	나무목[木]부/총14획
**久	오랠 구:	삐침별[丿]부/총3획
**拘	잡을 구	재방변[扌(手)]부/총8획
**丘	언덕 구	한일[一]부/총5획
*俱	함께 구	사람인변[亻(人)]부/총10획
*懼	두려워할 구	심방변[忄(心)]부/총21획
*狗	개 구	개사슴록변[犭(犬)]부/총8획
*苟	진실로/구차할 구	초두[艹(艸)]부/총8획
*驅	몰 구	말마[馬]부/총21획
*龜	거북 귀(구)/터질 균	거북귀[龜]부/총16획
國	나라국	큰입구[口]부/총11획
局	판 국	주검시[尸]부/총7획
**菊	국화 국	초두[艹(艸)]부/총11획
軍	군사 군	수레거[車]부/총9획
郡	고을 군:	우부방[阝(邑)]부/총10획
君	임금 군	입구[口]부/총7획
群	무리 군	양양[羊]부/총13획
屈	굽힐 굴	주검시[尸]부/총8획
宮	집 궁	갓머리[宀]부/총10획
窮	다할/궁할 궁	구멍혈[穴]부/총15획
**弓	활 궁	활궁[弓]부/총3획
權	권세 권	나무목[木]부/총21획
券	문서 권:	칼도[刀]부/총8획
勸	권할 권:	힘력[力]부/총19획
卷	책 권(:)	병부절[㔾(卩)]부/총8획
**拳	주먹 권:	손수[手]부/총10획
*厥	그(其) 궐	굴바위엄[厂]부/총12획
*軌	바퀴자국 궤:	수레거[車]부/총9획
貴	귀할 귀:	조개패[貝]부/총12획
歸	돌아갈 귀:	그칠지[止]부/총18획
**鬼	귀신 귀:	귀신귀[鬼]부/총10획
規	법 규	볼견[見]부/총11획
*叫	부르짖을 규	입구[口]부/총5획
*糾	얽힐 규	실사[糸]부/총8획
均	고를 균	흙토[土]부/총7획
**菌	버섯 균	초두[艹(艸)]부/총11획
極	다할/극진할 극	나무목[木]부/총12획
劇	심할 극	선칼도방[刂(刀)]부/총15획
**克	이길 극	어진사람인[儿]부/총7획
根	뿌리 근	나무목[木]부/총10획
近	가까울 근:	책받침[辶(辵)]부/총8획
勤	부지런할 근(:)	힘력[力]부/총13획
筋	힘줄 근	대죽머리[(竹)]부/총12획
*僅	겨우 근	사람인변[亻(人)]부/총13획
*斤	근/날 근	날근[斤]부/총4획
*謹	삼갈 근:	말씀언[言]부/총18획
金	쇠 금/성 김	쇠금[金]부/총8획
今	이제 금	사람인[人]부/총4획
禁	금할 금:	보일시[示]부/총13획
**琴	거문고 금	구슬옥변[王(玉)]부/총12획
**禽	새 금	짐승발자국유[内]부/총13획
**錦	비단 금:	쇠금[金]부/총16획
急	급할 급	마음심[心]부/총9획
級	등급 급	실사[糸]부/총10획
給	줄 급	실사[糸]부/총12획
**及	미칠 급	또우[又]부/총4획
*肯	즐길 긍:	육달월[月(肉)]부/총8획
旗	기 기	모방[方]부/총14획
氣	기운 기	기운기[气]부/총10획
記	기록할 기	말씀언[言]부/총10획
基	터 기	흙토[土]부/총11획
己	몸/여섯째천간 기	몸기[己]부/총3획
技	재주 기	재방변[扌(手)]부/총7획
期	기약할 기	달월[月]부/총12획
汽	물끓는김 기	삼수변[氵(水)]부/총7획
器	그릇 기	입구[口]부/총16획
起	일어날 기	달릴주[走]부/총10획
奇	기특할 기	큰대[大]부/총8획
寄	부칠 기	갓머리[宀]부/총11획
機	틀 기	나무목[木]부/총16획
紀	벼리 기	실사[糸]부/총9획

**	企	꾀할 기	사람인[人]부/총6획
**	其	그 기	여덟팔[八]부/총8획
**	畿	경기(京畿) 기	발전[田]부/총15획
**	祈	빌 기	보일시[示]부/총9획
*	幾	몇 기	작을요[幺]부/총12획
*	忌	꺼릴 기	마음심[心]부/총7획
*	旣	이미 기	이미기몸[旡(无)]부/총11획
*	棄	버릴 기	나무목[木]부/총12획
*	欺	속일 기	아픔흠방[欠]부/총12획
*	豈	어찌 기	콩두[豆]부/총10획
*	飢	주릴(饑) 기	밥식[食]부/총11획
**	騎	말탈 기	말마[馬]부/총18획
**	緊	긴할(急) 긴	실사[糸]부/총14획
	吉	길할 길	입구[口]부/총6획
*	那	어찌 나:	우부방[阝(邑)]부/총7획
**	諾	허락할 낙	말씀언[言]부/총15획
	暖	따뜻할 난:	날일[日]부/총13획
	難	어려울 난(:)	새추[隹]부/총19획
	南	남녘 남	열십[十]부/총9획
	男	사내 남	밭전[田]부/총7획
	納	들일 납	실사[糸]부/총10획
**	娘	계집 낭	계집녀[女]부/총10획
	內	안 내:	들입[入]부/총4획
**	耐	견딜 내:	말이을이[而]부/총9획
*	乃	이에 내:	삐침변[丿]부/총2획
*	奈	어찌 내	큰대[大]부/총8획
	女	계집 녀(여)	계집녀[女]부/총3획
	年	해 년(연)	방패간[干]부/총6획
	念	생각할 념(염):	마음심[心]부/총8획
**	寧	편안 녕(영)	갓머리[宀]부/총14획
	努	힘쓸 노	힘력[力]부/총7획
	怒	성낼 노:	마음심[心]부/총9획
**	奴	종 노	계집녀[女]부/총5획
	農	농사 농	별진[辰]부/총13획
**	腦	골/뇌수 뇌	육달월[月(肉)]부/총13획
*	惱	번뇌할 뇌	심방변[忄(心)]부/총12획
	能	능할 능	육달월[月(肉)]부/총10획
**	泥	진흙 니	삼수변[氵(水)]부/총8획
	多	많을 다	저녁석[夕]부/총6획
**	茶	차 다/차 차	초두[艹(艸)]부/총9획
	短	짧을 단(:)	화살시[矢]부/총12획
	團	둥글 단	큰입구몸[囗]부/총14획
	壇	단 단	흙토[土]부/총16획
	單	홑 단	입구[口]부/총12획
	斷	끊을 단:	날근[斤]부/총18획
	檀	박달나무 단	나무목[木]부/총17획
	端	끝 단	설립[立]부/총14획
	段	층계 단	갖은등글월문[殳]부/총9획
**	丹	붉을 단	점주[丶]부/총4획
**	但	다만 단:	사람인변[亻(人)]부/총7획
**	旦	아침 단	날일[日]부/총5획
	達	통달할 달	책받침[辶(辵)]부/총13획
	談	말씀 담	말씀언[言]부/총15획
	擔	멜 담	재방변[扌(手)]부/총16획
**	淡	맑을 담	삼수변[氵(水)]부/총11획
	答	대답할 답	대죽머리[(竹)]부/총12획
*	畓	논 답	밭전[田]부/총9획
**	踏	밟을 답	발족[足]부/총15획
	堂	집 당	흙토[土]부/총11획
	當	마땅할 당	밭전[田]부/총13획
	黨	무리 당	검을흑[黑]부/총20획
**	唐	당나라/당황할 당(:)	입구[口]부/총10획
**	糖	엿 당	쌀미[米]부/총16획
	大	큰 대	큰대[大]부/총3획
	代	대신할 대:	사람인변[亻(人)]부/총5획
	對	대할 대:	마디촌[寸]부/총14획
	待	기다릴 대:	두인변[彳]부/총9획
	帶	띠 대(:)	수건건[巾]부/총11획
	隊	무리(떼) 대	좌부변[阝(阜)]부/총12획
**	臺	대 대	이를지[至]부/총14획
**	貸	빌릴/뀔 대:	조개패[貝]부/총12획
	德	큰 덕	두인변[彳]부/총15획
	道	길 도:	책받침[辶(辵)]부/총13획
	圖	그림 도	큰입구몸[囗]부/총14획
	度	법도 도:/헤아릴 탁	집엄[广]부/총9획
	到	이를 도:	선칼도방[刂(刀)]부/총8획
	島	섬 도	뫼산[山]부/총10획
	都	도읍 도	우부방[阝(邑)]부/총12획
	導	인도할 도:	마디촌[寸]부/총16획
	徒	무리 도	두인변[彳]부/총10획
	盜	도둑 도(:)	그릇명[皿]부/총12획
	逃	도망할 도	책받침[辶(辵)]부/총10획
**	刀	칼 도	칼도[刀]부/총2획
**	途	길(行中) 도:	책받침[辶(辵)]부/총11획
**	陶	질그릇 도	좌부변[阝(阜)]부/총11획
**	倒	넘어질 도	사람인변[亻(人)]부/총10획
*	塗	칠할 도:	흙토[土]부/총13획
*	挑	돋울 도:	재방변[扌(手)]부/총9획
**	桃	복숭아 도	나무목[木]부/총10획
**	渡	건널 도	삼수변[氵(水)]부/총12획
*	稻	벼 도	벼화[禾]부/총15획
*	跳	뛸 도	발족[足]부/총13획
	讀	읽을 독	말씀언[言]부/총22획
	獨	홀로 독	개사슴록변[犭(犬)]부/총16획
	毒	독 독	말무[毋]부/총9획
	督	감독할 독	눈목[目]부/총13획
*	篤	도타울 독	대죽머리[(竹)]부/총16획
*	敦	도타울 돈	등글월문[攵(攴)]부/총12획
*	豚	돼지 돈	돼지시[豕]부/총11획
**	突	갑자기/부딪칠 돌	구멍혈[穴]부/총9획
	東	동녘 동	나무목[木]부/총8획
	冬	겨울 동	이수변[冫]부/총5획
	動	움직일 동:	힘력[力]부/총11획
	同	한가지 동	입구[口]부/총6획
	洞	골 동/밝을 통:	삼수변[氵(水)]부/총9획
	童	아이 동(:)	설립[立]부/총12획
	銅	구리 동	쇠금[金]부/총14획
**	凍	얼 동:	이수변[冫]부/총10획
	頭	머리 두	머리혈[頁]부/총16획
	斗	말 두	말두[斗]부/총4획
	豆	콩 두	콩두[豆]부/총7획
*	屯	진칠 둔	싹날철[屮]부/총4획
*	鈍	둔할 둔:	쇠금[金]부/총12획
	得	얻을 득	두인변[彳]부/총11획
	登	오를 등	필발머리[癶]부/총12획
	等	무리 등:	대죽머리[竹]부/총12획
	燈	등 등	불화[火]부/총16획
*	騰	오를 등	말마[馬]부/총20획
	羅	벌일 라(나)	그물망[罒(网)]부/총19획
	樂	즐길 락(낙)/노래 악	나무목[木]부/총15획
	落	떨어질 락(낙)	초두[艹(艸)]부/총12획
**	絡	이을/얽을 락(낙)	실사[糸]부/총12획
	亂	어지러울 란(난):	새을방[乚(乙)]부/총13획
	卵	알 란(난):	병부절[卩]부/총7획
**	欄	난간 란(난)	나무목[木]부/총21획
**	蘭	난초 란(난)	초두[艹(艸)]부/총20획
	覽	볼 람(남)	볼견[見]부/총21획
*	濫	넘칠 람(남):	삼수변[氵(水)]부/총17획
	朗	밝을 랑(낭):	달월[月]부/총10획
**	廊	사랑채/행랑 랑(낭)	집엄[广]부/총12획
**	浪	물결 랑(낭)(:)	삼수변[氵(水)]부/총10획
**	郎	사내 랑(낭)	우부방[阝(邑)]부/총11획
	來	올 래(내)(:)	사람인[人]부/총8획
	冷	찰 랭(냉):	이수변[冫]부/총7획
	略	간략할/약할(줄일) 략(약)	밭전[田]부/총11획
*	掠	노략질할 략(약)	재방변[扌(手)]부/총11획
	良	어질 량(양)	그칠간[艮]부/총7획
	量	헤아릴 량(양)	마을리[里]부/총12획
	兩	두 량(양):	들입[入]부/총8획
	糧	양식 량(양)	쌀미[米]부/총18획

**	涼	서늘할 량(양)	이수변[冫]부/총10획
**	梁	들보/돌다리 량(양)	나무목[木]부/총11획
*	諒	살펴알/믿을 량(양)	말씀언[言]부/총15획
	旅	나그네 려(여)	모방[方]부/총10획
	麗	고울 려(여)	사슴록[鹿]부/총19획
	慮	생각할 려(여):	마음심[心]부/총15획
**	勵	힘쓸 려(여):	힘력[力]부/총16획
	力	힘 력(역)	힘력[力]부/총2획
	歷	지낼 력(역)	그칠지[止]부/총16획
**	曆	책력 력(역)	날일[日]부/총16획
	練	익힐 련(연):	실사[糸]부/총15획
	連	이을 련(연)	책받침[辶(辵)]부/총11획
**	戀	그리워할 련(연):	마음심[心]부/총23획
**	聯	연이을 련(연)	귀이[耳]부/총17획
**	鍊	쇠불릴/단련할 련(연):	쇠금[金]부/총17획
*	憐	불쌍히 여길 련(연)	심방변[忄(心)]부/총15획
**	蓮	연꽃 련(연)	초두[艹(艸)]부/총14획
	列	벌일 렬(열)	선칼도방[刂(刀)]부/총6획
	烈	매울 렬(열)	연화발[灬(火)]부/총10획
*	劣	못할 렬(열)	힘력[力]부/총6획
**	裂	찢어질 렬(열)	옷의[衣]부/총12획
*	廉	청렴할 렴(염)	집엄[广]부/총13획
*	獵	사냥 렵(엽)	개사슴록변[犭(犬)]부/총18획
	令	하여금 령(영(:)	사람인[人]부/총5획
	領	거느릴 령(영)	머리혈[頁]부/총14획
**	嶺	고개 령(영)	뫼산[山]부/총17획
**	靈	신령 령(영)	비우[雨]부/총24획
*	零	떨어질/영(數字) 령(영)	비우[雨]부/총13획
	例	법식 례(예):	사람인변[亻(人)]부/총8획
	禮	예도 례(예):	보일시[示]부/총18획
*	隸	종 례(예):	미칠이[隶]부/총16획
	老	늙을 로(노):	늙을로[老]부/총6획
	路	길 로(노):	발족[足]부/총13획
	勞	일할 로(노)	힘력[力]부/총12획
**	爐	화로 로(노)	불화[火]부/총20획
**	露	이슬 로(노):	비우[雨]부/총20획
	綠	푸를 록(녹)	실사[糸]부/총14획
	錄	기록할 록(녹)	쇠금[金]부/총16획
**	祿	녹 록(녹)	보일시[示]부/총13획
*	鹿	사슴 록(녹)	사슴록[鹿]부/총11획
	論	논할 론(논)	말씀언[言]부/총15획
**	弄	희롱할 롱(농):	받들공[廾]부/총7획
**	賴	의뢰할 뢰(뇌):	조개패[貝]부/총16획
**	雷	우레 뢰(뇌)	비우[雨]부/총13획
	料	헤아릴 료(요)(:)	말두[斗]부/총10획
*	了	마칠 료(요):	갈고리궐[亅]부/총2획
*	僚	동료 료(요)	사람인변[亻(人)]부/총14획
	龍	용 룡(용)	용룡[龍]부/총16획
**	樓	다락 루(누)	나무목[木]부/총15획
*	屢	여러 루(누):	주검시[尸]부/총14획
*	淚	눈물 루(누):	삼수변[氵(水)]부/총11획
**	漏	샐 루(누):	삼수변[氵(水)]부/총14획
**	累	여러/자주 루(누):	실사[糸]부/총11획
	流	흐를 류(유)	삼수변[氵(水)]부/총10획
	類	무리 류(유)(:)	머리혈[頁]부/총19획
	留	머무를 류(유)	밭전[田]부/총10획
	柳	버들 류(유)(:)	나무목[木]부/총9획
	六	여섯 륙(육)	여덟팔[八]부/총4획
	陸	뭍 륙(육)	좌부변[阝(阜)]부/총11획
	輪	바퀴 륜(윤)	수레거[車]부/총15획
**	倫	인륜 륜(윤)	사람인변[亻(人)]부/총10획
	律	법칙 률(율)	두인변[彳]부/총9획
**	栗	밤 률(율)	나무목[木]부/총10획
**	率	비율 률(율)/거느릴 솔	검을현[玄]부/총11획
**	隆	높을 륭(융)	좌부변[阝(阜)]부/총12획
**	陵	언덕릉(능)	좌부변[阝(阜)]부/총11획
	里	마을 리(이):	마을리[里]부/총7획
	利	이할 리(이):	선칼도방[刂(刀)]부/총7획
	李	오얏/성 리(이)	나무목[木]부/총7획
	理	다스릴 리(이):	구슬옥변[王(玉)]부/총11획
	離	떠날 리(이):	새추[隹]부/총19획
**	吏	벼슬아치/관리 리(이):	입구[口]부/총6획
**	履	밟을 리(이):	주검시[尸]부/총15획
**	裏	속 리(이):	옷의[衣]부/총13획
*	梨	배 리(이)	나무목[木]부/총11획
*	隣	이웃 린(인)	좌부변[阝(阜)]부/총15획
	林	수풀 림(임)	나무목[木]부/총8획
**	臨	임할 림(임)	신하신[臣]부/총17획
	立	설 립(입)	설립[立]부/총5획
	馬	말 마:	말마[馬]부/총10획
**	磨	갈 마	돌석[石]부/총16획
**	麻	삼 마(:)	삼마[麻]부/총11획
**	幕	장막 막	수건건[巾]부/총13획
**	漠	넓을 막	삼수변[氵(水)]부/총13획
**	莫	없을 막	초두[艹(艸)]부/총10획
	萬	일만 만:	초두[艹(艸)]부/총12획
	滿	찰 만(:)	삼수변[氵(水)]부/총14획
*	慢	거만할 만:	심방변[忄(心)]부/총14획
**	晩	늦을 만:	날일[日]부/총11획
*	漫	흩어질 만:	삼수변[氵(水)]부/총14획
	末	끝 말	나무목[木]부/총5획
	亡	망할 망	돼지머리해[亠]부/총3획
	望	바랄 망:	달월[月]부/총11획
**	妄	망령될 망:	계집녀[女]부/총6획
*	忘	잊을 망	마음심[心]부/총7획
*	忙	바쁠 망	심방변[忄(心)]부/총6획
*	罔	없을 망	그물망[网]부/총8획
*	茫	아득할 망	초두[艹(艸)]부/총9획
	每	매양 매(:)	말무[毋]부/총7획
	買	살 매:	조개패[貝]부/총12획
	賣	팔 매(:)	조개패[貝]부/총15획
	妹	손아래누이 매	계집녀[女]부/총8획
**	梅	매화 매	나무목[木]부/총11획
*	埋	묻을 매	흙토[土]부/총10획
**	媒	중매 매	계집녀[女]부/총12획
	脈	줄기 맥	육달월[月(肉)]부/총10획
**	麥	보리 맥	보리맥[麥]부/총11획
**	孟	맏 맹(:)	아들자[子]부/총8획
**	猛	사나울 맹:	개사슴록변[犭(犬)]부/총11획
**	盲	소경/눈멀 맹	눈목[目]부/총8획
**	盟	맹세 맹	그릇명[皿]부/총13획
	面	낯 면:	낯면[面]부/총9획
	勉	힘쓸 면:	힘력[力]부/총9획
**	眠	잘 면	눈목[目]부/총10획
**	綿	솜 면	실사[糸]부/총14획
**	免	면할 면:	어진사람인[儿]부/총7획
**	滅	꺼질/멸할 멸	삼수변[氵(水)]부/총13획
	名	이름 명	입구[口]부/총6획
	命	목숨 명:	입구[口]부/총8획
	明	밝을 명	날일[日]부/총8획
	鳴	울 명	새조[鳥]부/총14획
**	銘	새길 명	쇠금[金]부/총14획
*	冥	어두울 명	민갓머리[冖]부/총10획
	母	어미 모:	말무[毋]부/총5획
	毛	털 모	털모[毛]부/총4획
	模	본뜰 모	나무목[木]부/총14획
**	慕	그리워할 모	밑마음심[㣺(心)]부/총14획
**	謀	꾀 모	말씀언[言]부/총17획
**	貌	모양 모	갖은돼지시변[豸]부/총14획
*	侮	업신여길 모(:)	사람인변[亻(人)]부/총9획
*	冒	무릅쓸 모	멀경[冂]부/총9획
*	募	모을/뽑을 모	힘력[力]부/총12획
*	暮	저물 모:	날일[日]부/총14획
*	某	아무 모:	나무목[木]부/총9획
	木	나무 목	나무목[木]부/총4획
	目	눈 목	눈목[目]부/총5획
	牧	칠 목	소우[牜(牛)]부/총8획
**	睦	화목할 목	눈목[目]부/총13획
**	沒	빠질 몰	삼수변[氵(水)]부/총7획
**	夢	꿈 몽	저녁석[夕]부/총13획

표시	한자	훈음	부수/획수
**	蒙	어두울 몽	초두[艹(艸)]부/총13획
	墓	무덤 묘:	흙토[土]부/총13획
	妙	묘할 묘:	계집녀[女]부/총7획
*	卯	토끼 묘:	병부절[卩]부/총5획
*	廟	사당 묘:	집엄[广]부/총15획
*	苗	모 묘:	초두[艹(艸)]부/총8획
	無	없을 무	연화발[灬(火)]부/총12획
	務	힘쓸 무:	힘력[力]부/총11획
	武	호반 무:	그칠지[止]부/총8획
	舞	춤출 무:	어겨질천[舛]부/총14획
**	茂	무성할 무:	초두[艹(艸)]부/총8획
**	貿	무역할 무:	조개패[貝]부/총12획
*	戊	다섯째천간 무:	창과[戈]부/총5획
*	霧	안개 무:	비우[雨]부/총19획
**	默	잠잠할 묵	검을흑[黑]부/총16획
**	墨	먹 묵	흙토[土]부/총15획
	門	문 문	문문[門]부/총8획
	問	물을 문:	입구[口]부/총11획
	文	글월 문	글월문[文]부/총4획
	聞	들을 문(:)	귀이[耳]부/총14획
**	紋	무늬 문	실사[糸]부/총10획
	物	물건 물	소우[牛]부/총8획
**	勿	말(禁) 물	쌀포[勹]부/총4획
	米	쌀 미	쌀미[米]부/총6획
	美	아름다울 미(:)	양양[羊]부/총9획
	味	맛 미:	입구[口]부/총8획
	未	아닐 미/여덟째지지 미(:)	나무목[木]부/총5획
**	微	작을 미	두인변[彳]부/총13획
**	尾	꼬리 미:	주검시[尸]부/총7획
*	眉	눈썹 미	눈목[目]부/총9획
*	迷	미혹할 미(:)	책받침[辶(辵)]부/총10획
	民	백성 민	성씨씨[氏]부/총5획
*	憫	민망할 민	심방변[忄(心)]부/총15획
*	敏	민첩할 민	등글월문[攵(攴)]부/총11획
	密	빽빽할/숨길 밀	갓머리[宀]부/총11획

표시	한자	훈음	부수/획수
*	蜜	꿀 밀	벌레충[虫]부/총14획
	朴	순박할/성 박	나무목[木]부/총6획
	博	넓을 박	열십[十]부/총12획
	拍	칠 박	재방변[扌(手)]부/총8획
**	薄	엷을 박	초두[艹(艸)]부/총16획
**	迫	핍박할 박	책받침[辶(辵)]부/총9획
*	泊	머무를/배댈 박	삼수변[氵(水)]부/총8획
	半	반 반	열십[十]부/총5획
	反	돌이킬 반	또우[又]부/총4획
	班	나눌 반	구슬옥변[王(玉)]부/총10획
**	般	가지/일반 반	배주[舟]부/총10획
**	飯	밥 반:	밥식[食]부/총13획
*	伴	짝 반	사람인변[亻(人)]부/총7획
*	叛	배반할 반:	또우[又]부/총9획
**	盤	소반 반	그릇명[皿]부/총15획
*	返	돌이킬 반:	책받침[辶(辵)]부/총8획
	發	필 발	필발머리[癶]부/총12획
	髮	터럭 발	터럭발[髟]부/총15획
**	拔	뽑을 발	재방변[扌(手)]부/총8획
	方	모 방	모방[方]부/총4획
	放	놓을 방(:)	등글월문[攵(攴)]부/총8획
	房	방 방	지게호[戶]부/총8획
	訪	찾을 방:	말씀언[言]부/총11획
	防	막을 방	좌부변[阝(阜)]부/총7획
	妨	방해할 방	계집녀[女]부/총7획
*	倣	본뜰 방	사람인변[亻(人)]부/총10획
*	傍	곁 방:	사람인변[亻(人)]부/총12획
**	芳	꽃다울 방	초두[艹(艸)]부/총7획
*	邦	나라 방	우부방[阝(邑)]부/총7획
	倍	곱 배(:)	사람인변[亻(人)]부/총10획
	拜	절 배:	손수[手]부/총9획
	背	등 배:	육달월[月(肉)]부/총9획
	配	나눌/짝 배:	닭유[酉]부/총10획
**	培	북돋울 배:	흙토[土]부/총11획
**	排	밀칠 배	재방변[扌(手)]부/총11획

표시	한자	훈음	부수/획수
**	輩	무리 배:	수레거[車]부/총15획
*	杯	잔 배	나무목[木]부/총8획
	白	흰 백	흰백[白]부/총5획
	百	일백 백	흰백[白]부/총6획
**	伯	맏 백	사람인변[亻(人)]부/총7획
	番	차례 번	밭전[田]부/총12획
**	繁	번성할 번	실사[糸]부/총17획
*	煩	번거로울 번	불화[火]부/총13획
*	飜	번역할 번	날비[飛]부/총21획
	伐	칠 벌	사람인변[亻(人)]부/총6획
	罰	벌할 벌	그물망[罒(网)]부/총14획
	範	법 범:	대죽머리[(竹)]부/총15획
	犯	범할 범:	개사슴록변[犭(犬)]부/총5획
**	凡	무릇 범(:)	책상궤[几]부/총3획
	法	법 법	삼수변[氵(水)]부/총8획
	壁	벽 벽	흙토[土]부/총16획
**	碧	푸를 벽	돌석[石]부/총14획
	變	변할 변:	말씀언[言]부/총23획
	邊	가 변	책받침[辶(辵)]부/총19획
	辯	말씀 변:	매울신[辛]부/총21획
*	辨	분별할 변:	매울신[辛]부/총16획
	別	다를/나눌 별	선칼도방[刂(刀)]부/총7획
	病	병 병:	병들녁[疒]부/총10획
	兵	병사 병	여덟팔[八]부/총7획
**	丙	남녘/셋째천간 병:	한일[一]부/총5획
*	屛	병풍 병(:)	주검시[尸]부/총11획
*	竝	나란히 병:	설립[立]부/총10획
	保	지킬 보(:)	사람인변[亻(人)]부/총9획
	報	갚을/알릴 보(:)	흙토[土]부/총12획
	寶	보배 보:	갓머리[宀]부/총20획
	步	걸음 보:	그칠지[止]부/총7획
	普	넓을 보:	날일[日]부/총12획
**	補	기울보:	옷의변[衤(衣)]부/총12획
**	譜	족보 보:	말씀언[言]부/총19획
	服	옷 복	달월[月]부/총8획

표시	한자	훈음	부수/획수
	福	복 복	보일시[示]부/총14획
	復	회복할 복/다시 부:	두인변[彳]부/총12획
	伏	엎드릴 복	사람인변[亻(人)]부/총6획
	複	겹칠 복	옷의변[衤(衣)]부/총14획
**	腹	배 복	육달월[月(肉)]부/총13획
*	卜	점 복	점복[卜]부/총2획
**	覆	다시 복/덮을 부	덮을아[襾]부/총18
	本	근본 본	나무목[木]부/총5획
	奉	받들 봉:	큰대[大]부/총8획
**	封	봉할 봉	마디촌[寸]부/총9획
**	峯	봉우리 봉	뫼산[山]부/총10획
**	逢	만날 봉	책받침[辶(辵)]부/총11획
*	蜂	벌 봉	벌레충[虫]부/총13획
**	鳳	봉새 봉:	새조[鳥]부/총14획
	父	아비 부	아비부[父]부/총4획
	夫	지아비/사내 부	큰대[大]부/총4획
	部	떼/거느릴 부	우부방[阝(邑)]부/총11획
	副	버금 부:	선칼도방[刂(刀)]부/총11획
	婦	며느리/아내 부	계집녀[女]부/총11획
	富	부자 부:	갓머리[宀]부/총12획
	府	마을(官廳) 부(:)	집엄[广]부/총8획
	否	아닐 부:	입구[口]부/총7획
	負	질(荷) 부:	조개패[貝]부/총9획
**	付	부칠 부:	사람인변[亻(人)]부/총5획
**	扶	도울 부	재방변[扌(手)]부/총7획
**	浮	뜰 부	삼수변[氵(水)]부/총10획
**	符	부호 부(:)	대죽[(竹)]부/총11획
**	簿	문서 부:	대죽[(竹)]부/총19획
**	附	붙을 부(:)	좌부변[阝(阜)]부/총8획
**	腐	썩을 부:	고기육[肉]부/총14획
**	賦	부세 부	조개패[貝]부/총15획
*	赴	다다를/갈 부:	달릴주[走]부/총9획
	北	북녘 북/달아날 배	비수비[匕]부/총5획
	分	나눌 분(:)	칼도[刀]/총4획
	憤	분할 분:	심방변[忄(心)]부/총15획

** 紛 어지러울 분(:) 실사[糸]부/총10획
** 奔 달릴 분 큰대[大]부/총8획
** 奮 떨칠 분: 큰대[大]부/총16획
粉 가루 분 쌀미[米]부/총10획
* 墳 무덤 분 흙토[土]부/총15획
不 아닐 불(부) 한일[一]부/총4획
佛 부처 불 사람인변[亻(人)]부/총7획
** 拂 떨칠 불 재방변[扌(手)]부/총8획
* 崩 무너질 붕 뫼산[山]부/총11획
* 朋 벗 붕 달월[月]부/총8획
比 견줄 비: 견줄비[比]부/총4획
費 쓸 비: 조개패[貝]부/총12획
鼻 코 비: 코비[鼻]부/총14획
備 갖출 비: 사람인변[亻(人)]부/총12획
悲 슬플 비: 마음심[心]부/총12획
非 아닐 비(:) 아닐비[非]부/총8획
飛 날 비 날비[飛]부/총9획
批 비평할 비: 재방변[扌(手)]부/총7획
碑 비석 비 돌석[石]부/총13획
祕 숨길 비: 보일시[示]부/총10획
** 卑 낮을 비: 열십[十]부/총8획
** 妃 왕비 비 계집녀[女]부/총6획
** 婢 계집종 비: 계집녀[女]부/총11획
** 肥 살찔 비: 육달월[月(肉)]부/총8획
貧 가난할 빈 조개패[貝]부/총11획
* 賓 손 빈 조개패[貝]부/총11획
* 頻 자주 빈 머리혈[頁]부/총16획
氷 얼음 빙 물수[水]부/총5획
* 聘 부를 빙 귀이[耳]부/총13획
四 넉 사: 큰입구몸[口]부/총5획
事 일 사: 갈고리궐[亅]부/총8획
使 하여금/부릴 사: 사람인변[亻(人)]부/총8획
死 죽을 사: 죽을사변[歹]부/총6획
社 모일 사 보일시[示]부/총8획
仕 섬길 사(:) 사람인변[亻(人)]부/총5획

史 사기(史記) 사: 입구[口]부/총5획
士 선비 사: 선비사[士]부/총3획
寫 베낄 사 갓머리[宀]부/총15획
思 생각할 사(:) 마음심[心]부/총9획
査 조사할 사 나무목[木]부/총9획
寺 절 사 마디촌[寸]부/총6획
師 스승 사 수건건[巾]부/총10획
舍 집 사 혀설[舌]부/총8획
謝 사례할 사: 말씀언[言]부/총17획
射 쏠 사(:) 마디촌[寸]부/총10획
私 사사(私事) 사 벼화[禾]부/총7획
絲 실 사 실사[糸]부/총12획
辭 말씀 사 매울신[辛]부/총19획
** 司 맡을 사 입구[口]부/총5획
** 沙 모래 사 삼수변[氵(水)]부/총7획
** 祀 제사 사 보일시[示]부/총8획
** 詞 말/글 사 말씀언[言]부/총12획
** 邪 간사할 사 우부방[阝(邑)]부/총7획
* 似 닮을 사: 사람인변[亻(人)]부/총7획
* 巳 뱀/여섯째지지 사: 몸기[己]부/총3획
* 捨 버릴 사: 재방변[扌(手)]부/총11획
** 斜 비낄 사 말두[斗]부/총11획
** 斯 이 사 도끼근[斤]부/총12획
** 蛇 긴뱀 사 벌레충[虫]부/총11획
* 詐 속일 사 말씀언[言]부/총12획
* 賜 줄 사: 조개패[貝]부/총15획
** 削 깎을 삭 선칼도방[刂(刀)]부/총9획
* 朔 초하루 삭 달월[月]부/총10획
山 메 산 뫼산[山]부/총3획
算 셈 산: 대죽[竹]부/총14획
産 낳을 산: 날생[生]부/총11획
散 흩어질 산: 등글월문[攵(攴)]부/총12획
殺 죽일 살/감할 쇄: 갖은등글월문[殳]부/총11획
三 석 삼 한일[一]부/총3획
** 森 수풀 삼 나무목[木]부/총12획

上 윗 상: 한일[一]부/총3획
商 장사 상 입구[口]부/총11획
相 서로 상 눈목[目]부/총9획
賞 상줄 상 조개패[貝]부/총15획
常 떳떳할/항상 상 수건건[巾]부/총11획
床 상 상(牀) 집엄[广]부/총7획
想 생각할 상: 마음심[心]부/총13획
狀 형상 상/문서 장: 개견[犬]부/총8획
傷 다칠 상 사람인변[亻(人)]부/총13획
象 코끼리 상 돼지시[豕]부/총12획
** 像 모양 상 사람인변[亻(人)]부/총14획
** 喪 잃을 상(:) 입구[口]부/총12획
** 尙 오히려 상(:) 작을소[小]부/총8획
** 裳 치마 상 옷의[衣]부/총14획
** 詳 자세할 상 말씀언[言]부/총13획
** 霜 서리 상 비우[雨]부/총17획
** 償 갚을 상 사람인변[亻(人)]부/총17획
* 嘗 맛볼 상 입구[口]부/총14획
** 桑 뽕나무 상 나무목[木]부/총10획
* 祥 상서 상 보일시[示]부/총11획
色 빛 색 빛색[色]부/총6획
** 索 찾을 색 실사[糸]부/총10획
** 塞 막힐 색/변방 새 흙토[土]부/총13획
生 날/살 생 날생[生]부/총5획
西 서녘 서 덮을아[襾]부/총6획
書 글 서 가로왈[曰]부/총10획
序 차례 서: 집엄[广]부/총7획
** 徐 천천할 서(:) 두인변[彳]부/총10획
** 恕 용서할 서: 마음심[心]부/총10획
** 緖 실마리 서: 실사[糸]부/총15획
** 署 마을(官廳) 서: 그물망[罒(网)]부/총14획
* 庶 여러 서: 집엄[广]부/총11획
* 敍 펼 서: 칠복[攴]부/총11획
* 暑 더울 서: 날일[日]부/총13획
* 誓 맹세할 서: 말씀언[言]부/총14획

* 逝 갈 서: 책받침[辶(辵)]부/총11획
夕 저녁 석 저녁석[夕]부/총3획
席 자리 석 수건건[巾]부/총10획
石 돌 석 돌석[石]부/총5획
** 惜 아낄 석 심방변[忄(心)]부/총11획
** 釋 풀 석 나눌변[釆]부/총20획
* 昔 예 석 날일[日]부/총8획
* 析 쪼갤 석 나무목[木]부/총8획
先 먼저 선 어진사람인[儿]부/총6획
線 줄 선 실사[糸]부/총15획
仙 신선 선 사람인변[亻(人)]부/총5획
善 착할 선: 입구[口]부/총12획
船 배 선 배선[舟]부/총11획
選 가릴 선: 책받침[辶(辵)]부/총16획
鮮 고울 선 고기어[魚]부/총17획
宣 베풀 선 갓머리[宀]부/총9획
** 旋 돌(廻) 선 모방[方]부/총11획
** 禪 선 선 보일시[示]부/총17획
雪 눈 설 비우[雨]부/총11획
說 말씀 설/달랠 세 말씀언[言]부/총14획
設 베풀 설 말씀언[言]부/총11획
舌 혀 설 혀설[舌]부/총6획
* 攝 다스릴/잡을 섭 재방변[扌(手)]부/총21획
* 涉 건널 섭 삼수변[氵(水)]부/총10획
姓 성 성: 계집녀[女]부/총8획
成 이룰 성 창과[戈]부/총7획
省 살필 성/덜 생 눈목[目]부/총9획
性 성품 성: 심방변[忄(心)]부/총8획
城 재 성 흙토[土]부/총10획
星 별 성 날일[日]부/총9획
盛 성할 성: 그릇명[皿]부/총12획
聖 성인 성: 귀이[耳]부/총13획
聲 소리 성 귀이[耳]부/총17획
誠 정성 성 말씀언[言]부/총14획
世 인간 세: 한일[一]부/총5획

한자	훈음	부수/획수
歲	해 세:	그칠지[止]부/총13획
洗	씻을 세:	삼수변[氵(水)]부/총9획
勢	형세 세:	힘력[力]부/총13획
稅	세금 세:	벼화[禾]부/총12획
細	가늘 세:	실사[糸]부/총11획
小	작을 소:	작을소[小]부/총3획
少	적을 소:	작을소[小]부/총4획
所	바/곳 소:	집호[戶]부/총8획
消	사라질 소	삼수변[氵(水)]부/총10획
掃	쓸 소(:)	재방변[扌(手)]부/총11획
笑	웃을 소:	대죽머리[⺮(竹)]부/총10획
素	본디/흴 소:	실사[糸]부/총10획
**疏	소통할 소	발소[疋]부/총12획
**蘇	되살아날 소	초두[艹(艸)]부/총19획
**訴	호소할 소	말씀언[言]부/총12획
*召	부를 소	입구[口]부/총5획
*昭	밝을 소	날일[日]부/총9획
**燒	사를 소(:)	불화[火]부/총16획
*蔬	나물 소	초두[艹(艸)]부/총15획
*騷	떠들 소	말마[馬]부/총20획
速	빠를 속	책받침[辶(辵)]부/총11획
束	묶을 속	나무목[木]부/총7획
俗	풍속 속	사람인변[亻(人)]부/총9획
續	이을 속	실사[糸]부/총21획
屬	붙일 속	주검시[尸]부/총21획
*粟	조 속	쌀미[米]부/총12획
孫	손자 손:	아들자[子]부/총10획
損	덜 손:	재방변[扌(手)]부/총13획
送	보낼 송:	책받침[辶(辵)]부/총10획
松	소나무 송	나무목[木]부/총8획
頌	기릴/칭송할 송:	머리혈[頁]부/총13획
**訟	송사할 송:	말씀언[言]부/총11획
*誦	욀 송:	말씀언[言]부/총14획
**刷	인쇄할 쇄:	선칼도방[刂(刀)]부/총8획
**鎖	쇠사슬 쇄:	쇠금[金]부/총18획
**衰	쇠할 쇠	옷의[衣]부/총10획
水	물 수	물수[水]부/총4획
手	손 수(:)	손수[手]부/총4획
數	셈 수:	등글월문[攵(攴)]부/총15획
樹	나무 수	나무목[木]부/총16획
首	머리 수	머리수[首]부/총9획
修	닦을 수	사람인변[亻(人)]부/총10획
受	받을 수(:)	또우[又]부/총8획
守	지킬 수	갓머리[宀]부/총6획
授	줄 수	재방변[扌(手)]부/총11획
收	거둘 수	등글월문[攵(攴)]부/총6획
秀	빼어날 수	벼화[禾]부/총7획
**壽	목숨 수	선비사[士]부/총14획
**帥	장수 수	수건건[巾]부/총9획
**愁	근심 수	마음심[心]부/총13획
**殊	다를 수	죽을사변[歹]부/총10획
**獸	짐승 수	개견[犬]부/총19획
**輸	보낼 수	수레거[車]부/총16획
**隨	따를 수	좌부변[阝(阜)]부/총16획
**需	쓰일(쓸) 수	비우[雨]부/총14획
*囚	가둘 수	큰입구몸[口]부/총5획
**垂	드리울 수	흙토[土]부/총8획
*搜	찾을 수	재방변[扌(手)]부/총13획
*睡	졸음 수	눈목[目]부/총13획
*誰	누구 수	말씀언[言]부/총15획
*遂	드디어/이룰 수	책받침[辶(辵)]부/총13획
*雖	비록 수	새추[隹]부/총17획
*須	모름지기 수	머리혈[頁]부/총12획
宿	잘 숙	갓머리[宀]부/총11획
叔	아재비 숙	또우[又]부/총8획
肅	엄숙할 숙	붓률[聿]부/총13획
**淑	맑을 숙	삼수변[氵(水)]부/총11획
**熟	익을 숙	연화발[灬(火)]부/총15획
*孰	누구 숙	아들자[子]부/총11획
順	순할/차례 순:	머리혈[頁]부/총12획
純	순수할 순	실사[糸]부/총10획
**巡	돌/순행할 순	개미허리[巛(川)]부/총7획
**旬	열흘 순	날일[日]부/총6획
**瞬	눈깜짝일 순	눈목[目]부/총17획
*循	돌 순	두인변[彳]부/총12획
*殉	따라죽을 순	죽을사변[歹]부/총10획
*脣	입술 순	육달월[月(肉)]부/총11획
術	재주 술	다닐행[行]부/총11획
**述	펼 술	책받침[辶(辵)]부/총9획
*戌	개/열한번째지지 술	창과[戈]부/총6획
崇	높을 숭	뫼산[山]부/총11획
習	익힐 습	깃우[羽]부/총11획
**拾	주울습/열 십	재방변[扌(手)]부/총9획
**襲	엄습할 습	옷의[衣]부/총22획
**濕	젖을 습	삼수변[氵(水)]부/총17획
勝	이길 승	힘력[力]부/총12획
承	이을 승	손수[手]부/총8획
**乘	탈 승	삐침변[丿]부/총10획
**僧	중 승	사람인변[亻(人)]부/총14획
**昇	오를 승	날일[日]부/총8획
市	저자 시:	수건건[巾]부/총5획
時	때 시	날일[日]부/총10획
始	비로소 시:	계집녀[女]부/총8획
示	보일 시:	보일시[示]부/총5획
施	베풀 시:	모방[方]부/총9획
是	옳을/이 시:	날일[日]부/총9획
視	볼 시:	볼견[見]부/총12획
試	시험할 시(:)	말씀언[言]부/총13획
詩	시 시	말씀언[言]부/총13획
**侍	모실 시:	사람인변[亻(人)]부/총8획
*矢	화살 시:	화살시[矢]부/총5획
食	밥/먹을 식	밥식[食]부/총9획
植	심을 식	나무목[木]부/총12획
式	법 식	주살익[弋]부/총6획
識	알 식/표할 지	말씀언[言]부/총19획
息	쉴 식	마음심[心]부/총10획
**飾	꾸밀 식	밥식[食]부/총14획
信	믿을 신:	사람인변[亻(人)]부/총9획
新	새 신	도끼근[斤]부/총13획
神	귀신 신	보일시[示]부/총10획
身	몸 신	몸신[身]부/총7획
臣	신하 신	신하신[臣]부/총6획
申	납(猿)/아홉째지지 신	밭전[田]부/총5획
**愼	삼갈 신:	심방변[忄(心)]부/총13획
*伸	펼 신	사람인변[亻(人)]부/총7획
*晨	새벽 신	날일[日]부/총11획
*辛	매울 신	매울신[辛]부/총7획
室	집 실	갓머리[宀]부/총9획
失	잃을 실	큰대[大]부/총5획
實	열매 실	갓머리[宀]부/총14획
心	마음 심	마음심[心]부/총4획
深	깊을 심	삼수변[氵(水)]부/총11획
**審	살필 심(:)	갓머리[宀]부/총15획
**甚	심할 심:	달감[甘]부/총9획
*尋	찾을 심	마디촌[寸]부/총12획
十	열 십	열십[十]부/총2획
**雙	두/쌍 쌍	새추[隹]부/총18획
氏	성씨 씨	성씨씨[氏]부/총4획
兒	아이 아	어진사람인[儿]부/총8획
**亞	버금 아(:)	두이[二]부/총8획
**我	나 아:	창과[戈]부/총7획
**阿	언덕 아	좌부변[阝(阜)]부/총8획
**雅	맑을 아	새추[隹]부/총12획
**牙	어금니 아	어금니아[牙]부/총4획
**芽	싹 아	초두[艹(艸)]부/총7획
*餓	주릴 아:	밥식[食]부/총16획
惡	악할 악/미워할 오	마음심[心]부/총12획
*岳	큰산 악	뫼산[山]부/총8획
安	편안할 안	갓머리[宀]부/총6획
案	책상 안:	나무목[木]부/총10획

眼 눈 안: 눈목[目]부/총11획
** 岸 언덕 안: 뫼산[山]부/총8획
** 顏 낯 안: 머리혈[頁]부/총18획
* 雁 기러기 안: 새추[隹]부/총12획
* 謁 뵐 알 말씀언[言]부/총16획
暗 어두울 암: 날일[日]부/총13획
** 巖 바위 암(岩) 뫼산[山]부/총23획
壓 누를 압 흙토[土]부/총17획
* 押 누를 압 재방변[扌(手)]부/총8획
** 仰 우러를 앙: 사람인변[亻(人)]부/총6획
** 央 가운데 앙 큰대[大]부/총5획
* 殃 재앙 앙 죽을사변[歹]부/총9획
愛 사랑 애: 마음심[心]부/총13획
** 哀 슬플 애 입구[口]부/총9획
* 涯 물가 애 삼수변[氵(水)]부/총11획
液 진 액 삼수변[氵(水)]부/총11획
額 이마 액 머리혈[頁]부/총18획
* 厄 액(재앙) 액 굴바위엄[厂]부/총4획
夜 밤 야 저녁석[夕]부/총8획
野 들 야 마을리[里]부/총11획
* 也 이끼/어조사 야: 새을방[乚(乙)]부/총3획
* 耶 어조사 야 귀이[耳]부/총9획
弱 약할 약 활궁[弓]부/총10획
藥 약 약 초두[艹(艸)]부/총18획
約 맺을 약 실사[糸]부/총9획
** 若 같을 약/반야 야 초두[艹(艸)]부/총8획
* 躍 뛸 약 발족[足]부/총21획
洋 큰바다 양 삼수변[氵(水)]부/총9획
陽 볕 양 좌부변[阝(阜)]부/총12획
養 기를 양: 밥식[食]부/총15획
羊 양 양 양양[羊]부/총6획
樣 모양 양 나무목[木]부/총15획
** 壤 흙덩이 양: 흙토[土]부/총20획
** 揚 날릴 양 재방변[扌(手)]부/총12획
** 讓 사양할 양: 말씀언[言]부/총24획

* 楊 버들 양 나무목[木]부/총13획
語 말씀 어: 말씀언[言]부/총14획
漁 고기잡을 어 삼수변[氵(水)]부/총14획
魚 물고기 어 물고기어[魚]부/총11획
** 御 거느릴 어: 두인변[彳]부/총11획
* 於 어조사 어/탄식할 오 모방[方]부/총8획
億 억 억 사람인변[亻(人)]부/총15획
** 憶 생각할 억 심방변[忄(心)]부/총16획
** 抑 누를 억 재방변[扌(手)]부/총7획
言 말씀 언 말씀언[言]부/총7획
* 焉 어찌 언 연화발[灬(火)]부/총11획
嚴 엄할 엄 입구[口]부/총20획
業 업 업 나무목[木]부/총13획
如 같을 여 계집녀[女]부/총6획
餘 남을 여 밥식[食]부/총16획
與 줄/더불 여: 절구구[臼]부/총14획
* 予 나 여 갈고리궐[亅]부/총4획
* 余 나 여 사람인[人]부/총7획
* 汝 너 여: 삼수변[氵(水)]부/총6획
* 輿 수레 여: 수레거[車]부/총17획
逆 거스를 역 책받침[辶(辵)]부/총10획
域 지경 역 흙토[土]부/총11획
易 바꿀 역/쉬울 이: 날일[日]부/총8획
** 亦 또 역 돼지머리해[亠]부/총6획
** 役 부릴 역 두인변[彳]부/총7획
** 譯 번역할 역 말씀언[言]부/총20획
** 驛 역 역 말마[馬]부/총23획
** 疫 전염병 역 병들녁[疒]부/총9획
然 그럴 연 연화발[灬(火)]부/총12획
演 펼 연: 삼수변[氵(水)]부/총14획
煙 연기 연 불화[火]부/총13획
硏 갈 연: 돌석[石]부/총11획
延 늘일 연 민책받침[廴]부/총7획
燃 탈 연 불화[火]부/총16획
緣 인연 연 실사[糸]부/총15획

鉛 납 연 쇠금[金]부/총13획
** 宴 잔치 연: 갓머리[宀]부/총10획
** 沿 물따라갈/따를 연(:) 삼수변[氵(水)]부/총8획
** 軟 연할 연: 수레거[車]부/총11획
** 燕 제비 연 연화발[灬(火)]부/총16획
熱 더울 열 연화발[灬(火)]부/총15획
** 悅 기쁠 열 심방변[忄(心)]부/총10획
* 閱 볼 열 문문[門]부/총15획
** 染 물들 염: 나무목[木]부/총9획
** 炎 불꽃 염 불화[火]부/총8획
** 鹽 소금 염 소금밭로[鹵]부/총24획
葉 잎 엽 초두[艹(艸)]부/총12획
永 길 영: 물수[水]부/총5획
英 꽃부리 영 초두[艹(艸)]부/총8획
榮 영화로울 영 나무목[木]부/총14획
映 비칠 영: 날일[日]부/총9획
營 경영할 영 불화[火]부/총17획
迎 맞을 영 책받침[辶(辵)]부/총8획
** 影 그림자 영: 터럭삼[彡]부/총15획
* 泳 헤엄칠 영: 삼수변[氵(水)]부/총8획
* 詠 읊을 영: 말씀언[言]부/총12획
藝 재주 예: 초두[艹(艸)]부/총18획
豫 미리 예: 돼지시[豕]부/총16획
** 譽 기릴/명예 예: 말씀언[言]부/총21획
* 銳 날카로울 예: 쇠금[金]부/총15획
五 다섯 오: 두이[二]부/총4획
午 낮/일곱번째지지 오: 열십[十]부/총4획
誤 그르칠 오: 말씀언[言]부/총14획
** 悟 깨달을 오: 심방변[忄(心)]부/총10획
** 烏 까마귀 오 연화발[灬(火)]부/총10획
* 傲 거만할 오: 사람인변[亻(人)]부/총13획
* 吾 나 오 입구[口]부/총7획
* 嗚 슬플 오 입구[口]부/총13획
* 娛 즐길 오: 계집녀[女]부/총10획
* 汚 더러울 오: 삼수변[氵(水)]부/총6획

屋 집 옥 주검시[尸]부/총9획
玉 구슬 옥 구슬옥[玉]부/총5획
** 獄 옥(囚舍) 옥 개견[犬]부/총14획
溫 따뜻할 온 삼수변[氵(水)]부/총13획
* 擁 낄 옹: 재방변[扌(手)]부/총16획
* 翁 늙은이 옹 깃우[羽]부/총10획
** 瓦 기와 와: 기와와[瓦]부/총5획
* 臥 누울 와: 신하신[臣]부/총8획
完 완전할 완 갓머리[宀]부/총7획
** 緩 느릴 완: 실사[糸]부/총15획
* 曰 가로 왈 가로왈[曰]부/총4획
王 임금 왕 구슬옥[玉]부/총4획
往 갈 왕: 두인변[彳]부/총8획
外 바깥 외 저녁석[夕]부/총5획
* 畏 두려워할 외: 발전[田]부/총9획
曜 빛날 요: 날일[日]부/총18획
要 요긴할 요: 덮을아[襾]부/총9획
謠 노래 요 말씀언[言]부/총17획
* 搖 흔들 요 재방변[扌(手)]부/총13획
* 腰 허리 요 육달월[月(肉)]부/총13획
* 遙 멀 요 책받침[辶(辵)]부/총14획
浴 목욕할 욕 삼수변[氵(水)]부/총10획
** 慾 욕심 욕 마음심[心]부/총15획
** 欲 하고자할 욕 하품흠[欠]부/총11획
** 辱 욕될 욕 별진[辰]부/총10획
勇 날랠 용: 힘력[力]부/총9획
用 쓸 용: 쓸용[用]부/총5획
容 얼굴 용 갓머리[宀]부/총10획
* 庸 떳떳할 용 집엄[广]부/총11획
右 오른쪽 우: 입구[口]부/총5획
友 벗 우: 또우[又]부/총4획
牛 소 우 소우[牛]부/총4획
雨 비 우: 비우[雨]부/총8획
優 넉넉할 우 사람인변[亻(人)]부/총17획
遇 만날 우: 책받침[辶(辵)]부/총13획

	한자	훈음	부수/획수
	郵	우편 우:	우부방[阝(邑)]부/총11획
**	偶	짝 우:	사람인변[亻(人)]부/총11획
**	宇	집 우:	갓머리[宀]부/총6획
**	愚	어리석을 우	마음심[心]부/총13획
**	憂	근심 우	마음심[心]부/총15획
*	于	어조사 우	두이[二]부/총3획
*	又	또 우:	또우[又]부/총2획
*	尤	더욱 우	절름발이왕[尢]부/총4획
**	羽	깃 우:	깃우[羽]부/총6획
	運	옮길 운:	책받침[辶(辵)]부/총13획
	雲	구름 운	비우[雨]부/총12획
**	韻	운 운:	소리음[音]부/총19획
*	云	이를 운	두이[二]부/총4획
	雄	수컷 웅	새추[隹]부/총12획
	園	동산 원	큰입구몸[口]부/총13획
	遠	멀 원:	책받침[辶(辵)]부/총14획
	元	으뜸 원	어진사람인[儿]부/총4획
	原	근원/언덕 원	굴바위엄[厂]부/총10획
	院	집 원	좌부변[阝(阜)]부/총10획
	願	원할 원:	머리혈[頁]부/총19획
	員	인원 원	입구[口]부/총10획
	圓	둥글 원	큰입구몸[口]부/총13획
	怨	원망할 원(:)	마음심[心]부/총9획
	援	도울 원:	재방변[扌(手)]부/총12획
	源	근원 원	삼수변[氵(水)]부/총13획
	月	달 월	달월[月]부/총4획
**	越	넘을 월	달릴주[走]부/총12획
	位	자리 위	사람인변[亻(人)]부/총7획
	偉	클 위	사람인변[亻(人)]부/총11획
	爲	할/될 위	손톱조[爫]부/총12획
	衛	지킬 위	다닐행[行]부/총15획
	危	위태할 위	마디절[㔾(卩)]부/총6획
	圍	에워쌀 위	큰입구몸[口]부/총12획
	委	맡길 위	계집녀[女]부/총8획
	威	위엄 위	계집녀[女]부/총9획

	한자	훈음	부수/획수
	慰	위로할 위	마음심[心]부/총15획
**	謂	이를 위	말씀언[言]부/총16획
**	僞	거짓 위	사람인변[亻(人)]부/총14획
*	緯	씨 위	실사[糸]부/총15획
**	胃	밥통 위	육달월[月(肉)]부/총9획
*	違	어긋날 위	책받침[辶(辵)]부/총13획
	有	있을 유:	달월[月]부/총6획
	油	기름 유	삼수변[氵(水)]부/총8획
	由	말미암을 유	밭전[田]부/총5획
	乳	젖 유	새을방[乚(乙)]부/총8획
	儒	선비 유	사람인변[亻(人)]부/총16획
	遊	놀 유	책받침[辶(辵)]부/총13획
	遺	남길 유	책받침[辶(辵)]부/총16획
**	幼	어릴 유	작을요[幺]부/총5획
**	幽	그윽할 유	작을요[幺]부/총9획
**	悠	멀 유	마음심[心]부/총11획
**	柔	부드러울 유	나무목[木]부/총9획
**	猶	오히려 유	개사슴록변[犭(犬)]부/총12획
**	維	벼리유	실사[糸]부/총14획
**	裕	넉넉할 유:	옷의[衣]부/총12획
**	誘	꾈 유	말씀언[言]부/총14획
*	唯	오직 유	입구[口]부/총11획
*	惟	생각할 유	심방변[忄(心)]부/총11획
*	愈	나을 유	마음심[心]부/총13획
*	酉	닭 유	닭유[酉]부/총7획
	育	기를 육	육달월[月(肉)]부/총8획
	肉	고기/살육	고기육[肉]부/총6획
**	潤	불을 윤:	삼수변[氵(水)]부/총15획
*	閏	윤달 윤:	문문[門]부/총12획
	銀	은 은	쇠금[金]부/총14획
	恩	은혜 은	마음심[心]부/총10획
	隱	숨을 은	좌부변[阝(阜)]부/총17획
**	乙	새/둘째천간 을	새을[乙]부/총1획
	音	소리 음	소리음[音]부/총9획
	飮	마실 음(:)	밥식[食]부/총13획

	한자	훈음	부수/획수
	陰	그늘 음	좌부변[阝(阜)]부/총11획
*	吟	읊을 음	입구[口]부/총7획
**	淫	음란할 음	삼수변[氵(水)]부/총11획
	邑	고을 읍	고을읍[邑]부/총7획
*	泣	울 읍	삼수변[氵(水)]부/총8획
	應	응할 응:	마음심[心]부/총17획
*	凝	엉길 응:	이수변[冫]부/총16획
	意	뜻 의	마음심[心]부/총13획
	衣	옷 의	옷의[衣]부/총6획
	醫	의원 의	닭유[酉]부/총18획
	義	옳을 의:	양양[羊]부/총13획
	議	의논할 의(:)	말씀언[言]부/총20획
	依	의지할 의	사람인변[亻(人)]부/총8획
	儀	거동 의	사람인변[亻(人)]부/총15획
	疑	의심할 의	발소[疋]부/총14획
*	宜	마땅 의	갓머리[宀]부/총8획
*	矣	어조사 의	화살시[矢]부/총7획
	二	두 이:	두이[二]부/총2획
	以	써 이:	사람인[人]부/총5획
	耳	귀 이:	귀이[耳]부/총6획
	移	옮길 이	벼화[禾]부/총11획
	異	다를 이:	밭전[田]부/총11획
**	已	이미 이:	몸기[己]부/총3획
*	夷	오랑캐 이	큰대[大]부/총6획
*	而	말이을 이	말이을이[而]부/총6획
	益	더할 익	그릇명[皿]부/총10획
**	翼	날개 익	깃우[羽]부/총17획
	人	사람 인	사람인[人]부/총2획
	因	인할 인	큰입구몸[口]부/총6획
	印	도장 인	병부절[卩]부/총6획
	引	끌 인	활궁[弓]부/총4획
	認	알(知) 인	말씀언[言]부/총14획
	仁	어질 인	사람인변[亻(人)]부/총4획
**	忍	참을 인	마음심[心]부/총7획
*	姻	혼인 인	계집녀[女]부/총9획

	한자	훈음	부수/획수
*	寅	범/셋째지지 인	갓머리[宀]부/총11획
	一	한 일	한일[一]부/총1획
	日	날 일	날일[日]부/총4획
**	逸	편안할 일	책받침[辶(辵)]부/총12획
	任	맡길 임(:)	사람인변[亻(人)]부/총6획
**	壬	북방/아홉번째천간 임	선비사[士]부/총4획
**	賃	품삯 임:	조개패[貝]부/총13획
	入	들 입	들입[入]부/총2획
	子	아들/첫째지지 자	아들자[子]부/총3획
	字	글자 자	아들자[子]부/총6획
	自	스스로 자	스스로자[自]부/총6획
	者	놈 자	늙을로[耂(老)]부/총9획
	姿	모양 자:	계집녀[女]부/총9획
	資	재물 자	조개패[貝]부/총13획
	姉	손윗누이 자	계집녀[女]부/총8획
**	慈	사랑 자	마음심[心]부/총13획
**	刺	찌를 자/찌를 척	선칼도방[刂(刀)]부/총8획
*	恣	마음대로/방자할 자:	마음심[心]부/총10획
*	玆	이 자	검을현[玄]부/총10획
**	紫	자줏빛 자	실사[糸]부/총11획
	作	지을 작	사람인변[亻(人)]부/총7획
	昨	어제 작	날일[日]부/총9획
*	爵	벼슬 작	손톱조[爪]부/총18획
*	酌	술부을/잔질할 작	닭유[酉]부/총10획
	殘	남을 잔	죽을사변[歹]부/총12획
**	暫	잠깐 잠:	날일[日]부/총15획
**	潛	잠길 잠	삼수변[氵(水)]부/총15획
	雜	섞일 잡	새추[隹]부/총18획
	長	길/어른 장(:)	길장[長]부/총8획
	場	마당 장	흙토[土]부/총12획
	章	글 장	설립[立]부/총11획
	將	장수 장(:)	마디촌[寸]부/총11획
	障	막을 장	좌부변[阝(阜)]부/총14획
	壯	장할 장:	선비사[士]부/총7획
	帳	장막 장:	수건건[巾]부/총11획

張 베풀 장 활궁[弓]부/총11획
腸 창자 장 육달월[月(肉)]부/총13획
裝 꾸밀 장 옷의[衣]부/총13획
奬 장려할 장(:) 큰대[大]부/총14획
**丈 어른 장 한일[一]부/총3획
**掌 손바닥 장: 손수[手]부/총12획
**粧 단장할 장 쌀미[米]부/총12획
**臟 오장 장: 육달월[月(肉)]부/총21획
**莊 씩씩할 장 초두[艹(艸)]부/총10획
**葬 장사지낼 장: 초두[艹(艸)]부/총12획
**藏 감출 장: 초두[艹(艸)]부/총17획
*墻 담 장 흙토[土]부/총16획
在 있을 재: 흙토[土]부/총6획
才 재주 재 재방변[扌(手)]부/총3획
再 두 재: 멀경[冂]부/총6획
材 재목 재 나무목[木]부/총7획
災 재앙 재 불화[火]부/총7획
財 재물 재 조개패[貝]부/총10획
**栽 심을 재: 나무목[木]부/총10획
**裁 옷마를 재 옷의[衣]부/총12획
**載 실을 재: 수레거[車]부/총13획
*哉 어조사 재 입구[口]부/총9획
*宰 재상 재: 갓머리[宀]부/총10획
爭 다툴 쟁 손톱조[爪]부/총8획
貯 쌓을 저: 조개패[貝]부/총12획
低 낮을 저: 사람인변[亻(人)]부/총7획
底 밑 저: 집엄[广]부/총8획
**抵 막을 저: 재방변[扌(手)]부/총8획
**著 나타날 저: 초두[艹(艸)]부/총12획
的 과녁 적 흰백[白]부/총8획
赤 붉을 적 붉을적[赤]부/총7획
敵 대적할 적 등글월문[攵(攴)]부/총15획
積 쌓을 적 벼화[禾]부/총16획
籍 문서 적 대죽[竹]부/총20획
績 길쌈 적 실사[糸]부/총17획

賊 도둑 적 조개패[貝]부/총13획
適 맞을 적 책받침[辶(辵)]부/총15획
**寂 고요할 적 갓머리[宀]부/총11획
**摘 딸(手收) 적 재방변[扌(手)]부/총14획
**笛 피리 적 대죽[竹]부/총11획
**跡 발자취 적 발족[足]부/총13획
**蹟 자취 적 발족[足]부/총18획
*滴 물방울 적 삼수변[氵(水)]부/총14획
全 온전 전 들입[入]부/총6획
前 앞 전 선칼도방[刂(刀)]부/총9획
電 번개 전: 비우[雨]부/총13획
戰 싸울 전: 창과[戈]부/총16획
傳 전할 전 사람인변[亻(人)]부/총13획
典 법 전 여덟팔[八]부/총8획
展 펼 전: 주검시[尸]부/총10획
田 밭 전 밭전[田]부/총5획
專 오로지 전 마디촌[寸]부/총11획
轉 구를 전: 수레거[車]부/총18획
錢 돈 전: 쇠금[金]부/총16획
**殿 전각(큰집) 전: 갖은등글월문[殳]부/총13획
切 끊을 절/온통 체 칼도[刀]부/총4획
節 마디 절 대죽[竹]부/총15획
絶 끊을 절 실사[糸]부/총12획
折 꺾을 절 재방변[扌(手)]부/총7획
*竊 훔칠 절 구멍혈[穴]부/총22획
店 가게 점: 집엄[广]부/총8획
占 점령할:/점칠 점 점복[卜]부/총5획
點 점 점(:) 검을흑[黑]부/총17획
**漸 점점 점: 삼수변[氵(水)]부/총14획
接 이을 접 재방변[扌(手)]부/총11획
*蝶 나비 접 벌레충[虫]부/총15획
正 바를 정(:) 그칠지[止]부/총5획
定 정할 정: 갓머리[宀]부/총8획
庭 뜰 정 집엄[广]부/총10획
停 머무를 정 사람인변[亻(人)]부/총11획

情 뜻 정 심방변[忄(心)]부/총11획
政 정사 정 등글월문[攵(攴)]부/총9획
程 한도/길 정 벼화[禾]부/총12획
精 정할(깨끗할) 정 쌀미[米]부/총14획
丁 고무래/네째천간 정 한일[一]부/총2획
整 가지런할 정: 등글월문[攵(攴)]부/총16획
靜 고요할 정 푸를청[靑]부/총16획
**井 우물 정 두이[二]부/총4획
**亭 정자 정 돼지해밑[亠]부/총9획
**廷 조정 정 민책받침[廴]부/총7획
**征 칠 정 두인변[彳]부/총8획
**淨 깨끗할 정 삼수변[氵(水)]부/총11획
**貞 곧을 정 조개패[貝]부/총9획
**頂 정수리 정 머리혈[頁]부/총11획
*訂 바로잡을 정 말씀언[言]부/총9획
弟 아우 제: 활궁[弓]부/총7획
第 차례 제: 대죽[竹]부/총11획
題 제목 제 머리혈[頁]부/총18획
制 절제할 제: 선칼도방[刂(刀)]부/총8획
提 끌 제 재방변[扌(手)]부/총12획
濟 건널 제: 삼수변[氵(水)]부/총17획
祭 제사 제: 보일시[示]부/총11획
製 지을 제:: 옷의[衣]부/총14획
除 덜 제 좌부변[阝(阜)]부/총10획
際 즈음(때)/가 제: 좌부변[阝(阜)]부/총14획
帝 임금 제: 수건건[巾]부/총9획
**諸 모두 제 말씀언[言]부/총16획
**齊 가지런할 제 가지런할제[齊]부/총14획
*堤 둑 제 흙토[土]부/총12획
祖 할아비 조 보일시[示]부/총10획
朝 아침 조 달월[月]부/총12획
操 잡을 조: 재방변[扌(手)]부/총16획
調 고를 조 말씀언[言]부/총15획
助 도울 조: 힘력[力]부/총7획
早 이를 조: 날일[日]부/총6획

造 지을 조: 책받침[辶(辵)]부/총11획
鳥 새 조 새조[鳥]부/총11획
條 가지 조 나무목[木]부/총11획
潮 조수(밀물과 썰물) 조 삼수변[氵(水)]부/총15획
組 짤 조 실사[糸]부/총11획
**兆 억조 조 어진사람인[儿]부/총6획
**照 비칠 조 연화발[灬(火)]부/총13획
*弔 조상할 조: 활궁[弓]부/총4획
*燥 마를 조 불화[火]부/총17획
**租 조세 조 벼화[禾]부/총10획
足 발 족 발족[足]부/총7획
族 겨레 족 모방[方]부/총11획
尊 높을 존 마디촌[寸]부/총12획
存 있을 존 아들자[子]부/총6획
卒 마칠 졸 열십[十]부/총8획
*拙 졸할 졸 재방변[扌(手)]부/총8획
種 씨 종(:) 벼화[禾]부/총14획
終 마칠 종 실사[糸]부/총11획
宗 마루 종 갓머리[宀]부/총8획
從 좇을 종(:) 두인변[彳]부/총11획
鍾 쇠북 종 쇠금[金]부/총17획
**縱 세로 종 실사[糸]부/총17획
左 왼 좌:: 장인공[工]부/총5획
座 자리 좌 : 집엄[广]부/총10획
**坐 앉을 좌: 흙토[土]부/총7획
*佐 도울 좌: 사람인변[亻(人)]부/총7획
罪 허물 죄: 그물망[罒(网)]부/총13획
主 임금/주인 주 불똥주[丶]부/총5획
住 살 주: 사람인변[亻(人)]부/총7획
晝 낮 주 날일[日]부/총11획
注 부을 주: 삼수변[氵(水)]부/총8획
州 고을 주 개미허리[巛]부/총6획
週 주일 주 책받침[辶(辵)]부/총12획
走 달릴 주 달릴주[走]부/총7획
周 두루 주 입구[口]부/총8획

한자	훈음	부수/획수
朱	붉을 주	나무목[木]부/총6획
酒	술 주(:)	닭유[酉]부/총10획
**宙	집 주:	갓머리[宀]부/총8획
**柱	기둥 주	나무목[木]부/총9획
**洲	물가 주	삼수변[氵(水)]부/총9획
**奏	아뢸 주(:)	큰대[大]부/총9획
**株	그루 주	나무목[木]부/총10획
**珠	구슬 주	임금왕[王]부/총10획
*舟	배 주	배주[舟]부/총6획
**鑄	쇠불릴 주	쇠금[金]부/총22획
竹	대 죽	대죽[竹]부/총6획
準	준할 준:	삼수변[氵(水)]부/총13획
*俊	준걸 준:	사람인변[亻(人)]부/총9획
*遵	좇을 준:	책받침[辶(辵)]부/총16획
中	가운데 중	뚫을곤[丨]부/총4획
重	무거울 중:	마을리[里]부/총9획
衆	무리 중:	피혈[血]부/총12획
**仲	버금 중(:)	사람인변[亻(人)]부/총6획
**卽	곧 즉	병부절[卩]부/총9획
增	더할 증	흙토[土]부/총15획
證	증거 증	말씀언[言]부/총19획
**憎	미울 증	심방변[忄(心)]부/총15획
**曾	일찍 증	날일[日]부/총12획
**症	증세 증(:)	병들녁[疒]부/총10획
**蒸	찔 증	초두[艹(艸)]부/총13획
*贈	줄 증	조개패[貝]부/총19획
地	따 지	흙토[土]부/총6획
紙	종이 지	실사[糸]부/총10획
止	그칠 지	그칠지[止]부/총4획
知	알 지	화살시[矢]부/총8획
志	뜻 지	마음심[心]부/총7획
指	가리킬 지	재방변[扌(手)]부/총9획
支	지탱할 지	지탱할지[支]부/총4획
至	이를 지	이를지[至]부/총6획
持	가질 지	재방변[扌(手)]부/총9획
智	지혜/슬기 지	날일[日]부/총12획
誌	기록할 지	말씀언[言]부/총14획
**之	갈 지	삐침별[丿]부/총4획
**池	못 지	삼수변[氵(水)]부/총6획
*只	다만 지	입구[口]부/총5획
**枝	가지 지	나무목[木]부/총8획
*遲	더딜/늦을 지	책받침[辶(辵)]부/총16획
直	곧을 직	눈목[目]부/총8획
職	직분 직	귀이[耳]부/총18획
織	짤 직	실사[糸]부/총18획
眞	참 진	눈목[目]부/총10획
進	나아갈 진:	책받침[辶(辵)]부/총12획
珍	보배 진	임금왕[王(玉)]부/총9획
盡	다할 진:	그릇명[皿]부/총14획
陣	진칠 진	좌부변[阝(阜)]부/총10획
**振	떨칠 진:	재방변[扌(手)]부/총10획
**辰	별 진/때 신	별진[辰]부/총7획
**鎭	진압할 진(:)	쇠금[金]부/총18획
**陳	베풀/묵을 진	좌부변[阝(阜)]부/총11획
**震	우레 진:	비우[雨]부/총15획
質	바탕 질	조개패[貝]부/총15획
**疾	병 질	병들녁[疒]부/총10획
**秩	차례 질	벼화[禾]부/총10획
*姪	조카 질	계집녀[女]부/총9획
集	모일 집	새추[隹]부/총12획
**執	잡을 집	흙토[土]부/총11획
**徵	부를 징	두인변[彳]부/총15획
*懲	징계할 징	마음심[心]부/총19획
次	버금 차	하품흠[欠]부/총6획
差	다를 차	장인공[工]부/총10획
**此	이 차	그칠지[止]부/총6획
*且	또 차:	한일[一]부/총5획
**借	빌/빌릴 차:	사람인변[亻(人)]부/총10획
着	붙을 착	눈목[目]부/총12획
*捉	잡을 착	재방변[扌(手)]부/총10획
**錯	어긋날 착	쇠금[金]부/총16획
讚	기릴 찬:	말씀언[言]부/총26획
**贊	도울 찬:	조개패[貝]부/총19획
察	살필 찰	갓머리[宀]부/총14획
參	참여할 참/석 삼	마을모[厶]부/총11획
*慘	참혹할 참	심방변[忄(心)]부/총14획
*慙	부끄러울 참	마음심[心]부/총15획
窓	창 창	구멍혈[穴]부/총11획
唱	부를 창:	입구[口]부/총11획
創	비롯할 창:	선칼도방[刂(刀)]부/총12획
**倉	곳집 창:	사람인[人]부/총10획
**昌	창성할 창(:)	날일[日]부/총8획
**蒼	푸를 창	초두[艹(艸)]부/총13획
*暢	화창할 창:	날일[日]부/총14획
採	캘 채:	재방변[扌(手)]부/총11획
**彩	채색 채:	터럭삼[彡]부/총11획
**菜	나물 채	초두[艹(艸)]부/총11획
**債	빚 채:	사람인변[亻(人)]부/총13획
責	꾸짖을 책	조개패[貝]부/총11획
冊	책 책	멀경[冂]부/총5획
**策	꾀 책	대죽[竹]부/총12획
處	곳 처:	범호밑[虍]부/총11획
**妻	아내 처	계집녀[女]부/총8획
**尺	자 척	주검시[尸]부/총4획
**戚	친척 척	창과[戈]부/총11획
**拓	넓힐척/박을 탁	재방변[扌(手)]부/총8획
*斥	물리칠 척	도끼근[斤]부/총5획
千	일천 천	열십[十]부/총3획
天	하늘 천	큰대[大]부/총4획
川	내 천	개미허리[巛]부/총3획
泉	샘 천	물수[水]부/총9획
**淺	얕을 천:	삼수변[氵(水)]부/총11획
**賤	천할 천:	조개패[貝]부/총15획
**踐	밟을 천:	발족[(足)]부/총15획
*薦	천거할 천:	초두[艹(艸)]부/총16획
**遷	옮길 천:	책받침[辶(辵)]부/총15획
鐵	쇠 철	쇠금[金]부/총21획
**哲	밝을 철	입구[口]부/총10획
**徹	통할 철	두인변[彳]부/총15획
*尖	뾰족할 첨	작을소[小]부/총6획
*添	더할 첨	삼수변[氵(水)]부/총11획
*妾	첩 첩	계집녀[女]부/총8획
靑	푸를 청	푸를청[靑]부/총8획
淸	맑을 청	삼수변[氵(水)]부/총11획
請	청할 청	말씀언[言]부/총15획
聽	들을 청	귀이[耳]부/총22획
廳	관청 청	집엄[广]부/총25획
*晴	갤 청	날일[日]부/총12획
體	몸 체	뼈골[骨]부/총23획
*替	바꿀 체	날일[日]부/총12획
**滯	막힐 체	삼수변[氵(水)]부/총13획
*逮	잡을 체	책받침[辶(辵)]부/총12획
*遞	갈릴 체	책받침[辶(辵)]부/총14획
草	풀 초	초두[艹(艸)]부/총9획
初	처음 초	칼도[刀]부/총7획
招	부를 초	재방변[扌(手)]부/총8획
**礎	주춧돌 초	돌석[石]부/총18획
**肖	닮을 초	육달월[月(肉)]부/총7획
**超	뛰어넘을 초	달릴주[走]부/총12획
*抄	뽑을 초	재방변[扌(手)]부/총7획
*秒	분초 초	벼화[禾]부/총9획
**促	재촉할 촉	사람인변[亻(人)]부/총9획
**觸	닿을 촉	뿔각[角]부/총20획
*燭	촛불 촉	불화[火]부/총17획
寸	마디 촌:	마디촌[寸]부/총3획
村	마을 촌:	나무목[木]부/총7획
總	다(皆) 총:	실사[糸]부/총17획
銃	총 총	쇠금[金]부/총14획
*聰	귀밝을 총	귀이[耳]부/총17획
最	가장 최:	가로왈[曰]부/총12획

한자	훈음	부수/획수
** 催	재촉할 최:	사람인변[亻(人)]부/총13획
秋	가을 추:	벼화[禾]부/총9획
推	밀 추	재방변[扌(手)]부/총11획
** 追	쫓을/따를 추	책받침[辶(辵)]부/총10획
* 抽	뽑을 추	재방변[扌(手)]부/총8획
* 醜	추할 추	닭유[酉]부/총17획
祝	빌 축	보일시[示]부/총10획
築	쌓을 축	대죽[竹]부/총16획
蓄	모을 축	초두[艹(艸)]부/총13획
縮	줄일 축	실사[糸]부/총17획
* 丑	소/두번째지지 축	한일[一]부/총4획
** 畜	짐승 축	밭전[田]부/총10획
* 逐	쫓을 축	책받침[辶(辵)]부/총11획
春	봄 춘	날일[日]부/총9획
出	날 출	입벌릴감[凵]부/총5획
充	채울 충	어진사람인[儿]부/총6획
忠	충성 충	마음심[心]부/총8획
蟲	벌레 충	벌레충[虫]부/총18획
** 衝	찌를 충	다닐행[行]부/총15획
取	가질 취:	또우[又]부/총8획
就	나아갈 취:	절름발이왕[尢]부/총12획
趣	뜻 취:	달릴주[走]부/총15획
** 吹	불 취:	입구[口]부/총7획
** 醉	취할 취:	닭유[酉]부/총15획
* 臭	냄새 취:	스스로자[自]부/총10획
測	헤아릴 측	삼수변[氵(水)]부/총12획
** 側	곁 측	사람인변[亻(人)]부/총11획
層	층 층	주검시[尸]부/총15획
致	이를 치:	이를지[至]부/총10획
治	다스릴 치	삼수변[氵(水)]부/총8획
置	둘 치:	그물망[罒(网)]부/총13획
齒	이 치	이치[齒]부/총15획
** 値	값 치	사람인변[亻(人)]부/총10획
** 恥	부끄러울 치	마음심[心]부/총10획
** 稚	어릴 치	벼화[禾]부/총13획
則	법칙 칙/ 곧 즉	선칼도방[刂(刀)]부/총9획
親	친할/어버이 친	볼견[見]부/총16획
七	일곱 칠	한일[一]부/총2획
** 漆	옻 칠	삼수변[氵(水)]부/총14획
侵	침노할 침	사람인변[亻(人)]부/총9획
寢	잠잘 침:	갓머리[宀]부/총14획
針	바늘 침(:)	쇠금[金]부/총10획
** 沈	잠길 침/성 심:	삼수변[氵(水)]부/총7획
* 枕	베개 침:	나무목[木]부/총8획
** 浸	잠길 침:	삼수변[氵(水)]부/총10획
稱	일컬을 칭	벼화[禾]부/총14획
快	쾌할 쾌	심방변[忄(心)]부/총7획
他	다를 타	사람인변[亻(人)]부/총5획
打	칠 타:	재방변[扌(手)]부/총5획
* 墮	떨어질 타:	흙토[土]부/총15획
* 妥	온당할 타:	계집녀[女]부/총7획
卓	높을 탁	열십[十]부/총8획
* 托	맡길 탁	재방변[扌(手)]부/총6획
* 濁	흐릴 탁	삼수변[氵(水)]부/총15획
* 濯	씻을 탁	삼수변[氵(水)]부/총17획
炭	숯 탄:	불화[火]부/총9획
彈	탄알 탄:	활궁[弓]부/총15획
歎	탄식할 탄:	하품흠방[欠]부/총15획
* 誕	낳을/거짓 탄:	말씀언[言]부/총14획
脫	벗을 탈	육달월[月(肉)]부/총11획
** 奪	빼앗을 탈	큰대[大]부/총14획
探	찾을 탐	재방변[扌(手)]부/총11획
* 貪	탐낼 탐	조개패[貝]부/총11획
** 塔	탑 탑	흙토[土]부/총12획
** 湯	끓을 탕:	삼수변[氵(水)]부/총12획
太	클 태	큰대[大]부/총4획
態	모습 태:	마음심[心]부/총14획
** 殆	거의 태	죽을사변[歹]부/총9획
** 泰	클 태	물수변형[氺(水)]부/총10획
* 怠	게으를 태	마음심[心]부/총9획
宅	집 택/집 댁	갓머리[宀]부/총6획
擇	가릴 택	재방변[扌(手)]부/총16획
** 澤	못 택	삼수변[氵(水)]부/총16획
土	흙 토	흙토[土]부/총3획
討	칠 토(:)	말씀언[言]부/총10획
** 兎	토끼 토	어진사람인[儿]부/총8획
** 吐	토할 토(:)	입구[口]부/총6획
通	통할 통	책받침[辶(辵)]부/총11획
統	거느릴/합칠 통:	실사[糸]부/총12획
痛	아플 통:	병들녁[疒]부/총12획
退	물러날 퇴:	책받침[辶(辵)]부/총10획
投	던질 투	재방변[扌(手)]부/총7획
鬪	싸움 투	싸움투[鬥]부/총20획
** 透	사무칠 투	책받침[辶(辵)]부/총11획
特	특별할 특	소우[牛]부/총10획
波	물결 파	삼수변[氵(水)]부/총8획
破	깨뜨릴 파:	돌석[石]부/총10획
派	갈래 파	삼수변[氵(水)]부/총9획
* 把	잡을 파:	재방변[扌(手)]부/총7획
* 播	뿌릴 파(:)	재방변[扌(手)]부/총15획
* 罷	마칠 파:	그물망[罒(网)]부/총15획
* 頗	자못 파	머리혈[頁]부/총14획
板	널 판	나무목[木]부/총8획
判	판단할 판	선칼도방[刂(刀)]부/총7획
** 版	판목 판	조각편[片]부/총8획
* 販	팔 판	조개패[貝]부/총11획
八	여덟 팔	여덟팔[八]부/총2획
敗	패할 패:	등글월문[攵(攴)]부/총11획
* 貝	조개 패:	조개패[貝]부/총7획
便	편할 편/똥오줌 변	사람인변[亻(人)]부/총9획
篇	책 편	대죽[竹]부/총15획
** 片	조각 편(:)	조각편[片]부/총4획
** 偏	치우칠 편	사람인변[亻(人)]부/총11획
** 編	엮을 편	실사[糸]부/총15획
* 遍	두루 편	책받침[辶(辵)]부/총13획
平	평평할 평	방패간[干]부/총5획
評	평할 평:	말씀언[言]부/총12획
閉	닫을 폐:	문문[門]부/총11획
,** 弊	폐단/해질 폐:	받쳐들공[廾]부/총15획
** 肺	허파 폐:	육달월[月(肉)]부/총9획
* 幣	화폐 폐:	수건건[巾]부/총15획
** 廢	폐할/버릴 폐:	집엄[广]부/총15획
* 蔽	덮을 폐:	초두[艹(艸)]부/총15획
包	쌀 포(:)	쌀포[勹]부/총5획
布	베/펼 포(:), 보시 보:	수건건[巾]부/총5획
砲	대포 포:	돌석[石]부/총10획
胞	세포포(:)	육달월[月(肉)]부/총9획
** 浦	개(水邊) 포	삼수변[氵(水)]부/총10획
* 抱	안을 포:	재방변[扌(:手)]부/총8획
** 捕	잡을 포:	재방변[扌(手)]부/총10획
* 飽	배부를 포:	밥식[食]부/총14획
暴	사나울 폭/모질 포:	날일[日]부/총15획
爆	불터질 폭	불화[火]부/총19획
* 幅	폭 폭	수건건[巾]부/총12획
表	겉 표	옷의[衣]부/총8획
票	표 표	보일시[示]부/총11획
標	표할 표	나무목[木]부/총15획
* 漂	떠다닐 표	삼수변[氵(水)]부/총14획
品	물건 품:	입구[口]부/총9획
風	바람 풍	바람풍[風]부/총9획
豊	풍년 풍	콩두[豆]부/총13획
** 楓	단풍 풍	나무목[木]부/총13획
疲	피곤할 피	병들녁[疒]부/총10획
避	피할 피:	책받침[辶(辵)]부/총17획
** 彼	저 피:	두인변[彳]부/총8획
** 皮	가죽 피	가죽피[皮]부/총5획
** 被	입을 피:	옷의[衤(衣)]부/총10획
必	반드시 필	마음심[心]부/총5획
筆	붓 필	대죽[竹]부/총12획
** 畢	마칠 필	밭전[田]부/총11획
* 匹	짝 필	상자방[匚]부/총4획
下	아래 하:	한일[一]부/총3획
夏	여름 하:	뒤져올치[夂]부/총10획
河	물 하	삼수변[氵(水)]부/총8획

* *	何	어찌 하	사람인변[亻(人)]부/총7획
* *	賀	하례할 하:	조개패[貝]부/총12획
* *	荷	멜 하(:)	초두[艹(艸)]부/총9획
	學	배울 학	아들자[子]부/총16획
* *	鶴	학(두루미) 학	새조[鳥]부/총21획
	韓	한국/나라 한	가죽위[韋]부/총17획
	漢	한수/한나라 한	삼수변[氵(水)]부/총14획
	寒	찰 한	갓머리[宀]부/총12획
	限	한할(한정할) 한	좌부변[阝(阜)]부/총9획
	恨	한(怨) 한:	심방변[忄(心)]부/총9획
	閑	한가할 한:	문문[門]부/총12획
*	旱	가물 한:	날일[日]부/총7획
* *	汗	땀 한(:)	삼수변[氵(水)]부/총6획
* *	割	벨 할	선칼도방[刂(刀)]부/총12획
* *	含	머금을 함	입구[口]부/총7획
* *	陷	빠질 함:	좌부변[阝(阜)]부/총11획
*	咸	다 함	입구[口]부/총9획
	合	합할 합	입구[口]부/총6획
	港	항구 항:	삼수변[氵(水)]부/총12획
	航	배 항:	배주[舟]부/총10획
	抗	겨룰 항:	재방변[扌(手)]부/총7획
* *	恒	항상 항	심방변[忄(心)]부/총9획
* *	項	항목 항:	머리혈[頁]부/총12획
*	巷	거리 항:	몸기[己]부/총9획
	海	바다 해:	삼수변[氵(水)]부/총10획
	害	해할 해:	갓머리[宀]부/총10획
	解	풀 해:	뿔각[角]부/총13획
*	亥	돼지/열두번째지지 해	돼지해밑[亠]부/총6획
*	奚	어찌 해	큰대[大]부/총10획
*	該	갖출/마땅 해	말씀언[言]부/총13획
	核	씨 핵	나무목[木]부/총10획
	幸	다행 행:	방패간[干]부/총8획
	行	다닐 행(:)/항렬 항	다닐행[行]부/총6획
	向	향할 향:	입구[口]부/총6획
	鄕	시골 향	우부방[阝(邑)]부/총13획
	香	향기 향	향기향[香]부/총9획
* *	響	울릴 향:	소리음[音]부/총22획
*	享	누릴 향:	돼지해밑[亠]부/총8획
	許	허락할 허	말씀언[言]부/총11획
	虛	빌 허	범호밑[虍]부/총12획
	憲	법 헌:	마음심[心]부/총16획
* *	獻	드릴 헌:	개견[犬]부/총20획
*	軒	집 헌	수레거[車]부/총10획
	驗	시험할 험:	말마[馬]부/총23획
	險	험할 험:	좌부변[阝(阜)]부/총16획
	革	가죽 혁	가죽혁[革]부/총9획
	現	나타날 현:	임금왕[王(玉)]부/총11획
	賢	어질현:	조개패[貝]부/총15획
	顯	나타날 현:	머리혈[頁]부/총23획
* *	懸	달(繫) 현:	마음심[心]부/총20획
* *	玄	검을 현	검을현[玄]부/총5획
*	絃	줄 현	실사[糸]부/총11획
*	縣	고을 현:	실사[糸]부/총16획
	血	피 혈	피혈[血]부/총6획
* *	穴	굴 혈	구멍혈[穴]부/총5획
*	嫌	싫어할 혐	계집녀[女]부/총13획
	協	화할 협:	열십[十]부/총8획
* *	脅	위협할 협	육달월[月(肉)]부/총10획
	兄	맏 형	어진사람인[儿]부/총5획
	形	모양 형	터럭삼[彡]부/총7획
	刑	형벌 형:	선칼도방[刂(刀)]부/총6획
*	亨	형통할 형	돼지해밑[亠]부/총7획
*	螢	반딧불 형	벌레충[虫]부/총16획
* *	衡	저울대 형	다닐행[行]부/총16획
	惠	은혜 혜:	마음심[心]부/총12획
* *	慧	슬기로울 혜:	마음심[心]부/총15획
*	兮	어조사 혜	여덟팔[八]부/총4획
	號	이름 호(:)	범호밑[虍]부/총13획
	湖	호수 호	삼수변[氵(水)]부/총12획
	呼	부를 호	입구[口]부/총8획
	好	좋을 호:	계집녀[女]부/총6획
	戶	집 호:	지게호[戶]부/총4획
	護	도울 호:	말씀언[言]부/총20획
* *	浩	넓을 호:	삼수변[氵(水)]부/총10획
* *	胡	오랑캐/되(狄) 호	육달월[月(肉)]부/총9획
* *	虎	범 호(:)	범호밑[虍]부/총8획
* *	豪	호걸 호	돼지시[豕]부/총14획
*	乎	어조사 호	삐침별[丿]부/총5획
*	互	서로 호:	두이[二]부/총4획
*	毫	터럭 호	터럭모[毛]부/총11획
	或	혹 혹	창과[戈]부/총8획
* *	惑	미혹할 혹	마음심[心]부/총12획
	婚	혼인할 혼	계집녀[女]부/총11획
	混	섞을 혼:	삼수변[氵(水)]부/총11획
*	魂	넋 혼	귀신귀[鬼]부/총14획
*	昏	어두울 혼	날일[日]부/총8획
* *	忽	갑자기 홀	마음심[心]부/총8획
	紅	붉을 홍	실사[糸]부/총9획
* *	洪	넓을 홍	삼수변[氵(水)]부/총9획
*	弘	클 홍	활궁[弓]부/총5획
*	鴻	기러기 홍	새조[鳥]부/총17획
	火	불 화:	불화[火]부/총4획
	花	꽃 화	초두[艹(艸)]부/총7획
	話	말씀 화	말씀언[言]부/총13획
	和	화할 화	입구[口]부/총8획
	畫	그림 화(:)/그을 획	밭전[田]부/총12획
	化	될 화(:)	비수비[匕]부/총4획
	貨	재물 화:	조개패[貝]부/총11획
	華	빛날 화	초두[艹(艸)]부/총11획
* *	禍	재앙 화:	보일시[示]부/총14획
*	禾	벼 화	벼화[禾]부/총5획
	確	굳을 확	돌석[石]부/총15획
*	擴	넓힐 확	재방변[扌(手)]부/총18획
*	穫	거둘 확	벼화[禾]부/총18획
	患	근심 환:	마음심[心]부/총11획
	歡	기쁠 환	하품흠[欠]부/총21획
	環	고리 환(:)	임금왕[王(玉)]부/총17획
* *	換	바꿀 환:	재방변[扌(手)]부/총12획
* *	還	돌아올 환	책받침[辶(辵)]부/총17획
*	丸	둥글 환	불똥주[丶]부/총3획
	活	살 활	삼수변[氵(水)]부/총9획
	黃	누를 황	누를황[黃]부/총12획
	況	상황 황:	삼수변[氵(水)]부/총8획
* *	皇	임금 황	흰백[白]부/총9획
* *	荒	거칠 황	초두[艹(艸)]부/총9획
	會	모일 회	날일[日]부/총13획
	回	돌아올 회	에울위[囗]부/총6획
	灰	재 회	불화[火]부/총6획
* *	悔	뉘우칠 회:	심방변[忄(心)]부/총10획
* *	懷	품을 회	심방변[忄(心)]부/총19획
* *	劃	그을 획	선칼도방[刂(刀)]부/총14획
* *	獲	얻을 획	개사슴록변[犭(犬)]부/총16획
* *	橫	가로 횡	나무목[木]부/총16획
	孝	효도 효:	아들자[子]부/총7획
	效	본받을 효:	등글월문[攵(攴)]부/총10획
*	曉	새벽 효:	날일[日]부/총16획
	後	뒤 후:	두인변[彳]부/총9획
	候	기후 후:	사람인변[亻(人)]부/총10획
	厚	두터울 후:	굴바위엄[厂]부/총9획
*	侯	제후 후	사람인변[亻(人)]부/총9획
	訓	가르칠 훈	말씀언[言]부/총10획
*	毁	헐 훼:	갖은등글월문[殳]부/총13획
	揮	휘두를 휘	재방변[扌(手)]부/총12획
*	輝	빛날 휘	수레차[車]부/총15획
	休	쉴 휴	사람인변[亻(人)]부/총6획
*	携	이끌 휴	재방변[扌(手)]부/총13획
	凶	흉할 흉	일벌릴감[凵]부/총4획
* *	胸	가슴 흉	육달월[月(肉)]부/총10획
	黑	검을 흑	검을흑[黑]부/총12획
	吸	마실 흡	입구[口]부/총7획
	興	일(盛)/기뻐할 흥	절구구[臼]부/총16획
	希	바랄 희	수건건[巾]부/총7획
	喜	기쁠 희	입구[口]부/총12획
* *	稀	드물 희	벼화[禾]부/총12획
* *	戱	놀이 희	창과[戈]부/총16획

2급 배정한자 538字

伽	절 가	사람인변[亻(人)]부/총7획
賈	장사 고/성 가	조개 패[貝]부/총13획
迦	부처이름 가	책받침[辶(辵)]부/총9획
柯	가지 가	나무 목[木]부/총9획
軻	수레/사람이름 가	수레 거[車]부/총12획
珏	쌍옥 각	구슬옥변[王(玉)]부/총9획
艮	괘이름 간	괘이름 간[艮]부/총6획
杆	몽둥이 간	나무 목[木]부/총7획
葛	칡 갈	초두머리[艹(艸)]부/총12획
鞨	오랑캐이름 갈	가죽 혁[革]부/총18획
憾	섭섭할 감	심방변[忄(心)]부/총16획
邯	조나라서울 한/사람이름 감	우부방[阝(邑)]부/총8획
岬	곶 갑	메 산[山]부/총8획
鉀	갑옷 갑	쇠 금[金]부/총13획
崗	언덕 강	메 산[山]부/총11획
岡	산등성이 강	메 산[山]부/총8획
姜	성 강	계집 녀[女]부/총9획
彊	굳셀 강	활 궁[弓]부/총16획
疆	지경 강	밭 전[田]부/총19획
价	클 개	사람인변[亻(人)]부/총6획
塏	높은 땅 개	흙 토[土]부/총13획
坑	구덩이 갱	흙 토[土]부/총7획
鍵	열쇠/자물쇠 건	쇠 금[金]부/총17획
杰	뛰어날 걸	나무 목[木]부/총8획
桀	夏王이름 걸	나무 목[木]부/총10획
揭	높이들/걸 게	재방변[扌(手)]부/총12획
憩	쉴 게	마음 심[心]부/총16획
甄	질그릇 견	기와 와[瓦]부/총14획
炅	빛날 경	불 화[火]부/총8획
瓊	구슬 경	구슬옥변[王(玉)]부/총19획
璟	옥빛 경	구슬옥변[王(玉)]부/총16획
儆	경계할 경	사람인변[亻(人)]부/총14획
皐	언덕 고	흰 백[白]부/총11획
雇	품팔 고	새 추[隹]부/총12획
串	땅이름 곶/꿸 관	뚫을 곤[丨]부/총7획
戈	창 과	창 과[戈]부/총4획
菓	과자/실과 과	초두머리[艹(艸)]부/총11획
瓜	외 과	외 과[瓜]부/총5획
琯	옥피리 관	구슬옥변[王(玉)]부/총12획
款	항목 관	하품 흠[欠]부/총12획
傀	허수아비 괴	사람인변[亻(人)]부/총12획
槐	회화나무/느티나무 괴	나무 목[木]부/총14획
僑	더부살이 교	사람인변[亻(人)]부/총14획
絞	목맬 교	실 사[糸]부/총12획
膠	아교 교	육달월[月(肉)]부/총15획
邱	언덕 구	우부방[阝(邑)]부/총8획
玖	옥돌 구	구슬옥변[王(玉)]부/총7획
歐	구라파/칠 구	하품 흠[欠]부/총15획
鷗	갈매기 구	새 조[鳥]부/총22획
購	살 구	조개 패[貝]부/총17획
鞠	성(姓)/국문할 국	가죽 혁[革]부/총17획
掘	팔 굴	재방변[扌(手)]부/총11획
窟	굴 굴	굴 혈[穴]부/총13획
圈	우리 권	큰입구몸[口]부/총11획
闕	대궐 궐	문 문[門]부/총18획
圭	서옥/쌍토 규	흙 토[土]부/총6획
揆	헤아릴 규	재방변[扌(手)]부/총12획
閨	안방 규	문 문[門]부/총14획
奎	별 규	큰 대[大]부/총9획
珪	홀 규	구슬옥변[王(玉)]부/총10획
槿	무궁화 근	나무 목[木]부/총15획
瑾	아름다운 옥 근	구슬옥변[王(玉)]부/총15획
兢	떨릴 긍	어진사람인발[儿]부/총14획
淇	물이름 기	삼수변[氵(水)]부/총11획
棋	바둑 기	나무 목[木]부/총12획
琪	아름다운 옥 기	구슬옥변[王(玉)]부/총12획
箕	키 기	대 죽[竹]부/총14획
騏	준마 기	말 마[馬]부/총18획
驥	천리마 기	말 마[馬]부/총27획
麒	기린 기	사슴 록[鹿]부/총19획
冀	바랄 기	여덟 팔[八]부/총16획
琦	옥이름 기	구슬옥변[王(玉)]부/총12획
岐	갈림길 기	메산[山]부/총7획
璣	별이름 기	구슬옥변[王(玉)]부/총16획
沂	물이름 기	삼수변[氵(水)]부/총7획
耆	늙을 기	늙을로엄[耂(老)]부/총10획
濃	짙을 농	삼수변[氵(水)]부/총16획
尿	오줌 뇨	주검 시[尸]부/총7획
尼	여승 니	주검 시[尸]부/총5획
溺	빠질 닉	삼수변[氵(水)]부/총13획
湍	여울 단	삼수변[氵(水)]부/총12획
鍛	쇠불릴 단	쇠 금[金]부/총17획
膽	쓸개 담	육달월[月(肉)]부/총17획
潭	못 담	삼수변[氵(水)]부/총15획
塘	못 당	흙 토[土]부/총13획
垈	집터 대	흙 토[土]부/총8획
戴	일 대	창 과[戈]부/총17획
悳	큰 덕	마음 심[心]부/총12획
悼	슬퍼할 도	심방변[忄(心)]부/총11획
燾	비칠 도	연화발[灬(火)]부/총18획
惇	도타울 돈	심방변[忄(心)]부/총11획
燉	불빛 돈	불 화[火]부/총16획
頓	조아릴 돈	머리 혈[頁]부/총13획
乭	이름 돌	새 을[乙]부/총6획
桐	오동나무 동	나무 목[木]부/총10획
棟	마룻대 동	나무 목[木]부/총12획
董	바를 동	초두머리[艹(艸)]부/총12획
杜	막을 두	나무 목[木]부/총7획
鄧	나라이름 등	우부방[阝(邑)]부/총15획
藤	등나무 등	초두머리[艹(艸)]부/총18획
謄	베낄 등	말씀 언[言]부/총17획
裸	벗을 라	옷 의[衣]부/총13획
洛	물이름 락	삼수변[氵(水)]부/총9획
爛	빛날 란	불 화[火]부/총21획
藍	쪽 람	초두머리[艹(艸)]부/총17획
拉	끌 랍	재방변[扌(手)]부/총8획
萊	명아주 래	초두머리[艹(艸)]부/총11획
輛	수레 량	수레 거[車]부/총15획
亮	밝을 량	돼지해머리[亠]부/총9획
樑	들보 량	나무 목[木]부/총15획
礪	숫돌 려	돌 석[石]부/총20획
呂	성/법칙 려	입 구[口]부/총7획
驪	검은말 려	말 마[馬]부/총29획
廬	농막집 려	엄 호[广]부/총19획
漣	잔물결 련	삼수변[氵(水)]부/총14획
煉	달굴 련	불 화[火]부/총13획
濂	물이름 렴	삼수변[氵(水)]부/총16획
玲	옥소리 령	구슬옥변[王(玉)]부/총9획
醴	단술 례	닭 유[酉]부/총20획
盧	성 로	그릇 명[皿]부/총16획
蘆	갈대 로	초두머리[艹(艸)]부/총19획
鷺	백로/해오라기 로	새 조[鳥]부/총23획
魯	노나라/노둔할 로	물고기 어[魚]부/총15획
籠	대바구니 롱	대죽머리[⺮(竹)]부/총22획
遼	멀 료	책받침[辶(辵)]부/총16획
療	병고칠 료	병질엄[疒]부/총17획
硫	유황 류	돌 석[石]부/총12획
劉	죽일/묘금도 류	칼도방[刂(刀)]부/총15획
謬	그르칠 류	말씀 언[言]부/총18획
崙	산이름 륜	메 산[山]부/총11획
楞	네모질 릉	나무 목[木]부/총13획
麟	기린 린	사슴 록[鹿]부/총23획
摩	문지를 마	손 수[手]부/총15획
魔	마귀 마	귀신 귀[鬼]부/총21획
痲	저릴 마	병질엄[疒]부/총13획
膜	막/꺼풀 막	육달월[月(肉)]부/총15획

娩	낳을 만	계집 녀[女]부/총10획
蠻	오랑캐 만	벌레 충[虫]부/총25획
灣	물굽이 만	삼수변[氵(水)]부/총25획
靺	말갈 말	가죽 혁[革]부/총14획
網	그물 망	실 사[糸]부/총14획
魅	매혹할 매	귀신 귀[鬼]부/총15획
枚	낱 매	나무 목[木]부/총8획
貊	맥국 맥	갖은돼지시변[豸]부/총13획
覓	찾을 멱	볼 견[見]부/총11획
俛	힘쓸/구부릴 면	사람인변[亻(人)]부/총9획
冕	면류관 면	멀 경[冂]부/총11획
沔	물이름/빠질 면	삼수변[氵(水)]부/총7획
蔑	업신여길 멸	초두머리[艹(艸)]부/총14획
矛	창 모	창 모[矛]부/총5획
茅	띠 모	초두머리[艹(艸)]부/총8획
牟	성/보리 모	소 우[牛]부/총6획
謨	꾀 모	말씀 언[言]부/총18획
帽	모자 모	수건 건[巾]부/총12획
沐	머리감을 목	삼수변[氵(水)]부/총7획
穆	화목할 목	벼 화[禾]부/총16획
昴	별이름 묘	날 일[日]부/총9획
汶	물이름 문	삼수변[氵(水)]부/총7획
紊	문란할/어지러울 문	실 사[糸]부/총10획
彌	미륵/오랠 미	활 궁[弓]부/총17획
玟	아름다운 돌 민	구슬옥변[王(玉)]부/총8획
閔	성(姓) 민	문 문[門]부/총12획
旻	하늘 민	날 일[日]부/총8획
旼	화할 민	날 일[日]부/총8획
珉	옥돌 민	구슬옥변[王(玉)]부/총9획
舶	배 박	배 주[舟]부/총11획
搬	옮길 반	재방변[扌(手)]부/총13획
潘	성(姓) 반	삼수변[氵(水)]부/총15획
磻	반계 반 / 반계 번	돌 석[石]부/총17획
渤	바다이름 발	삼수변[氵(水)]부/총12획
鉢	바리때 발	쇠 금[金]부/총13획
旁	곁 방	모 방[方]부/총10획
紡	길쌈 방	실 사[糸]부/총10획
龐	높은집 방	용 룡[龍]부/총19획
俳	배우 배	사람인변[亻(人)]부/총10획
賠	물어줄 배	조개 패[貝]부/총15획
裵	성(姓) 배	옷 의[衣]부/총14획
柏	측백 백	나무 목[木]부/총10획
筏	뗏목 벌	대죽머리[⺮(竹)]부/총12획
閥	문벌 벌	문 문[門]부/총14획
汎	넓을 범	삼수변[氵(水)]부/총6획
范	성(姓) 범	초두머리[艹(艸)]부/총9획
僻	궁벽할 벽	사람인변[亻(人)]부/총15획
卞	성(姓) 변	점 복[卜]부/총4획
弁	고깔 변	밑스물입발[廾]부/총5획
柄	자루 병	나무 목[木]부/총9획
炳	불꽃 병	불 화[火]부/총9획
昞	밝을 병	날 일[日]부/총9획
昺	밝을 병	날 일[日]부/총9획
倂	아우를 병	사람인변[亻(人)]부/총10획
秉	잡을 병	벼 화[禾]부/총8획
潽	물이름 보	삼수변[氵(水)]부/총15획
甫	클 보	쓸 용[用]부/총7획
輔	도울 보	수레 거[車]부/총14획
馥	향기 복	향기 향[香]부/총18획
俸	녹 봉	사람인변[亻(人)]부/총10획
蓬	쑥 봉	초두머리[艹(艸)]부/총14획
縫	꿰맬 봉	실 사[糸]부/총17획
釜	가마 부	쇠 금[金]부/총10획
阜	언덕 부	언덕 부[阜]부/총8획
傅	스승 부	사람인변[亻(人)]부/총12획
敷	펼 부	등글월 문[文(攵)]부/총15획
膚	살갗 부	육달월[月(肉)]부/총15획
芬	향기 분	초두머리[艹(艸)]부/총7획
弗	아닐/말 불	활 궁[弓]부/총5획
鵬	새 붕	새 조[鳥]부/총19획
丕	클 비	한 일[一]부/총5획
匪	비적 비	상자 방[匚]부/총10획
毖	삼갈 비	견줄 비[比]부/총9획
毘	도울 비	견줄 비[比]부/총9획
彬	빛날 빈	터럭 삼[彡]부/총11획
飼	기를 사	밥 식[食]부/총14획
唆	부추길 사	입 구[口]부/총10획
赦	용서할 사	붉을 적[赤]부/총11획
泗	물이름 사	삼수변[氵(水)]부/총8획
傘	우산 산	사람인변[亻(人)]부/총12획
酸	실 산	닭 유[酉]부/총14획
蔘	삼 삼	초두머리[艹(艸)]부/총14획
揷	꽂을 삽	재방변[扌(手)]부/총12획
庠	학교 상	엄 호[广]부/총9획
箱	상자 상	대죽머리[⺮(竹)]부/총15획
舒	펼 서	혀 설[舌]부/총12획
瑞	상서 서	구슬옥변[王(玉)]부/총13획
奭	클/쌍백 석	큰 대[大]부/총15획
錫	주석 석	쇠 금[金]부/총16획
晳	밝을 석	날 일[日]부/총12획
碩	클 석	돌 석[石]부/총14획
繕	기울 선	실 사[糸]부/총18획
瑄	도리옥 선	구슬옥변[王(玉)]부/총13획
璇	옥 선	구슬옥변[王(玉)]부/총15획
璿	구슬 선	구슬옥변[王(玉)]부/총18획
卨	사람이름 설	점 복[卜]부/총11획
薛	성(姓) 설	초두머리[艹(艸)]부/총16획
陜	땅이름 섬	좌부변[阝(阜)]부/총10획
暹	햇살치밀/나라이름 섬	날 일[日]부/총16획
纖	가늘 섬	실 사[糸]부/총23획
蟾	두꺼비 섬	벌레 충[虫]부/총19획
燮	불꽃 섭	불 화[火]부/총17획
晟	밝을 성	날 일[日]부/총11획
貰	세놓을 세	조개 패[貝]부/총12획
沼	못 소	삼수변[氵(水)]부/총8획
巢	새집 소	개미허리[巛]부/총11획
邵	땅이름/성(姓) 소	우부방[阝(邑)]부/총8획
紹	이을 소	실 사[糸]부/총11획
宋	성(姓) 송	갓머리[宀]부/총7획
洙	물가 수	삼수변[氵(水)]부/총9획
銖	저울눈 수	쇠 금[金]부/총14획
隋	수나라 수	좌부변[阝(阜)]부/총12획
洵	참으로 순	삼수변[氵(水)]부/총9획
淳	순박할 순	삼수변[氵(水)]부/총11획
盾	방패 순	눈 목[目]부/총9획
珣	옥이름 순	구슬옥변[王(玉)]부/총10획
荀	풀이름 순	초두머리[艹(艸)]부/총9획
舜	순임금 순	어그러질 천[舛]부/총12획
瑟	큰거문고 슬	구슬옥변[王(玉)]부/총13획
升	되 승	열 십[十]부/총4획
繩	노끈 승	실 사[糸]부/총19획
屍	주검 시	주검 시[尸]부/총9획
柴	섶 시	나무 목[木]부/총9획
軾	수레가로나무 식	수레 거[車]부/총13획
湜	물맑을 식	삼수변[氵(水)]부/총12획
殖	불릴 식	죽을사변[歹]부/총12획
紳	띠 신	실 사[糸]부/총11획
腎	콩팥 신	육달월[月(肉)]부/총12획
瀋	즙낼/물이름 심	삼수변[氵(水)]부/총18획
握	쥘 악	재방변[扌(手)]부/총12획
閼	막을 알	문 문[門]부/총16획
癌	암 암	병질엄[疒]부/총17획
鴨	오리 압	새 조[鳥]부/총16획
埃	티끌 애	흙 토[土]부/총10획
艾	쑥 애	초두머리[艹(艸)]부/총5획
礙	거리낄 애	돌 석[石]부/총13획

倻 가야 야 사람인변[亻(人)]부/총11획
惹 이끌 야 마음 심[心]부/총12획
孃 아가씨 양 계집 녀[女]부/총20획
襄 도울 양 옷 의[衣]부/총17획
彦 선비 언 터럭 삼[彡]부/총9획
姸 고울 연 계집 녀[女]부/총9획
淵 못 연 삼수변[氵(水)]부/총11획
衍 넓을 연 다닐 행[行]부/총9획
硯 벼루 연 돌 석[石]부/총12획
厭 싫어할 염 민엄호[厂]부/총14획
閻 마을 염 문 문[門]부/총16획
燁 빛날 엽 불 화[火]부/총15획
瑩 옥돌 영/밝을 형 구슬옥변[王(玉)]부/총15획
盈 찰 영 그릇 명[皿]부/총9획
暎 비칠 영 날 일[日]부/총12획
瑛 옥빛 영 구슬옥변[王(玉)]부/총12획
濊 종족이름 예 삼수변[氵(水)]부/총16획
芮 성 예 초두머리[艹(艸)]부/총7획
睿 슬기 예 눈 목[目]부/총14획
預 맡길/미리 예 머리 혈[頁]부/총13획
吳 성(姓) 오 입 구[口]부/총7획
墺 물가 오 흙 토[土]부/총16획
梧 오동나무 오 나무 목[木]부/총11획
沃 기름질 옥 삼수변[氵(水)]부/총7획
鈺 보배 옥 쇠 금[金]부/총13획
穩 편안할 온 벼 화[禾]부/총19획
甕 독 옹 기와 와[瓦]부/총18획
雍 화할 옹 새 추[隹]부/총13획
邕 막힐 옹 고을 읍[邑]부/총10획
莞 빙그레할 완/왕골 관 초두머리[艹(艸)]부/총10획
汪 넓을 왕 삼수변[氵(水)]부/총7획
旺 왕성할 왕 날 일[日]부/총8획
倭 왜나라 왜 사람인변[亻(人)]부/총10획
歪 기울 왜(외) 그칠 지[止]부/총9획

姚 예쁠 요 계집 녀[女]부/총9획
堯 요임금 요 흙 토[土]부/총12획
妖 요사할 요 계집 녀[女]부/총7획
耀 빛날 요 깃 우[羽]부/총20획
傭 품팔 용 사람인변[亻(人)]부/총13획
鏞 쇠북 용 쇠 금[金]부/총19획
熔 녹을 용 불 화[火]부/총14획
溶 녹을 용 삼수변[氵(水)]부/총13획
瑢 패옥소리 용 구슬옥변[王(玉)]부/총14획
鎔 쇠녹일 용 쇠 금[金]부/총18획
禹 성 우 짐승발자국유[禸]부/총9획
佑 도울 우 사람인변[亻(人)]부/총7획
祐 복 우 보일 시[示]부/총10획
郁 성할 욱 우부방[阝(邑)]부/총9획
旭 아침해 욱 날 일[日]부/총6획
昱 햇빛밝을 욱 날 일[日]부/총9획
煜 빛날 욱 불 화[火]부/총13획
頊 삼갈 욱 머리 혈[頁]부/총13획
芸 향풀 운 초두머리[艹(艸)]부/총7획
蔚 고을이름 울 초두머리[艹(艸)]부/총14획
鬱 답답할 울 활집 창[鬯]부/총29획
熊 곰 웅 연화발[灬(火)]부/총14획
袁 성(姓) 원 옷 의[衣]부/총10획
媛 계집 원 계집 녀[女]부/총12획
瑗 구슬 원 구슬옥변[王(玉)]부/총13획
苑 나라 동산 원 초두머리[艹(艸)]부/총8획
韋 가죽 위 가죽 위[韋]부/총9획
渭 물이름 위 삼수변[氵(水)]부/총12획
魏 성(姓) 위 귀신 귀[鬼]부/총18획
尉 벼슬 위 마디 촌[寸]부/총11획
兪 대답할유 들 입[入]부/총9획
楡 느릅나무 유 나무 목[木]부/총13획
踰 넘을 유 발 족[足]부/총16획
庾 곳집/노적가리 유 엄호[广]부/총12획

允 만 윤 어진사람인발[儿]부/총4획
鈗 창 윤 쇠 금[金]부/총12획
尹 성(姓) 윤 주검 시[尸]부/총4획
胤 자손 윤 육달월[月(肉)]부/총9획
融 녹을 융 벌레 충[虫]부/총16획
殷 은나라 은 갖은등글월문[殳]부/총10획
垠 지경 은 흙 토[土]부/총9획
誾 향기 은 말씀 언[言]부/총15획
鷹 매 응 새 조[鳥]부/총24획
伊 저 이 사람인변[亻(人)]부/총6획
怡 기쁠 이 심방변[忄(心)]부/총8획
珥 귀고리 이 구슬옥변[王(玉)]부/총10획
貳 두/갖은두 이 조개 패[貝]부/총12획
翊 도울 익 깃 우[羽]부/총11획
刃 칼날 인 칼 도[刀]부/총3획
壹 한/갖은한 일 선비 사[士]부/총12획
佾 줄춤 일 사람인변[亻(人)]부/총8획
鎰 무게이름 일 쇠 금[金]부/총18획
妊 아이밸 임 계집 녀[女]부/총7획
雌 암컷 자 새 추[隹]부/총13획
滋 불을 자 삼수변[氵(水)]부/총12획
磁 자석 자 돌 석[石]부/총14획
諮 물을 자 말씀 언[言]부/총16획
蠶 누에 잠 벌레 충[虫]부/총24획
蔣 성(姓) 장 초두머리[艹(艸)]부/총14획
庄 전장 장 엄호[广]부/총6획
獐 노루 장 개사슴록변[犭(犬)]부/총14획
璋 홀 장 구슬옥변[王(玉)]부/총15획
沮 막을 저 삼수변[氵(水)]부/총8획
甸 경기 전 밭 전[田]부/총7획
汀 물가 정 삼수변[氵(水)]부/총5획
艇 배 정 배 주[舟]부/총13획
鄭 나라 정 우부방[阝(邑)]부/총15획
旌 기 정 모 방[方]부/총11획

偵 염탐할 정 사람인변[亻(人)]부/총11획
楨 광나무 정 나무 목[木]부/총13획
禎 상서로울 정 보일 시[示]부/총14획
呈 드릴 정 입 구[口]부/총7획
晶 맑을 정 날 일[日]부/총12획
珽 옥이름 정 구슬옥변[王(玉)]부/총11획
鼎 솥 정 솥 정[鼎]부/총13획
劑 약제 제 칼도방[刂(刀)]부/총16획
彫 새길 조 터럭 삼[彡]부/총11획
措 둘 조 재방변[才(手)]부/총11획
趙 나라 조 달릴 주[走]부/총14획
釣 낚을/낚시 조 쇠 금[金]부/총11획
曺 성(姓) 조 가로 왈[曰]부/총10획
祚 복 조 보일 시[示]부/총10획
琮 옥홀 종 구슬옥변[王(玉)]부/총12획
綜 모을 종 실 사[糸]부/총14획
駐 머무를 주 말 마[馬]부/총15획
疇 이랑 주 밭 전[田]부/총19획
埈 높을 준 흙 토[土]부/총10획
峻 높을/준엄할 준 메 산[山]부/총10획
浚 깊게할 준 삼수변[氵(水)]부/총10획
准 비준 준 이수변[冫]부/총10획
晙 밝을 준 날 일[日]부/총11획
駿 준마 준 말 마[馬]부/총17획
濬 깊을 준 삼수변[氵(水)]부/총17획
芝 지초 지 초두머리[艹(艸)]부/총7획
址 터 지 흙 토[土]부/총7획
旨 뜻 지 날 일[日]부/총6획
脂 기름 지 육달월[月(肉)]부/총10획
稙 올벼 직 벼 화[禾]부/총13획
稷 피(穀名) 직 벼 화[禾]부/총15획
晋 진나라 진 날 일[日]부/총10획
診 진찰할 진 말씀 언[言]부/총12획
塵 티끌 진 흙 토[土]부/총14획

한자	훈음	부수/획수
津	나루 진	삼수변[氵(水)]부/총9획
秦	성(姓) 진	벼 화[禾]부/총10획
窒	막힐 질	굴 혈[穴]부/총11획
輯	모을 집	수레 거[車]부/총16획
遮	가릴 차	책받침[辶(辵)]부/총15획
餐	밥 찬	밥 식[食]부/총16획
鑽	뚫을 찬	쇠 금[金]부/총27획
燦	빛날 찬	불 화[火]부/총17획
璨	옥빛 찬	구슬옥변[王(玉)]부/총17획
瓚	옥잔 찬	구슬옥변[王(玉)]부/총23획
刹	절 찰	칼도방[刂(刀)]부/총8획
札	편지 찰	나무 목[木]부/총5획
斬	벨 참	날 근[斤]부/총11획
彰	드러날 창	터럭 삼[彡]부/총14획
滄	큰바다 창	삼수변[氵(水)]부/총13획
敞	시원할 창	등글월 문[攵(攴)]부/총12획
昶	해길 창	날 일[日]부/총9획
埰	사패지 채	흙 토[土]부/총11획
采	풍채 채	분별할 변[釆]부/총8획
蔡	성(姓) 채	초두머리[艹(艸)]부/총14획
悽	슬퍼할 처	심방변[忄(心)]부/총11획
隻	외짝 척	새 추[隹]부/총10획
陟	오를 척	좌부변[阝(阜)]부/총10획
釧	팔찌 천	쇠 금[金]부/총11획
喆	밝을/쌍길 철	입 구[口]부/총12획
撤	거둘 철	재방변[扌(手)]부/총15획
澈	맑을 철	삼수변[氵(水)]부/총15획
瞻	볼 첨	눈 목[目]부/총18획
諜	염탐할 첩	말씀 언[言]부/총16획
締	맺을 체	실 사[糸]부/총15획
楚	초나라 초	나무 목[木]부/총13획
哨	망볼 초	입 구[口]부/총10획
焦	탈 초	연화발[灬(火)]부/총12획
蜀	나라이름 촉	벌레 충[虫]부/총13획
崔	성(姓)/높을 최	메 산[山]부/총11획
趨	달아날 추	달릴 주[走]부/총17획
鄒	추나라 추	우부방[阝(邑)]부/총13획
楸	가래 추	나무 목[木]부/총13획
蹴	찰 축	발 족[足]부/총19획
軸	굴대 축	수레 거[車]부/총12획
椿	참죽나무 춘	나무 목[木]부/총13획
冲	화할 충	이수변[冫]부/총6획
衷	속마음 충	옷 의[衣]부/총10획
聚	모을 취	귀 이[耳]부/총14획
炊	불땔 취	불 화[火]부/총8획
峙	언덕 치	메 산[山]부/총9획
雉	꿩 치	새 추[隹]부/총13획
託	부탁할 탁	말씀 언[言]부/총10획
琢	다듬을 탁	구슬옥변[王(玉)]부/총12획
灘	여울 탄	삼수변[氵(水)]부/총22획
耽	즐길 탐	귀 이[耳]부/총10획
兌	바꿀/기쁠 태	여덟 팔[八]부/총7획
台	별 태	입 구[口]부/총5획
胎	아이밸 태	육달월[月(肉)]부/총9획
颱	태풍 태	바람 풍[風]부/총14획
坡	언덕 파	흙 토[土]부/총8획
阪	언덕 판	좌부변[阝(阜)]부/총7획
覇	으뜸 패	덮을 아[襾]부/총19획
彭	성(姓) 팽	터럭 삼[彡]부/총12획
扁	작을 편	집 호[戶]부/총9획
坪	들 평	흙 토[土]부/총8획
抛	던질 포	재방변[扌(手)]부/총8획
葡	포도 포	초두머리[艹(艸)]부/총12획
鮑	절인 물고기 포	물고기 어[魚]부/총16획
怖	두려워할 포	심방변[忄(心)]부/총8획
鋪	펼/가게 포	쇠 금[金]부/총15획
杓	북두자루 표	나무 목[木]부/총7획
馮	성 풍/탈 빙	말 마[馬]부/총12획
弼	도울 필	활 궁[弓]부/총12획
泌	스며흐를 필/분비할 비	물 수[水]부/총8획
虐	모질 학	범호 엄[虍]부/총9획
翰	편지 한	깃 우[羽]부/총16획
艦	큰배 함	배 주[舟]부/총20획
陜	땅이름 합/좁을 협	좌부변[阝(阜)]부/총10획
亢	높을 항	돼지해머리[亠]부/총4획
沆	넓을 항	삼수변[氵(水)]부/총7획
杏	살구 행	나무 목[木]부/총7획
赫	빛날 혁	붉을 적[赤]부/총14획
爀	불빛 혁	불 화[火]부/총18획
炫	밝을 현	불 화[火]부/총9획
鉉	솥귀 현	쇠 금[金]부/총13획
峴	고개 현	메 산[山]부/총10획
弦	시위 현	활 궁[弓]부/총8획
峽	골짜기 협	메 산[山]부/총10획
型	모형 형	흙 토[土]부/총9획
邢	성 형	우부방[阝(邑)]부/총7획
瀅	물맑을 형	삼수변[氵(水)]부/총18획
炯	빛날 형	불 화[火]부/총9획
馨	꽃다울 형	향기 향[香]부/총20획
晧	밝을 호	날 일[日]부/총11획
皓	흴 호	흰 백[白]부/총12획
扈	따를 호	집 호[戶]부/총11획
壕	해자 호	흙 토[土]부/총17획
濠	호주 호	삼수변[氵(水)]부/총17획
澔	넓을 호	삼수변[氵(水)]부/총15획
昊	하늘 호	날 일[日]부/총8획
祜	복 호	보일 시[示]부/총10획
鎬	호경 호	쇠 금[金]부/총18획
酷	심할 혹	닭 유[酉]부/총14획
泓	물깊을 홍	삼수변[氵(水)]부/총8획
靴	신 화	가죽 혁[革]부/총13획
嬅	탐스러울 화	계집 녀[女]부/총14획
樺	자작나무/벚나무 화	나무 목[木]부/총15획
幻	헛보일 환	작을 요[幺]부/총4획
煥	빛날 환	불 화[火]부/총13획
桓	굳셀 환	나무 목[木]부/총10획
滑	미끄러울 활/어지러울 골	삼수변[氵(水)]부/총13획
滉	깊을 황	삼수변[氵(水)]부/총13획
晃	밝을 황	날 일[日]부/총10획
廻	돌 회	민책받침[廴]부/총9획
淮	물이름 회	삼수변[氵(水)]부/총11획
檜	전나무 회	나무 목[木]부/총17획
后	임금/왕후 후	입 구[口]부/총6획
喉	목구멍 후	입 구[口]부/총12획
勳	공 훈	힘 력[力]부/총16획
熏	불길 훈	연화발[灬(火)]부/총14획
壎	질나팔 훈	흙 토[土]부/총17획
薰	향풀 훈	초두머리[艹(艸)]부/총17획
徽	아름다울 휘	두인변[彳]부/총17획
烋	아름다울 휴	연화발[灬(火)]부/총10획
匈	오랑캐 흉	쌀 포[勹]부/총6획
欽	공경할 흠	하품 흠[欠]부/총12획
嬉	아름다울 희	계집 녀[女]부/총15획
憙	기뻐할 희	마음 심[心]부/총16획
熙	빛날 희	연화발[灬(火)]부/총16획
噫	한숨쉴 희	입 구[口]부/총16획
熹	빛날 희	연화발[灬(火)]부/총16획
禧	복 희	보일 시[示]부/총17획
姬	계집 희	계집 녀[女]부/총9획
羲	복희 희	양 양[羊]부/총16획

섞음한자 사용법

섞음漢字를 사용하는 목적은 배정漢字 과정을 끝냈지만, 아직 암기되지 못한 漢字들을 무작위로 섞어서 읽을 수 있게 함으로써 확실하게 머리 속에 암기하기 위한 것이다. 다시 말하자면, 배정漢字 완결판이라고 할 수 있다.

배정漢字는 가, 나, 다 순으로 나열되어 있어서 입담으로 읽기는 쉽지만 그 글자들이 漢字 급수시험이나 다른 책, 신문, 기타 출판물에 실려있을 땐 읽지 못한 경우가 허다하다. 그러나 섞음漢字 과정을 끝내면 그런 일은 없을 것이다.

사 용 법

1 먼저 9쪽부터의 배정漢字 2,355字 과정을 적당히 써보고 읽을 줄 안 다음 '섞음漢字'과정을 시작합니다. '섞음漢字'를 읽힐 때는 가로, 세로 모두 잘 읽을 수 있도록 연습합니다. 섞음漢字 속에서 모르는 글자는 번호를 확인하여 섞음漢字訓音표에서 찾아 암기하도록 합니다. 검사할 때 틀린 글자는 세 번씩 쓰고 암기토록 합니다. 讀音쓰기와 訓 · 音쓰기를 할 때도 필요하다고 느낄 때는 몇 차례 더 해줌으로써 '완전하다' 하겠습니다. 그러나 이때는 '섞음漢字'를 가위로 잘라서 섞은 다음 검사하는것이 더욱 완벽할 것입니다.

2 單語조성과 讀音쓰기를 섞음漢字에 기대해도 100% 완벽합니다. 왜냐하면 2級 배정漢字 2,355字를 가지고 5만개 이상의 漢字語가 조성되는데 그것을 모두 紙面에 표기해서 학습을 한다는 것은 불가능할뿐더러 몇 천개의 단어(한자어)를 표기한다고 해도 單語에 대한 해석과 사용되는 경우가 암기되지 않는 한 결과적으로 독음(讀音) 쓰기훈련 밖에는 되지 않는데 그나마도 시간이 많이 소요되면서 효과는 예상대로 되지 않습니다. 반면에 '섞음漢字'를 사용해서 배정漢字를 정확히 암기하게 되면 4만개 이상의 單語의 讀音을 정확히 쓸수 있게 되므로 시간적으로나 효과면에서 타인의 추종이 불허한만큼 월등한 효과가 있을뿐더러 모든 유형별 학습에 지대한 영향을 미칩니다.

3 27~28쪽 '섞음漢字訓音표'에 적힌 번호와 29~32쪽 '섞음漢字'에 적힌 번호는 서로 같으므로 섞음漢字속의 모르는 글자는 섞음漢字 훈음표를 보고 찾아 확인할 수 있습니다.

4 모든 학생의 경우 예상문제를 풀어가는 도중에도 독음과 훈음문제를 합해서 4문제 이상 틀릴 때는 '섞음漢字' 검사를 해주면 2문제 이상 틀리지 않습니다.

어문회 2급 '섞음漢字' 訓·音표(배정漢字 추가분 538字)

어문회 2급 배정漢字는 3급 1817字에다 새로운 538字를 추가해서 2355字입니다.

1 伽 절 가	26 揭 높이들 게 / 걸 게	51 鞠 성(姓) 국 / 국문할 국	76 耆 늙을 기	101 謄 베낄 등	126 療 병고칠 료	151 茅 띠 모	176 賠 물어줄 배	201 傅 스승 부	226 晳 밝을 석	251 盾 방패 순
2 賈 성 가 / 장사 고	27 憩 쉴 게	52 掘 팔 굴	77 濃 짙을 농	102 裸 벗을 라	127 硫 유황 류	152 牟 성/보리 모	177 裵 성(姓) 배	202 敷 펼 부	227 碩 클 석	252 珣 옥이름 순
3 迦 부처이름 가	28 甄 질그릇 견	53 窟 굴 굴	78 尿 오줌 뇨	103 洛 물이름 락	128 劉 죽일 류 / 묘금도 류	153 謨 꾀 모	178 柏 측백 백	203 膚 살갗 부	228 繕 기울 선	253 荀 풀이름 순
4 柯 가지 가	29 炅 빛날 경	54 圈 우리 권	79 尼 여승 니	104 爛 빛날 란	129 謬 그르칠 류	154 帽 모자 모	179 筏 뗏목 벌	204 芬 향기 분	229 瑄 도리옥 선	254 舜 순임금 순
5 軻 수레 가 / 사람이름 가	30 瓊 구슬 경	55 闕 대궐 궐	80 溺 빠질 닉	105 藍 쪽 람	130 崙 산이름 륜	155 沐 머리감을 목	180 閥 문벌 벌	205 弗 아닐/말 불	230 璇 옥 선	255 瑟 큰거문고 슬
6 珏 쌍옥 각	31 璟 옥빛 경	56 圭 서옥 규 / 쌍토 규	81 湍 여울 단	106 拉 끌 랍	131 楞 네모질 릉	156 穆 화목할 목	181 汎 넓을 범	206 鵬 새 붕	231 璿 구슬 선	256 升 되 승
7 艮 괘이름 간	32 儆 경계할 경	57 揆 헤아릴 규	82 鍛 쇠불릴 단	107 萊 명아주 래	132 麟 기린 린	157 昴 별이름 묘	182 范 성(姓) 범	207 丕 클 비	232 卨 사람이름 설	257 繩 노끈 승
8 杆 몽둥이 간	33 皐 언덕 고	58 閨 안방 규	83 膽 쓸개 담	108 輛 수레 량	133 摩 문지를 마	158 汶 물이름 문	183 僻 궁벽할 벽	208 匪 비적 비	233 薛 성(姓) 설	258 屍 주검 시
9 葛 칡 갈	34 雇 품팔 고	59 奎 별 규	84 潭 못 담	109 亮 밝을 량	134 魔 마귀 마	159 紊 문란할 문 / 어지러울 문	184 卞 성(姓) 변	209 毖 삼갈 비	234 陜 땅이름 섬	259 柴 섶 시
10 鞨 오랑캐이름 갈	35 串 땅이름 곶 / 꿸 관	60 珪 홀 규	85 塘 못 당	110 樑 들보 량	135 痲 저릴 마	160 彌 미륵 미 / 오랠 미	185 弁 고깔 변	210 毘 도울 비	235 暹 햇살치밀 섬 / 나라이름 섬	260 軾 수레가로나무 식
11 憾 섭섭할 감	36 戈 창 과	61 槿 무궁화 근	86 垈 집터 대	111 礪 숫돌 려	136 膜 막/꺼풀 막	161 玟 아름다운 돌 민	186 柄 자루 병	211 彬 빛날 빈	236 纖 가늘 섬	261 湜 물맑을 식
12 邯 조나라 서울 한 / 사람이름 감	37 菓 과자 과	62 瑾 아름다운옥 근	87 戴 일 대	112 呂 성 려 / 법칙 려	137 娩 낳을 만	162 閔 성(姓) 민	187 炳 불꽃 병	212 飼 기를 사	237 蟾 두꺼비 섬	262 殖 불릴 식
13 岬 곶 갑	38 瓜 외 과	63 兢 떨릴 긍	88 悳 큰 덕	113 驪 검은말 려	138 蠻 오랑캐 만	163 旻 하늘 민	188 昞 밝을 병	213 唆 부추길 사	238 燮 불꽃 섭	263 紳 띠 신
14 鉀 갑옷 갑	39 琯 옥피리 관	64 淇 물이름 기	89 悼 슬퍼할 도	114 廬 농막집 려	139 灣 물굽이 만	164 旼 화할 민	189 昺 밝을 병	214 赦 용서할 사	239 晟 밝을 성	264 腎 콩팥 신
15 崗 언덕 강	40 款 항목 관	65 棋 바둑 기	90 燾 비칠 도	115 漣 잔물결 련	140 靺 말갈 말	165 珉 옥돌 민	190 倂 아우를 병	215 泗 물이름 사	240 貰 세놓을 세	265 瀋 즙낼 심 / 물이름 심
16 岡 산등성이 강	41 傀 허수아비 괴	66 琪 아름다운옥 기	91 惇 도타울 돈	116 煉 달굴 련	141 網 그물 망	166 舶 배 박	191 秉 잡을 병	216 傘 우산 산	241 沼 못 소	266 握 쥘 악
17 姜 성 강	42 槐 회화나무 괴 / 느티나무 괴	67 箕 키 기	92 燉 불빛 돈	117 濂 물이름 렴	142 魅 매혹할 매	167 搬 옮길 반	192 潽 물이름 보	217 酸 실 산	242 巢 새집 소	267 閼 막을 알
18 彊 굳셀 강	43 僑 더부살이 교	68 騏 준마 기	93 頓 조아릴 돈	118 玲 옥소리 령	143 枚 낱 매	168 潘 성(姓) 반	193 甫 클 보	218 蔘 삼 삼	243 邵 땅이름 소 / 성 소	268 癌 암 암
19 疆 지경 강	44 絞 목맬 교	69 驥 천리마 기	94 乭 이름 돌	119 醴 단술 례	144 貊 맥국 맥	169 磻 반계 반 / 반계 번	194 輔 도울 보	219 揷 꽂을 삽	244 紹 이을 소	269 鴨 오리 압
20 价 클 개	45 膠 아교 교	70 麒 기린 기	95 桐 오동나무 동	120 盧 성 로	145 覓 찾을 멱	170 渤 바다이름 발	195 馥 향기 복	220 庠 학교 상	245 宋 성(姓) 송	270 埃 티끌 애
21 塏 높은땅 개	46 邱 언덕 구	71 冀 바랄 기	96 棟 마룻대 동	121 蘆 갈대 로	146 俛 구부릴 면	171 鉢 바리때 발	196 俸 녹 봉	221 箱 상자 상	246 洙 물가 수	271 艾 쑥 애
22 坑 구덩이 갱	47 玖 옥돌 구	72 琦 옥이름 기	97 董 바를 동	122 鷺 백로 로 / 해오라기 로	147 冕 면류관 면	172 旁 곁 방	197 蓬 쑥 봉	222 舒 펼 서	247 銖 저울눈 수	272 礙 거리낄 애
23 鍵 열쇠 건 / 자물쇠 건	48 歐 구라파 구 / 칠 구	73 岐 갈림길 기	98 杜 막을 두	123 魯 노나라 로 / 노둔할 로	148 沔 물이름 면 / 빠질 면	173 紡 길쌈 방	198 縫 꿰맬 봉	223 瑞 상서 서	248 隋 수나라 수	273 倻 가야 야
24 杰 뛰어날 걸	49 鷗 갈매기 구	74 璣 별이름 기	99 鄧 나라이름 등	124 籠 대바구니 롱	149 蔑 업신여길 멸	174 龐 높은집 방	199 釜 가마 부	224 奭 클/쌍백 석	249 洵 참으로 순	274 惹 이끌 야
25 桀 夏王이름 걸	50 購 살 구	75 沂 물이름 기	100 藤 등나무 등	125 遼 멀 료	150 矛 창 모	175 俳 배우 배	200 阜 언덕 부	225 錫 주석 석	250 淳 순박할 순	275 孃 아가씨 양

어문회 2급 '섞음漢字' 訓·音표(배정漢字 추가분 538字)

어문회 2급 배정漢字는 3급 1817字에다 새로운 538字를 추가해서 2355字입니다.

襄 도울 양 276	邕 막힐 옹 301	蔚 고을이름 울 326	怡 기쁠 이 351	楨 광나무 정 376	址 터 지 401	埰 사패지 채 426	衷 속마음 충 451	馮 성 풍/탈 빙 476	壕 해자 호 501	薰 향풀 훈 526
彦 선비 언 277	莞 빙그레할 완/왕골 관 302	鬱 답답할 울 327	珥 귀고리 이 352	禎 상서로울 정 377	旨 뜻 지 402	采 풍채 채 427	聚 모을 취 452	弼 도울 필 477	濠 호주 호 502	徽 아름다울 휘 527
姸 고울 연 278	汪 넓을 왕 303	熊 곰 웅 328	貳 두/갖은두 이 353	呈 드릴 정 378	脂 기름 지 403	蔡 성(姓) 채 428	炊 불땔 취 453	泌 스며흐를 필/분비할 비 478	澔 넓을 호 503	烋 아름다울 휴 528
淵 못 연 279	旺 왕성할 왕 304	袁 성(姓) 원 329	翊 도울 익 354	晶 맑을 정 379	稙 올벼 직 404	悽 슬퍼할 처 429	峙 언덕 치 454	虐 모질 학 479	昊 하늘 호 504	匈 오랑캐 흉 529
衍 넓을 연 280	倭 왜나라 왜 305	媛 계집 원 330	刃 칼날 인 355	珽 옥이름 정 380	稷 피 직 405	隻 외짝 척 430	雉 꿩 치 455	翰 편지 한 480	祜 복 호 505	欽 공경할 흠 530
硯 벼루 연 281	歪 기울 왜(외) 306	瑗 구슬 원 331	壹 한 일/갖은한 일 356	鼎 솥 정 381	晋 진나라 진 406	陟 오를 척 431	託 부탁할 탁 456	艦 큰배 함 481	鎬 호경 호 506	嬉 아름다울 희 531
厭 싫어할 염 282	姚 예쁠 요 307	苑 나라동산 원 332	佾 줄춤 일 357	劑 약제 제 382	診 진찰할 진 407	釧 팔찌 천 432	琢 다듬을 탁 457	陜 땅이름 합/좁을 협 482	酷 심할 혹 507	憙 기뻐할 희 532
閻 마을 염 283	堯 요임금 요 308	韋 가죽 위 333	鎰 무게이름 일 358	彫 새길 조 383	塵 티끌 진 408	喆 밝을 철/쌍길 철 433	灘 여울 탄 458	亢 높을 항 483	泓 물깊을 홍 508	熙 빛날 희 533
燁 빛날 엽 284	妖 요사할 요 309	渭 물이름 위 334	妊 아이밸 임 359	措 둘 조 384	津 나루 진 409	撤 거둘 철 434	耽 즐길 탐 459	沆 넓을 항 484	靴 신 화 509	噫 한숨쉴 희 534
瑩 옥돌 영/밝을 형 285	耀 빛날 요 310	魏 성(姓) 위 335	雌 암컷 자 360	趙 나라 조 385	秦 성(姓) 진 410	澈 맑을 철 435	兌 바꿀 태/기쁠 태 460	杏 살구 행 485	嬅 탐스러울 화 510	熹 빛날 희 535
盈 찰 영 286	傭 품팔 용 311	尉 벼슬 위 336	滋 불을 자 361	釣 낚을/낚시 조 386	窒 막힐 질 411	瞻 볼 첨 436	台 별 태 461	赫 빛날 혁 486	樺 자작나무 화/벚나무 화 511	禧 복 희 536
暎 비칠 영 287	鏞 쇠북 용 312	兪 대답할 유/인월도 유 337	磁 자석 자 362	曺 성(姓) 조 387	輯 모을 집 412	諜 염탐할 첩 437	胎 아이밸 태 462	爀 불빛 혁 487	幻 헛보일 환 512	姬 계집 희 537
瑛 옥빛 영 288	熔 녹을 용 313	楡 느릅나무 유 338	諮 물을 자 363	祚 복 조 388	遮 가릴 차 413	締 맺을 체 438	颱 태풍 태 463	炫 밝을 현 488	煥 빛날 환 513	羲 복희 희 538
濊 종족이름 예 289	溶 녹을 용 314	踰 넘을 유 339	蠶 누에 잠 364	琮 옥홀 종 389	餐 밥 찬 414	楚 초나라 초 439	坡 언덕 파 464	鉉 솥귀 현 489	桓 굳셀 환 514	
芮 성 예 290	瑢 패옥소리 용 315	庾 곳집 유/노적가리 유 340	蔣 성(姓) 장 365	綜 모을 종 390	鑽 뚫을 찬 415	哨 망볼 초 440	阪 언덕 판 465	峴 고개 현 490	滑 미끄러울 활/어지러울 골 515	
睿 슬기 예 291	鎔 쇠녹일 용 316	允 맏 윤 341	庄 전장 장 366	駐 머무를 주 391	燦 빛날 찬 416	焦 탈 초 441	覇 으뜸 패 466	弦 시위 현 491	滉 깊을 황 516	
預 맡길/미리 예 292	禹 성 우 317	鈗 창 윤 342	獐 노루 장 367	疇 이랑 주 392	璨 옥빛 찬 417	蜀 나라이름 촉 442	彭 성(姓) 팽 467	峽 골짜기 협 492	晃 밝을 황 517	
吳 성(姓) 오 293	佑 도울 우 318	尹 성(姓) 윤 343	璋 홀 장 368	埈 높을 준 393	瓚 옥잔 찬 418	崔 성(姓) 최/높을 최 443	扁 작을 편 468	型 모형 형 493	廻 돌 회 518	
墺 물가 오 294	祐 복 우 319	胤 자손 윤 344	沮 막을 저 369	峻 높을 준/준엄할 준 394	刹 절 찰 419	趨 달아날 추 444	坪 들 평 469	邢 성 형 494	淮 물이름 회 519	
梧 오동나무 오 295	郁 성할 욱 320	融 녹을 융 345	甸 경기 전 370	浚 깊게할 준 395	札 편지 찰 420	鄒 추나라 추 445	抛 던질 포 470	瀅 물맑을 형 495	檜 전나무 회 520	
沃 기름질 옥 296	旭 아침해 욱 321	殷 은나라 은 346	汀 물가 정 371	准 비준 준 396	斬 벨 참 421	楸 가래 추 446	葡 포도 포 471	炯 빛날 형 496	后 임금/왕후 후 521	
鈺 보배 옥 297	昱 햇빛밝을 욱 322	垠 지경 은 347	艇 배 정 372	晙 밝을 준 397	彰 드러날 창 422	蹴 찰 축 447	鮑 절인물고기 포 472	馨 꽃다울 형 497	喉 목구멍 후 522	
穩 편안할 온 298	煜 빛날 욱 323	誾 향기 은 348	鄭 나라 정 373	駿 준마 준 398	滄 큰바다 창 423	軸 굴대 축 448	怖 두려워할 포 473	晧 밝을 호 498	勳 공 훈 523	
甕 독 옹 299	頊 삼갈 욱 324	鷹 매 응 349	旌 기 정 374	濬 깊을 준 399	敞 시원할 창 424	椿 참죽나무 춘 449	鋪 펼/가게 포 474	皓 흴 호 499	熏 불길 훈 524	
雍 화할 옹 300	芸 향풀 운 325	伊 저 이 350	偵 염탐할 정 375	芝 지초 지 400	昶 해길 창 425	沖 화할 충 450	杓 북두자루 표 475	扈 따를 호 500	壎 질나팔 훈 525	

◇2級 섞음 538字

※ 현 상태에서 가로와 세로를 좇아서 읽기를 반복하여 거의 읽을 수 있도록 합니다. 여기 '섞음漢字' 에 적힌 번호와 앞부분에 있는 '섞음漢字 訓 · 音표' 와 번호가 같으므로 틀린글자는 확인하여 3번씩 쓰고 암기합니다. 이와같이 잘 읽을수 있게 될지라도 시험 몇 일전에는 가위로 잘라서 읽기검사를 하여 마무리를 하는것이 완벽합니다.

鏞 ○ 312	稙 ○ 404	潘 ○ 168	踰 ○ 339	圭 ○ 56	診 ○ 407	漣 ○ 115	煉 ○ 116	揆 ○ 57
褻 ○ 177	璟 ○ 31	鈺 ○ 297	稷 ○ 405	瑛 ○ 288	憩 ○ 27	錫 ○ 225	膚 ○ 203	珥 ○ 352
馥 ○ 195	耀 ○ 310	獐 ○ 367	庄 ○ 366	坪 ○ 469	禹 ○ 317	邵 ○ 243	峙 ○ 454	彰 ○ 422
桀 ○ 25	輯 ○ 412	暹 ○ 235	葛 ○ 9	埃 ○270	沂 ○ 75	沔 ○148	薛 ○ 233	蠻 ○138
俳 ○ 175	璿 ○ 231	沃 ○ 296	卿 ○ 273	珏 ○ 6	鋪 ○ 474	徽 ○ 527	摩 ○ 133	熏 ○ 524
巢 ○ 242	潭 ○ 84	聚 ○ 452	療 ○ 126	濠 ○ 502	颱 ○ 463	鎬 ○ 506	旌 ○ 374	樺 ○ 511
魏 ○ 335	碩 ○ 227	楨 ○ 376	舶 ○ 166	厭 ○ 282	瓜 ○ 38	瀋 ○ 265	燦 ○ 416	傭 ○ 311
弼 ○ 477	揭 ○ 26	崔 ○ 443	瑾 ○ 62	雎 ○ 360	赫 ○ 486	戈 ○ 36	諮 ○ 363	奚 ○ 159
僑 ○ 43	款 ○ 40	型 ○ 493	芮 ○ 290	輛 ○ 108	窒 ○ 411	弗 ○ 205	倂 ○ 190	岬 ○ 13
鉀 ○ 14	弦 ○ 491	購 ○ 50	灣 ○ 139	淵 ○ 279	萊 ○ 107	鍛 ○ 82	洛 ○ 103	蹴 ○ 447
苑 ○ 332	甸 ○ 370	衷 ○ 451	瑄 ○ 229	項 ○ 324	桐 ○ 95	崗 ○ 15	秦 ○ 410	壕 ○ 501
翊 ○ 354	幻 ○ 512	哨 ○ 440	諜 ○ 437	燉 ○ 92	孃 ○ 275	薰 ○ 526	丕 ○ 207	娩 ○ 137
埈 ○ 393	姜 ○ 17	汶 ○ 158	蠶 ○ 364	匈 ○ 529	陜 ○ 234	璇 ○ 230	隻 ○ 430	冕 ○ 147
蟾 ○ 237	鄧 ○ 99	軻 ○ 5	陝 ○ 482	沮 ○ 369	祜 ○ 505	姸 ○ 278	彫 ○ 383	閣 ○ 283
頓 ○ 93	袁 ○ 329	淮 ○ 519	芬 ○ 204	溶 ○ 314	椿 ○ 449	刃 ○ 355	鄒 ○ 445	廻 ○ 518

揆 ○ 57	煉 ○ 116	漣 ○ 115	診 ○ 407	圭 ○ 56	踰 ○ 339	潘 ○ 168	稙 ○ 404	鏞 ○ 312
珥 ○ 352	膚 ○ 203	錫 ○ 225	憩 ○ 27	瑛 ○ 288	稷 ○ 405	鈺 ○ 297	環 ○ 31	袞 ○ 177
彰 ○ 422	峙 ○ 454	邵 ○ 243	禹 ○ 317	坪 ○ 469	庄 ○ 366	獐 ○ 367	耀 ○ 310	馥 ○ 195
蠻 ○138	薛 ○ 233	沔 ○148	沂 ○ 75	埃 ○270	葛 ○ 9	暹 ○ 235	輯 ○ 412	桀 ○ 25
熏 ○ 524	摩 ○ 133	徽 ○ 527	鋪 ○ 474	珏 ○ 6	卿 ○ 273	沃 ○ 296	璿 ○ 231	俳 ○ 175
樺 ○ 511	旌 ○ 374	鎬 ○ 506	颱 ○ 463	濠 ○ 502	療 ○ 126	聚 ○ 452	潭 ○ 84	巢 ○ 242
傭 ○ 311	燦 ○ 416	瀋 ○ 265	瓜 ○ 38	厭 ○ 282	舶 ○ 166	楨 ○ 376	碩 ○ 227	魏 ○ 335
奚 ○ 159	諮 ○ 363	戈 ○ 36	赫 ○ 486	雌 ○ 360	瑾 ○ 62	崔 ○ 443	揭 ○ 26	弼 ○ 477
岬 ○ 13	倂 ○ 190	弗 ○ 205	窒 ○ 411	輛 ○ 108	芮 ○ 290	型 ○ 493	款 ○ 40	僑 ○ 43
蹴 ○ 447	洛 ○ 103	鍛 ○ 82	萊 ○ 107	淵 ○ 279	灣 ○ 139	購 ○ 50	弦 ○ 491	鉀 ○ 14
壕 ○ 501	秦 ○ 410	崗 ○ 15	桐 ○ 95	項 ○ 324	瑄 ○ 229	衷 ○ 451	甸 ○ 370	苑 ○ 332
娩 ○ 137	丕 ○ 207	薰 ○ 526	孃 ○ 275	燉 ○ 92	諜 ○ 437	哨 ○ 440	幻 ○ 512	翊 ○ 354
冕 ○ 147	隻 ○ 430	璇 ○ 230	陜 ○ 234	匈 ○ 529	蠶 ○ 364	汶 ○ 158	姜 ○ 17	埈 ○ 393
閣 ○ 283	彫 ○ 383	姸 ○ 278	祜 ○ 505	沮 ○ 369	陝 ○ 482	軻 ○ 5	鄧 ○ 99	蟾 ○ 237
廻 ○ 518	鄒 ○ 445	刃 ○ 355	椿 ○ 449	溶 ○ 314	芬 ○ 204	淮 ○ 519	袁 ○ 329	頓 ○ 93

◇2級 섞음 538字

※ 현 상태에서 가로와 세로를 좇아서 읽기를 반복하여 거의 읽을 수 있도록 합니다. 여기 '섞음漢字'에 적힌 번호와 앞부분에 있는 '섞음漢字 訓 · 音표'와 번호가 같으므로 틀린글자는 확인하여 3번씩 쓰고 암기합니다. 이와같이 잘 읽을수 있게 될지라도 시험 몇 일전에는 가위로 잘라서 읽기검사를 하여 마무리를 하는것이 완벽합니다.

炫 ○ 488	瓚 ○ 418	熔 ○ 313	炳 ○ 187	遮 ○ 413	棋 ○ 65	闈 ○ 348	允 ○ 341	醴 ○ 119
餐 ○ 414	嬅 ○ 510	偵 ○ 375	坡 ○ 464	浚 ○ 395	耽 ○ 459	皐 ○ 33	悳 ○ 88	悼 ○ 89
呂 ○ 112	膠 ○ 45	旼 ○ 164	魔 ○ 134	戴 ○ 87	杓 ○ 475	惇 ○ 91	釧 ○ 432	彭 ○ 467
楸 ○ 446	乭 ○ 94	芸 ○ 325	庠 ○ 220	鷗 ○ 49	峽 ○ 492	樑 ○ 110	靴 ○ 509	賠 ○ 176
敞 ○ 424	菓 ○ 37	澈 ○ 435	儆 ○ 32	紳 ○ 263	駿 ○ 398	鮑 ○ 472	掘 ○ 52	翰 ○ 480
亢 ○ 483	晋 ○ 406	昶 ○ 425	暎 ○ 287	祐 ○ 319	楞 ○ 131	柴 ○ 259	伽 ○ 1	甫 ○ 193
塘 ○ 85	濊 ○ 289	牟 ○ 152	毘 ○ 210	趨 ○ 444	岡 ○ 16	佑 ○ 318	槿 ○ 61	晙 ○ 397
奭 ○ 224	崙 ○ 130	柯 ○ 4	旁 ○ 172	歪 ○ 306	邕 ○ 301	垈 ○ 86	玟 ○ 161	峻 ○ 394
炅 ○ 29	蜀 ○ 442	艮 ○ 7	蔣 ○ 365	渭 ○ 334	媛 ○ 330	甄 ○ 28	隋 ○ 248	魅 ○ 142
赦 ○ 214	董 ○ 97	麟 ○ 132	蔡 ○ 428	鍵 ○ 23	泗 ○ 215	鷹 ○ 349	毖 ○ 209	澔 ○ 503
棟 ○ 96	鞨 ○ 10	貳 ○ 353	喆 ○ 433	馨 ○ 497	匪 ○ 208	飼 ○ 212	鉉 ○ 489	艦 ○ 481
妊 ○ 359	晶 ○ 379	昊 ○ 504	珉 ○ 165	驪 ○ 113	軸 ○ 448	殷 ○ 346	痲 ○ 135	鎰 ○ 358
磁 ○ 362	采 ○ 427	堯 ○ 308	縫 ○ 198	塵 ○ 408	俸 ○ 196	柄 ○ 186	屍 ○ 258	渤 ○ 170
鬱 ○ 327	沐 ○ 155	爛 ○ 104	耆 ○ 76	扈 ○ 500	旻 ○ 163	繩 ○ 257	脂 ○ 403	繕 ○ 228
庚 ○ 340	禧 ○ 536	馮 ○ 476	琮 ○ 389	衍 ○ 280	枚 ○ 143	旨 ○ 402	鴨 ○ 269	杰 ○ 24

醴 ○ 119	允 ○ 341	闇 ○ 348	棋 ○ 65	遮 ○ 413	炳 ○ 187	熔 ○ 313	瓚 ○ 418	炫 ○ 488
悼 ○ 89	悳 ○ 88	阜 ○ 33	耽 ○ 459	浚 ○ 395	坡 ○ 464	偵 ○ 375	嬅 ○ 510	餐 ○ 414
彭 ○ 467	釧 ○ 432	惇 ○ 91	杓 ○ 475	戴 ○ 87	魔 ○ 134	旼 ○ 164	膠 ○ 45	呂 ○ 112
賠 ○ 176	靴 ○ 509	樑 ○ 110	峽 ○ 492	鷗 ○ 49	庠 ○ 220	芸 ○ 325	乭 ○ 94	楸 ○ 446
翰 ○ 480	掘 ○ 52	鮑 ○ 472	駿 ○ 398	紳 ○ 263	儆 ○ 32	澈 ○ 435	菓 ○ 37	敞 ○ 424
甫 ○ 193	伽 ○ 1	柴 ○ 259	楞 ○ 131	祐 ○ 319	暎 ○ 287	昶 ○ 425	晋 ○ 406	亢 ○ 483
晙 ○ 397	槿 ○ 61	佑 ○ 318	岡 ○ 16	趨 ○ 444	昆 ○ 210	牟 ○ 152	濊 ○ 289	塘 ○ 85
峻 ○ 394	玟 ○ 161	垈 ○ 86	邕 ○ 301	歪 ○ 306	旁 ○ 172	柯 ○ 4	崙 ○ 130	奭 ○ 224
魅 ○ 142	隋 ○ 248	甄 ○ 28	媛 ○ 330	渭 ○ 334	蔣 ○ 365	艮 ○ 7	蜀 ○ 442	炅 ○ 29
澔 ○ 503	崑 ○ 209	鷹 ○ 349	泗 ○ 215	鍵 ○ 23	蔡 ○ 428	麟 ○ 132	董 ○ 97	赦 ○ 214
艦 ○ 481	鉉 ○ 489	飼 ○ 212	匪 ○ 208	馨 ○ 497	喆 ○ 433	貳 ○ 353	鞨 ○ 10	棟 ○ 96
鎰 ○ 358	痲 ○ 135	殷 ○ 346	軸 ○ 448	驪 ○ 113	珉 ○ 165	昊 ○ 504	晶 ○ 379	妊 ○ 359
渤 ○ 170	屍 ○ 258	柄 ○ 186	俸 ○ 196	塵 ○ 408	縫 ○ 198	堯 ○ 308	采 ○ 427	磁 ○ 362
繕 ○ 228	脂 ○ 403	繩 ○ 257	旻 ○ 163	扈 ○ 500	耆 ○ 76	爛 ○ 104	沐 ○ 155	鬱 ○ 327
杰 ○ 24	鴨 ○ 269	旨 ○ 402	枚 ○ 143	衍 ○ 280	琮 ○ 389	馮 ○ 476	禧 ○ 536	庚 ○ 340

◇2級 섞음 538字

※ 현 상태에서 가로와 세로를 좇아서 읽기를 반복하여 거의 읽을 수 있도록 합니다. 여기 '섞음漢字' 에 적힌 번호와 앞부분에 있는 '섞음漢字 訓 · 音표' 와 번호가 같으므로 틀린글자는 확인하여 3번씩 쓰고 암기합니다. 이와같이 잘 읽을수 있게 될지라도 시험 몇 일전에는 가위로 잘라서 읽기검사를 하여 마무리를 하는것이 완벽합니다.

艇 ○ 372	熊 ○ 328	岐 ○ 73	藍 ○ 105	昱 ○ 322	蘆 ○ 121	鷺 ○ 122	廬 ○ 114	芝 ○ 400
彊 ○ 18	晧 ○ 498	喉 ○ 522	瑗 ○ 331	琦 ○ 72	后 ○ 521	騏 ○ 68	蔘 ○ 218	傅 ○ 201
勳 ○ 523	楡 ○ 338	冀 ○ 71	箱 ○ 221	歐 ○ 48	烋 ○ 528	桓 ○ 514	閏 ○ 58	墺 ○ 294
魯 ○ 123	敷 ○ 202	串 ○ 35	尼 ○ 79	滑 ○ 515	籠 ○ 124	滉 ○ 516	舒 ○ 222	湍 ○ 81
遼 ○ 125	玲 ○ 118	峴 ○ 490	焦 ○ 441	盧 ○ 120	酸 ○ 217	瓊 ○ 30	拋 ○ 470	撤 ○ 434
奎 ○ 59	疇 ○ 392	膜 ○ 136	邯 ○ 12	琯 ○ 39	尿 ○ 78	瀅 ○ 495	託 ○ 456	熙 ○ 533
兢 ○ 63	驥 ○ 69	晃 ○ 517	磻 ○ 169	珪 ○ 60	龐 ○ 174	駐 ○ 391	陟 ○ 431	鼎 ○ 381
融 ○ 345	梧 ○ 295	盾 ○ 251	津 ○ 409	燾 ○ 90	璣 ○ 74	軾 ○ 260	湜 ○ 261	檜 ○ 520
悽 ○ 429	葡 ○ 471	升 ○ 256	栢 ○ 178	吳 ○ 293	締 ○ 438	閔 ○ 162	輔 ○ 194	燮 ○ 238
瑢 ○ 315	筏 ○ 179	紡 ○ 173	泓 ○ 508	礪 ○ 111	盈 ○ 286	殖 ○ 262	絞 ○ 44	邱 ○ 46
鞠 ○ 51	璨 ○ 417	晟 ○ 239	裸 ○ 102	藤 ○ 100	杏 ○ 485	窟 ○ 53	傘 ○ 216	雉 ○ 455
璋 ○ 368	炊 ○ 453	莞 ○ 302	膽 ○ 83	彬 ○ 211	淇 ○ 64	茅 ○ 151	欽 ○ 530	硯 ○ 281
濬 ○ 399	珣 ○ 252	汎 ○ 181	荀 ○ 253	韋 ○ 333	彌 ○ 160	酷 ○ 507	舜 ○ 254	闕 ○ 55
胎 ○ 462	謄 ○ 101	邢 ○ 494	淳 ○ 250	溺 ○ 80	炯 ○ 496	阜 ○ 200	沖 ○ 450	箕 ○ 67
虐 ○ 479	泌 ○ 478	帽 ○ 154	傀 ○ 41	玖 ○ 47	煜 ○ 323	阪 ○ 465	碍 ○ 272	兌 ○ 460

芝 ○ 400	廬 ○ 114	鷺 ○ 122	蘆 ○ 121	昱 ○ 322	藍 ○ 105	岐 ○ 73	熊 ○ 328	艇 ○ 372
傅 ○ 201	蔘 ○ 218	騏 ○ 68	后 ○ 521	琦 ○ 72	瑗 ○ 331	喉 ○ 522	晧 ○ 498	疆 ○ 18
墺 ○ 294	閨 ○ 58	桓 ○ 514	烋 ○ 528	歐 ○ 48	箱 ○ 221	冀 ○ 71	楡 ○ 338	勳 ○ 523
湍 ○ 81	舒 ○ 222	滉 ○ 516	籠 ○ 124	滑 ○ 515	尼 ○ 79	串 ○ 35	敷 ○ 202	魯 ○ 123
撤 ○ 434	拋 ○ 470	瓊 ○ 30	酸 ○ 217	盧 ○ 120	焦 ○ 441	峴 ○ 490	玲 ○ 118	遼 ○ 125
熙 ○ 533	託 ○ 456	瀅 ○ 495	尿 ○ 78	琯 ○ 39	邯 ○ 12	膜 ○ 136	疇 ○ 392	奎 ○ 59
鼎 ○ 381	陟 ○ 431	駐 ○ 391	龐 ○ 174	珪 ○ 60	磻 ○ 169	晃 ○ 517	驥 ○ 69	兢 ○ 63
檜 ○ 520	湜 ○ 261	軾 ○ 260	璣 ○ 74	壽 ○ 90	津 ○ 409	盾 ○ 251	梧 ○ 295	融 ○ 345
燮 ○ 238	輔 ○ 194	閔 ○ 162	締 ○ 438	吳 ○ 293	栢 ○ 178	升 ○ 256	葡 ○ 471	悽 ○ 429
邱 ○ 46	絞 ○ 44	殖 ○ 262	盈 ○ 286	礪 ○ 111	泓 ○ 508	紡 ○ 173	筏 ○ 179	瑢 ○ 315
雉 ○ 455	傘 ○ 216	窟 ○ 53	杏 ○ 485	藤 ○ 100	裸 ○ 102	晟 ○ 239	璨 ○ 417	鞠 ○ 51
硯 ○ 281	欽 ○ 530	茅 ○ 151	淇 ○ 64	彬 ○ 211	膽 ○ 83	莞 ○ 302	炊 ○ 453	璋 ○ 368
闕 ○ 55	舜 ○ 254	酷 ○ 507	彌 ○ 160	韋 ○ 333	荀 ○ 253	汎 ○ 181	珣 ○ 252	濬 ○ 399
箕 ○ 67	冲 ○ 450	阜 ○ 200	炯 ○ 496	溺 ○ 80	淳 ○ 250	邢 ○ 494	謄 ○ 101	胎 ○ 462
兌 ○ 460	碍 ○ 272	阪 ○ 465	煜 ○ 323	玖 ○ 47	傀 ○ 41	帽 ○ 154	泌 ○ 478	虐 ○ 479

◇2級 섞음 538字

※ 현 상태에서 가로와 세로를 좇아서 읽기를 반복하여 거의 읽을 수 있도록 합니다. 여기 '섞음漢字' 에 적힌 번호와 앞부분에 있는 '섞음漢字 訓 · 音표' 와 번호가 같으므로 틀린글자는 확인하여 3번씩 쓰고 암기합니다. 이와같이 잘 읽을수 있게 될지라도 시험 몇 일전에는 가위로 잘라서 읽기검사를 하여 마무리를 하는것이 완벽합니다.

瞻 ○ 436	琪 ○ 66	晧 ○ 499	坑 ○ 22	宋 ○ 245	俛 ○ 146	圈 ○ 54	洙 ○ 246	倭 ○ 305
址 ○ 401	壎 ○ 525	胤 ○ 344	燁 ○ 284	熹 ○ 535	晳 ○ 226	麒 ○ 70	琛 ○ 426	汀 ○ 371
扈 ○ 34	昴 ○ 157	謨 ○ 153	爀 ○ 487	旭 ○ 321	兪 ○ 337	貊 ○ 144	硫 ○ 127	尉 ○ 336
甕 ○ 299	价 ○ 20	濃 ○ 77	迦 ○ 3	矛 ○ 150	網 ○ 141	癌 ○ 268	賈 ○ 2	卞 ○ 184
鵬 ○ 206	亮 ○ 109	姚 ○ 307	揷 ○ 219	闕 ○ 267	閥 ○ 180	沆 ○ 484	杜 ○ 98	瑞 ○ 223
汪 ○ 303	蔑 ○ 149	滄 ○ 423	昺 ○ 189	郁 ○ 320	腎 ○ 264	范 ○ 182	穩 ○ 298	鉢 ○ 171
噫 ○ 534	弁 ○ 185	煥 ○ 513	蓬 ○ 197	惹 ○ 274	佾 ○ 357	塏 ○ 21	濂 ○ 117	楚 ○ 439
沼 ○ 241	綜 ○ 390	僻 ○ 183	靺 ○ 140	旺 ○ 304	憙 ○ 532	昞 ○ 188	釣 ○ 386	洵 ○ 249
貫 ○ 240	措 ○ 384	搬 ○ 167	蔚 ○ 326	銖 ○ 247	趙 ○ 385	姬 ○ 537	紹 ○ 244	艾 ○ 271
襄 ○ 276	鑽 ○ 415	曺 ○ 387	唆 ○ 213	伊 ○ 350	纖 ○ 236	妖 ○ 309	覇 ○ 466	羲 ○ 538
穆 ○ 156	劉 ○ 128	睿 ○ 291	瑟 ○ 255	鄭 ○ 373	謬 ○ 129	覓 ○ 145	札 ○ 420	杆 ○ 8
釜 ○ 199	憾 ○ 11	怡 ○ 351	鎔 ○ 316	彦 ○ 277	灘 ○ 458	呈 ○ 378	雍 ○ 300	扁 ○ 468
滋 ○ 361	斬 ○ 421	槐 ○ 42	潽 ○ 192	卨 ○ 232	珽 ○ 380	琢 ○ 457	銃 ○ 342	劑 ○ 382
嬉 ○ 531	疆 ○ 19	預 ○ 292	壹 ○ 356	秉 ○ 191	瑩 ○ 285	拉 ○ 106	禎 ○ 377	台 ○ 461
怖 ○ 473	握 ○ 266	准 ○ 396	尹 ○ 343	垠 ○ 347	祚 ○ 388	刹 ○ 419		

倭 ○ 305	洙 ○ 246	圈 ○ 54	俛 ○ 146	宋 ○ 245	坑 ○ 22	皓 ○ 499	琪 ○ 66	瞻 ○ 436
汀 ○ 371	埰 ○ 426	麒 ○ 70	晢 ○ 226	熹 ○ 535	燁 ○ 284	胤 ○ 344	壎 ○ 525	址 ○ 401
尉 ○ 336	硫 ○ 127	貊 ○ 144	兪 ○ 337	旭 ○ 321	爀 ○ 487	謨 ○ 153	昴 ○ 157	扈 ○ 34
卞 ○ 184	賈 ○ 2	癌 ○ 268	網 ○ 141	矛 ○ 150	迦 ○ 3	濃 ○ 77	价 ○ 20	甕 ○ 299
瑞 ○ 223	杜 ○ 98	沆 ○ 484	閥 ○ 180	闕 ○ 267	揷 ○ 219	姚 ○ 307	亮 ○ 109	鵬 ○ 206
鉢 ○ 171	穩 ○ 298	范 ○ 182	腎 ○ 264	郁 ○ 320	禹 ○ 189	滄 ○ 423	蔑 ○ 149	汪 ○ 303
楚 ○ 439	濂 ○ 117	塏 ○ 21	佾 ○ 357	惹 ○ 274	蓬 ○ 197	煥 ○ 513	弁 ○ 185	噫 ○ 534
洵 ○ 249	釣 ○ 386	昞 ○ 188	憙 ○ 532	旺 ○ 304	鞨 ○ 140	僻 ○ 183	綜 ○ 390	沼 ○ 241
艾 ○ 271	紹 ○ 244	姬 ○ 537	趙 ○ 385	銖 ○ 247	蔚 ○ 326	搬 ○ 167	措 ○ 384	貰 ○ 240
羲 ○ 538	覇 ○ 466	妖 ○ 309	纖 ○ 236	伊 ○ 350	唆 ○ 213	曺 ○ 387	鑽 ○ 415	襄 ○ 276
杆 ○ 8	札 ○ 420	覓 ○ 145	謬 ○ 129	鄭 ○ 373	瑟 ○ 255	睿 ○ 291	劉 ○ 128	穆 ○ 156
扁 ○ 468	雍 ○ 300	呈 ○ 378	灘 ○ 458	彦 ○ 277	鎔 ○ 316	怡 ○ 351	憾 ○ 11	釜 ○ 199
劑 ○ 382	銃 ○ 342	琢 ○ 457	珽 ○ 380	卨 ○ 232	潽 ○ 192	槐 ○ 42	斬 ○ 421	滋 ○ 361
台 ○ 461	禎 ○ 377	拉 ○ 106	瑩 ○ 285	秉 ○ 191	壹 ○ 356	預 ○ 292	疆 ○ 19	嬉 ○ 531
		刹 ○ 419	祚 ○ 388	垠 ○ 347	尹 ○ 343	准 ○ 396	握 ○ 266	怖 ○ 473

반의결합어(反義結合語)

서로 반대되는 뜻을 지닌 字끼리 결합된 單語(漢字語)

※ 두 글자 중 최소한 어느 한 쪽 글자는 3급 배정漢字(2급 쓰기 배정漢字) 1817字내에서 출제됩니다.

- 加減 (더할 가, 덜 감)
- 可否 (옳을 가, 아닐 부)
- 干戈 (방패 간, 창 과)
- 干滿 (얼마 간, 가득할 만)
- 干支 (천간 간, 지지 지)
- 甘苦 (달 감, 쓸 고)
- 强弱 (강할 강, 약할 약)
- 剛柔 (굳셀 강, 부드러울 유)
- 開閉 (열 개, 닫을 폐)
- 客主 (손 객, 주인 주)
- 去來 (갈 거, 올 래)
- 乾坤 (하늘 건, 따 곤)
- 乾濕 (마를 건, 젖을 습)
- 經緯 (날줄 경, 씨줄 위)
- 慶弔 (경사 경, 조상할 조)
- 硬軟 (굳을 경, 부드러울 연)
- 京鄕 (서울 경, 시골 향)
- 輕重 (가벼울 경, 무거울 중)
- 古今 (옛 고, 이제 금)
- 苦樂 (괴로울 고, 즐거울 락)
- 姑婦 (시어미 고, 며느리 부)
- 高低 (높을 고, 낮을 저)
- 高下 (높을 고, 아래 하)
- 曲直 (굽을 곡, 곧을 직)
- 骨肉 (뼈 골, 살 육)
- 功過 (공 공, 허물 과)
- 攻防 (칠 공, 막을 방)
- 公私 (공평할 공, 사사 사)
- 攻守 (칠 공, 지킬 수)
- 戈盾 (창 과, 방패 순)
- 官民 (벼슬 관, 백성 민)
- 敎學 (가르칠 교, 배울 학)
- 巧拙 (공교로울 교, 졸할 졸)
- 君臣 (임금 군, 신하 신)
- 貴賤 (귀할 귀, 천할 천)
- 近遠 (가까울 근, 멀 원)
- 勤怠 (부지런한 근, 게으를 태)
- 今昔 (이제 금, 옛 석)
- 禽獸 (날짐승 금, 길짐승 수)
- 及落 (미칠 급, 떨어질 락)
- 起結 (일어날 기, 맺을 결)
- 起伏 (일어날 기, 엎드릴 복)
- 起寢 (일어날 기, 잠잘 침)
- 飢飽 (주릴 기, 배부를 포)
- 吉凶 (길할 길, 흉할 흉)
- 難易 (어려울 난, 쉬울 이)
- 男女 (사내 남, 계집 녀)
- 南北 (남녘 남, 북녘 북)
- 內外 (안 내, 바깥 외)
- 奴婢 (사내종 노, 계집종 비)
- 濃淡 (짙을 농, 맑을 담)
- 多寡 (많을 다, 적을 과)
- 多少 (많을 다, 적을 소)
- 單複 (홑 단, 겹칠 복)
- 旦夕 (아침 단, 저녁 석)
- 斷續 (끊을 단, 이을 속)
- 當落 (마땅할 당, 떨어질 락)
- 貸借 (빌릴 대, 빌 차)
- 都農 (도읍 도, 농사 농)
- 東西 (동녘 동, 서녘 서)
- 同異 (같은 동, 다를 이)
- 動靜 (움직일 동, 고요할 정)
- 鈍敏 (둔할 둔, 민첩할 민)
- 得失 (얻을 득, 잃을 실)
- 登落 (오를 등, 떨어질 락)
- 來往 (올 래, 갈 왕)
- 冷暖 (찰 랭, 따뜻할 난)
- 冷熱 (찰 랭, 더울 열)
- 冷溫 (찰 랭, 따뜻할 온)
- 靈肉 (신령 령, 몸 육)
- 老少 (늙을 로, 젊을 소)
- 老幼 (늙을 로, 어릴 유)
- 勞使 (일할 로, 부릴 사)
- 陸海 (뭍 륙, 바다 해)
- 離合 (떼놓을 리, 합할 합)
- 利害 (이로울 리, 해로울 해)
- 晩早 (늦을 만, 이를 조)
- 賣買 (팔 매, 살 매)
- 明暗 (밝을 명, 어둘 암)
- 矛盾 (창 모, 방패 순)
- 問答 (물을 문, 대답할 답)
- 文武 (글월 문, 호반 무)
- 物心 (물건 물, 마음 심)
- 美醜 (아름다울 미, 추할 추)
- 班常 (양반 반, 상사람 상)
- 發着 (떠날 발, 다다를 착)
- 方圓 (모 방, 둥글 원)
- 腹背 (배 복, 등 배)
- 本末 (밑 본, 끝 말)
- 逢別 (만날 봉, 이별할 별)
- 夫婦 (남편 부, 아내 부)
- 夫妻 (남편 부, 아내 처)
- 浮沈 (뜰 부, 잠길 침)
- 悲歡 (슬플 비, 기쁠 환)
- 貧富 (가난 빈, 부자 부)
- 氷炭 (얼음 빙, 숯 탄)
- 死生 (죽을 사, 살 생)
- 邪正 (간사할 사, 바를 정)
- 師弟 (스승 사, 제자 제)
- 山川 (메 산, 내 천)
- 山河 (메 산, 물 하)
- 山海 (메 산, 바다 해)
- 賞罰 (상줄 상, 벌할 벌)
- 生滅 (살 생, 멸할 멸)
- 生死 (날 생, 죽을 사)
- 生殺 (살 생, 죽일 살)
- 善惡 (착할 선, 악할 악)
- 盛衰 (성할 성, 쇠약할 쇠)
- 成敗 (이룰 성, 패할 패)
- 疏密 (성길 소, 빽빽할 밀)
- 損益 (덜 손, 더할 익)
- 送受 (보낼 송, 받을 수)
- 送迎 (보낼 송, 맞이할 영)
- 首尾 (머리 수, 꼬리 미)
- 收給 (거둘 수, 줄 급)
- 需給 (쓸 수, 줄 급)
- 水陸 (물 수, 뭍 륙)
- 首尾 (머리 수, 꼬리 미)
- 授受 (줄 수, 받을 수)
- 手足 (손 수, 발 족)
- 收支 (거둘 수, 지급할 지)
- 叔姪 (아재비 숙, 조카 질)
- 順逆 (순할 순, 거스릴 역)
- 昇降 (오를 승, 내릴 강)
- 乘除 (곱할 승, 덜 제)
- 勝負 (이길 승, 질 부)
- 勝敗 (이길 승, 패할 패)
- 始末 (처음 시, 끝 말)

반의결합어(反義結合語)

서로 반대되는 뜻을 지닌 字끼리 결합된 單語(漢字語)

是非 (옳을 시, 그릇될 비)
始終 (처음 시, 끝 종)
新古 (새 신, 옛 고)
新舊 (새 신, 옛 구)
信疑 (믿을 신, 의심할 의)
伸縮 (펼 신, 줄일 축)
心身 (마음 심, 몸 신)
心體 (마음 심, 몸 체)
深淺 (깊을 심, 얕을 천)
雅俗 (맑을 아, 속될 속)
安危 (편안할 안, 위태할 위)
哀樂 (슬플 애, 즐길 락)
哀歡 (슬플 애, 기쁠 환)
愛惡 (사랑할 애, 미워할 오)
愛憎 (사랑할 애, 미워할 증)
哀歡 (슬플 애, 기쁠 환)
抑揚 (누를 억, 날릴 양)
言行 (말씀 언, 행할 행)
與野 (참여할 여, 민간 야)
逆順 (거스릴 역, 좇을 순)
炎涼 (불꽃 염, 서늘할 량)
榮枯 (영화로울 영, 마를 고)
榮辱 (영화로울 영, 욕될 욕)
豫決 (미리 예, 결단할 결)
銳鈍 (날카로울 예, 둔할 둔)
玉石 (구슬 옥, 돌 석)
溫冷 (따뜻할 온, 찰 랭)
緩急 (느릴 완, 급할 급)
往來 (갈 왕, 올 래)
往復 (갈 왕, 돌아올 복)
優劣 (넉넉할 우, 못할 렬)
遠近 (멀 원, 가까울 근)

恩怨 (은혜 은, 원망할 원)
隱現 (숨을 은, 나타날 현)
隱顯 (숨을 은, 나타날 현)
陰陽 (그늘 음, 볕 양)
異同 (다를 이, 같을 동)
因果 (인할 인, 열매 과)
任免 (맡을 임, 면할 면)
自至 (부터 자, 이를 지)
自他 (스스로 자, 남 타)
雌雄 (암컷 자, 수컷 웅)
昨今 (어제 작, 오늘 금)
姉妹 (손윗누이 자, 손아래 누이 매)
長短 (길 장, 짧을 단)
長幼 (어른 장, 어릴 유)
將卒 (장수 장, 군사 졸)
將兵 (장수 장, 군사 병)
田畓 (밭 전, 논 답)
戰和 (싸울 전, 화할 화)
前後 (앞 전, 뒤 후)
正反 (바를 정, 돌이킬 반)
正誤 (바를 정, 그릇될 오)
淨汚 (깨끗할 정, 더러울 오)
早晩 (이를 조, 늦을 만)
朝夕 (아침 조, 저녁 석)
朝野 (조정 조, 민간 야)
祖孫 (할아버지 조, 손자 손)
存亡 (있을 존, 망할 망)
存滅 (있을 존, 멸할 멸)
存廢 (있을 존, 폐할 폐)
存無 (있을 존, 없을 무)
尊卑 (높을 존, 낮을 비)
縱橫 (세로 종, 가로 횡)

晝夜 (낮 주, 밤 야)
主客 (주인 주, 손님 객)
主從 (주장할 주, 좇을 종)
衆寡 (무리 중, 적을 과)
增減 (더할 증, 덜 감)
遲速 (더딜 지, 빠를 속)
眞假 (참 진, 거짓 가)
眞僞 (참 진, 거짓 위)
進退 (나갈 진, 물러날 퇴)
集配 (모을 집, 나눌 배)
集散 (모을 집, 흩어질 산)
着發 (붙을 착, 떠날 발)
贊反 (도울 찬, 반대할 반)
天壤 (하늘 천, 흙 양)
天地 (하늘 천, 따 지)
添削 (더할 첨, 깎을 삭)
晴雨 (갤 청, 비 우)
淸濁 (맑을 청, 흐릴 탁)
初終 (처음 초, 끝 종)
春秋 (봄 춘, 가을 추)
出缺 (나갈 출, 빠질 결)
出納 (날 출, 들일 납)
出沒 (날 출, 빠질 몰)
忠逆 (충성 충, 거스릴 역)
出入 (날 출, 들 입)
取捨 (취할 취, 버릴 사)
親疏 (친할 친, 멀 소)
治亂 (다스릴 치, 어지러울 란)
脫着 (벗을 탈, 붙을 착)
投打 (던질 투, 칠 타)
表裏 (겉 표, 속 리)
豊凶 (풍년 풍, 흉년 흉)

皮骨 (가죽 피, 뼈 골)
彼我 (저 피, 나 아)
彼此 (저 피, 이 차)
夏冬 (여름 하, 겨울 동)
寒暖 (찰 한, 따뜻할 난)
閑忙 (한가할 한, 바쁠 망)
寒暑 (찰 한, 더울 서)
寒熱 (찰 한, 더울 열)
寒溫 (찰 한, 따뜻할 온)
解決 (풀 해, 결단할 결)
向背 (향할 향, 등질 배)
虛實 (빌 허,찰 실)
賢愚 (어질 현, 어리석을 우)
兄弟 (형 형, 아우 제)
好惡 (좋을 호, 나쁠 악)
呼應 (부를 호, 응할 응)
呼吸 (숨내쉴 호, 마실 흡)
禍福 (재앙 화, 복 복)
皇民 (임금 황, 백성 민)
厚薄 (두터울 후, 엷을 박)
訓學 (가르칠 훈, 배울 학)
胸背 (가슴 흉, 등 배)
黑白 (검을 흑, 흰 백)
興亡 (일어날 흥, 망할 망)
喜怒 (기쁠 희, 성낼 노)
喜悲 (기쁠 희, 슬플 비)

可決(가결) ↔ 否決(부결)
1 架空(가공) ↔ 實在(실재)
假名(가명) ↔ 實名(실명)
假想(가상) ↔ 實在(실재)
加熱(가열) ↔ 冷却(냉각)
加入(가입) ↔ 脫退(탈퇴)
却下(각하) ↔ 受理(수리)
簡單(간단) ↔ 複雜(복잡)
2 幹線(간선) ↔ 支線(지선)
3 干涉(간섭) ↔ 放任(방임)
4 干潮(간조) ↔ 滿潮(만조)
簡便(간편) ↔ 複雜(복잡)
減算(감산) ↔ 加算(가산)
減少(감소) ↔ 增加(증가)
感情(감정) ↔ 理性(이성)
減退(감퇴) ↔ 增進(증진)
5 剛健(강건) ↔ 柔弱(유약)
6 强硬(강경) ↔ 柔和(유화)
强大(강대) ↔ 弱小(약소)
强勢(강세) ↔ 弱勢(약세)
强點(강점) ↔ 弱點(약점)
7 開放(개방) ↔ 閉鎖(폐쇄)
個別(개별) ↔ 全體(전체)
概算(개산) ↔ 精算(정산)
開業(개업) ↔ 閉業(폐업)
8 蓋然(개연) ↔ 必然(필연)
9 改革(개혁) ↔ 保守(보수)
開會(개회) ↔ 閉會(폐회)
10 客觀(객관) ↔ 主觀(주관)
11 客體(객체) ↔ 主體(주체)
巨大(거대) ↔ 微小(미소)
巨富(거부) ↔ 極貧(극빈)
拒否(거부) ↔ 承認(승인)
拒絶(거절) ↔ 承諾(승낙)

建設(건설) ↔ 破壞(파괴)
乾燥(건조) ↔ 濕潤(습윤)
12 傑作(걸작) ↔ 拙作(졸작)
13 儉約(검약) ↔ 浪費(낭비)
缺勤(결근) ↔ 出勤(출근)
14 結論(결론) ↔ 序論(서론)
缺席(결석) ↔ 出席(출석)
結婚(결혼) ↔ 離婚(이혼)
15 結緣(결연) ↔ 離緣(이연)
輕減(경감) ↔ 加重(가중)
16 經度(경도) ↔ 緯度(위도)
17 輕蔑(경멸) ↔ 尊敬(존경)
經常(경상) ↔ 臨時(임시)
18 輕率(경솔) ↔ 愼重(신중)
輕視(경시) ↔ 重視(중시)
繼續(계속) ↔ 中斷(중단)
19 繼承(계승) ↔ 斷絶(단절)
20 高尙(고상) ↔ 低俗(저속)
21 高雅(고아) ↔ 卑俗(비속)
22 高壓(고압) ↔ 低壓(저압)
故意(고의) ↔ 過失(과실)
固定(고정) ↔ 流動(유동)
高調(고조) ↔ 低調(저조)
故鄕(고향) ↔ 他鄕(타향)
困難(곤란) ↔ 容易(용이)
23 供給(공급) ↔ 需要(수요)
24 空想(공상) ↔ 現實(현실)
25 攻勢(공세) ↔ 守勢(수세)
共用(공용) ↔ 專用(전용)
26 共有(공유) ↔ 專有(전유)
公的(공적) ↔ 私的(사적)
空虛(공허) ↔ 充實(충실)
過去(과거) ↔ 未來(미래)

1. 架空(가공) : ①(어떤 시설물을)공중에 가설함
②터무니없음, 근거없음
2. 幹線(간선) : 도로, 철도, 전신 등의 주요 구간 사이를 연결하는 선
3. 干涉(간섭) : (직접 관계없는 일을) 부당하게 참견함.
4. 干潮(간조) : 하루에 두번 조수가 빠져 수면이 가장 낮아진 상태
5. 剛健(강건) : (의지나 기상이) 굳세고 건전함.
6. 强硬(강경) : 굳세게 버티어 굽히지 아니함.
7. 開放(개방) : ①(자유로이 드나들지 못하게 막던 것을)열어놓음
②숨김이 없이 터놓음
8. 蓋然(개연) : 확실하지는 아니하나 그럴 것 같음
9. 改革(개혁) : (제도나 기구 따위를) 새롭게 뜯어고침
10. 客觀(객관) : 제 삼자의 위치에서 사물을 보는 일
11. 客體(객체) : ①객지에 있는 몸이라는 뜻으로, 편지에서 상대방의 안무를 물을 때 쓰는 말
②작용의 대상이 되는 쪽
12. 傑作(걸작) : ①뛰어난 작품, 명작
②말이나 행동이 유별나게 우스꽝스러운 사람을 놀림조로 이르는 말
13. 儉約(검약) : 낭비하지 아니하고 아끼어 씀
14. 結論(결론) : 말이나 글의 끝마무리 의견
15. 結緣(결연) : 인연을 맺음
16. 經度(경도) : 지구상의 위치를 나타내는 좌표의 하나
17. 輕蔑(경멸) : 깔보아 업신여김
18. 輕率(경솔) : (말이나 행동이)조심성 없이 가벼움
19. 繼承(계승) : ①(선임자의 뒤를) 이어받음
②(선대의 업적, 유산, 전통 따위를)이어받음
20. 高尙(고상) : (품은 뜻과 몸가짐이)조촐하고 높아 속되지 아니함
21. 高雅(고아) : 고상하고 우아함
22. 高壓(고압) : 높은 압력, 높은 전압
23. 供給(공급) : ①(물건을)제공하여 줌
②교환 또는 판매의 목적으로 시장에 상품을 제공함
24. 空想(공상) : 현실적이 아니거나 실현될 가망이 없는 것을 멋대로 상상함
25. 攻勢(공세) : 공격하는 태세, 또는 공격하고 있는 상태
26. 共有(공유) : (어떤 물건을) 두사람 이상이 공동으로 가짐

반의어(反義語), 상대어(相對語) — 서로 반대(대립)되는 單語

1 過激(과격) ↔ 穩健(온건)
官兵(관병) ↔ 私兵(사병)
官尊(관존) ↔ 民卑(민비)
光明(광명) ↔ 暗黑(암흑)
2 巧妙(교묘) ↔ 拙劣(졸렬)
3 拘禁(구금) ↔ 釋放(석방)
4 拘束(구속) ↔ 解放(해방)
拘束(구속) ↔ 放免(방면)
5 求心(구심) ↔ 遠心(원심)
具體(구체) ↔ 抽象(추상)
舊派(구파) ↔ 新派(신파)
國內(국내) ↔ 國外(국외)
6 君子(군자) ↔ 小人(소인)
君主(군주) ↔ 臣下(신하)
屈服(굴복) ↔ 抵抗(저항)
7 屈折(굴절) ↔ 直進(직진)
8 屈辱(굴욕) ↔ 雪辱(설욕)
卷頭(권두) ↔ 卷末(권말)
權利(권리) ↔ 義務(의무)
均等(균등) ↔ 差等(차등)
9 僅少(근소) ↔ 過多(과다)
錦衣(금의) ↔ 布衣(포의)
10 肯定(긍정) ↔ 否定(부정)
急性(급성) ↔ 慢性(만성)
急增(급증) ↔ 急減(급감)
急行(급행) ↔ 緩行(완행)
11 旣決(기결) ↔ 未決(미결)
起立(기립) ↔ 着席(착석)
12 奇拔(기발) ↔ 平凡(평범)
13 寄生(기생) ↔ 共生(공생)
寄數(기수) ↔ 偶數(우수)
14 飢餓(기아) ↔ 飽食(포식)
記憶(기억) ↔ 忘却(망각)
緊密(긴밀) ↔ 疎遠(소원)

15 吉兆(길조) ↔ 凶兆(흉조)
樂觀(낙관) ↔ 悲觀(비관)
落第(낙제) ↔ 及第(급제)
樂園(낙원) ↔ 地獄(지옥)
樂天(낙천) ↔ 厭世(염세)
落鄕(낙향) ↔ 出仕(출사)
暖流(난류) ↔ 寒流(한류)
16 亂世(난세) ↔ 治世(치세)
17 濫讀(남독) ↔ 精讀(정독)
濫用(남용) ↔ 節約(절약)
朗讀(낭독) ↔ 默讀(묵독)
內容(내용) ↔ 形式(형식)
18 內憂(내우) ↔ 外患(외환)
來生(내생) ↔ 前生(전생)
內包(내포) ↔ 外延(외연)
冷房(냉방) ↔ 暖房(난방)
老鍊(노련) ↔ 未熟(미숙)
怒色(노색) ↔ 和色(화색)
19 濃厚(농후) ↔ 稀薄(희박)
20 能動(능동) ↔ 被動(피동)
多元(다원) ↔ 一元(일원)
單純(단순) ↔ 複雜(복잡)
單式(단식) ↔ 複式(복식)
單一(단일) ↔ 複合(복합)
21 短縮(단축) ↔ 延長(연장)
短篇(단편) ↔ 長篇(장편)
對話(대화) ↔ 獨白(독백)
都心(도심) ↔ 郊外(교외)
22 獨創(독창) ↔ 模倣(모방)
23 動機(동기) ↔ 結果(결과)
冬眠(동면) ↔ 夏眠(하면)
動脈(동맥) ↔ 靜脈(정맥)
動搖(동요) ↔ 安定(안정)
杜絕(두절) ↔ 連絡(연락)
24 鈍感(둔감) ↔ 敏感(민감)

25 鈍濁(둔탁) ↔ 銳利(예리)
得勢(득세) ↔ 失勢(실세)
26 得意(득의) ↔ 失意(실의)
得點(득점) ↔ 失點(실점)
登場(등장) ↔ 退場(퇴장)

1. 過激(과격):(행동이나 주장 따위가)지나치게 격렬함
2. 巧妙(교묘):솜씨나 꾀가 재치있고 묘함
3. 拘禁(구금):피고인 또는 피의자를 구치소나 교도소 등에 가두어 신체의 자유를 구속하는 일
4. 拘束(구속):행동이나 의사의 자유를 제한함
5. 求心(구심):중심을 향하여 쏠림
6. 君子(군자):①학식이 높고 행실이 어진 사람 ②마음이 착하고 무던한 사람
7. 屈折(굴절):빛이나 소리가 한 매질에서 다른 매질로 들어갈 때 경계면에서 그 진행방향이 꺾이는 현상
8. 屈辱(굴욕):남에게 꺾이어 업신여김을 받는 모욕
9. 僅少(근소):아주 적음
10. 肯定(긍정):어떤 사실, 현상, 사태 따위를 그러하다고 인정함
11. 旣決(기결):이미 결정됨
12. 奇拔(기발):유달리 재치있게 뛰어남
13. 寄生(기생):혼자서는 살 수 없는 생물이 다른 생물의 몸이나 거죽에 붙어 거기서 양분을 얻어 삶
14. 飢餓(기아):굶주림
15. 吉兆(길조):좋은 일이 있을 조짐
16. 亂世(난세):어지러운 세상
17. 濫讀(남독):서적을 닥치는 대로 마구 읽음
18. 內憂(내우):①내간 ②나라안의 온갖 걱정
19. 濃厚(농후):①빛깔이 매우 짙음 ②액체가 묽지 아니하고 걸죽함
20. 能動(능동):①스스로 내켜서함 ②어떤 내적성질이 다른 상태로 펴지어 나가려는 성질
21. 短縮(단축):짧게 줄어듦
22. 獨創(독창):혼자의 힘으로 새롭고 독특한 것을 처음으로 만들어 내거나 고안해 냄
23. 動機(동기):어떤 일이나 행동을 일으키게 하는 계기
24. 鈍感(둔감):감각이 무딤, 무딘 감각
25. 鈍濁(둔탁):①성질이 굼뜨고 흐리터분하다 ②소리 따위가 둔하고 탁하다
26. 得意(득의):뜻한 바가 이루어져 만족해 함

1 漠然(막연) ↔ 確然(확연)
2 滿潮(만조) ↔ 干潮(간조)
3 滿開(만개) ↔ 半開(반개)
4 忘却(망각) ↔ 記憶(기억)
5 埋沒(매몰) ↔ 發掘(발굴)
滅亡(멸망) ↔ 隆盛(융성)
明朗(명랑) ↔ 憂鬱(우울)
名目(명목) ↔ 實質(실질)
名譽(명예) ↔ 恥辱(치욕)
名篇(명편) ↔ 拙作(졸작)
6 冒頭(모두) ↔ 末尾(말미)
模倣(모방) ↔ 創造(창조)
母音(모음) ↔ 子音(자음)
無能(무능) ↔ 有能(유능)
無形(무형) ↔ 有形(유형)
文語(문어) ↔ 口語(구어)
文明(문명) ↔ 野蠻(야만)
文化(문화) ↔ 自然(자연)
物質(물질) ↔ 精神(정신)
微官(미관) ↔ 顯官(현관)
未備(미비) ↔ 完備(완비)
7 微風(미풍) ↔ 强風(강풍)
8 敏速(민속) ↔ 遲鈍(지둔)
9 民政(민정) ↔ 軍政(군정)
密集(밀집) ↔ 散在(산재)
10 密接(밀접) ↔ 疎遠(소원)
反共(반공) ↔ 容共(용공)
11 反目(반목) ↔ 和睦(화목)
反抗(반항) ↔ 服從(복종)
發達(발달) ↔ 退步(퇴보)
發生(발생) ↔ 消滅(소멸)
12 發信(발신) ↔ 受信(수신)
放心(방심) ↔ 操心(조심)

背恩(배은) ↔ 報恩(보은)
白髮(백발) ↔ 紅顔(홍안)
13 繁榮(번영) ↔ 衰退(쇠퇴)
別居(별거) ↔ 同居(동거)
別館(별관) ↔ 本館(본관)
14 凡人(범인) ↔ 超人(초인)
15 保守(보수) ↔ 進步(진보)
保守(보수) ↔ 革新(혁신)
16 普遍(보편) ↔ 特殊(특수)
本業(본업) ↔ 副業(부업)
富貴(부귀) ↔ 貧賤(빈천)
不實(부실) ↔ 充實(충실)
敷衍(부연) ↔ 省略(생략)
富裕(부유) ↔ 貧困(빈곤)
否認(부인) ↔ 是認(시인)
否定(부정) ↔ 肯定(긍정)
分擔(분담) ↔ 全擔(전담)
分離(분리) ↔ 結合(결합)
17 分析(분석) ↔ 綜合(종합)
紛爭(분쟁) ↔ 和解(화해)
分解(분해) ↔ 合成(합성)
不運(불운) ↔ 幸運(행운)
悲劇(비극) ↔ 喜劇(희극)
秘密(비밀) ↔ 公開(공개)
18 非番(비번) ↔ 當番(당번)
非凡(비범) ↔ 平凡(평범)
悲哀(비애) ↔ 歡喜(환희)
卑語(비어) ↔ 敬語(경어)
私利(사리) ↔ 公利(공리)
死藏(사장) ↔ 活用(활용)
死後(사후) ↔ 生前(생전)
削減(삭감) ↔ 添加(첨가)
削除(삭제) ↔ 添加(첨가)
19 散文(산문) ↔ 韻文(운문)
20 散在(산재) ↔ 密集(밀집)

21 詳述(상술) ↔ 略述(약술)
上昇(상승) ↔ 下降(하강)
22 喪失(상실) ↔ 獲得(획득)
生産(생산) ↔ 消費(소비)
23 生食(생식) ↔ 火食(화식)
生花(생화) ↔ 造花(조화)
先輩(선배) ↔ 後輩(후배)
善意(선의) ↔ 惡意(악의)

1. 漠然(막연) : 범위나 내용이 갈피를 잡을 수 없게 어렴풋함.
2. 滿潮(만조) : 가장 꽉차게 들어 왔을 때의 밀물
3. 滿開(만개) : 만발(滿發)
4. 忘却(망각) : 잊어버림
5. 埋沒(매몰) : 파 묻음
6. 冒頭(모두) : 말이나 글의 첫머리
7. 微風(미풍) : 솔솔 부는 바람, 실바람
8. 敏感(민감) : 감각이 예민함
9. 民政(민정) : 민간인에 의한 정치
10. 密接(밀접) : ①썩 가깝게 맞 닿음 ②썩 가까운 관계에 있음
11. 反目(반목) : 서로 못 사귀어 미워함
12. 發信(발신) : 소식이나 우편, 전신 등을 보냄
13. 繁榮(번영) : 일이 성하게 잘 되어 영화로움
14. 凡人(범인) : 평범한 사람
15. 保守(보수) : ①보전하여 지킴 ②새로운 것을 반대하고 재래의 풍습, 전통을 중히여기어 유지하려고 함
16. 普遍(보편) : 모든 것에 두루 미치거나 통함
17. 分析(분석) : 어떤 현상이나 사물을 분해하여 그 속의 개별적인 성분, 요소 따위를 갈라 냄
18. 非番(비번) : 당번이 아님
19. 散文(산문) : 글자의 수나 운율의 제한을 받지 아니하고 자유롭게 쓰는 보통의 문장
20. 散在(산재) : 여기 저기 흩어져 있음
21. 詳述(상술) : 자세하게 설명해 말함
22. 喪失(상실) : 잃어 버림
23. 生食(생식) : 음식물을 익히지 아니하고 날로 먹음

반의어(反義語), 상대어(相對語) — 서로 반대(대립)되는 單語

先天(선천) ↔ 後天(후천)
成功(성공) ↔ 失敗(실패)
1 成熟(성숙) ↔ 未熟(미숙)
2 消極(소극) ↔ 積極(적극)
歲暮(세모) ↔ 年頭(연두)
所得(소득) ↔ 損失(손실)
3 騷亂(소란) ↔ 靜肅(정숙)
消滅(소멸) ↔ 生成(생성)
4 疎遠(소원) ↔ 親近(친근)
續行(속행) ↔ 中止(중지)
送信(송신) ↔ 受信(수신)
5 鎖國(쇄국) ↔ 開國(개국)
6 受理(수리) ↔ 却下(각하)
守勢(수세) ↔ 攻勢(공세)
收入(수입) ↔ 支出(지출)
淑女(숙녀) ↔ 紳士(신사)
順行(순행) ↔ 逆行(역행)
勝利(승리) ↔ 敗北(패배)
深夜(심야) ↔ 白晝(백주)
惡用(악용) ↔ 善用(선용)
安全(안전) ↔ 危險(위험)
安靜(안정) ↔ 興奮(흥분)
暗示(암시) ↔ 明示(명시)
約婚(약혼) ↔ 破婚(파혼)
養家(양가) ↔ 生家(생가)
愛好(애호) ↔ 嫌惡(혐오)
7 厄運(액운) ↔ 吉運(길운)
8 語幹(어간) ↔ 語尾(어미)
9 嚴格(엄격) ↔ 寬大(관대)
逆境(역경) ↔ 順境(순경)
10 憐憫(연민) ↔ 憎惡(증오)
11 連作(연작) ↔ 輪作(윤작)
連勝(연승) ↔ 連敗(연패)
12 榮轉(영전) ↔ 左遷(좌천)

靈魂(영혼) ↔ 肉體(육체)
13 優等(우등) ↔ 劣等(열등)
優越(우월) ↔ 劣等(열등)
豫算(예산) ↔ 決算(결산)
豫習(예습) ↔ 復習(복습)
沃土(옥토) ↔ 薄土(박토)
14 穩健(온건) ↔ 過激(과격)
完納(완납) ↔ 未納(미납)
15 緩慢(완만) ↔ 急激(급격)
完備(완비) ↔ 未備(미비)
完備(완비) ↔ 不備(불비)
16 緩和(완화) ↔ 緊縮(긴축)
往復(왕복) ↔ 片道(편도)
外觀(외관) ↔ 內容(내용)
容易(용이) ↔ 難解(난해)
優良(우량) ↔ 劣惡(열악)
優勢(우세) ↔ 劣勢(열세)
17 偶然(우연) ↔ 必然(필연)
友好(우호) ↔ 敵對(적대)
18 遠隔(원격) ↔ 近接(근접)
原告(원고) ↔ 被告(피고)
原理(원리) ↔ 應用(응용)
遠洋(원양) ↔ 近海(근해)
原因(원인) ↔ 結果(결과)
19 原型(원형) ↔ 模型(모형)
危險(위험) ↔ 安全(안전)
20 留保(유보) ↔ 決定(결정)
類似(유사) ↔ 相異(상이)
遺失(유실) ↔ 拾得(습득)
21 柔弱(유약) ↔ 剛健(강건)
22 柔軟(유연) ↔ 硬直(경직)
23 隆起(융기) ↔ 陷沒(함몰)
24 融解(융해) ↔ 凝固(응고)
隱蔽(은폐) ↔ 公開(공개)

恩惠(은혜) ↔ 怨恨(원한)
25 凝固(응고) ↔ 溶解(용해)
陰氣(음기) ↔ 陽氣(양기)
陰地(음지) ↔ 陽地(양지)

---

1. 成熟(성숙): ①무르녹게 익음 ②생물이 충분히 발육됨. 다 자람
2. 消極(소극): 자진하여 나아가려는 기백이 부족하고 활동적이 아닌 (것)
3. 騷亂(소란): 어수선하고 시끄러움
4. 疏遠(소원): ①지내는 사이가 탐탁하지 아니하고 멂 ②오래 소식이 막히어 있음
5. 鎖國(쇄국): 다른 나라와의 통상, 교역을 금지함
6. 受理(수리): 서류를 받아서 처리함
7. 厄運(액운): 액을 당한 운수
8. 語幹(어간): 활용어의 활용에서 변하지 아니하는 부분
9. 嚴格(엄격): (말, 태도, 규율 따위가)매우 엄하고 철저함
10. 憐憫(연민): 불쌍하고 가련함
11. 連作(연작): 한 땅에 같은 작물을 해마다 심는 일, 이어짓기
12. 榮轉(영전): 먼저 있던 자리보다 좋은 자리나 지위로 옮김
13. 優等(우등): 빼어나게 훌륭한 등급
14. 穩健(온건): 온당하고 건전함
15. 緩慢(완만): ①(움직임이) 느릿느릿함 ②(경사가) 급하지 아니함
16. 緩和(완화): (급한것을) 느슨하게 누그러뜨림
17. 偶然(우연): 인과관계가 분명하지 아니한 일
18. 遠隔(원격): 시간이나 공간적으로 멀리 떨어져 있음
19. 原型(원형): 기본이 되는 모형
20. 留保(유보): ①보류 ②(권리, 의무, 주장 등을 뒷날로 미루어 둠)
21. 柔弱(유약): 부드럽고 약함
22. 柔軟(유연): 부드럽고 연함
23. 隆起(융기): 높게 일어나 들뜸, 또는 그 부분
24. 融解(융해): ①녹아서 풀어짐 ②고체에 열을 가하였을 때 액체로 되는 현상
25. 凝固(응고): ①엉기어 굳어짐 ②액체가 고체로 변하는 일

반의어(反義語), 상대어(相對語) — 서로 반대(대립)되는 單語

義務(의무) ↔ 權利(권리)
1 依他(의타) ↔ 自立(자립)
2 異端(이단) ↔ 正統(정통)
3 異例(이례) ↔ 通例(통례)
4 理論(이론) ↔ 實際(실제)
5 裏面(이면) ↔ 表面(표면)
離別(이별) ↔ 相逢(상봉)
6 異質(이질) ↔ 同質(동질)
理想(이상) ↔ 現實(현실)
異說(이설) ↔ 定說(정설)
異性(이성) ↔ 同性(동성)
異意(이의) ↔ 同意(동의)
引上(인상) ↔ 引下(인하)
引受(인수) ↔ 引繼(인계)
人爲(인위) ↔ 自然(자연)
人造(인조) ↔ 天然(천연)
一般(일반) ↔ 特殊(특수)
任意(임의) ↔ 强制(강제)
7 入隊(입대) ↔ 除隊(제대)
8 立體(입체) ↔ 平面(평면)
入港(입항) ↔ 出港(출항)
自動(자동) ↔ 手動(수동)
自動(자동) ↔ 他動(타동)
自立(자립) ↔ 依存(의존)
自立(자립) ↔ 依他(의타)
9 自律(자율) ↔ 他律(타율)
自意(자의) ↔ 他意(타의)
子正(자정) ↔ 正午(정오)
長點(장점) ↔ 短點(단점)
長篇(장편) ↔ 短篇(단편)
低價(저가) ↔ 高價(고가)
低俗(저속) ↔ 高尙(고상)
貯蓄(저축) ↔ 消費(소비)
敵軍(적군) ↔ 我軍(아군)

敵對(적대) ↔ 友好(우호)
前半(전반) ↔ 後半(후반)
戰爭(전쟁) ↔ 平和(평화)
前進(전진) ↔ 後進(후진)
10 轉入(전입) ↔ 轉出(전출)
11 絕對(절대) ↔ 相對(상대)
12 點燈(점등) ↔ 消燈(소등)
點火(점화) ↔ 消火(소화)
13 漸進(점진) ↔ 急進(급진)
正當(정당) ↔ 不當(부당)
正常(정상) ↔ 異常(이상)
定說(정설) ↔ 異說(이설)
14 靜肅(정숙) ↔ 騷亂(소란)
定着(정착) ↔ 漂流(표류)
正午(정오) ↔ 子正(자정)
弔客(조객) ↔ 賀客(하객)
造花(조화) ↔ 生花(생화)
15 存續(존속) ↔ 廢止(폐지)
主演(주연) ↔ 助演(조연)
重厚(중후) ↔ 輕薄(경박)
重視(중시) ↔ 輕視(경시)
中止(중지) ↔ 續行(속행)
增加(증가) ↔ 減少(감소)
增產(증산) ↔ 減產(감산)
增額(증액) ↔ 減額(감액)
增進(증진) ↔ 減退(감퇴)
16 直系(직계) ↔ 傍系(방계)
直線(직선) ↔ 曲線(곡선)
直接(직접) ↔ 間接(간접)
17 進步(진보) ↔ 退步(퇴보)
進化(진화) ↔ 退化(퇴화)
眞實(진실) ↔ 虛僞(허위)
質問(질문) ↔ 答辯(답변)
18 質疑(질의) ↔ 應答(응답)

集中(집중) ↔ 分散(분산)
集合(집합) ↔ 解散(해산)
19 差別(차별) ↔ 平等(평등)
20 着陸(착륙) ↔ 離陸(이륙)
天然(천연) ↔ 人造(인조)

1. 依他(의타) : 남에게 의지함
2. 異端(이단) : ①자기가 따르는 이외의 도(道) ②전통이나 권위에 반항하는 주장이나 이론
3. 異例(이례) : 상례를 벗어난 특이한 예
4. 理論(이론) : 낱낱의 사상을 논리적으로 일반화한 체계
5. 裏面(이면) : ①속, 안, 내면 ②표면에 나타나지 아니하는 내부의 사실
6. 異質(이질) : 성질이 다름 또는 그 성질
7. 入隊(입대) : 군대에 들어가 군인이 됨
8. 立體(입체) : 길이, 넓이, 두께의 3차원의 공간적 넓이를 차지하는 물체
9. 自律(자율) : 자기의 의지로 자기의 행동을 억제함
10. 轉入(전입) : (다른 학교나 거주지로) 옮기어 들어옴,
11. 絕對(절대) : ①비교될 만한 것이 없음 ②아무런 제약이나 구속을 받지 아니하고 어떠한 조건도 붙지 아니함
12. 點燈(점등) : 등에 불을 켬
13. 漸進(점진) : 순서대로 조금씩 나아감
14. 靜肅(정숙) : 고요하고 엄숙함
15. 存續(존속) : 그대로 계속함 또는 계속하여 있음
16. 直系(직계) : 한 가닥으로 곧게 연결된 계통
17. 進步(진보) : 사물의 내용이나 정도가 차차 향상하여 감
18. 質疑(질의) : 의심 나는 점을 물어서 밝힘
19. 差別(차별) : 차등을 두어서 구별함
20. 着陸(착륙) : 비행기가 육지에 내림

반의어(反義語), 상대어(相對語) — 서로 반대(대립)되는 單語

1 斬新(참신) ↔ 陳腐(진부)
創造(창조) ↔ 模倣(모방)
處女(처녀) ↔ 總角(총각)
2 淺學(천학) ↔ 碩學(석학)
3 促進(촉진) ↔ 抑制(억제)
4 聰明(총명) ↔ 愚鈍(우둔)
最低(최저) ↔ 最高(최고)
縮小(축소) ↔ 擴大(확대)
就任(취임) ↔ 離任(이임)
就任(취임) ↔ 辭任(사임)
就職(취직) ↔ 退職(퇴직)
就寢(취침) ↔ 起床(기상)
5 沈降(침강) ↔ 隆起(융기)
稱讚(칭찬) ↔ 非難(비난)
快樂(쾌락) ↔ 苦痛(고통)
快勝(쾌승) ↔ 慘敗(참패)
6 快調(쾌조) ↔ 不調(부조)
7 妥當(타당) ↔ 不當(부당)
他殺(타살) ↔ 自殺(자살)
濁音(탁음) ↔ 淸音(청음)
脫黨(탈당) ↔ 入黨(입당)
脫色(탈색) ↔ 染色(염색)
8 通說(통설) ↔ 異說(이설)
統一(통일) ↔ 分裂(분열)
統合(통합) ↔ 分析(분석)
退勤(퇴근) ↔ 出勤(출근)
退院(퇴원) ↔ 入院(입원)
退化(퇴화) ↔ 進化(진화)
投手(투수) ↔ 捕手(포수)
投降(투항) ↔ 抵抗(저항)
敗戰(패전) ↔ 勝戰(승전)
偏頗(편파) ↔ 公平(공평)
9 平等(평등) ↔ 差別(차별)

平凡(평범) ↔ 非凡(비범)
閉幕(폐막) ↔ 開幕(개막)
10 廢止(폐지) ↔ 存續(존속)
11 布衣(포의) ↔ 錦衣(금의)
12 暴騰(폭등) ↔ 暴落(폭락)
13 暴露(폭로) ↔ 隱蔽(은폐)
14 彼岸(피안) ↔ 此岸(차안)
豊年(풍년) ↔ 凶年(흉년)
豊作(풍작) ↔ 凶作(흉작)
豊足(풍족) ↔ 不足(부족)
15 虐待(학대) ↔ 優待(우대)
寒冷(한랭) ↔ 溫暖(온난)
合理(합리) ↔ 矛盾(모순)
合法(합법) ↔ 違法(위법)
合成(합성) ↔ 分解(분해)
合意(합의) ↔ 決裂(결렬)
合體(합체) ↔ 分離(분리)
16 解禁(해금) ↔ 禁止(금지)
幸福(행복) ↔ 不幸(불행)
向上(향상) ↔ 低下(저하)
許可(허가) ↔ 禁止(금지)
許多(허다) ↔ 稀貴(희귀)
許多(허다) ↔ 稀少(희소)
虛勢(허세) ↔ 實勢(실세)
17 現象(현상) ↔ 本質(본질)
現職(현직) ↔ 前職(전직)
好感(호감) ↔ 反感(반감)
好轉(호전) ↔ 逆轉(역전)
好材(호재) ↔ 惡材(악재)
好評(호평) ↔ 惡評(악평)
好況(호황) ↔ 不況(불황)
18 酷評(혹평) ↔ 絕讚(절찬)
19 酷寒(혹한) ↔ 酷暑(혹서)

和解(화해) ↔ 決裂(결렬)
厚待(후대) ↔ 薄待(박대)

1. 斬新(참신):취향이 매우 새로움
2. 淺學(천학):학식이 얕음
3. 促進(촉진):재촉하여 빨리 나아가게 함
4. 聽命(총명):총기가 좋고 명민함. 영리하고 기억력이 좋음
5. 沈降(침강):밑으로 가라 앉음
6. 快調(쾌조):상태가 아주 좋음
7. 妥當(타당):사리에 맞아 마땅함
8. 通說(통설):세상에 널리 알려지거나 일반적으로 인정되어 있는 학설
9. 偏頗(편파):공평함을 잃고 한쪽으로 치우침
10. 廢止(폐지):(실시하던 제도, 법규, 일등을)그만 두거나 없앰
11. 布衣(포의):①베로 지은 옷 ②벼슬이 없는 선비를 이르는 말
12. 暴騰(폭등):물건 값이 갑자기 뛰어 오름
13. 暴露(폭로):①나쁜일이나 음모 같은 것이 드러남 ②비나 바람에 노출되는 일
14. 彼岸(피안):불교에서 이르는 말로 이승의 번뇌를 해탈하여 열잔의 세계에 도달하는 일
15. 虐待(학대):혹독한 짓으로 남을 괴롭힘
16. 解禁(해금):금하던 것을 풂
17. 現象(현상):①형상을 나타냄 또는 그 형상 ②사진술에서 필름을 현상액에 담가 그 영상을 나타나게 하는 일
18. 酷評(혹평):아주 나쁘게 평함
19. 酷寒(혹한):몹시 심한 추위

45쪽의 정답

1.着 2.炭 3.富 4.凶 5.易 6.遠 7.苦 8.來 9.淺 10.危 11.凶 12.終 13.福 14.晩 15.野,夕 16.兵,卒 17.寡 18.舊 19.樂 20.閉 21.長 22.將 23.自 24.往 25.進 26.自 27.京 28.曲 29.明 30.陸 31.罰 32.弱 33.否 34.民 35.低 36.學 37.買 38.答 39.弟 40.受 41.減 42.死,殺 43.惡 44.臣 45.今 46.重 47.夕 48.少 49.納,缺 50.妹 51.憎 52.減 53.淡 54.伏,寢 55.支 56.昔 57.借 58.晩 59.衰 60.沈,沒 61.悲,哀 62.雨 63.靈 64.離 65.縱 66.順,忠 67.晴 68.昇,乘 69.祖 70.尊 71.打 72.柔 73.敏 74.飽 75.背 76.涼 77.決 78.俗 79.吸,應 80.汚 81.婢

1 擴大 (확대) ↔ 縮小 (축소)
歡喜 (환희) ↔ 悲哀 (비애)
2 歡待 (환대) ↔ 冷待 (냉대)
3 歡迎 (환영) ↔ 歡送 (환송)
活用 (활용) ↔ 死藏 (사장)
獲得 (획득) ↔ 喪失 (상실)
4 橫斷 (횡단) ↔ 縱斷 (종단)
厚待 (후대) ↔ 薄待 (박대)
5 後孫 (후손) ↔ 先祖 (선조)
吸煙 (흡연) ↔ 禁煙 (금연)
興奮 (흥분) ↔ 鎭靜 (진정)
6 稀薄 (희박) ↔ 濃厚 (농후)
7 稀少 (희소) ↔ 許多 (허다)
喜劇 (희극) ↔ 悲劇 (비극)
希望 (희망) ↔ 絕望 (절망)
8 加害者 (가해자) ↔ 被害者 (피해자)
感情的 (감정적) ↔ 理性的 (이성적)
開放的 (개방적) ↔ 限定的 (한정적)
開放的 (개방적) ↔ 閉鎖的 (폐쇄적)

9 巨視的 (거시적) ↔ 微視的 (미시적)
10 高踏的 (고답적) ↔ 世俗的 (세속적)
公有物 (공유물) ↔ 專有物 (전유물)
具體的 (구체적) ↔ 抽象的 (추상적)
急進的 (급진적) ↔ 漸進的 (점진적)
對內的 (대내적) ↔ 對外的 (대외적)
11 大丈夫 (대장부) ↔ 拙丈夫 (졸장부)
同義語 (동의어) ↔ 反意語 (반의어)
12 門外漢 (문외한) ↔ 專門家 (전문가)
部分的 (부분적) ↔ 全體的 (전체적)
不文律 (불문율) ↔ 成文律 (성문율)
不法化 (불법화) ↔ 合法化 (합법화)
相對的 (상대적) ↔ 絕對的 (절대적)
唯物論 (유물론) ↔ 唯心論 (유심론)
消極的 (소극적) ↔ 積極的 (적극적)
13 實質的 (실질적) ↔ 形式的 (형식적)
14 劣等感 (열등감) ↔ 優越感 (우월감)
債權者 (채권자) ↔ 債務者 (채무자)
靑一點 (청일점) ↔ 紅一點 (홍일점)
15 抽象的 (추상적) ↔ 具體的 (구체적)

1. 擴大(확대):늘이어서 크게함
2. 歡待(환대):정성껏 후하게 대접함
3. 歡迎(환영):기쁜 마음으로 맞음
4. 橫斷(횡단):①가로 끊음 ②가로 지나감
5. 後孫(후손):여러 대가 지난 후의 자손
6. 稀薄(희박):①일의 희망이나 가망이 적음 ②정신 상태가 약함
7. 稀少(희소):매우 드물어서 적음
8. 加害者(가해자):남의 생명, 신체, 명예, 재산 등에 해를 끼치는 사람
9. 巨視的(거시적):①인간의 감각으로 식별할 수 있을 정도의 것 ②(어떠한 대상을)전체적으로 분석, 파악하는 것
10. 高踏的(고답적):지위나 명예, 이해 따위에 얽매이지 아니하고 초연함
11. 大丈夫(대장부):건장하고 씩씩한 사내라는 뜻으로 '남자'를 이르는 말
12. 門外漢(문외한):어떤 일에 전문가가 아닌 사람 또는 직접적인 관계가 없는 사람
13. 實質的(실질적):실제의 본 바탕을 가진 것
14. 劣等感(열등감):정도나 등급이 낮다고 느낌
15. 抽象的(추상적):구체적 표상이나 개념에서 공통된 성질을 뽑아 일반적인 개념으로 파악하는 것

※ 다음 漢字와 意味上 對立되는 漢字를 적어 單語를 完成하시오. ※정답은 44쪽 하단에 있음.

1. 發 ↔ [ ]
2. 氷 ↔ [ ]
3. 貧 ↔ [ ]
4. 吉 ↔ [ ]
5. 難 ↔ [ ]
6. 近 ↔ [ ]
7. 甘 ↔ [ ]
8. 去 ↔ [ ]
9. 深 ↔ [ ]
10. 安 ↔ [ ]
11. 豊 ↔ [ ]
12. 初 ↔ [ ]
13. 禍 ↔ [ ]
14. 早 ↔ [ ]
15. 朝 ↔ [ ]
16. 將 ↔ [ ]
17. 衆 ↔ [ ]
18. 新 ↔ [ ]
19. 苦 ↔ [ ]
20. 開 ↔ [ ]
21. [ ] ↔ 幼
22. [ ] ↔ 卒
23. [ ] ↔ 他
24. [ ] ↔ 復
25. [ ] ↔ 退
26. [ ] ↔ 至
27. [ ] ↔ 鄕
28. [ ] ↔ 直
29. [ ] ↔ 暗
30. [ ] ↔ 海
31. 賞 ↔ [ ]
32. 强 ↔ [ ]
33. 可 ↔ [ ]
34. 官 ↔ [ ]
35. 高 ↔ [ ]
36. 敎 ↔ [ ]
37. 賣 ↔ [ ]
38. 問 ↔ [ ]
39. 師 ↔ [ ]
40. 授 ↔ [ ]
41. 加 ↔ [ ]
42. 生 ↔ [ ]
43. 善 ↔ [ ]
44. 君 ↔ [ ]
45. 古 ↔ [ ]
46. 輕 ↔ [ ]
47. 旦 ↔ [ ]
48. 多 ↔ [ ]
49. 出 ↔ [ ]
50. 姉 ↔ [ ]
51. 愛 ↔ [ ]
52. 增 ↔ [ ]
53. 濃 ↔ [ ]
54. 起 ↔ [ ]
55. 收 ↔ [ ]
56. 今 ↔ [ ]
57. 貸 ↔ [ ]
58. 早 ↔ [ ]
59. 盛 ↔ [ ]
60. 浮 ↔ [ ]
61. 喜 ↔ [ ]
62. 晴 ↔ [ ]
63. [ ] ↔ 肉
64. [ ] ↔ 合
65. [ ] ↔ 橫
66. [ ] ↔ 逆
67. [ ] ↔ 雨
68. [ ] ↔ 降
69. [ ] ↔ 孫
70. [ ] ↔ 卑
71. 投 ↔ [ ]
72. 剛 ↔ [ ]
73. 鈍 ↔ [ ]
74. 飢 ↔ [ ]
75. 胸 ↔ [ ]
76. 炎 ↔ [ ]
77. 豫 ↔ [ ]
78. 雅 ↔ [ ]
79. 呼 ↔ [ ]
80. 淨 ↔ [ ]
81. 奴 ↔ [ ]

47쪽의 정답

1.添 2.乾 3.取 4.隱 5.贊 6.尊 7.主 8.美 9.親 10.彼 11.眞 12.喜 13.貴 14.縱 15.正 16.夫 17.解 18.寒 19.表 20.厚 21.喜 22.動 23.治 24.浮 25.朝,與 26.寒,冷 27.慶 28.淸 29.出 30.彼 31.乾 32.經 33.老,長 34.眞 35.盛 36.陰 37.和解 38.嫌惡 39.當番 40.放任 41.損失 42.相對 43.劣等 44.小人 45.緊縮 46.急激 47.本質 48.尊敬 49.高尙 50.低調 51.急進 52.特殊 53.主觀 54.賀客 55.溫暖 56.進化 57.强制 58.閉鎖 59.口語 60.卑俗 61.消費 62.分解 63.平凡 64.縮少 65.恥辱 66.放免 67.實勢 68.專有 69.雪辱 70.剛健 71.悲劇 72.不當 73.緯度 74.肯定 75.縱斷 76.敏感 77.勝戰 78.連勝 79.我軍 80.慘敗 81.密集 82.差等 83.略述 84.微少 85.外患 86.現實 87.內容 88.離任 89.衰退 90.非難 91.惡材 92.稀薄 93.禁煙 94.難解 95.綜合 96.平等 97.默讀 98.治世 99.勝利 100.助演 101.前職 102.肉體 103.增進 104.滿潮 105.延長 106.守勢 107.結果 108.廢止

※ 다음 漢字와 意味上 對立되는 漢字를 써서 單語를 完成하시오. ※정답은 47쪽 하단에 있음.

1.增↔( )
2.收↔( )
3.同↔( )
4.遠↔( )
5.干↔( )
6.叔↔( )
7.姉↔( )
8.離↔( )
9.遲↔( )
10.閑↔( )
11.自↔( )
12.順↔( )
13.利↔( )
14.損↔( )
15.單↔( )
16.雌↔( )
17.晩↔( )
18.緩↔( )
19.送↔( )
20.抑↔( )
21.得↔( )
22.祖↔( )
23.文↔( )
24.長↔( )
25.田↔( )
26.恩↔( )
27.勞↔( )
28.是↔( )
29.着↔( )
30.銳↔( )
31.需↔( )
32.任↔( )
33.伸↔( )
34.班↔( )
35.當↔( )
36.存↔( )
37.好↔( )
38.腹↔( )
39.本↔( )
40.衆↔( )
41.逢↔( )
42.方↔( )
43.及↔( )
44.虛↔( )
45.成↔( )
46.始↔( )
47.物↔( )
48.疏↔( )
49.骨↔( )
50.賢↔( )
51.興↔( )
52.勝↔( )
53.集↔( )
54.功↔( )
55.姑↔( )
56.首↔( )
57.旦↔( )
58.榮↔( )
59.優↔( )
60.向↔( )
61.起↔( )
62.貸↔( )
63.哀↔( )
64.攻↔( )
65.斷↔( )
66.昇↔( )
67.因↔( )
68.愛↔( )
69.勤↔( )
70.矛↔( )
71.禽↔( )
72.脫↔( )

※ 다음 漢字語와 反對 또는 相對되는 漢字語를 쓰시오.

73. 歡待 ↔ ( )
74. 鎖國 ↔ ( )
75. 高尙 ↔ ( )
76. 革新派 ↔ ( )
77. 卷頭 ↔ ( )
78. 樂天 ↔ ( )
79. 穩健 ↔ ( )
80. 君主 ↔ ( )
81. 敏感 ↔ ( )
82. 平凡 ↔ ( )
83. 對話 ↔ ( )
84. 惡用 ↔ ( )
85. 悲哀 ↔ ( )
86. 野蠻 ↔ ( )
87. 增進 ↔ ( )
88. 巧妙 ↔ ( )
89. 榮轉 ↔ ( )
90. 投手 ↔ ( )
91. 發信 ↔ ( )
92. 假名 ↔ ( )
93. 順行 ↔ ( )
94. 騷亂 ↔ ( )
95. 酷評 ↔ ( )
96. 加熱 ↔ ( )
97. 增額 ↔ ( )
98. 反共 ↔ ( )
99. 權利 ↔ ( )
100. 獲得 ↔ ( )
101. 受理 ↔ ( )
102. 喪失 ↔ ( )
103. 語幹 ↔ ( )
104. 拘禁 ↔ ( )
105. 好感 ↔ ( )
106. 故意 ↔ ( )
107. 解禁 ↔ ( )
108. 布衣 ↔ ( )
109. 鈍濁 ↔ ( )
110. 分擔 ↔ ( )
111. 嚴格 ↔ ( )
112. 養家 ↔ ( )
113. 處女 ↔ ( )
114. 漂流 ↔ ( )
115. 輕薄 ↔ ( )
116. 興奮 ↔ ( )
117. 優越 ↔ ( )
118. 續行 ↔ ( )
119. 憂鬱 ↔ ( )
120. 名篇 ↔ ( )
121. 寄數 ↔ ( )
122. 杜絶 ↔ ( )
123. 記憶 ↔ ( )
124. 官尊 ↔ ( )
125. 狹義 ↔ ( )
126. 遠心 ↔ ( )
127. 經常 ↔ ( )
128. 槪算 ↔ ( )
129. 削減 ↔ ( )
130. 秘密 ↔ ( )

※ 다음 漢字와 意味上 對立되는 漢字를 적어 單語를 完成하시오. ※정답은 46쪽 상단에 있음.

1.(　　)↔削	7.(　　)↔從	13.(　　)↔賤	19.(　　)↔裏	25.(　　)↔野	31.(　　)↔濕
2.(　　)↔坤	8.(　　)↔醜	14.(　　)↔橫	20.(　　)↔薄	26.(　　)↔暖	32.(　　)↔緯
3.(　　)↔捨	9.(　　)↔疏	15.(　　)↔誤	21.(　　)↔悲	27.(　　)↔弔	33.(　　)↔幼
4.(　　)↔現	10.(　　)↔我	16.(　　)↔妻	22.(　　)↔靜	28.(　　)↔濁	34.(　　)↔僞
5.(　　)↔反	11.(　　)↔假	17.(　　)↔結	23.(　　)↔亂	29.(　　)↔缺	35.(　　)↔衰
6.(　　)↔卑	12.(　　)↔怒	18.(　　)↔暑	24.(　　)↔沈	30.(　　)↔此	36.(　　)↔陽

※ 다음 각 單語와 意味上 對立되는 單語를 쓰시오.

37. 紛爭 ↔ (　　)	55. 寒冷 ↔ (　　)	73. 經度 ↔ (　　)	91. 好材 ↔ (　　)
38. 愛好 ↔ (　　)	56. 退化 ↔ (　　)	74. 否定 ↔ (　　)	92. 濃厚 ↔ (　　)
39. 非番 ↔ (　　)	57. 任意 ↔ (　　)	75. 橫斷 ↔ (　　)	93. 吸煙 ↔ (　　)
40. 干涉 ↔ (　　)	58. 開放 ↔ (　　)	76. 鈍感 ↔ (　　)	94. 容易 ↔ (　　)
41. 所得 ↔ (　　)	59. 文語 ↔ (　　)	77. 敗戰 ↔ (　　)	95. 分析 ↔ (　　)
42. 絕對 ↔ (　　)	60. 高雅 ↔ (　　)	78. 連敗 ↔ (　　)	96. 差別 ↔ (　　)
43. 優等 ↔ (　　)	61. 貯蓄 ↔ (　　)	79. 敵軍 ↔ (　　)	97. 朗讀 ↔ (　　)
44. 君子 ↔ (　　)	62. 合成 ↔ (　　)	80. 快勝 ↔ (　　)	98. 亂世 ↔ (　　)
45. 緩和 ↔ (　　)	63. 非凡 ↔ (　　)	81. 散在 ↔ (　　)	99. 敗北 ↔ (　　)
46. 緩慢 ↔ (　　)	64. 擴大 ↔ (　　)	82. 均等 ↔ (　　)	100. 主演 ↔ (　　)
47. 現象 ↔ (　　)	65. 名譽 ↔ (　　)	83. 詳述 ↔ (　　)	101. 現職 ↔ (　　)
48. 輕視 ↔ (　　)	66. 拘束 ↔ (　　)	84. 巨大 ↔ (　　)	102. 靈魂 ↔ (　　)
49. 低俗 ↔ (　　)	67. 虛勢 ↔ (　　)	85. 內憂 ↔ (　　)	103. 減退 ↔ (　　)
50. 高調 ↔ (　　)	68. 共有 ↔ (　　)	86. 理想 ↔ (　　)	104. 干潮 ↔ (　　)
51. 漸進 ↔ (　　)	69. 屈辱 ↔ (　　)	87. 外觀 ↔ (　　)	105. 短縮 ↔ (　　)
52. 普遍 ↔ (　　)	70. 柔弱 ↔ (　　)	88. 就任 ↔ (　　)	106. 攻勢 ↔ (　　)
53. 客觀 ↔ (　　)	71. 喜劇 ↔ (　　)	89. 繁榮 ↔ (　　)	107. 動機 ↔ (　　)
54. 弔客 ↔ (　　)	72. 妥當 ↔ (　　)	90. 稱讚 ↔ (　　)	108. 存續 ↔ (　　)

46쪽의 정답

1.減 2.支 3.異 4.近 5.戈 6.姪 7.妹 8.合 9.速 10.忙 11.他,至 12.逆 13.害 14.益 15.複 16.雄 17.早 18.急 19.迎 20.揚 21.失 22.孫 23.武 24.幼 25.畓 26.怨 27.使 28.非 29.發 30.鈍 31.給 32.免 33.縮 34.常 35.落 36.亡,廢 37.惡 38.背 39.末 40.寡 41.別 42.圓 43.落 44.實 45.敗 46.末,終 47.心 48.密 49.肉 50.愚 51.亡 52.負,敗 53.散 54.過 55.婦 56.尾 57.夕 58.辱,枯 59.劣 60.背 61.伏,寢 62.借 63.歡 64.防,守 65.續 66.降 67.果 68.憎 69.怠 70.盾 71.獸 72.着 73.冷待 74.開國 75.低俗 76.保守派 77.卷末 78.厭世 79.過激 80.臣下 81.鈍感 82.非凡 83.獨白 84.善用 85.歡喜 86.文明 87.減退 88.拙劣 89.左遷 90.捕手 91.受信 92.實名 93.逆行 94.靜肅 95.絕讚 96.冷却 97.減額 98.容共 99.義務 100.喪失 101.却下 102.獲得 103.語尾 104.釋放 105.反感 106.過失 107.禁止 108.錦衣 109.銳利 110.全擔 111.寬大 112.生家 113.總角 114.定着 115.重厚 116.鎭靜 117.劣等 118.中止 119.明朗 120.拙作 121.偶數 122.連絡 123.忘却 124.民卑 125.廣義 126.求心 127.臨時 128.精算 129.添加 130.公開

49쪽의 정답

1.虛僞 2.未納 3.異常 4.低壓 5.消燈 6.愚鈍 7.拙丈夫 8.優越感 9.具體的 10.債務者 11.加重 12.完備 13.和睦 14.分斷 15.存續 16.薄待 17.釋放 18.閉鎖 19.被害者 20.義務 21.相異 22.生花 23.現實 24.淸音 25.擴大 26.閉鎖的 27.形式的 28.抽象的 29.世俗的 30.年頭 31.添加 32.極貧 33.分析 34.必然 35.轉出 36.薄土 37.序論 38.專門家 39.稀少 40.强風 41.退職 42.散在 43.死藏 44.異說 45.全體的 46.微視的 47.積極的 48.反意語 49.凶兆 50.浪費 51.隱蔽 52.否定 53.敬語 54.記憶 55.輪作 56.異說 57.絶對的 58.應用 59.支線 60.濃厚 61.容易 62.暴落 63.同性 64.漸進的 65.合法化 66.成文律 67.專有物 68.脫退 69.結合 70.拙作 71.此岸 72.近接 73.加算 74.保守 75.攻勢

※ 다음 각 單語와 意味上 對立되는 漢字語를 쓰시오. ※정답은 49쪽 하단에 있음.

1. 歡迎 ↔ (　　)	28. 異例 ↔ (　　)	55. 得意 ↔ (　　)	82. 求心 ↔ (　　)
2. 沈降 ↔ (　　)	29. 促進 ↔ (　　)	56. 斬新 ↔ (　　)	83. 愚昧 ↔ (　　)
3. 靜肅 ↔ (　　)	30. 裏面 ↔ (　　)	57. 空虛 ↔ (　　)	84. 架空 ↔ (　　)
4. 向上 ↔ (　　)	31. 歡喜 ↔ (　　)	58. 碩學 ↔ (　　)	85. 一般 ↔ (　　)
5. 緊密 ↔ (　　)	32. 脫色 ↔ (　　)	59. 開會 ↔ (　　)	86. 客體 ↔ (　　)
6. 別館 ↔ (　　)	33. 老鍊 ↔ (　　)	60. 發生 ↔ (　　)	87. 發達 ↔ (　　)
7. 凡人 ↔ (　　)	34. 共用 ↔ (　　)	61. 擴大 ↔ (　　)	88. 濫讀 ↔ (　　)
8. 許可 ↔ (　　)	35. 留保 ↔ (　　)	62. 動搖 ↔ (　　)	89. 漠然 ↔ (　　)
9. 光明 ↔ (　　)	36. 憐憫 ↔ (　　)	63. 後孫 ↔ (　　)	90. 希望 ↔ (　　)
10. 異端 ↔ (　　)	37. 直系 ↔ (　　)	64. 乾燥 ↔ (　　)	91. 不實 ↔ (　　)
11. 原則 ↔ (　　)	38. 合法 ↔ (　　)	65. 滿潮 ↔ (　　)	92. 蓋然 ↔ (　　)
12. 進步 ↔ (　　)	39. 濫用 ↔ (　　)	66. 和睦 ↔ (　　)	93. 滅亡 ↔ (　　)
13. 拒絶 ↔ (　　)	40. 隱蔽 ↔ (　　)	67. 屈服 ↔ (　　)	94. 溶解 ↔ (　　)
14. 沈沒 ↔ (　　)	41. 强硬 ↔ (　　)	68. 剛健 ↔ (　　)	95. 依他 ↔ (　　)
15. 冒頭 ↔ (　　)	42. 增産 ↔ (　　)	69. 義務 ↔ (　　)	96. 往復 ↔ (　　)
16. 投降 ↔ (　　)	43. 供給 ↔ (　　)	70. 引受 ↔ (　　)	97. 生食 ↔ (　　)
17. 疎遠 ↔ (　　)	44. 消極 ↔ (　　)	71. 得勢 ↔ (　　)	98. 破壞 ↔ (　　)
18. 暗示 ↔ (　　)	45. 模倣 ↔ (　　)	72. 合理 ↔ (　　)	99. 名目 ↔ (　　)
19. 質疑 ↔ (　　)	46. 虐待 ↔ (　　)	73. 多元 ↔ (　　)	100. 遠洋 ↔ (　　)
20. 密接 ↔ (　　)	47. 遺失 ↔ (　　)	74. 隆起 ↔ (　　)	101. 人造 ↔ (　　)
21. 滿開 ↔ (　　)	48. 優勢 ↔ (　　)	75. 散文 ↔ (　　)	102. 自立 ↔ (　　)
22. 奇拔 ↔ (　　)	49. 都心 ↔ (　　)	76. 屈折 ↔ (　　)	103. 寄生 ↔ (　　)
23. 好況 ↔ (　　)	50. 興奮 ↔ (　　)	77. 動脈 ↔ (　　)	104. 敵對 ↔ (　　)
24. 輕率 ↔ (　　)	51. 快調 ↔ (　　)	78. 消滅 ↔ (　　)	105. 離別 ↔ (　　)
25. 能動 ↔ (　　)	52. 怒色 ↔ (　　)	79. 友好 ↔ (　　)	106. 柔軟 ↔ (　　)
26. 豫算 ↔ (　　)	53. 僅少 ↔ (　　)	80. 集合 ↔ (　　)	107. 着陸 ↔ (　　)
27. 偏頗 ↔ (　　)	54. 融解 ↔ (　　)	81. 深夜 ↔ (　　)	108. 紳士 ↔ (　　)

※ 다음 각 單語와 意味上 對立되는 漢字語를 쓰시오. ※정답은 48쪽 상단에 있음.

1. 眞實 ↔ (　　　　)
2. 完納 ↔ (　　　　)
3. 正常 ↔ (　　　　)
4. 高壓 ↔ (　　　　)
5. 點燈 ↔ (　　　　)
6. 聰明 ↔ (　　　　)
7. 大丈夫 ↔ (　　　　)
8. 劣等感 ↔ (　　　　)
9. 抽象的 ↔ (　　　　)
10. 債權者 ↔ (　　　　)
11. 輕減 ↔ (　　　　)
12. 未備 ↔ (　　　　)
13. 反目 ↔ (　　　　)
14. 統一 ↔ (　　　　)
15. 廢止 ↔ (　　　　)
16. 厚待 ↔ (　　　　)
17. 拘束 ↔ (　　　　)
18. 開放 ↔ (　　　　)
19. 加害者 ↔ (　　　　)
20. 權利 ↔ (　　　　)
21. 類似 ↔ (　　　　)
22. 造花 ↔ (　　　　)
23. 空想 ↔ (　　　　)
24. 濁音 ↔ (　　　　)
25. 縮小 ↔ (　　　　)
26. 開放的 ↔ (　　　　)
27. 實質的 ↔ (　　　　)
28. 具體的 ↔ (　　　　)
29. 高踏的 ↔ (　　　　)
30. 歲暮 ↔ (　　　　)
31. 削除 ↔ (　　　　)
32. 巨富 ↔ (　　　　)
33. 統合 ↔ (　　　　)
34. 偶然 ↔ (　　　　)
35. 轉入 ↔ (　　　　)
36. 沃土 ↔ (　　　　)
37. 結論 ↔ (　　　　)
38. 門外漢 ↔ (　　　　)
39. 許多 ↔ (　　　　)
40. 微風 ↔ (　　　　)
41. 就職 ↔ (　　　　)
42. 密集 ↔ (　　　　)
43. 活用 ↔ (　　　　)
44. 定說 ↔ (　　　　)
45. 部分的 ↔ (　　　　)
46. 巨視的 ↔ (　　　　)
47. 消極的 ↔ (　　　　)
48. 同義語 ↔ (　　　　)
49. 吉兆 ↔ (　　　　)
50. 儉約 ↔ (　　　　)
51. 暴露 ↔ (　　　　)
52. 肯定 ↔ (　　　　)
53. 卑語 ↔ (　　　　)
54. 忘却 ↔ (　　　　)
55. 連作 ↔ (　　　　)
56. 通說 ↔ (　　　　)
57. 相對的 ↔ (　　　　)
58. 原理 ↔ (　　　　)
59. 幹線 ↔ (　　　　)
60. 稀薄 ↔ (　　　　)
61. 困難 ↔ (　　　　)
62. 暴騰 ↔ (　　　　)
63. 異性 ↔ (　　　　)
64. 急進的 ↔ (　　　　)
65. 不法化 ↔ (　　　　)
66. 不文律 ↔ (　　　　)
67. 公有物 ↔ (　　　　)
68. 加入 ↔ (　　　　)
69. 分離 ↔ (　　　　)
70. 傑作 ↔ (　　　　)
71. 彼岸 ↔ (　　　　)
72. 遠隔 ↔ (　　　　)
73. 減算 ↔ (　　　　)
74. 改革 ↔ (　　　　)
75. 守勢 ↔ (　　　　)

48쪽의 정답

1.歡送 2.隆起 3.騷亂 4.低下 5.疏遠 6.本館 7.超人 8.禁止 9.暗黑 10.正統 11.變則 12.退步 13.承諾 14.浮上 15.末尾 16.抵抗 17.親近,緊密 18.明示 19.應答 20.疏遠 21.半開 22.平凡 23.不況 24.愼重 25.被動 26.決算 27.公平 28.通例 29.抑制 30.表面 31.悲哀 32.染色 33.未熟 34.專用 35.決定 36.憎惡 37.傍系 38.違法 39.節約 40.公開 41.柔和 42.減産 43.需要 44.積極 45.創造 46.優待 47.拾得 48.劣勢 49.郊外 50.鎭靜 51.不調 52.和色 53.過多 54.凝固 55.失意 56.陳腐 57.充實 58.淺學 59.閉會 60.消滅 61.縮小 62.安定 63.先祖 64.濕潤 65.干潮 66.反目 67.抵抗 68.柔弱 69.權利 70.引繼 71.失勢 72.矛盾 73.一元 74.陷沒 75.韻文 76.直進 77.靜脈 78.生成 79.敵對 80.解散 81.白晝 82.遠心 83.賢明 84.實在 85.特殊 86.主體 87.退步 88.精讀 89.確然 90.絶望 91.充實 92.必然 93.隆盛 94.凝固 95.自立 96.片道 97.火食 98.建設 99.實質 100.近海 101.天然 102.依存 103.共生 104.友好 105.相逢 106.硬直 107.離陸 108.淑女

유의결합어 (類義結合語)

서로 비슷한 뜻을 지닌 字끼리 결합된 漢字語

※ 두 글자중 최소한 어느 한쪽 글자는 쓰기배정漢字(3급 배정漢字) 1817字 내에서 출제됩니다.
※ 유의결합어는 별표(*)있는 單語를 먼저 하고 나머지는 예상문제를 풀때 미흡하면 하세요.

歌曲(노래 가, 가락 곡)
歌樂(노래 가, 노래 악)
歌謠(노래 가, 노래 요)
歌唱(노래 가, 노래 창)
家屋(집 가, 집 옥)
家宅(집 가, 집 택)
家戶(집 가, 집 호)
街道(거리 가, 길 도)
街路(거리 가, 길 로)
* 價値(값 가, 값 치)
* 覺悟(깨달을 각, 깨달을 오)
* 間隔(사이 간, 사이뜰 격)
簡略(간략할 간, 간략할 략)
感覺(느낄 감, 느낄 각)
監督(볼 감, 감독할 독)
監視(볼 감, 볼 시)
監察(볼 감, 살필 찰)
減損(덜 감, 덜 손)
減縮(덜 감, 줄일 축)
强健(굳셀 강, 굳셀 건)
* 强硬(강할 강, 굳을 경)
* 疆境(지경 강, 지경 경)
* 疆界(지경 강, 지경 계)
* 疆域(지경 강, 지경 역)
* 鋼鐵(강철 강, 쇠 철)
* 康寧(편안 강, 편안 녕)
改革(고칠 개, 고칠 혁)
* 慨歎(슬퍼할 개, 탄식할 탄)
巨大(클 거, 큰 대)
* 距離(상거할 거, 떠날 리)
拒絶(막을 거, 끊을 절)
居住(살 거, 살 주)
健康(굳셀 건, 편안할 강)

建立(세울 건, 설 립)
建設(세울 건, 세울 설)
* 乾燥(마른 건, 마를 조)
* 劍刀(칼 검, 칼 도)
檢查(검사할 검, 조사할 사)
* 揭揚(높이들 게, 날릴 양)
* 隔離(사이뜰 격, 떨어질 리)
堅固(굳을 견, 굳을 고)
* 牽引(끌 견, 끌 인)
結果(맺을 결, 열매 과)
* 訣別(이별할 결, 이별할 별)
缺損(이지러질 결, 덜 손)
* 謙讓(겸손할 겸, 사양할 양)
警覺(깨우칠 경, 깨달을 각)
警戒(경계할 경, 경계할 계)
境界(지경 경, 지경 계)
經過(지날 경, 지날 과)
經歷(지날 경, 지날 력)
經書(글 경, 글 서)
* 傾斜(기울 경, 비낄 사)
競爭(다툴 경, 다툴 쟁)
階段(섬돌 계, 층계 단)
階層(층계 계, 층 층)
計略(꾀 계, 꾀 략)
* 計策(꾀 계, 꾀 책)
計量(셀 계, 헤아릴 량)
計算(셀 계, 셈 산)
* 契約(맺을 계, 맺을 약)
繼續(이을 계, 이을 속)
繼承(이을 계, 이을 승)
孤獨(외로울 고, 홀로 독)
考慮(생각할 고, 생각할 려)
* 哭泣(울 곡, 울 읍)

困窮(곤할 곤, 궁할 궁)
困難(곤할 곤, 어려울 난)
攻擊(칠 공, 칠 격)
* 恭敬(공손할 공, 공경할 경)
* 供給(이바지할 공, 줄 급)
共同(한가지 공, 한가지 동)
* 恐怖(두려울 공, 두려울 포)
空虛(빌 공, 빌 허)
* 貢獻(바칠 공, 바칠 헌)
* 功勳(공 공, 공 훈)
果實(실과 과, 열매 실)
過去(지날 과, 갈 거)
過失(허물 과, 잘못 실)
過誤(허물 과, 그릇될 오)
寡少(적을 과, 적을 소)
* 誇張(자랑할 과, 자랑할 장)
官吏(벼슬 관, 벼슬아치 리)
觀覽(볼 관, 볼 람)
觀望(볼 관, 바랄 망)
觀察(볼 관, 살필 찰)
* 慣習(버릇 관, 버릇 습)
* 官爵(벼슬 관, 벼슬 작)
* 貫通(꿰뚫을 관, 통할 통)
光景(빛 광, 볕 경)
光明(빛 광, 밝을 명)
* 光彩(빛 광, 채색 채)
* 光輝(빛 광, 빛날 휘)
* 怪奇(괴이할 괴, 기이할 기)
交際(사귈 교, 사귈 제)
* 交替(주고받을 교, 바꿀 체)
* 交換(주고받을 교, 바꿀 환)
敎訓(가르칠 교, 가르칠 훈)
* 橋脚(다리 교, 다리 각)

* 橋梁(다리 교, 다리 량)
區別(구분할 구, 나눌 별)
* 丘陵(언덕 구, 언덕 릉)
* 購買(살 구, 살 매)
區分(나눌 구, 나눌 분)
區域(지경 구, 지경 역)
具備(갖출 구, 갖출 비)
口舌(입 구, 혀 설)
* 拘束(잡을 구, 묶을 속)
救援(구원할 구, 도울 원)
救濟(구원할 구, 건질 제)
救助(구원할 구, 도울 조)
構造(얽을 구, 지을 조)
* 驅逐(몰 구, 쫓을 축)
君王(임금 군, 임금 왕)
君主(임금 군, 임금 주)
郡邑(고을 군, 고을 읍)
* 郡縣(고을 군, 고을 현)
群衆(무리 군, 무리 중)
屈曲(굽을 굴, 굽을 곡)
屈折(굽힐 굴, 꺾을 절)
窮極(다할 궁, 다할 극)
* 窮塞(다할 궁, 막힐 색)
* 宮闕(집 궁, 대궐 궐)
* 宮殿(집 궁, 전각 전)
勸奬(권할 권, 권면할 장)
* 龜鑑(본보기 귀, 거울삼을 감)
* 鬼神(귀신 귀, 귀신 신)
貴重(귀할 귀, 무거울 중)
* 歸還(돌아갈 귀, 돌아올 환)
規範(법 규, 법 범)
規律(법 규, 법 률)
規則(법 규, 법칙 칙)

유의결합어 (類義結合語)

서로 비슷한 뜻을 지닌 字끼리 결합된 漢字語

※ 유의결합어는 별표(*)있는 單語를 먼저 하고 나머지는 예상문제를 풀때 미흡하면 하세요.

均等(고를 균, 같을 등)

* 龜裂(터질 균, 찢을 렬(열))

極端(다할 극, 끝 단)

極盡(다할 극, 다할 진)

* 劇甚(심할 극, 심할 심)

根本(뿌리 근, 근본 본)

* 謹愼(삼가할 근, 삼갈 신)

根源(뿌리 근, 근원 원)

* 琴瑟(거문고 금, 큰거문고 슬)

* 禽鳥(새 금, 새 조)

急速(급할 급, 빠를 속)

給與(줄 급, 줄 여)

* 紀綱(벼리 기, 벼리 강)

* 機械(틀 기, 기계 계)

* 企圖(꾀할 기, 꾀할 도)

* 企畫(꾀할 기, 꾀할 획)

起立(일어날 기, 설 립)

奇妙(기이할 기, 묘할 묘)

記錄(기록할 기, 기록할 록)

技術(재주 기, 재주 술)

* 飢餓(굶주릴 기, 굶주릴 아)

技藝(재주 기, 재주 예)

寄與(맡길 기, 줄 여)

* 寄贈(맡길 기, 줄 증)

* 寄托(맡길 기, 맡길 탁)

* 祈願(빌 기, 바랄 원)

基底(터 기, 밑 저)

* 基礎(터 기, 주춧돌 초)

* 寄託(맡길 기, 맡길 탁)

* 欺誕(속일 기, 속일 탄)

氣候(기후 기, 기후 후)

* 緊急(급할 긴, 급할 급)

* 緊要(긴할 긴, 요긴할 요)

納入(들일 납, 들 입)

年歲(해 년, 해 세)

念慮(생각할 념, 생각할 려)

* 奴隸(종 노, 종 례(예))

* 農耕(농사 농, 밭갈 경)

* 濃厚(짙을 농, 두터울 후)

段階(계단 단, 계단 계)

單獨(홑 단, 홀로 독)

* 鍛鍊(단련할 단, 익힐 련)

* 端緖(실마리 단, 실마리 서)

端正(바를 단, 바를 정)

斷絶(끊을 단, 끊을 절)

* 但只(다만 단, 다만 지)

擔任(맡을 담, 맡을 임)

談話(말씀 담, 말씀 화)

待遇(대접할 대, 대접할 우)

待接(대접할 대, 대접할 접)

* 代替(바꿀 대, 바꿀 체)

到達(이를 도, 이를 달)

到着(이를 도, 붙을 착)

道路(길 도, 길 로)

徒黨(무리 도, 무리 당)

* 徒輩(무리 도, 무리 배)

徒步(걸을 도, 걸을 보)

* 跳躍(뛸 도, 뛸 약)

都邑(도읍 도, 고을 읍)

盜賊(도둑 도, 도적 적)

逃亡(도망할 도, 도망할 망)

逃避(달아날 도, 피할 피)

圖畫(그림 도, 그림 화)

* 督促(재촉할 독, 재촉할 촉)

* 敦篤(도타울 돈, 도타울 독)

* 敦厚(도타울 돈, 두터울 후)

同等(같을 동, 같을 등)

洞里(마을 동, 마을 리)

* 動搖(움직일 동, 흔들 요)

等級(등급 등, 등급 급)

* 謄寫(베낄 등, 베낄 사)

羅列(벌일 라, 벌일 렬(열))

* 掠奪(노략질할 략, 빼앗을 탈)

糧穀(양식 량, 곡식 곡)

* 諒知(살펴알 량, 알 지)

良好(좋을 량, 좋을 호)

旅客(나그네 려, 손님 객)

連結(이을 련, 맺을 결)

* 連繫(이을 련, 맬 계)

* 連絡(이을 련, 이을 락)

* 戀慕(그리워할 련, 그리워할 모)

* 憐憫(불쌍히여길 련, 민망할 민)

連續(이을 련, 이을 속)

練習(익힐 련, 익힐 습)

* 戀愛(사모할 련, 사랑 애)

* 蓮荷(연꽃 련, 연꽃 하)

領受(받을 령, 받을 수)

* 靈魂(신령 령, 넋 혼)

老翁(늙을 로, 늙은이 옹)

* 祿俸(녹 록, 녹 봉)

論議(논할 론, 의논할 의)

* 雷震(우레 뢰, 우레 진)

* 累積(포갤 루, 쌓을 적)

* 流浪(흐를 류, 물결 랑)

律法(법 률, 법 법)

* 隆盛(성할 륭, 성할 성)

離別(떠날 리, 나눌 별)

離散(떠날 리, 흩어질 산)

利益(이로울 리, 더할 익)

* 魔鬼(마귀 마, 귀신 귀)

末端(끝 말, 끝 단)

* 末尾(끝 말, 꼬리 미)

* 網羅(그물 망, 그물 라)

* 埋葬(묻을 매, 장사지낼 장)

* 脈絡(줄기 맥, 얽을 락)

* 盟誓(맹서할 맹, 맹서할 서

* 勉勵(힘쓸 면, 힘쓸 려)

面貌(얼굴 면, 얼굴 모)

* 免許(허락할 면, 허락할 허)

滅亡(꺼질 멸, 망할 망)

明朗(밝을 명, 밝을 랑)

命令(명할 명, 영내릴 령)

* 明哲(밝을 명, 밝을 철)

* 侮蔑(업신여길 모, 업신여길 멸)

毛髮(털 모, 터럭 발)

* 模倣(본뜰 모, 본받을 방)

模範(본뜰 모, 본보기 범)

模寫(본뜰 모, 베낄 사)

* 沒溺(빠질 몰, 빠질 닉)

* 沐浴(머리감을 목, 씻을 욕)

* 茂盛(무성할 무, 성할 성)

* 貿易(바꿀 무, 바꿀 역)

文句(글월 문, 글귀 구)

* 紊亂(어지러울 문, 어지러울 란)

文書(글월 문, 글 서)

文章(글월 문, 글월 장)

門戶(문 문, 문 호)

物件(물건 물, 물건 건)

物品(물건 물, 물건 품)

* 微細(가늘 미, 가늘 세)

* 迷惑(미혹할 미, 미혹할 혹)

* 敏速(민첩할 민, 빠를 속)

유의결합어 (類義結合語)

서로 비슷한 뜻을 지닌 字끼리 결합된 漢字語

* 返還(돌아올 반, 돌아올 환)
* 叛逆(배반할 반, 거스릴 역)
發展(필 발, 펼 전)
防衛(막을 방, 막을 위)
* 放恣(방자할 방, 방자할 자)
* 紡績(길쌈 방, 길쌈 적)
妨害(방해할 방, 해할 해)
* 背叛(등질 배, 배반할 반)
背後(등 배, 뒤 후)
配分(나눌 배, 나눌 분)
* 培養(북돋을 배, 기를 양)
* 配偶(짝 배, 짝 우)
* 配匹(짝 배, 짝 필)
* 俳優(광대 배, 광대 우)
* 賠償(물어줄 배, 갚을 상)
* 排斥(물리칠 배, 물리칠 척)
* 煩惱(번거로울 번, 번뇌할 뇌)
* 繁盛(번성할 번, 성할 성)
* 飜譯(번역할 번, 번역할 역)
犯罪(범할 범, 죄지을 죄)
法規(법 법, 법 규)
法度(법 법, 법도 도)
法律(법 법, 법칙 률)
法式(법 법, 법 식)
法典(법 법, 법 전)
法則(법 법, 법칙 칙)
變改(변할 변, 고칠 개)
變更(변할 변, 고칠 경)
變革(변할 변, 고칠 혁)
* 辨別(분별할 변, 분별할 별)
兵士(군사 병, 군사 사)
兵卒(군사 병, 군사 졸)
* 併合(아우를 병, 합할 합)

病患(병 병, 병들 환)
報告(알릴 보, 고할 고)
* 報償(갚을 보, 갚을 상)
保守(지킬 보, 지킬 수)
保護(보호할 보, 도울 호)
保衛(지킬 보, 지킬 위)
* 補助(도울 보, 도울 조)
本源(근본 본, 근원 원)
奉仕(받들 봉, 섬길 사)
* 封鎖(봉할 봉, 봉할 쇄)
* 賦課(매길 부, 매길 과)
* 賦與(줄 부, 줄 여)
附屬(붙을 부, 붙을 속)
扶助(도울 부, 도울 조)
副次(버금 부, 버금 차)
附着(붙을 부, 붙을 착)
* 付託(부탁할 부, 부탁할 탁)
* 腐敗(썩을 부, 썩을 패)
* 負荷(질 부, 멜 하)
* 憤怒(분할 분, 성낼 노)
* 紛亂(어지러울 분, 어지러울 란)
* 墳墓(무덤 분, 무덤 묘)
分配(나눌 분, 나눌 배)
分別(나눌 분, 나눌 별)
* 分析(나눌 분, 쪼갤 석)
* 分割(나눌 분, 벨 할)
* 奔走(달릴 분, 달릴 주)
佛寺(부처 불, 절 사)
* 崩壞(무너질 붕, 무너질 괴)
* 朋友(벗 붕, 벗 우)
* 比較(견줄 비, 비교할 교)
* 飛騰(날 비, 날 등)
祕密(숨길 비, 숨길 밀)

* 悲哀(슬플 비, 슬플 애)
* 悲慘(슬플 비, 참혹할 참)
悲歎(슬플 비, 탄식할 탄)
* 卑賤(낮을 비, 천할 천)
費用(쓸 비, 쓸 용)
* 鼻祖(시초 비, 시조 조)
批判(비평할 비, 판단할 판)
批評(비평할 비, 평할 평)
* 賓客(손님 빈, 손님 객)
貧困(가난할 빈, 곤할 곤)
貧窮(가난할 빈, 다할 궁)
* 頻數(자주 빈, 자주 삭)
詐欺(속일 사, 속일 기)
思考(생각할 사, 생각할 고)
思念(생각할 사, 생각할 념)
思慮(생각 사, 생각할 려)
* 思慕(생각 사, 그릴 모)
思想(생각 사, 생각 상)
思惟(생각 사, 생각할 유)
* 赦免(용서할 사, 면할 면)
事務(일 사, 일 무)
事業(일 사, 업 업)
* 師傅(스승 사, 스승 부)
* 辭讓(사양할 사, 사양할 양)
* 使役(부릴 사, 부릴 역)
舍屋(집 사, 집 옥)
* 飼育(기를 사, 기를 육)
査察(조사할 사, 살필 찰)
* 寺刹(절 사, 절 찰)
舍宅(집 사, 집 택)
社會(모일 사, 모일 회)
* 削減(깎을 삭, 덜 감)
* 散漫(흩을 산, 흩어질 만)

* 森林(수풀 삼, 수풀 림)
想念(생각 상, 생각할 념)
想思(생각 상, 생각 사)
* 祥瑞(상서로울 상, 상서로울 서)
* 詳細(자세할 상, 세밀할 세)
* 喪失(잃을 상, 잃을 실)
傷害(다칠 상, 해칠 해)
* 相互(서로 상, 서로 호)
狀態(형상 상, 모습 태)
狀況(모양 상, 모양 황)
色彩(빛 색, 채색 채)
省略(덜 생, 간략할 략)
生産(낳을 생, 낳을 산)
生活(살 생, 살 활)
* 逝去(갈 서, 갈 거)
* 敍述(펼 서, 펼 술)
* 誓約(맹세할 서, 맺을 약)
書籍(책 서, 문서 적)
書冊(책 서, 책 책)
* 船舶(배 선, 배 박)
* 釋放(풀 석, 놓을 방)
* 選拔(뽑을 선, 뽑을 발)
選別(가릴 선, 분별할 별)
選擇(가릴 선, 가릴 택)
善良(착할 선, 어질 량)
宣布(베풀 선, 펼 포)
* 旋回(돌 선, 돌 회)
設立(세울 설, 설 립)
說話(말씀 설, 말씀 화)
* 纖細(가늘 섬, 가늘 세)
* 攝取(잡을 섭, 가질 취)
* 攝理(다스릴 섭, 다스릴 리)
姓氏(성 성, 성씨 씨)

유의결합어 (類義結合語)

서로 비슷한 뜻을 지닌 字끼리 결합된 漢字語

省察(살필 성, 살필 찰)
成就(이룰 성, 이룰 취)
* 洗濯(씻을 세, 빨 탁)
* 紹介(소개할 소, 소개할 개)
消滅(사라질 소, 멸할 멸)
素朴(본디 소, 소박할 박)
* 訴訟(호소할 소, 송사할 송)
素質(바탕 소, 바탕 질)
* 疏通(소통할 소, 통할 통)
* 疏遠(멀 소, 멀 원)
損傷(덜 손, 상할 상)
損失(덜 손, 잃을 실)
損害(덜 손, 해로울 해)
* 衰弱(쇠할 쇠, 약할 약)
* 衰殘(쇠할 쇠, 쇠잔할 잔)
* 收納(거둘 수, 받을 납)
樹林(나무 수, 수풀 림)
樹木(나무 수, 나무 목)
* 睡眠(잠잘 수, 잠잘 면)
* 壽命(목숨 수, 목숨 명)
* 搜查(찾을 수, 조사할 사)
* 搜索(찾을 수, 찾을 색)
* 輸送(보낼 수, 보낼 송)
授與(줄 수, 줄 여)
* 需要(구할 수, 구할 요)
守衛(지킬 수, 지킬 위)
* 帥將(장수 수, 장수 장)
* 隨從(따를 수, 따를 종)
* 收拾(거둘 수, 주울 습)
* 收穫(거둘 수, 거둘 확)
修練(닦을 수, 익힐 련)
修習(닦을 수, 익힐 습)
修養(다스릴 수, 다스릴 양)

* 熟練(익힐 숙, 익힐 련)
* 宿泊(잘 숙, 머무를 박)
純潔(순수할 순, 깨끗할 결)
* 淳朴(순박할 순, 순박할 박)
順從(좇을 순, 좇을 종)
* 巡回(돌 순, 돌 회)
崇高(높을 숭, 높을 고)
* 崇尙(높을 숭, 높힐 상)
* 習慣(익힐 습, 익힐 관)
* 濕潤(젖을 습, 불을 윤)
承繼(이을 승, 이을 계)
施設(베풀 시, 베풀 설)
始初(처음 시, 처음 초)
試驗(시험할 시, 시험할 험)
* 植栽(심을 식, 심을 재)
申告(아뢸 신, 고할 고)
* 神靈(귀신 신, 신령 령)
* 伸張(펼 신, 벌릴 장)
* 愼重(삼가할 신, 무거울 중)
身體(몸 신, 몸 체)
實果(열매 실, 열매 과)
* 尋訪(찾을 심, 찾을 방)
* 審查(살필 심, 조사할 사)
心情(마음 심, 뜻 정)
兒童(아이 아, 아이 동)
眼目(눈 안, 눈 목)
顏面(얼굴 안, 낯 면)
* 安寧(편안할 안, 편안할 녕)
安易(편안할 안, 쉬울 이)
* 安逸(편안할 안, 편안할 일)
* 謁見(뵐 알, 뵐 현)
暗黑(어둘 암, 검을 흑)
* 仰望(우러를 앙, 바랄 망)

* 殃禍(재앙 앙, 재앙 화)
* 哀悼(슬플 애, 슬퍼할 도)
* 愛戀(사랑 애, 그리워할 련)
* 愛惜(아낄 애, 아낄 석)
愛好(사랑 애, 좋아할 호)
* 厄禍(재앙 액, 재앙 화)
約束(맺을 약, 맺을 속)
* 藥劑(약 약, 약제 제)
養育(기를 양, 기를 육)
樣態(모양 양, 모습 태)
* 抑壓(누를 억, 누를 압)
言談(말씀 언, 말씀 담)
言辭(말씀 언, 말씀 사)
言語(말씀 언, 말씀 어)
嚴肅(엄할 엄, 엄숙할 숙)
業務(일 업, 일 무)
餘暇(남을 여, 틈 가)
* 餘裕(남을 여, 넉넉할 유)
* 疫病(전염병 역, 병 병)
* 疫疾(전염병 역, 병 질)
研究(갈 연, 궁리할 구)
* 研磨(갈 연, 갈 마)
研修(갈 연, 닦을 수)
* 燃燒(탈 연, 탈 소)
緣由(인연 연, 말미암을 유)
* 軟弱(연할 연, 약할 약)
* 閱覽(볼 열, 볼 람)
* 英傑(빼어날 영, 뛰어날 걸)
英雄(빼어날 영, 뛰어날 웅)
英特(빼어날 영, 특별할 특)
* 永久(길 영, 오랠 구)
永遠(길 영, 멀 원)
* 榮華(영화 영, 빛날 화)

藝術(재주 예, 재주 술)
* 銳利(날카로울 예, 날카로울 리)
* 譽讚(기릴 예, 기릴 찬)
* 娛樂(즐길 오, 즐길 락)
* 誤謬(그릇될 오, 그릇될 류)
* 傲慢(업신여길 오, 업신여길 만)
溫暖(따뜻할 온, 따뜻할 난)
完全(완전할 완, 온전 전)
* 旺盛(왕성할 왕, 성할 성)
* 歪曲(기울 왜, 굽을 곡)
要求(구할 요, 구할 구)
要望(구할 요, 바랄 망)
要請(구할 요, 청할 청)
* 要緊(요긴할 요, 긴할 긴)
* 搖動(흔들 요, 움직일 동)
* 遙遠(멀 요, 멀 원)
勇敢(날랠 용, 감히 감)
* 勇猛(날랠 용, 사나울 맹)
* 容貌(얼굴 용, 얼굴 모)
容納(받아들일 용, 받을 납)
* 容恕(용서할 용, 용서할 서)
* 憂愁(근심할 우, 근심할 수)
* 憂患(근심 우, 근심 환)
優良(넉넉할 우, 어질 량)
優秀(뛰어날 우, 빼어날 수)
* 羽翼(깃 우, 날개 익)
* 宇宙(집 우, 집 주)
* 郵遞(우편 우, 역말 체)
運動(움직일 운, 움직일 동)
* 運搬(옮길 운, 옮길 반)
* 云謂(이를 운, 이를 위)
* 怨望(원망할 원, 원망할 망)
怨恨(원망할 원, 한할 한)

유의결합어 (類義結合語)

서로 비슷한 뜻을 지닌 字끼리 결합된 漢字語

援助(도울 원, 도울 조)
援護(도울 원, 도울 호)
危急(위태할 위, 급할 급)
偉大(클 위, 큰 대)
威嚴(위엄 위, 엄할 엄)
委任(맡길 위, 맡길 임)
* 委託(맡길 위, 맡길 탁)
* 委托(맡길 위, 맡길 탁)
* 危殆(위태할 위, 위태로울 태)
危險(위태할 위, 험할 험)
* 悠久(멀 유, 오랠 구)
* 柔軟(부드러울 유, 연할 연)
* 油脂(기름 유, 기름 지)
* 幼稚(어릴 유, 어릴 치)
* 遊戲(놀 유, 놀 희)
肉身(몸 육, 몸 신)
肉體(몸 육, 몸 체)
* 潤澤(기름질 윤, 윤택할 택)
* 融解(녹을 융, 풀 해)
隱密(숨길 은, 숨길 밀)
* 隱蔽(숨을 은, 가릴 폐)
恩惠(은혜은, 은혜 혜)
音聲(소리 음, 소리 성)
音樂(노래 음, 노래 악)
* 音韻(소리 음, 운 운)
* 吟詠(읊을 음, 읊을 영)
* 應答(응할 응, 대답 답)
依據(의지할 의, 의거(의지)할 거)
* 宜當(마땅 의, 마땅할 당)
議論(의논할 의, 의논할 론)
* 醫療(의원 의, 병고칠 료)
* 依賴(의지할 의, 의뢰할 뢰)
衣服(옷 의, 옷 복)

* 衣裳(옷 의, 치마 상)
意思(뜻 의, 생각 사)
意志(뜻 의, 뜻 지)
* 移搬(옮길 이, 옮길 반)
移轉(옮길 이, 옮길 전)
* 忍耐(참을 인, 견딜 내)
引導(끌 인, 인도할 도)
因緣(인할 인, 인연 연)
仁愛(불쌍히여길 인, 사랑 애)
* 仁慈(불쌍히여길 인, 사랑 자)
認識(알 인, 알 식)
認知(알 인, 알 지)
* 賃貸(세낼 임, 빌릴 대)
* 諮問(물을 자, 물을 문)
* 慈愛(사랑 자, 사랑 애)
資財(재물 자, 재물 재)
資質(바탕 자, 바탕 질)
* 紫朱(붉을 자, 붉을 주)
姿態(모양 자, 모습 태)
殘餘(남을 잔, 남을 여)
* 奬勵(장려할 장, 힘쓸 려)
* 帳幕(장막 장, 장막 막)
* 帳簿(장부책 장, 문서 부)
* 丈夫(어른 장, 사내 부)
場所(마당 장, 곳 소)
* 將帥(장수 장, 장수 수)
* 裝飾(꾸밀 장, 꾸밀 식)
* 障礙(막을 장, 거리낄 애)
莊嚴(엄할 장, 엄할 엄)
* 災殃(재앙 재, 재앙 앙)
材料(자품 재, 거리 료)
* 財貨(재물 재, 재물 화)
* 宰相(재상 재, 재상 상)

* 災禍(재앙 재, 재앙 화)
爭鬪(싸울 쟁, 싸울 투)
* 著作(지을 저, 지을 작)
貯蓄(쌓을 저, 모을 축)
* 抵抗(막을 저, 막을 항)
典例(법 전, 법식 례)
典籍(책 전, 문서 적)
轉移(옮길 전, 옮길 이)
戰爭(싸울 전, 다툴 쟁)
戰鬪(싸울 전, 싸울 투)
* 節槪(절개 절, 절개 개)
* 竊盜(훔칠 절, 훔칠 도)
接待(대접할 접, 대접할 대)
接續(이을 접, 이을 속)
接着(이을 접, 붙을 착)
* 接觸(이을 접, 닿을 촉)
* 淨潔(깨끗할 정, 깨끗할 결)
精密(자세할 정, 자세할 밀)
精誠(자세할 정, 정성 성)
停留(머무를 정, 머무를 류)
* 征伐(칠 정, 칠 벌)
* 靜寂(고요할 정, 고요할 적)
停止(머무를 정, 그칠 지)
正直(바를 정, 곧을 직)
* 整齊(가지런할 정, 가지런할 제)
* 偵察(염탐할 정, 살필 찰)
* 偵探(염탐할 정, 찾을 탐)
* 停滯(머무를 정, 머무를 체)
政治(정사 정, 다스릴 치)
題目(제목 제, 조목 목)
* 堤防(둑 제, 둑 방)
* 祭祀(제사 제, 제사 사)
製作(지을 제, 지을 작)

製造(지을 제, 지을 조)
帝王(임금 제, 임금 왕)
* 帝侯(임금 제, 임금 후)
* 彫刻(다듬을 조, 새길 각)
* 租稅(조세 조, 세금 세)
早速(이를 조, 빠를 속)
造作(지을 조, 지을 작)
* 朝廷(조정 조, 조정 정)
組織(짤 조, 짤 직)
* 條項(조목 조, 조목 항)
調和(고를 조, 화할 화)
* 尊貴(높일 존, 귀할 귀)
* 尊敬(공경할 존, 공경할 경)
存在(있을 존, 있을 재)
* 拙劣(졸할 졸, 못할 렬)
卒兵(군사 졸, 군사 병)
終結(마칠 종, 맺을 결)
* 終了(마칠 종, 마칠 료)
終末(마칠 종, 끝 말)
終止(끝 종, 그칠 지)
種子(씨 종, 씨 자)
* 綜合(모을 종, 합할 합)
座席(자리 좌, 자리 석)
住居(살 주, 살 거)
主君(임금 주, 임금 군)
* 駐留(머무를 주, 머무를 류)
* 周邊(모퉁이 주, 가 변)
* 珠玉(구슬 주, 구슬 옥)
周圍(둘레 주, 에워쌀 위)
朱紅(붉을 주, 붉을 홍)
* 俊秀(뛰어날 준, 빼어날 수)
* 俊傑(뛰어날 준, 뛰어날 걸)
* 峻嚴(준엄할 준, 엄할 엄)

유의결합어 (類義結合語)

서로 비슷한 뜻을 지닌 字끼리 결합된 漢字語

* 峻險(가파를 준, 험할 험)
中央(가운데 중, 가운데 앙)
* 增加(더할 증, 더할 가)
* 贈與(줄 증, 줄 여)
* 贈呈(줄 증, 드릴 정)
* 憎惡(미워할 증, 미워할 오)
至極(지극할 지, 극진할 극)
至誠(지극할 지, 정성 성)
知識(알 지, 알 식)
* 指摘(가리킬 지, 손가락질할 적)
* 遲滯(더딜 지, 머무를 체)
* 智慧(지혜 지, 슬기로울 혜)
珍寶(보배 진, 보배 보)
眞實(참 진, 참 실)
* 鎭壓(누를 진, 누를 압)
* 陳列(늘어놓을 진, 벌일 렬(열))
進出(나아갈 진, 나갈 출)
進就(나아갈 진, 나아갈 취)
質問(물을 질, 물을 문)
疾病(병 질, 병 병)
* 窒塞(막힐 질, 막힐 색)
疾患(병 질, 병들 환)
* 秩序(차례 질, 차례 서)
集團(모을 집, 모을 단)
集會(모을 집, 모일 회)
* 徵收(거둘 징, 거둘 수)
差別(다를 차, 다를 별)
差異(다를 차, 다를 이)
* 錯誤(그릇할 착, 그릇할 오)
* 燦爛(빛날 찬, 빛날 란)
* 贊助(도울 찬, 도울 조)
* 慙愧(부끄러울 참, 부끄러울 괴)
參與(참여할 참, 더불 여)
* 慘酷(참혹할 참, 독할 혹)
* 倉庫(곳집 창, 곳집 고)
創始(비롯할 창, 비롯할 시)
彩色(채색 채, 빛 색)
* 菜蔬(나물 채, 나물 소)
採擇(가려낼 채, 가릴 택)
* 策略(꾀 책, 꾀 략)
責任(맡을 책, 맡을 임)
處所(곳 처, 곳 소)
* 尺度(자 척, 자 도)
* 淺薄(얕을 천, 엷을 박)
* 鐵鋼(쇠 철, 강철 강)
* 撤收(거둘 철, 거둘 수)
* 添加(더할 첨, 더할 가)
* 尖端(끝 첨, 끝 단)
* 尖銳(뾰족할 첨, 날카로울 예)
淸潔(깨끗할 청, 깨끗할 결)
淸淨(깨끗할 청, 깨끗할 정)
靑綠(푸를 청, 푸를 록)
聽聞(들을 청, 들을 문)
* 締結(맺을 체, 맺을 결)
* 滯留(머무를 체, 머무를 류)
* 逮捕(잡을 체, 잡을 포)
* 替換(바꿀 체, 바꿀 환)
* 超過(뛰어넘을 초, 지날 과)
* 招聘(부를 초, 부를 빙)
* 超越(뛰어넘을 초, 넘을 월)
初創(처음 초, 비롯할 창)
* 促迫(재촉할 촉, 핍박할 박)
村落(마을 촌, 마을 락)
* 聰明(귀밝을 총, 밝을 명)
* 催促(재촉할 최, 재촉할 촉)
* 墜落(떨어질 추, 떨어질 락)
推移(옮길 추, 옮길 이)
* 追從(좇을 추, 좇을 종)
蓄積(쌓을 축, 쌓을 적)
* 祝賀(빌 축, 하례할 하)
出産(날 출, 낳을 산)
出生(날 출, 날 생)
* 衝擊(찌를 충, 부딪힐 격)
* 衝突(부딪힐 충, 부딪힐 돌)
充滿(채울 충, 찰 만)
* 趣旨(뜻 취, 뜻 지)
* 側近(곁 측, 가까울 근)
測量(헤아릴 측, 헤아릴 량)
層階(층 층, 층계 계)
* 齒牙(이 치, 어금니 아)
親近(친할 친, 가까울 근)
親密(친할 친, 가까울 밀)
* 親戚(친할 친, 겨레 척)
侵略(침노할 침, 노략질할 략)
* 侵掠(침노할 침, 노략질할 략)
* 沈沒(잠길 침, 잠길 몰)
* 沈默(잠길 침, 잠잠할 묵)
侵犯(침노할 침, 범할 범)
* 沈潛(잠길 침, 잠길 잠)
* 寢睡(잠잘 침, 잠잘 수)
稱頌(일컬을 칭, 기릴 송)
稱讚(일컬을 칭, 기릴 찬)
快樂(쾌할 쾌, 즐길 락)
快速(빠를 쾌, 빠를 속)
打擊(칠 타, 칠 격)
* 妥當(온당할 타, 마땅할 당)
* 墮落(떨어질 타, 떨어질 락)
* 琢磨(갈 탁, 갈 마)
* 誕生(낳을 탄, 날 생)
探訪(찾을 탐, 찾을 방)
探査(찾을 탐, 조사할 사)
* 探索(찾을 탐, 찾을 색)
* 貪慾(탐낼 탐, 욕심 욕)
* 探偵(찾을 탐, 염탐할 정)
* 怠慢(게으를 태, 게으를 만)
討論(더듬을 토, 논할 론)
討伐(칠 토, 칠 벌)
討議(더듬을 토, 의논할 의)
* 土壤(흙 토, 흙 양)
土地(흙 토, 따 지)
通達(통할 통, 통달할 달)
* 統率(거느릴 통, 거느릴 솔)
* 統帥(거느릴 통, 거느릴 솔)
統合(합칠 통, 합할 합)
* 退却(물러날 퇴, 물리칠 각)
退去(물러날 퇴, 갈 거)
* 透明(환할 투, 밝을 명)
* 透徹(통할 투, 통할 철)
鬪爭(싸울 투, 싸울 쟁)
* 派遣(보낼 파, 보낼 견)
* 破壞(깨뜨릴 파, 무너질 괴)
* 把握(잡을 파, 잡을 악)
判決(판단할 판, 결단할 결)
* 販賣(팔 판, 팔 매)
敗亡(패할 패, 망할 망)
敗北(패할 패, 달아날 배)
* 偏僻(치우칠 편, 치우칠 벽)
便安(편할 편, 편안할 안)
平均(평평할 평, 고를 균)
平等(평평할 평, 같을 등)
平安(편안할 평, 편안 안)
平和(화친할 평, 화목할 화)

유의결합어 (類義結合語)

서로 비슷한 뜻을 지닌 字끼리 결합된 漢字語

* 廢棄(버릴 폐, 버릴 기)
* 弊害(폐단 폐, 해할 해)
* 抛棄(버릴 포, 버릴 기)
* 抱擁(안을 포, 낄 옹)
* 包圍(쌀 포, 에워쌀 위)
* 捕捉(잡을 포, 잡을 착)
* 暴虐(모질 포, 사나울 학)
* 捕獲(잡을 포, 얻을 획)
* 暴露(나타낼 폭, 나타낼 로)
* 表皮(겉 표, 가죽 피)
豊富(풍성할 풍, 부자 부)
豊盛(풍성할 풍, 성할 성)
豊足(풍성할 풍, 족할 족)
疲困(지칠 피, 곤할 곤)
* 皮膚(가죽 피, 살갗 부)
* 皮革(가죽 피, 가죽 혁)
* 畢竟(마칠 필, 마칠 경)
* 必須(반드시 필, 모름지기 수)
下降(아래 하, 내릴 강)
河川(물 하, 내 천)
河海(물 하, 바다 해)
學習(배울 학, 익힐 습)
恨歎(한 한, 탄식할 탄)
寒冷(찰 한, 찰 랭)
* 陷沒(빠질 함, 빠질 몰)
* 艦船(배 함, 배 선)
* 合併(합할 합, 아우를 병)
* 抗拒(막을 항, 막을 거)
* 恒常(항상 항, 항상 상)
鄕村(시골 향, 마을 촌)
* 該當(마땅 해, 마땅 당)
解放(풀 해, 놓을 방)
解散(풀 해, 흩을 산)

* 解釋(풀 해, 풀 석)
海洋(바다 해, 큰바다 양)
行動(행할 행, 움직일 동)
行爲(행할 행, 할 위)
幸福(다행 행, 복 복)
許諾(허락할 허, 허락할 낙(락))
虛空(빌 허, 빌 공)
虛無(빌 허, 없을 무)
* 虛僞(헛될 허, 거짓 위)
* 獻納(드릴 헌, 바칠 납)
憲法(법 헌, 법 법)
* 險峻(험할 험, 가파를 준)
賢良(어질 현, 어질 량)
* 顯著(나타날 현, 나타날 저)
* 嫌惡(싫어할 혐, 미워할 오)
* 嫌疑(의심할 혐, 의심할 의)
* 峽谷(골자기 협, 골짜기 곡)
* 脅迫(위협할 협, 핍박할 박)
刑罰(형벌 형, 벌할 벌)
形象(모양 형, 본뜰 상)
形狀(모양 형, 형상 상)
形態(모양 형, 모습 태)
* 惠澤(은혜 혜, 은덕 택)
* 豪傑(뛰어날 호, 뛰어날 걸)
* 毫毛(터럭 호, 터럭 모)
* 昊天(하늘 호, 하늘 천)
呼稱(부를 호, 일컬을 칭)
* 酷毒(독할 혹, 독할 독)
* 魂靈(넋 혼, 신령 령)
* 和睦(화할 화, 화목할 목)
和平(화할 화, 화친할 평)
火炎(불 화, 불꽃 염)
* 混亂(섞일 혼, 어지러울 란)

* 混雜(섞일 혼, 섞일 잡)
* 混濁(섞을 혼, 흐릴 탁)
* 婚姻(혼인할 혼, 혼인할 인)
* 鴻雁(기러기 홍, 기러기 안)
* 貨幣(재물 화, 화폐 폐)
確固(굳을 확, 굳을 고)
歡樂(기쁠 환, 즐길 락)
歡喜(기쁠 환, 기쁠 희)
* 皇帝(임금 황, 임금 제)
回歸(돌아올 회, 돌아올 귀)
會社(모일 회, 모일 사)
回轉(돌 회, 구를 전)
* 懷抱(품을 회, 안을 포)
* 悔恨(뉘우칠 회, 한 한)
* 獲得(얻을 획, 얻을 득)
* 橫暴(사나울 횡, 모질 포)
* 毁傷(헐 훼, 상할 상)
* 毁損(헐 훼, 덜 손)
* 勳功(공 훈, 공 공)
* 携帶(이끌 휴, 띠 대)
休息(쉴 휴, 쉴 식)
凶惡(흉악할 흉, 악할 악)
凶暴(흉악할 흉, 모질 포)
興起(일어날 흥, 일어날 기)
興盛(일어날 흥, 성할 성)
* 稀貴(드물 희, 귀할 귀)
* 稀少(드물 희, 적을 소)
* 喜悅(기쁠 희, 기쁠 열)
希望(바랄 희, 바랄 망)
希願(바랄 희, 원할 원)

共鳴(공명) – 首肯(수긍)
남의 생각이나 주장, 감정등에 찬성함

貢獻(공헌) – 寄與(기여)
힘을 써 이바지 함

敎徒(교도) – 信徒(신도)
종교를 믿는 사람

交涉(교섭) – 折衝(절충)
어떤 일을 이루기 위하여 서로 의논하고 타협함

九泉(구천) – 黃泉(황천)
저승, 무덤

根源(근원) – 源泉(원천)
물줄기가 나오기 시작하는 곳

飢死(기사) – 餓死(아사)
굶어 죽음

朗讀(낭독) – 音讀(음독)
소리를 내어 읽음

能熟(능숙) – 老鍊(노련)
능하고 익숙함

丹靑(단청) – 彩色(채색)
집의 벽, 천정, 기둥 같은데에 여러 가지 빛깔로 그림과 무늬를 그림

大衆(대중) – 群衆(군중)
수많은 여러사람

同意(동의) – 贊成(찬성)
같은 의미, 의견을 같이 함

同窓(동창) – 同門(동문)
같은 학교나 스승에게 배우는 일, 또는 그 사람

妄想(망상) – 夢想(몽상)
이치에 어긋나는 망령된 생각

冥府(명부) – 地獄(지옥)
현실에서 악한 일을 한 사람이 죽어서 간다고 하는 세계

謀陷(모함) – 中傷(중상)
모략을 써서 남을 어려움에 빠뜨림

無窮(무궁) – 無限(무한)
끝이 없음

默讀(묵독) – 目讀(목독)
소리를 내지 아니하고 속으로 읽음

薄情(박정) – 冷情(냉정)
인정이 차겁고 박함

放浪(방랑) – 流浪(유랑)
정처없이 떠돌아 다님

訪問(방문) – 尋訪(심방)
남을 찾아 봄

背恩(배은) – 忘德(망덕)
은혜를 저버림

保存(보존) – 保全(보전)
잘 간수하여 남아있게 함

符合(부합) – 一致(일치)
서로 꼭 들어 맞음

寺院(사원) – 寺刹(사찰)
절 또는 암자

散策(산책) – 散步(산보)
한가한 기분으로 이러저리 거닒

象徵(상징) – 表象(표상)
어떤 개념이나 추상적인 사물을 구체적인 것으로 나타냄

書簡(서간) – 書翰(서한)
편지

細密(세밀) – 綿密(면밀)
자세하고 빈틈없이 꼼꼼함

俗世(속세) – 塵世(진세)
속인들의 세상

順從(순종) – 服從(복종)
순순히 따름

視野(시야) – 視界(시계)
시력이 미치어 볼 수 있는 범위

始祖(시조) – 鼻祖(비조)
한겨례의 가장 처음이 되는 조상

弱點(약점) – 虛點(허점)
모자라거나 떳떳하지 못한 점

殃禍(앙화) – 災殃(재앙)
지은 죄의 앙갚음으로 받는 재난

抑壓(억압) – 壓迫(압박)
억제하여 내리 누름

年歲(연세) – 春秋(춘추)
나이

領土(영토) – 版圖(판도)
한나라의 통치권이 미치는 지역

五列(오열) – 間諜(간첩)
(第五列의 준말) 적군에 내응하는 자

要請(요청) – 要求(요구)
아주 필요하여 청함

威脅(위협) – 脅迫(협박)
위력으로 으르고 협박함

一毫(일호) – 秋毫(추호)
몸시 가늘고 작은 털

財貨(재화) – 財産(재산)
재물

精誠(정성) – 至誠(지성)
참되고 성실한 마음

朝廷(조정) – 政府(정부)
임금이나 나라의 정치를 의논집행하는 곳

參與(참여) – 參加(참가)
무슨 일에 참가하여 관계함

蒼空(창공) – 碧空(벽공)
푸른하늘

處女林(처녀림) – 原始林(원시림)
사람의 손이 가지아니한 자연 그대로의 삼림

天地(천지) – 乾坤(건곤)
하늘과 땅

滯留(체류) – 滯在(체재)
객지에 가서 머물러 있음

招待(초대) – 招請(초청)
참가할 것을 청함

寸土(촌토) – 尺土(척토)
퍽좁은 논밭

泰西(태서) – 西洋(서양)
동양에서 유럽과 아메리카의 여러나라를 이르는 말

平等(평등) – 同等(동등)
차별이 없이 고르고 한결같음

漂迫(표박) – 流離(유리)
정치없이 떠돌아 다님

畢竟(필경) – 結局(결국)
마침내, 결국에는

學費(학비) – 學資金(학자금)
학업을 닦는데 드는 비용

海外(해외) – 異域(이역)
바다 밖의 다른나라

協力(협력) – 合力(합력)
힘을 합하여 도움

戱弄(희롱) – 弄絡(농락)
말이나 행동으로 실없이 놀림

※ 다음 각 글자와 비슷한 漢字를 연결하여 각 單語를 完成하시오. ※정답은 59쪽 하단에 있음.

1. [ ] — 留	22. [ ] — 獻	43. [ ] — 墓	64. [ ] — 窮	85. [ ] — 勉
2. [ ] — 後	23. [ ] — 庫	44. [ ] — 宅	65. [ ] — 容	86. [ ] — 與
3. [ ] — 雄	24. [ ] — 詠	45. [ ] — 逆	66. [ ] — 級	87. [ ] — 悼
4. [ ] — 蓄	25. [ ] — 覽	46. [ ] — 層	67. [ ] — 冊	88. [ ] — 賴
5. [ ] — 罰	26. [ ] — 驗	47. [ ] — 虛	68. [ ] — 界	89. [ ] — 篤
6. [ ] — 常	27. [ ] — 助	48. [ ] — 徹	69. [ ] — 濯	90. [ ] — 捕
7. [ ] — 過	28. [ ] — 險	49. [ ] — 雅	70. [ ] — 優	91. 交 — [ ]
8. [ ] — 去	29. [ ] — 繼	50. [ ] — 慮	71. [ ] — 料	92. 敦 — [ ]
9. [ ] — 讚	30. [ ] — 沒	51. [ ] — 寶	72. [ ] — 和	93. 橫 — [ ]
10. [ ] — 合	31. [ ] — 態	52. [ ] — 麗	73. [ ] — 拒	94. 凶 — [ ]
11. [ ] — 態	32. [ ] — 備	53. [ ] — 仙	74. [ ] — 末	95. 陳 — [ ]
12. [ ] — 舌	33. [ ] — 念	54. [ ] — 壓	75. [ ] — 殆	96. 創 — [ ]
13. [ ] — 淨	34. [ ] — 算	55. [ ] — 稱	76. [ ] — 損	97. 添 — [ ]
14. [ ] — 務	35. [ ] — 告	56. [ ] — 刹	77. [ ] — 極	98. 災 — [ ]
15. [ ] — 秀	36. [ ] — 暖	57. [ ] — 守	78. [ ] — 傑	99. 著 — [ ]
16. [ ] — 殃	37. [ ] — 就	58. [ ] — 鬪	79. [ ] — 走	100. 偵 — [ ]
17. [ ] — 慈	38. [ ] — 治	59. [ ] — 棄	80. [ ] — 怖	101. 側 — [ ]
18. [ ] — 問	39. [ ] — 傭	60. [ ] — 病	81. [ ] — 隔	102. 聰 — [ ]
19. [ ] — 盛	40. [ ] — 識	61. [ ] — 次	82. [ ] — 域	103. 探 — [ ]
20. [ ] — 覺	41. [ ] — 傑	62. [ ] — 誤	83. [ ] — 損	104. 誕 — [ ]
21. [ ] — 還	42. [ ] — 異	63. [ ] — 促	84. [ ] — 奬	105. 堤 — [ ]

※ 다음 각 漢字語와 뜻이 비슷한 單語를 漢字로 쓰시오.

106. 學費 — [ ]	107. 視野 — [ ]	108. 招待 — [ ]	109. 協力 — [ ]
110. 殃禍 — [ ]	111. 畢竟 — [ ]	112. 處女林 —[ ]	113. 參與 — [ ]
114. 戱弄 — [ ]	115. 一毫 — [ ]	116. 始祖 — [ ]	117. 天地 — [ ]
118. 丹靑 — [ ]	119. 抑壓 — [ ]	120. 領土 — [ ]	121. 訪問 — [ ]

59쪽의 정답

1.獨 2.貨 3.潔 4.層, 段, 級 5.等, 一 6.織 7.盛 8.所 9.屬, 着 10.散, 別 11.端, 尾 12.曲, 折 13.恨, 望 14.擊, 拍 15.過, 歷 16.償 17.列 18.睦 19.族, 戚 20.固 21.歷, 書, 過 22.折, 曲 23.貌 24.衆 25.由 26.律 27.則, 範 28.布 29.空 30.淨, 潔 31.設 32.籍 33.伐, 論, 議 34.害 35.止, 末 36.護, 存, 守 37.寶 38.重, 敬 39.範, 倣 40.盛 41.敬 42.黨, 步 43.與, 加 44.引 45.評, 判 46.擊 47.主, 王 48.悟 49.擇, 別 50.高 51.竟 52.察 53.亡 54.放 55.却, 去 56.爭 57.拒 58.末 59.獲, 捉 60.稱 61.法 62.與, 付 63.態, 勢 64.慮 65.階 66.知, 識 67.量 68.說, 讓 69.務, 業 70.戶 71.度 72.紅 73.歸 74.察, 略 75.戒, 察 76.息 77.身, 體 78.革 79.極 80.樂, 喜 81.著 82.朴, 材, 質 83.藝, 術 84.本, 礎 85.亡, 避 86.患, 愁 87.蔬 88.犯, 略 89.誠 90.積 91.導 92.察, 慮 93.護, 助 94.求 95.端 96.濟, 援 97.悼 98.界, 域 99.擇 100.止, 留 101.切, 絕 102.密 103.謠, 曲 104.相 105.戱 106.動 107.知 108.讚 109.課, 與 110.査 111.約 112.細 113.別 114.祖 115.倣, 寫 116.塵世 117.財産 118.信徒 119.招請 120.折衝 121.源泉 122.基本 123.無限 124.滯在 125.一致 126.表象 127.目讀

※ 다음 각 글자와 비슷한 漢字를 연결하여 각 單語를 完成하시오. ※정답은 58쪽 하단에 있음.

1. 孤 — [ ]	24. 群 — [ ]	47. 君 — [ ]	70. 門 — [ ]	93. 援 — [ ]
2. 財 — [ ]	25. 緣 — [ ]	48. 覺 — [ ]	71. 尺 — [ ]	94. 要 — [ ]
3. 純 — [ ]	26. 規 — [ ]	49. 選 — [ ]	72. 朱 — [ ]	95. 末 — [ ]
4. 階 — [ ]	27. 規 — [ ]	50. 崇 — [ ]	73. 回 — [ ]	96. 救 — [ ]
5. 均 — [ ]	28. 宣 — [ ]	51. 畢 — [ ]	74. 省 — [ ]	97. 哀 — [ ]
6. 組 — [ ]	29. 虛 — [ ]	52. 査 — [ ]	75. 警 — [ ]	98. 境 — [ ]
7. 茂 — [ ]	30. 淸 — [ ]	53. 滅 — [ ]	76. 休 — [ ]	99. 採 — [ ]
8. 處 — [ ]	31. 施 — [ ]	54. 釋 — [ ]	77. 肉 — [ ]	100. 停 — [ ]
9. 附 — [ ]	32. 典 — [ ]	55. 退 — [ ]	78. 皮 — [ ]	101. 斷 — [ ]
10. 離 — [ ]	33. 討 — [ ]	56. 鬪 — [ ]	79. 至 — [ ]	102. 隱 — [ ]
11. 末 — [ ]	34. 傷 — [ ]	57. 抗 — [ ]	80. 歡 — [ ]	103. 歌 — [ ]
12. 屈 — [ ]	35. 終 — [ ]	58. 終 — [ ]	81. 顯 — [ ]	104. 宰 — [ ]
13. 怨 — [ ]	36. 保 — [ ]	59. 捕 — [ ]	82. 素 — [ ]	105. 遊 — [ ]
14. 打 — [ ]	37. 珍 — [ ]	60. 呼 — [ ]	83. 技 — [ ]	106. 搖 — [ ]
15. 經 — [ ]	38. 尊 — [ ]	61. 憲 — [ ]	84. 基 — [ ]	107. 諒 — [ ]
16. 賠 — [ ]	39. 模 — [ ]	62. 寄 — [ ]	85. 逃 — [ ]	108. 譽 — [ ]
17. 羅 — [ ]	40. 隆 — [ ]	63. 姿 — [ ]	86. 憂 — [ ]	109. 賦 — [ ]
18. 和 — [ ]	41. 尊 — [ ]	64. 念 — [ ]	87. 榮 — [ ]	110. 審 — [ ]
19. 親 — [ ]	42. 徒 — [ ]	65. 段 — [ ]	88. 侵 — [ ]	111. 誓 — [ ]
20. 確 — [ ]	43. 參 — [ ]	66. 認 — [ ]	89. 精 — [ ]	112. 詳 — [ ]
21. 經 — [ ]	44. 牽 — [ ]	67. 測 — [ ]	90. 蓄 — [ ]	113. 訣 — [ ]
22. 屈 — [ ]	45. 批 — [ ]	68. 辭 — [ ]	91. 引 — [ ]	114. 鼻 — [ ]
23. 容 — [ ]	46. 攻 — [ ]	69. 事 — [ ]	92. 考 — [ ]	115. 模 — [ ]

※ 다음 각 單語와 같거나 비슷한 單語를 漢字로 쓰시오.

116. 世俗 — [ ]	117. 財貨 — [ ]	118. 敎徒 — [ ]	119. 招聘 — [ ]
120. 交涉 — [ ]	121. 根源 — [ ]	122. 基礎 — [ ]	123. 無窮 — [ ]
124. 滯留 — [ ]	125. 符合 — [ ]	126. 象徵 — [ ]	127. 默讀 — [ ]

58쪽의 정답

1.停, 滯, 駐 2.背 3.英 4.貯 5.刑 6.恒 7.經 8.過, 退 9.稱, 譽 10.統, 集 11.姿, 樣 12.口 13.淸 14.業, 事 15.俊 16.災 17.仁 18.質 19.隆, 茂 20.感 21.歸, 返 22.貢 23.倉 24.吟 25.閱, 觀 26.試 27.協, 援 28.危, 峻 29.承, 連 30.陷, 沈 31.樣, 姿 32.防, 具, 警 33.思, 想 34.計 35.報, 申 36.溫 37.進, 成 38.政 39.雇 40.知, 認 41.俊, 英 42.差 43.墳 44.家 45.叛 46.階 47.空 48.貫, 通, 透 49.淸 50.思, 考 51.珍 52.華 53.神 54.抑, 鎭 55.號 56.寺 57.保 58.戰 59.廢, 遺 60.疾 61.副 62.錯 63.督 64.貧 65.受 66.階, 等 67.書 68.境, 限 69.洗 70.俳 71.材 72.調 73.抗 74.終, 端 75.危 76.滅 77.至, 窮 78.俊 79.逃, 奔 80.恐 81.間 82.區, 境 83.毁, 滅 84.勸 85.勤 86.參, 給, 授 87.哀 88.依 89.敦 90.逮 91.代, 際, 換, 替 92.厚, 篤 93.暴 94.惡 95.列, 腐 96.始 97.加 98.殃, 禍 99.作, 述, 敍 100.察, 探 101.近 102.明 103.索, 偵, 訪 104.生 105.防 106.學資金 107.視界 108.招請, 招聘 109.合力 110.災殃 111.結局 112.原始林 113.參加 114.弄絡 115.秋毫 116.鼻祖 117.乾坤 118.彩色 119.壓迫 120.版圖 121.尋訪

※ 다음 單語와 뜻이 비슷한 單語를 漢字로 쓰시오. ※정답은 61쪽 하단에 있음.

1. 俗世 — [ ]	10. 細密 — [ ]	19. 書簡 — [ ]	28. 漂迫 — [ ]
2. 朝廷 — [ ]	11. 冥府 — [ ]	20. 同意 — [ ]	29. 散策 — [ ]
3. 謀陷 — [ ]	12. 九泉 — [ ]	21. 妄想 — [ ]	30. 弱點 — [ ]
4. 共鳴 — [ ]	13. 貢獻 — [ ]	22. 泰西 — [ ]	31. 精誠 — [ ]
5. 寸土 — [ ]	14. 平等 — [ ]	23. 大衆 — [ ]	32. 無窮 — [ ]
6. 能熟 — [ ]	15. 朗讀 — [ ]	24. 薄情 — [ ]	33. 放浪 — [ ]
7. 要請 — [ ]	16. 蒼空 — [ ]	25. 海外 — [ ]	34. 年歲 — [ ]
8. 同窓 — [ ]	17. 五列 — [ ]	26. 威脅 — [ ]	35. 順從 — [ ]
9. 背恩 — [ ]	18. 寺刹 — [ ]	27. 保存 — [ ]	

※ 다음 漢字와 같거나 비슷한 漢字를 적어 單語를 完成하시오.

36. [ ] — 舶	55. [ ] — 愁	74. [ ] — 詠	93. [ ] — 序
37. [ ] — 牙	56. [ ] — 穫	75. [ ] — 掠	94. [ ] — 問
38. [ ] — 瑞	57. [ ] — 遣	76. [ ] — 劣	95. [ ] — 姻
39. [ ] — 僻	58. [ ] — 耐	77. [ ] — 稚	96. [ ] — 戚
40. [ ] — 諾	59. [ ] — 潛	78. [ ] — 搬	97. [ ] — 須
41. [ ] — 偶	60. [ ] — 遞	79. [ ] — 量	98. [ ] — 弄
42. [ ] — 滯	61. [ ] — 謬	80. [ ] — 酷	99. [ ] — 傷
43. [ ] — 盜	62. [ ] — 倣	81. [ ] — 望	100. [ ] — 聘
44. [ ] — 怒	63. [ ] — 握	82. [ ] — 蔑	101. [ ] — 礎
45. [ ] — 誤	64. [ ] — 傅	83. [ ] — 慕	102. [ ] — 鐵
46. [ ] — 突	65. [ ] — 殿	84. [ ] — 惱	103. [ ] — 析
47. [ ] — 妙	66. [ ] — 裂	85. [ ] — 介	104. [ ] — 鎖
48. [ ] — 鑑	67. [ ] — 誓	86. [ ] — 靈	105. 墜 — [ ]
49. [ ] — 替	68. [ ] — 械	87. [ ] — 隷	106. 喜 — [ ]
50. [ ] — 浴	69. [ ] — 穀	88. 探 — [ ]	107. 燃 — [ ]
51. [ ] — 匹	70. 追 — [ ]	89. 策 — [ ]	108. 衰 - [ ]
52. [ ] — 擁	71. 締 — [ ]	90. [ ] — 碍	109. [ ] - 贈
53. 逮 — [ ]	72. [ ] — 觸	91. [ ] — 病	110. [ ] - 託
54. [ ] — 慢	73. [ ] — 疑	92. [ ] — 剎	111. [ ] - 漫

61쪽의 정답

1.亂 2.訪 3.列 4.船 5.優 6.險 7.覽 8.躍 9.合 10.答 11.利 12.睡 13.落 14.羅 15.任 16.飾 17.斥 18.項,目 19.惡,疑 20.收 21.命 22.納 23.歎 24.密,戚 25.竟 26.遠 27.讓 28.鍊 29.損,傷 30.雄,傑 31.償 32.綱 33.壓 34.軟 35.失 36.留 37.當 38.略,掠 39.留 40.細 41.刻 42.得 43.獎 44.壓 45.毒 46.細 47.衛 48.薄 49.爵,吏 50.葬 51.損 52.逆 53.察,探 54.祀 55.俸 56.徹 57.績 58.任,託 59.壞 60.數 61.拔,擇 62.免 63.遠 64.磨 65.回 66.寧 67.谷 68.誕,罔 69.寫 70.愛 71.助,援 72.急 73.索,查 74.讓 75.澤 76.困 77.歎 78.捉 79.問 80.棄 81.欺 82.愼 83.獻 84.陵 85.助 86.逐 87.去 88.助 89.壞 90.細 91.棄 92.別 93.將 94.與 95.爛 96.圖,劃 97.賣 98.習 99.述 100.雄,傑 101.斜 102.查 103.譯 104.雜 105.育 106.曲 107.張 108.張 109.財,質 110.續,待,觸 111.速,樂 112.當 113.齊 114.慧 115.團 116.批,評 117.衰 118.犯 119.配 120.動 121.機 122.歸 123.宿 124.領 125.勇 126.靜 127.周,包 128.攻,打,衝 129.解 130.混 131.飛 132.謁 133.面,容 134.蓄,累 135.攝

※ 다음 각 글자와 비슷한 漢字를 연결하여 각 單語를 完成하시오. ※정답은 60쪽 하단에 있음.

1. 紊 — [ ]	28. 鍛 — [ ]	55. 祿 — [ ]	82. 謹 — [ ]	109. 資 — [ ]
2. 尋 — [ ]	29. 毁 — [ ]	56. 透 — [ ]	83. 貢 — [ ]	110. 接 — [ ]
3. 羅 — [ ]	30. 英 — [ ]	57. 紡 — [ ]	84. 丘 — [ ]	111. 快 — [ ]
4. 艦 — [ ]	31. 賠 — [ ]	58. 委 — [ ]	85. 援 — [ ]	112. 該 — [ ]
5. 俳 — [ ]	32. 紀 — [ ]	59. 崩 — [ ]	86. 驅 — [ ]	113. 整 — [ ]
6. 峻 — [ ]	33. 鎭 — [ ]	60. 頻 — [ ]	87. 逝 — [ ]	114. 智 — [ ]
7. 閱 — [ ]	34. 柔 — [ ]	61. 選 — [ ]	88. 贊 — [ ]	115. 集 — [ ]
8. 跳 — [ ]	35. 喪 — [ ]	62. 赦 — [ ]	89. 破 — [ ]	116. [ ] — 判
9. 綜 — [ ]	36. 駐 — [ ]	63. 疏 — [ ]	90. 纖 — [ ]	117. [ ] — 殘
10. 應 — [ ]	37. 妥 — [ ]	64. 琢 — [ ]	91. 抛 — [ ]	118. [ ] — 罪
11. 銳 — [ ]	38. 侵 — [ ]	65. 旋 — [ ]	92. 辨 — [ ]	119. [ ] — 匹
12. 寢 — [ ]	39. 停 — [ ]	66. 康 — [ ]	93. 帥 — [ ]	120. [ ] — 搖
13. 墮 — [ ]	40. 微 — [ ]	67. 峽 — [ ]	94. 贈 — [ ]	121. [ ] — 械
14. 網 — [ ]	41. 彫 — [ ]	68. 欺 — [ ]	95. 燦 — [ ]	122. [ ] — 還
15. 委 — [ ]	42. 獲 — [ ]	69. 謄 — [ ]	96. 企 — [ ]	123. [ ] — 泊
16. 裝 — [ ]	43. 勸 — [ ]	70. 慈 — [ ]	97. 販 — [ ]	124. [ ] — 受
17. 排 — [ ]	44. 抑 — [ ]	71. 救 — [ ]	98. 慣 — [ ]	125. [ ] — 猛
18. 條 — [ ]	45. 酷 — [ ]	72. 緊 — [ ]	99. 敍 — [ ]	126. [ ] — 寂
19. 嫌 — [ ]	46. 詳 — [ ]	73. 搜 — [ ]	100. 英 — [ ]	127. [ ] — 園
20. 撤 — [ ]	47. 防 — [ ]	74. 謙 — [ ]	101. 傾 — [ ]	128. [ ] — 擊
21. 壽 — [ ]	48. 淺 — [ ]	75. 惠 — [ ]	102. 檢 — [ ]	129. [ ] — 釋
22. 獻 — [ ]	49. 官 — [ ]	76. 疲 — [ ]	103. 飜 — [ ]	130. [ ] — 亂
23. 慨 — [ ]	50. 埋 — [ ]	77. 恨 — [ ]	104. 混 — [ ]	131. [ ] — 騰
24. 親 — [ ]	51. 減 — [ ]	78. 捕 — [ ]	105. 飼 — [ ]	132. [ ] — 見
25. 畢 — [ ]	52. 叛 — [ ]	79. 諂 — [ ]	106. 歪 — [ ]	133. [ ] — 貌
26. 遼 — [ ]	53. 偵 — [ ]	80. 廢 — [ ]	107. 誇 — [ ]	134. [ ] — 積
27. 辭 — [ ]	54. 祭 — [ ]	81. 詐 — [ ]	108. 伸 — [ ]	135. [ ] — 取

60쪽의 정답

1.塵世 2.政府 3.中傷 4.首肯 5.尺土 6.老鍊 7.要求 8.同門 9.忘德 10.綿密 11.地獄 12.黃泉 13.寄與 14.同等 15.音讀 16.碧空 17.間諜 18.佛寺 19.書翰 20.贊成 21.夢想 22.西洋 23.群衆 24.冷情 25.異域 26.脅迫 27.保全 28.流離 29.散步 30.虛點 31.至誠 32.無限 33.流浪 34.春秋 35.服從 36.船 37.齒 38.祥 39.偏 40.許 41.配 42.遲 43.竊 44.忿 45.錯 46.衝 47.奇,巧 48.龜 49.交,代 50.沐 51.配 52.抱 53.捕 54.怠,傲 55.憂 56.收 57.派 58.忍 59.沈 60.郵 61.誤 62.模 63.把 64.師 65.宮 66.龜 67.盟 68.機 69.糧 70.從 71.結 72.接 73.嫌 74.吟 75.侵 76.拙 77.幼 78.移,運 79.測 80.慘 81.仰,希 82.侮 83.戀 84.煩 85.紹 86.神 87.奴 88.索,査,訪 89.略 90.障 91.疾 92.寺 93.秩 94.質 95.婚 96.親 97.必 98.戲 99.毁,損100.招 101.基 102.鋼 103.分 104.封 105.落 106.悅 107.燒 108.弱 109.奇 110. 寄,委,付 111. 散

동음이의어(同音異義語)

단어의 音은 같으나 의미가 다른 漢字語

※ 몇회식 써보고 뜻을 把握하세요.

가공 (加工) : 원료나 재료에 손을 더 대어 새로운 물건을 만드는 일
(可恐) : 두려워할 만함

가도 (家道) : 집안 살림을 해나가는 방도
(街道) : 큰 길거리

가무 (家務) : 집안 일
(歌舞) : 노래와 춤

가사 (家事) : 집안 일
(歌詞) : 노래의 내용이 되는 글

가산 (家産) : 집안의 재산
(加算) : 더하여 셈함

가설 (假設) : 임시로 설치함
(假說) : 임시로 내세운 이론

가세 (家勢) : 집안의 형세
(加勢) : 힘을 보태거나 거듦

가장 (家長) : 집안 어른
(假裝) : 거짓태도를 취함

가정 (家庭) : 한 집안의 가족
(假定) : 임시로 정함

간부 (幹部) : 조직체, 기관의 책임자나 지휘자
(姦婦) : 간통한 여자

감사 (感謝) : 고마움
(監査) : 감독하고 검사함
(監事) : 단체의 서무에 관한 일을 맡아 봄

감산 (減算) : 빼어 셈함
(減産) : 생산을 줄임

감상 (感想) : 마음 속에 느끼어 일어나는 현상
(鑑賞) : 예술작품을 이해하고 평가함
(感傷) : 하찮은 일에도 쉽게 슬픔을 느끼는 마음
(感賞) : 감동하여 칭찬함

감수 (甘受) : (질책 · 고통 · 모욕 따위를) 군말없이 달게 받음
(監修) : 책의 저술, 편찬을 지도 · 감독함

강도 (强盜) : 폭력이나 협박으로 남의 재물을 빼앗는 도둑
(强度) : 강한 정도

강변 (强辯) : 이치에 닿지 아니한 것을 굽히지 않고 주장함
(江邊) : 강가

개간 (改刊) : 책 따위의 원판을 고쳐 다시 발행함
(開刊) : 책을 처음으로 펴냄

개설 (改設) : (시설이나 기구 따위를) 고치어 설치함
(開設) : 새로 설치하여 업무를 시작함

개성 (改姓) : 성을 고침
(個性) : 그 사람만이 갖는 특성

개정 (改正) : 고치어 바르게 함
(開廷) : 법정을 열어 재판을 시작함
(改定) : 이미 정하였던 것을 고쳐 다시 정함
(改訂) : 글자나 글의 틀린 곳을 고쳐 바로잡음

개표 (改票) : 차표 따위를 개표소에서 검사하는 것
(開票) : 투표함을 열고 투표결과를 조사하는 것

거부 (巨富) : 큰 부자
(拒否) : 받아들이지 아니함

건조 (建造) : 건물이나 선박 따위를 만듦
(乾燥) : 습기나 물기가 없어짐

결구 (結句) : 문장, 편지 등의 끝을 맺는 글귀
(結球) : 호배추 같은 채소의 잎이 여러 겹으로 겹쳐 둥근 모양을 이루는 것

결단 (決斷) : 결정적인 판단을 하거나 단정을 내림
(結團) : 단체를 결성함

결사 (決死) : 죽기를 각오하고 있는 힘을 다할 것을 결심함
(結社) : 여러 사람이 공동의 목적을 이루기 위하여 단체를 조직함

결의 (決意) : 정하여 굳게 가짐
(決議) : 회의에서 의안이나 제의 등을 결정함

결정 (決定) : 결단을 내려 확정함
(結晶) : 원자가 규칙적으로 배열되어 이루어진 고체

경계 (境界) : 지역이 갈라지는 한계
(警戒) : 잘못되는 일이 일어나지 않도록 미리 조심하는 것

경비 (經費) : 일을 하는 데 드는 비용
(警備) : 경계하고 지킴

경사 (慶事) : 축하할만한 일
(傾斜) : 비스듬히 기울어진 정도

경주 (競走) : 일정한 거리를 달려 빠르기를 겨루는 일
(慶州) : 경상북도의 남동부에 있는 도시

경향 (傾向) : 현상이나 사상, 행동 따위가 어떤 방향으로 기울어 짐
(京鄕) : 서울과 시골

고려 (考慮) : 생각하고 헤아려 봄
(高麗) : 서기 918년에 왕건이 개성에 도읍하여 세운 나라

고사 (故事) : 옛적의 일
(枯死) : 나무나 풀 따위가 말라 죽음

고소 (告訴) : 고하여 하소연함
(苦笑) : 쓴 웃음
(高所) : 높은 곳, 고처(高處)

고수 (固守) : 굳게 지킴
(高手) : 바둑이나 장기 따위에서 수가 높은 사람

고시 (考試) : 공무원의 임용자격을 결정하는 시험
(告示) : (행정기관이 국민에게)글로 써서 널리 알리는 것

고조 (高祖) : 高祖父의 준말, 할아버지의 할아버지
(高調) : 높은 가락

고지 (高地) : 높은 땅
(告知) : 게시나 글을 통해 알림

고해 (告解) : 고백 성사
(苦海) : 괴로움이 끝이 없는 인간 세상

과대 (過大) : 지나치게 큼
(誇大) : 작은 것을 크게 떠벌림

과도 (果刀) : 과일 깎는 칼
(過度) : 정도에 너무 지나침

과장 (課長) : 회사, 관청의 한 과의 책임자
(誇張) : 실지보다 크게 나타냄

공기 (工期) : 공사하는 기간
(公器) : 공공의 물건
(空氣) : 지구를 둘러싸고 있는 생물이 살아가는데 없어서는 안될 기체

공론 (公論) : 여럿이 의논함
(空論) : 실속이 없는 빈 논의

공모 (公募) : 공개하여 모집함
(共謀) : 두 사람 이상이 함께 꾀함

공수 (攻守) : 공격과 수비
(空手) : 빈 손

공약 (公約) : 공중에 대한 약속
(空約) : 헛된 약속

공인 (公認) : 국가, 공공단체, 사회단체 등이 어느 행위나 물건에 대하여 인정함
(公人) : 공적인 일에 종사하는 사람

공정 (公正) : 공평하고 올바름
(公定) : 관청이나 일반의 공론에 따라 정함
(工程) : 작업이 되어가는 과정

공중 (公衆) : 사회의 대부분의 사람들
(空中) : 하늘과 땅 사이의 빈 곳

과정 (過程) : 일이 되어 나가는 경로
(課程) : 과업의 정도, 학년의 수준에 속하는 과목

관계 (關係) : 서로 관련을 맺거나 관련이 있음
(官界) : 국가의 각 기관

관대 (寬大) : 너그럽게 용서함
(冠帶) : 벼슬아치가 입던 공복

관례 (冠禮) : 아이가 어른이 될 때 올리던 예식
(慣例) : 전례(前例)가 관습으로 굳어진 것

관리 (管理) : 어떤 일의 사무를 맡아 처리함
(官吏) : 관직에 있는 사람

관상 (觀相) : 사람의 상(相)을 보고 그 사람의 운명 재수를 판단하는 일
(觀象) : 기상(氣象)을 관측함

관장 (館長) : 도서관, 박물관의 최고 책임자
(管掌) : 일을 맡아서 주관함

광산 (鑛山) : 유용한 광물을 캐내는 곳
(鑛産) : 광산업의 생산이나 그 생산물

교감 (交感) : 접촉에 따라 움직이는 느낌
(校監) : 학교의 일을 관리하는 직책

교단 (敎壇) : 강의할 때 올라서는 단
(敎團) : 종교 단체

교정 (校庭) : 학교의 마당이나 운동장
(矯正) : 잘못된 것을 바로잡음
(校正) : 틀린 글자나 빠진 글자를 바로 잡는 일
(校訂) : 책의 잘못된 글자나 어구 따위를 고치는 일

구상 (求償) : 배상 또는 상환을 요구하는 것
(構想) : 예술 작품의 내용이나 형식 등의 생각을 구체적으로 정리함

구설 (口舌) : 시비하거나 헐뜯는 말
(舊說) : 이전에 있었던 이론이나 이야기

구속 (球速) : 야구에서 투수가 던지는 공의 속도
(拘束) : 행동이나 의사 자유를 제한함

구전 (口錢) : 흥정을 붙이고 받는 돈
(口傳) : 말로 전함

구조 (救助) : 위험한 상태에 있는 사람을 도와서 구원함
(構造) : 전체를 이루고 있는 부분들의 관계나 체계

구축 (構築) : 시설물을 쌓아 올려 만듦
(驅逐) : 세력 따위를 몰아서 쫓아냄

동음이의어(同音異義語)

단어의 音은 같으나 의미가 다른 漢字語

구호 (救護) : 재난으로 어려움에 처한 사람을 도와 보호함
(口號) : 주장 따위를 간결한 형식으로 표현한 문구

국교 (國教) : 온 국민이 믿는 종교
(國交) : 나라 사이의 교제

국기 (國基) : 국가의 기초
(國旗) : 한 국가를 상징하는 기

군수 (軍需) : 군사상에 필요한 물자
(郡守) : 한 군(郡)의 행정사무를 관할하는 으뜸벼슬

귀중 (貴重) : 매우 소중함
(貴中) : 상대편을 높이는 말

근간 (近刊) : 최근에 출판되었거나 출판될 간행물
(近間) : 요사이
(根幹) : 뿌리와 줄기라는 뜻. 사물의 바탕이나 중심

극단 (極端) : 한쪽으로 몹시 치우침
(劇團) : 연극의 연구·상연(上演)을 전문으로 할 목적으로 조직된 단체

급보 (急報) : 겨를 없이 서둘러 알림
(急步) : 급하게 걸음

급전 (急傳) : 급히 전함
(急錢) : 급한 데에 쓰는 돈

기구 (機構) : 목적을 위하여 구성한 조직의 구성 체계
(器具) : 세간, 도구, 기계 따위

기능 (機能) : 사물의 작용이나 활용
(技能) : 사람의 기술에 관한 능력이나 재능

기도 (企圖) : 일을 꾸며 내려고 꾀함
(氣道) : 호흡할 때의 공기가 지나가는 통로

기사 (騎士) : 말을 탄 무사
(飢死) : 굶어 죽음
(技士) : 기술계 기술 자격 등급
(技師) : 특별한 기술 업무를 맡아보는 사람
(奇事) : 기이한 일
(記事) : 사실을 적는 것. 신문, 잡지 등에 실린 글
(棋士) : 바둑이나 장기를 잘 두는 사람

기선 (機先) : 운동 경기에서 상대편의 기세를 억누르기 위하여 먼저 행동하는 것
(汽船) : 증기 기관의 동력으로 움직이는 배

기수 (旗手) : 군대 또는 행사 때 대열의 앞에서 기를 드는 일을 맡는 사람
(奇數) : 홀수
(機首) : 비행기의 앞부분
(騎手) : 말을 타는 사람

기술 (技術) : 어떤 일을 정확하고 능률적으로 해내는 솜씨
(奇術) : 기묘한 재주
(既述) : 이미 서술함
(記述) : 사물이나 내용을 기록하여 서술하는 것

기원 (紀元) : 연대를 계산하는 데에 기준이 되는 해
(祈願) : 바라는 일이 이루어지기를 빎

기지 (基地) : 활동의 기점이 되는 근거지
(機智) : 재치 있게 대응하는 지혜

기호 (記號) : 어떠한 뜻을 나타내기 위하여 쓰이는 부호
(畿湖) : 경기도와 충청도를 이르는 말

기행 (紀行) : 여행하는 동안에 겪은 일을 적은 것
(奇行) : 기이한 행동

노숙 (露宿) : 한뎃잠
(老熟) : 오래 경험을 쌓아 익숙함

노자 (老子) : 중국 춘추시대의 한 사상가
(路資) : 여행에 쓰이는 경비

농담 (弄談) : 실없이 놀리거나 장난으로 하는 말
(濃淡) : 색깔이나 명암의 짙음과 옅음

단가 (單價) : 물건 한 단위의 가격
(短歌) : 시조

단기 (檀紀) : 단군기원
(短期) : 단기간

단서 (端緖) : 어떤 일의 실마리
(但書) : 본문 외에 다른 조건을 붙이는 글

단정 (端正) : 얌전하고 깔끔함
(斷定) : 분명히 결정함

단지 (團地) : 주택이나 공장 같은 시설을 조성한 지역
(但只) : 다만

단선 (單線) : 외줄
(斷線) : 줄이 끊어짐

담소 (淡素) : 담담하고 소박함
(談笑) : 웃으면서 이야기함

답사 (答辭) : 식장에서 축사나 환영사·환송사 따위에 대한 답례로 하는 말
(踏查) : 실지로 현지에 가서 조사함

대비 (對比) : 서로 맞대어 비교함
(對備) : 무엇에 대응하기 위하여 미리 준비하는 것

대사 (大師) : '중'을 높여 이르는 말
(大使) : 외교를 맡아보는 최고 직급
(臺詞) : 배우가 무대 위에서 하는 말
(大事) : 큰 일

대상 (大賞) : 여러 가지상 가운데 가장 큰 상
(對象) : 일의 상대나 목적이 되는 것

대장 (大將) : 한 무리의 우두머리
(大腸) : 소장의 끝에서 항문에 이르는 소화기관

대지 (大地) : 넓고 큰 땅
(大志) : 원대한 뜻
(貸地) : 세를 받고 빌려주는 땅
(大智) : 뛰어난 지혜

대치 (對峙) : 서로 맞대하여 버팀
(代置) : 다른 것으로 갈아 놓음

대한 (大寒) : 24절기의 하나, 극심한 추위
(對韓) : 한국(韓國)에 대하여

독자 (獨子) : 외아들, 독신
(獨自) : 저 혼자, 그 자체에만 특유함
(讀者) : 책, 신문 등 출판물을 읽는 사람

독주 (獨走) : 경주등에서 남을 앞질러 혼자 달림
(毒酒) : 독한 술

동기 (動機) : 행동을 일으키게 하는 계기
(同期) : 같은 시기
(冬期) : 겨울철
(同氣) : 형제, 자매

동요 (動搖) : 물체 따위가 흔들리고 움직임
(童謠) : 어린이들의 심리를 표현한 노래

동정 (同情) : 남의 불행이나 슬픔 따위를 자기 일처럼 생각하여 위로함
(動靜) : 사람의 행동·일·병세 등이 벌어져 나가는 낌새나 상태

동지 (同志) : 뜻을 같이함
(冬至) : 이십사절기중 하나로써 밤이 가장 긴 날

동향 (動向) : 사람들의 사상, 활동이나 일의 형세가 움직여 가는 방향
(東向) : 동쪽으로 향함
(同鄕) : 고향이 같음

매수 (買受) : 물건을 사서 넘겨 받음
(買收) : 물건을 사거나 거두어들임, 금품 따위로 남을 꾀어서 제편으로 만듦

매장 (埋葬) : (시체를) 땅에 묻는 것
(賣場) : 물건을 파는 곳, 판매소

매점 (買占) : 물건이 모자랄 것을 짐작하고 휩쓸어 사들여 둠
(賣店) : 일상용품을 파는 소규모의 가게

면직 (免職) : 일정한 직무에서 물러나게 함
(綿織) : 면직물

면책 (面責) : 마주 대하여 책망함
(免責) : 책임이나 책망을 면함

매표 (買票) : 차표나 입장권 따위로 표를 삼
(賣票) : 표를 팖

명일 (名日) : 명절
(明日) : 내일

모사 (謀事) : 일을 꾀함
(模寫) : 어떤 그림을 그것과 꼭 같이 그림
(毛絲) : 털실
(謀士) : 계책을 세우는 사람

무기 (武器) : 전투에 쓰이는 병기
(無期) : 무기한, 때가 정해지지 않음

문구 (文句) : 글의 구절
(文具) : 문방구의 준말

문호 (文豪) : 크게 뛰어난 문학·문장의 대가(大家), 문웅(文雄)
(門戶) : 집으로 드나드는 문

미명 (未明) : 날이 채 밝기 전
(美名) : 훌륭하게 내세운 이름
(微明) : 희미하게 밝음

미수 (未收) : 아직 다 거두지 못함
(未遂) : 목적을 이루지 못함
(米壽) : 여든여덟 살

밀어 (密語) : 남이 못알아듣게 넌지시 하는 말
(蜜語) : 달콤한 말, 남녀간의 정담

박학 (薄學) : 학식이 얕고 좁음
(博學) : 학식이 매우 넓고 많음

반감 (反感) : 반항의 뜻을 품은 감정
(半減) : 절반이 줆

반전 (反轉) : 일의 형세가 뒤바뀜
(反戰) : 전쟁에 반대함

반주 (伴奏) : 성악이나 기악의 연주에 맞추어 악기로 연주하는 일
(飯酒) : 밥에 곁들여 먹는 술

발광 (發光) : 빛을 냄
(發狂) : 미친 증세가 일어남

발포 (發布) : 세상에 널리 펴서 알림
(發砲) : 총이나 대포를 쏘는 것

방문 (訪問) : 남을 찾아가서 만나거나 봄
(房門) : 방으로 드나드는 문

백과 (百果) : 온갖 과실
(百科) : 많은 과목

백미 (白米) : 흰 쌀
(白眉) : 흰 눈썹, 여럿 가운데 가장 뛰어난 사람이나 물건

백사 (白沙) : 흰 모래
(白蛇) : 흰 뱀

동음이의어(同音異義語)

단어의 音은 같으나 의미가 다른 漢字語

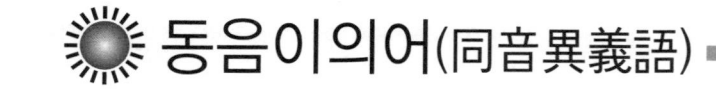

변경 (變更) : 다르게 바꾸어 새롭게 고침
(邊境) : 나라의 경계가 되는 변두리의 땅

변사 (變死) : 뜻밖의 재난으로 죽음
(辯士) : 입담이 좋아서 말을 잘하는 사람

병력 (兵力) : 군대의 힘
(病歷) : 지금까지 앓은 일이 있는 병의 경험

병사 (兵士) : 군대
(兵舍) : 군대가 들어 거처하는 집

보고 (報告) : 자기 임무에 대해서 윗사람에게 알림
(寶庫) : 보물처럼 귀중한 것이 있는 곳

보석 (寶石) : 빛깔과 광택이 아름다우며 희귀한 광물
(保釋) : 보석 보증금을 받고 형사 피고인을 구류에서 풀어주는 일

보수 (保守) : 오랜 습관, 제도·방법 등을 소중히 여겨 그대로 지킴
(補修) : 상했거나 부서진 부분을 손질하고 고침

보안 (保安) : 안전을 유지함
(保眼) : 눈을 보호함

부상 (負傷) : 상처를 입음
(副賞) : 덧붙여 주는 상
(浮上) : 물 위로 떠오름
(富商) : 자본이 많은 상인

부인 (婦人) : 결혼한 여자
(否認) : 인정하지 아니함
(夫人) : 남의 아내

부자 (富者) : 재물이 많아 살림이 넉넉한 사람
(父子) : 아버지와 아들

부호 (富豪) : 재산이 많고 세력이 있는 사람
(符號) : 어떤 뜻을 나타내기 위한 기호

불경 (不敬) : 무례함
(佛經) : 불교의 교리를 밝혀 놓은 전적(典籍)

불사 (不死) : 죽지 아니함
(不辭) : 사양하지 아니함

불순 (不順) : 온순하지 못함
(不純) : 순수하지 못함

불충 (不充) : 충분하지 못함
(不忠) : 충성스럽지 못함

불화 (佛畵) : 불교의 내용을 그린 종교화
(不和) : 서로 화합하지 못함

비명 (悲鳴) : 매우 다급할 때 지르는 소리
(碑銘) : 비면(碑面)에 새긴 글
(非命) : 천명이 아님. 뜻밖의 재난으로 죽음

비보 (悲報) : 슬픈 소식
(秘報) : 비밀히 보고함

비행 (飛行) : 하늘을 날아다님
(非行) : 도리에 어긋나는 행위

사경 (四經) : 시경·서경·역경·춘추의 네 경서
(死境) : 죽음에 이른 경지

사고 (事故) : 뜻밖에 일어난 사건
(思考) : 생각하고 궁리함
(史庫) : 역사 기록물을 두는 곳집
(社告) : 회사의 광고

사기 (史記) : 역사적 사실을 기록한 책
(士氣) : 의욕이나 자신감으로 충만한 기세
(詐欺) : 나쁜 꾀로 남을 속임
(沙器) : 사기그릇

사례 (事例) : 일의 전례나 실례
(謝禮) : 고마운 뜻을 나타내는 인사

사상 (思想) : 생각, 의견
(死傷) : 죽거나 다침

사설 (私說) : 아직 공인되지 않은 개인의 학설이나 의견
(社說) : 신문·잡지 등에서 그 사(社)의 주장으로 펼치는 논설

사유 (私有) : 개인 소유
(事由) : 일의 까닭

사원 (寺院) : 종교의 교당
(社員) : 회사원

사은 (師恩) : 스승의 은혜
(謝恩) : 받은 은혜에 대하여 감사히 여겨 사례함

사의 (謝意) : 나의 호의에 대한 감사의 뜻
(辭意) : 사임(辭任)을 하려는 뜻

사전 (事前) : 무슨 일이 있기 전
(辭典) : 언어를 모아서 일정한 순서로 나열하고, 발음·의의·용법·어원 등을 해설한 책

사절 (使節) : 나라를 대표하여 외국에 파견되는 사람
(謝絶) : 요구나 제의를 받아들이지 않고 사양하여 물리침

사정 (事情) : 일의 형편이나 까닭
(査定) : 조사하거나 심사하여 결정함

사제 (私製) : 개인이 사사로이 만듦
(師弟) : 스승과 제자

사지 (私地) : 개인 소유의 땅
(死地) : 도저히 살아날 길이 없는 매우 위험한 곳

사찰 (寺刹) : 절
(査察) : 어떤 일이 규정에 따라 준수되고 있는지를 조사하여 살핌

사채 (社債) : 회사가 진 빚
(私債) : 사사로운 빚

사형 (師兄) : 나이나 학덕(學德)이 자기보다 높은 사람을 높여 이르는 말
(死刑) : 수형자의 목숨을 끊음 또는 그 형벌

사회 (司會) : 회의나 의식을 진행함
(社會) : 공동생활을 하는 인간의 집단

산성 (山城) : 산 위의 성
(酸性) : 신맛을 지는 성질

산적 (山賊) : 산속에 근거지를 두고 드나드는 도둑
(散積) : 용기에 넣지 않고 그대로 쌓거나 실음

상가 (商街) : 상점들이 늘어서 있는 거리
(喪家) : 사람이 죽어 장례를 치르는 집

상기 (想起) : 지난 일을 돌이켜 생각하여 냄
(上氣) : 흥분이나 부끄러움으로 얼굴이 붉어짐

상도 (常道) : 항상 변하지 않는 떳떳한 도리
(商道) : 상도덕

상용 (商用) : 상업상의 용무
(常用) : 항상 씀

상호 (相互) : 서로서로
(商號) : 영업상 간판의 이름

선발 (先發) : 미리 나서서 떠남
(選拔) : 많은 가운데서 추려 뽑는 것

선전 (宣傳) : 잘 설명하여 널리 알리는 일
(善戰) : 있는 힘을 다하여 잘 싸움
(宣戰) : 한 나라가 다른 나라에 대해 싸움의 시작을 알림

성대 (盛大) : 아주 성하고 큼
(聲帶) : 소리를 내는 기관

성명 (姓名) : 성(姓)과 이름. 씨명(氏名)
(聲明) : 여러 사람에게 공개하여 발표하는 일

세대 (世帶) : 집안식구
(世代) : 어떤 연대를 갈라서 나눈 층

세수 (稅收) : 세금을 거두어 들임
(洗手) : 낯을 씻음

세입 (稅入) : 조세의 수입
(歲入) : 한 회계 연도의 모든 수입

소원 (所願) : 바라고 원함
(疏遠) : 지내는 사이가 거리가 있어서 서먹서먹함

소재 (素材) : 어떤 것을 만드는 데 바탕이 되는 재료
(所在) : 있는 곳

수면 (水面) : 물의 겉면
(睡眠) : 잠을 자는 일

수상 (受賞) : 상을 받음
(首相) : 내각의 우두머리
(水上) : 물 위, 물의 상류
(隨想) : 그때그때 떠오르는 생각이나 느낌

수석 (首席) : 등급이나 직위 따위에서 맨 윗자리
(壽石) : 관상용의 자연석

수신 (受信) : 통신을 받음
(修身) : 마음과 행실을 바르게 닦아 수양함

숙원 (宿怨) : 오래 묵은 원한
(宿願) : 오랫동안 품어온 바람이나 소원

습득 (拾得) : 주워 얻음
(習得) : 배워 터득함

승복 (承服) : 납득하여 따름
(僧服) : 중의 옷

시가 (市街) : 도시의 큰 길거리
(市價) : 시장에서 상품이 매매되는 가격
(時價) : 일정한 시기의 물건 값
(詩歌) : 가사를 포함한 시문학을 통틀어 이르는 말

시각 (時刻) : 시간의 어느 한 시점
(視覺) : 눈을 통해 빛의 자극을 받아들이는 감각 작용

시계 (視界) : 시야(視野)
(時計) : 시각을 나타내는 기계나 장치

시도 (試圖) : 무엇을 이루기 위해 계획하거나 행동함
(市道) : 행정 구역으로 나눈 시와 도

시비 (是非) : 옳음과 그름
(詩碑) : 시를 새긴 비석
(施肥) : 논밭에 거름을 줌

시사 (示唆) : 미리 암시하여 일러줌
(時事) : 그 당시에 생긴 여러가지 세상일
(試寫) : 영화를 개봉하기에 앞서 시험적으로 특정인에 상영해 보임
(詩史) : 사시(史詩). 시의 발생 과정, 변천 등을 밝힌 저술

시상 (施賞) : 상장이나 상품, 상금 따위를 줌
(詩想) : 시를 짓기 위한 착상이나 구상

시인 (是認) : 옳다고 인정함
(詩人) : 시를 전문적으로 짓는 사람

신축 (伸縮) : 늘고 주는 것 또는 늘이고 줄이는 것
(新築) : 축조하거나 건축함

실례 (失禮) : 언행이 예의에 벗어남
(實例) : 실제의 예

동음이의어(同音異義語)

단어의 音은 같으나 의미가 다른 漢字語

안전 (安全) : 사고가 날 염려가 없는 상태
(眼前) : 눈 앞

약자 (弱者) : 힘이나 세력이 약한 사람이나 생물
(略字) : 복잡한 글자의 일부를 생략하여 간략하게 한 글자

양식 (糧食) : 생존을 위하여 필요한 사람의 먹을 거리
(樣式) : 일정한 모양이나 형식
(洋食) : 서양요리
(養殖) : 물고기, 굴, 김 등을 기르고 번식시키는 일

어구 (語句) : 말의 마디나 구절
(漁具) : 고기잡이에 쓰는 여러 가지 도구

여권 (女權) : 여자의 사회상, 정치상, 법률상의 권리
(旅券) : 외국을 여행하는 사람의 신분이나 국적을 증명하는 문서

연기 (煙氣) : 물건이 탈 때에 생기는 흐릿한 기체
(演技) : 관객 앞에서 연극, 노래, 춤 등의 재주를 나타내 보임

영화 (映畵) : 어떠한 주제(主題)를 움직이는 영상
(榮華) : 권력과 부귀를 마음껏 누리는 일

원고 (原告) : 소송을 제기하여 재판을 청구한 사람
(原稿) : 인쇄하거나 발표하기 위하여 쓴 글이나 그림 따위

유전 (油田) : 석유가 나는 곳. 석유가 땅속에 묻혀있는 지역
(遺傳) : 어버이의 성질·체형·형상 등이 자손에게 전하는 일

유지 (維持) : 그대로 지니어 감. 지탱함
(遺志) : 죽은 이가 생전에 이루지 못하고 남긴 뜻

유치 (留置) : 맡아두는 것. 사람이나 물건을 일정한 지배하에 두는 것
(幼稚) : 나이가 어림. 정도가 낮음

응시 (凝視) : 눈길을 한곳으로 모아 가만히 바라봄
(應試) : 시험을 치룸

의거 (依據) : 어떠한 사실을 근거로 함
(義擧) : 정의를 위하여 사사로운 이해타산을 생각함이 없이 일으킨 행동

연간 (年刊) : 일년에 한 번씩 간행하는 일
(年間) : 한해 동안

연대 (年代) : 지나간 시간을 일정한 횟수로 나눈 것
(連帶) : 여럿이 함께 무슨 일을 하거나 함께 책임을 짐

연소 (年少) : 나이가 어림
(燃燒) : 물질이 산소와 화합할 때 빛과 열을 내는 현상

연장 (年長) : 서로 비교하여 나이가 많은 사람
(延長) : 시간이나 거리를 길게 늘임

연하 (年下) : 나이가 아래임
(年賀) : 새해를 축하함

영세 (零細) : 살림이 보잘 것 없고 몹시 가난함
(永世) : 오랜 세월이나 세대

오기 (傲氣) : 남에게 지기 싫어하는 마음
(誤記) : 잘못 기록함

오수 (午睡) : 낮잠
(汚水) : 더러운 물

우수 (優秀) : 여럿 가운데 뛰어남
(憂愁) : 근심과 걱정
(偶數) : 짝수
(雨水) : 빗물. 24절기의 하나
(右手) : 오른손

우의 (雨衣) : 비옷
(友誼) : 우정. 우애

위장 (胃腸) : 위(胃)와 장(腸)
(僞裝) : 거짓으로 꾸밈

유전 (遺傳) : 물려받아 내려옴
(油田) : 석유가 나는 곳

유학 (遊學) : 외국에서 공부함
(儒學) : 유교의 학문

육성 (肉聲) : 사람의 입에서 직접 나오는 소리
(育成) : 길러 자라게 함

의식 (儀式) : 행사를 치르는 일정한 법식
(意識) : 깨어 있는 상태에서 사물에 대하여 인식하는 작용

이전 (以前) : 이제보다 전
(移轉) : 장소나 주소 따위를 다른 데로 옮김

이해 (理解) : 사리를 분별하여 해석함
(利害) : 이익과 손해

인가 (人家) : 사람이 사는 집
(認可) : 인정하여 허가함

인도 (人道) : 사람으로서 마땅히 지켜야 할 도리
(引渡) : 사물이나 권리 따위를 넘겨줌
(引導) : 이끌어 지도함

인상 (引上) : 값을 올림
(印象) : 어떤 대상에 대한 마음 속의 느낌

전파 (傳播) : 널리 퍼뜨림
(全破) : 모두 깨뜨림

조기 (弔旗) : 조의를 뜻하는 기
(早期) : 이른 시기

존속 (存續) : 존재하여 계속함
(尊屬) : 부모와 같은 항렬 이상의 혈족

주식 (主食) : 끼니에 주로 먹는 음식
(株式) : 주식회사의 자본을 구성하는 단위

주연 (主演) : 연극, 영화의 주인공으로 출연함
(酒宴) : 술잔치

준수 (俊秀) : 재주와 슬기가 남달리 뛰어남
(遵守) : 규칙, 명령 따위를 좇아서 지킴

중상 (中傷) : 근거없는 말로 남을 헐뜯어 명예에 손상을 입히는 일
(重傷) : 몹시 다치는 것 또는 심한 부상

지각 (知覺) : 알아서 깨닫는 능력
(遲刻) : 약속한 시각보다 늦음
(地角) : 땅의 어느 한 모퉁이

지급 (支給) : 돈이나 물품 따위를 정하여진 몫만큼 내줌
(至急) : 매우 급함

지도 (地圖) : 지구 표면의 상태를 일정한 비율로 줄여 평면에 나타낸 그림
(指導) : 어떤 목적이나 방향으로 남을 가르쳐 이끎

지상 (地上) : 땅의 위
(紙上) : 종이의 위. 신문의 지면

지성 (知性) : 생각·판단하는 능력
(至誠) : 지극한 정성

자원 (資源) : 경제 생산에 이용되는 광물, 산림 등
(自願) : 자기 스스로 하고자 하여 나섬

재고 (再考) : 다시 생각함
(在庫) : 창고 따위에 쌓여 있음

재배 (再拜) : 두 번 절함
(栽培) : 식물을 심어 가꿈

재화 (財貨) : 사람이 바라는 바를 충족시켜 주는 모든 물건
(災禍) : 재앙과 화난(禍難)

저속 (低俗) : 품위가 낮고 속됨
(低速) : 낮은 속도

적기 (敵機) : 적군의 비행기
(適期) : 알맞은 시기
(赤旗) : 붉은 기

적선 (積善) : 착한 일을 많이 함
(賊船) : 적의 배

전승 (戰勝) : 전쟁이나 경기 따위에서 싸워 이김
(傳承) : 문화, 속도, 제도 따위를 이어받아 계승함

전시 (展示) : 여러 가지 물품을 한 곳에 벌여 놓고 보임
(戰時) : 전쟁이 벌어진 때

전파 (電波) : 적외선 이상의 파장을 갖는 전자파로 특히, 전기통신에 쓰이는 것
(傳播) : 전하여 널리 퍼뜨림

전후 (前後) : 앞뒤
(戰後) : 전쟁이 끝난 뒤

정기 (精氣) : 천지를 생성하는 원천이 되는 기운
(定期) : 일정한 기간이나 기한

정상 (正常) : 바른 상태
(頂上) : 산의 맨 꼭대기. 최고의 상태. 국가의 최고 수뇌

정사 (情事) : 남녀간의 사랑에 관한 일. 정부와 정부 사이의 관계
(政事) : 정치에 관한 일. 행정상의 사무

정원 (定員) : 일정한 규정에 의하여 정한 인원
(庭園) : 집 안에 있는 뜰

정전 (停電) : 전기가 끊어짐
(停戰) : 교전 중에 합의하여 일시적으로 전투를 중단하는 일

제기 (提起) : 의견이나 문제를 내어 놓음
(祭器) : 제사에 쓰는 그릇

제지 (制止) : 말려서 못하게 함
(製紙) : 종이를 만듦

조류 (潮流) : 밀물과 썰물 때문에 일어나는 바닷물의 흐름
(鳥類) : 조강(鳥綱)의 척추동물을 통틀어 이르는 말

조리 (條理) : 앞뒤가 들어맞고 체계가 서는 갈피
(調理) : 먹을 것을 만듦

조선 (造船) : 배를 설계하여 만듦
(朝鮮) : 서기 1392년에 이성계가 고려를 무너뜨리고 세운 나라

조수 (潮水) : 밀려들었다가 나가는 바닷물
(助手) : 어떤 일을 도와주는 사람

조화 (造化) : 만물을 창조하고 기르는 대자연의 이치
(造花) : 인공적으로 만든 꽃
(調和) : 서로 잘 어울림
(弔花) : 조상(弔喪)하는 뜻으로 바치는 꽃

진화 (進化) : 일이나 사물 따위가 점점 발달하여 감
(鎭火) : 불이 난 것을 끔

동음이의어(同音異義語)

단어의 음은 같으나 의미가 다른 漢字語

청산 (青山) : 풀과 나무가 무성한 푸른 산
(淸算) : 채무나 채권 관계를 셈하여 깨끗이 해결함

천직 (天職) : 타고난 직업이나 직분
(賤職) : 낮고 천한 직업

초상 (初喪) : 사람이 죽어서 장사지낼 때까지의 동안
(肖像) : 그림 따위에 나타난 어떠한 사람의 얼굴과 모습

침수 (寢睡) : 수면의 높임 말
(浸水) : 물이 들거나 물에 잠김

타도 (他道) : 다른 도
(打倒) : 때리거나 쳐서 쓰러뜨림

탈모 (脫毛) : 털이 빠짐
(脫帽) : 모자를 벗음

통상 (通常) : 특별하지 않고 예사임. 보통
(通商) : 나라 사이에 서로 상업을 함

특수 (特殊) : 특별히 다름
(特需) : 특별한 수요

폭주 (暴走) : 매우 빠른 속도로 난폭하게 달림
(暴酒) : 한 번에 많이 마시는 술

풍속 (風俗) : 옛날부터 그 사회에 전해 오는 생활 전반에 걸친 습관
(風速) : 바람의 속도

필적 (匹敵) : 능력이나 세력이 엇비슷하여 서로 맞섬
(筆跡) : 글씨의 모양이나 솜씨

합방 (合邦) : 둘 이상의 나라를 병합하여 하나로 합침
(合房) : 성인남녀가 함께 한 방에 듦

항구 (恒久) : 변하지 아니하고 오래감
(港口) : 바닷가에 배를 댈 수 있게 설비한 곳

해동 (解凍) : 얼었던 것이 녹음
(海東) : 옛날에 우리나라를 이르던 이름

해산 (解産) : 아이를 낳는 일. 분만
(解散) : 모인 사람이 헤어짐

호전 (好戰) : 싸우기를 좋아함
(好轉) : 일이나 병 따위가 잘 되거나 낫기 시작함

회의 (會議) : 여럿이 모여 의논하는 것
(懷疑) : 의심을 품음

효성 (曉星) : 샛별
(孝誠) : 마음을 다해 부모를 섬기는 정성

후대 (後代) : 뒷세대
(厚待) : 후하게 대접함

후사 (後事) : 뒷 일
(厚謝) : 두터이 사례함

희소 (稀少) : 매우 드물어서 적음
(喜笑) : 기뻐서 웃음

71쪽의 정답

1.上氣 2.根幹 3.家勢 4.敵機 5.山賊 6.潮流 7.厚待 8.稀少 9.調理 10.臺詞 11.眼前 12.發狂 13.市價 14.變死 15.假設 16.動靜 17.改訂 18.孝誠 19.燃燒 20.商用 21.寶庫 22.暴酒 23.毒酒 24.中傷 25.汚水 26.死境 27.工期 28.使節 29.發砲 30.弔花 31.停戰 32.先發 33.鑑賞 34.自願 35.肉聲 36.社債 37.儒學 38.習得 39.急報 40.佛畵 41.攻守 42.冠帶 43.疎遠 44.弱者 45.全破 46.空約 47.幹部 48.否認 49.辭意 50.私有 51.過度 52.假定 53.修身 54.告訴 55.白蛇 56.遲刻 57.保眼 58.枯死 59.公論 60.年賀

다음 각 單語의 同音異義語를 漢字로 쓰되, 提示된 뜻에 맞추시오.(長短音 차이는 무시함)

※정답은 70쪽 하단에 있음.

1. 想起 – [ ] : 흥분이나 부끄러움으로 얼굴이 붉어짐
2. 近刊 – [ ] : 뿌리와 줄기라는 뜻
3. 加勢 – [ ] : 집안의 형세
4. 赤旗 – [ ] : 적군의 비행기
5. 散積 – [ ] : 산속에 근거지를 두고 드나드는 도둑
6. 鳥類 – [ ] : 밀물과 썰물 때문에 일어나는 바닷물의 흐름
7. 後代 – [ ] : 후하게 대접함
8. 喜笑 – [ ] : 매우 드물어서 적음
9. 條理 – [ ] : 먹을 것을 만듦
10. 大使 – [ ] : 배우가 무대 위에서 하는 말
11. 安全 – [ ] : 눈 앞
12. 發光 – [ ] : 미친 증세가 일어남
13. 市街 – [ ] : 시장에서 상품이 매매되는 가격
14. 辯士 – [ ] : 뜻밖의 재난으로 죽음
15. 假說 – [ ] : 임시로 설치함
16. 同情 – [ ] : 사람의 행동·일·병세 등이 벌어져 나가는 낌새나 상태
17. 改定 – [ ] : 글자나 글의 틀린 곳을 고쳐 바로잡음
18. 曉星 – [ ] : 마음을 다해 부모를 섬기는 정성
19. 年少 – [ ] : 물질이 산소와 화합할 때 빛과 열을 내는 현상
20. 常用 – [ ] : 상업상의 용무
21. 報告 – [ ] : 보물처럼 귀중한 것이 있는 곳
22. 暴走 – [ ] : 폭음
23. 獨走 – [ ] : 독한 술
24. 重傷 – [ ] : 근거없는 말로 남을 헐뜯어 명예에 손상을 입히는 일
25. 午睡 – [ ] : 더러운 물
26. 四經 – [ ] : 죽음에 이른 경지
27. 空氣 – [ ] : 공사하는 기간
28. 謝絕 – [ ] : 나라를 대표하여 외국에 파견되는 사람
29. 發布 – [ ] : 총이나 대포를 쏘는 것
30. 造化 – [ ] : 조상(弔喪)하는 뜻으로 바치는 꽃
31. 停電 – [ ] : 교전 중에 합의하여 일시적으로 전투를 중단하는 일
32. 選拔 – [ ] : 미리 나서서 떠남
33. 感想 – [ ] : 예술작품을 이해하고 평가함
34. 資源 – [ ] : 자기 스스로 하고자 하여 나섬
35. 育成 – [ ] : 사람의 입에서 직접 나오는 소리
36. 私債 – [ ] : 회사가 진 빚
37. 遊學 – [ ] : 유교의 학문
38. 拾得 – [ ] : 배워 터득함
39. 急步 – [ ] : 겨를 없이 서둘러 알림
40. 不和 – [ ] : 불교의 내용을 그린 종교화
41. 空手 – [ ] : 공격과 수비
42. 寬大 – [ ] : 벼슬아치가 입던 공복
43. 所願 – [ ] : 지내는 사이가 거리가 있어서 서먹서먹함
44. 略字 – [ ] : 힘이나 세력이 약한 사람이나 생물
45. 傳播 – [ ] : 모두 깨뜨림
46. 公約 – [ ] : 헛된 약속
47. 姦婦 – [ ] : 조직체, 기관의 책임자나 지휘자
48. 婦人 – [ ] : 인정하지 아니함
49. 謝意 – [ ] : 사임(辭任)을 하려는 뜻
50. 事由 – [ ] : 개인 소유
51. 果刀 – [ ] : 정도에 너무 지나침
52. 家庭 – [ ] : 임시로 정함
53. 受信 – [ ] : 마음과 행실을 바르게 닦아 수행함
54. 苦笑 – [ ] : 고하여 하소연함
55. 白沙 – [ ] : 흰 뱀
56. 知覺 – [ ] : 정해진 시각보다 늦음
57. 保安 – [ ] : 눈을 보호함
58. 故事 – [ ] : 나무나 풀 따위가 말라 죽음
59. 空論 – [ ] : 여럿이 의논함
60. 年下 – [ ] : 새해를 축하함

다음 각 單語의 同音異義語를 漢字로 쓰되, 提示된 뜻에 맞추시오.(長短音 차이는 무시함)

※정답은 73쪽 하단에 있음.

1. 依據 – [　　] : 정의를 위하여 사사로운 이해타산을 생각함이 없이 일으킨 행동
2. 維持 – [　　] : 죽은 이가 생전에 이루지 못하고 남긴 뜻
3. 兵士 – [　　] : 군대가 들어 거처하는 집
4. 建造 – [　　] : 습기나 물기가 없어짐
5. 飛行 – [　　] : 도리에 어긋나는 행위
6. 球速 – [　　] : 행동이나 의사 자유를 제한함
7. 古文 – [　　] : 의견을 물음 또는 자문에 응하여 의견을 말하는 직책
8. 慶事 – [　　] : 비스듬히 기울어짐
9. 保守 – [　　] : 상했거나 부서진 부분을 손질하여 고침
10. 改票 – [　　] : 투표함을 열고 투표결과를 조사하는 것
11. 洋式 – [　　] : 생존을 위하여 필요한 사람의 먹을 거리
12. 空中 – [　　] : 사회의 대부분의 사람들
13. 冠禮 – [　　] : 전례(典例)가 관습으로 굳어진 것
14. 官吏 – [　　] : 어떤 일의 사무를 맡아 처리함
15. 面責 – [　　] : 책임이나 책망을 면함
16. 社會 – [　　] : 회의나 의식을 진행함
17. 對韓 – [　　] : 24절기의 하나. 극심한 추위
18. 天職 – [　　] : 낮고 천한 직업
19. 讀者 – [　　] : 외아들, 독신
20. 不死 – [　　] : 사양하지 아니함
21. 實例 – [　　] : 언행이 예의에 벗어남
22. 以前 – [　　] : 장소나 주소 따위를 다른 데로 옮김
23. 强占 – [　　] : 남보다 우세하거나 더 뛰어난 점
24. 利害 – [　　] : 사리를 분별하여 해석함
25. 機構 – [　　] : 세간, 도구, 기계 따위
26. 風俗 – [　　] : 바람의 속도
27. 會議 – [　　] : 의심을 품음
28. 災禍 – [　　] : 사람이 바라는 바를 충족시켜주는 모든 물건
29. 事情 – [　　] : 조사하거나 심사하여 결정함
30. 騎士 – [　　] : 굶어 죽음
31. 强度 – [　　] : 폭력이나 협박으로 남의 재물을 빼앗는 도둑
32. 京鄕 – [　　] : 현상이나 사상, 행동 따위가 어떤 방향으로 기울어짐
33. 機首 – [　　] : 군대 또는 행사 때 대열의 앞에서 기를 드는 일을 맡은 사람
34. 正常 – [　　] : 산의 맨 꼭대기. 최고의 상태. 국가의 최고 수뇌
35. 家事 – [　　] : 노래의 내용이 되는 글
36. 初喪 – [　　] : 그림 따위에 나타난 어떠한 사람의 얼굴과 모습
37. 事例 – [　　] : 고마운 뜻을 나타내는 인사
38. 戰勝 – [　　] : 문화, 풍속, 제도 따위를 이어받아 계승함
39. 苦海 – [　　] : 고백성사
40. 家長 – [　　] : 거짓태도를 취함
41. 同期 – [　　] : 행동을 일으키게 하는 계기
42. 所在 – [　　] : 어떤 것을 만드는 데 바탕이 되는 재료
43. 演技 – [　　] : 물건이 탈 때에 빛깔이 있는 기체
44. 浸水 – [　　] : 수면의 높임 말
45. 共謀 – [　　] : 공개하여 모집함
46. 機能 – [　　] : 사람의 기술에 관한 능력이나 재능
47. 驅逐 – [　　] : 시설물을 쌓아 올려 만듦
48. 機先 – [　　] : 증기 기관의 동력으로 움직이는 배
49. 伴奏 – [　　] : 밥에 곁들여 먹는 술
50. 私設 – [　　] : 신문·잡지 등에서 그 사(社)의 주장으로 펼치는 논설
51. 俊秀 – [　　] : 규칙, 명령 따위를 좇아서 지킴
52. 家産 – [　　] : 더하여 셈함
53. 潮水 – [　　] : 어떤 일을 도와주는 사람
54. 再考 – [　　] : 창고 따위에 쌓여 있음
55. 踏査 – [　　] : 식장에서 축사나 환영사·환송사 따위에 대한 답례로 하는 말
56. 引渡 – [　　] : 이끌어 지도함
57. 稅入 – [　　] : 한 회계 연도의 모든 수입

73쪽의 정답

1.可恐 2.死刑 3.半減 4.尊屬 5.救助 6.薄學 7.幼稚 8.拒否 9.鎭火 10.至急 11.符號 12.矯正 13.講和 14.聲帶 15.急傳 16.誇張 17.史庫 18.校監 19.計器 20.改姓 21.主演 22.商號 23.憂愁 24.厚謝 25.浮上 26.施賞 27.開廷 28.軍需 29.佛經 30.高手 31.寶石 32.淸算 33.極端 34.連帶 35.同鄕 36.詐欺 37.是認 38.首相 39.女權 40.弔旗 41.大腸 42.災禍 43.企圖

다음 각 單語의 同音異義語를 漢字로 쓰되, 提示된 뜻에 맞추시오.(長短音 차이는 무시함)

※정답은 72쪽 하단에 있음.

1. 加工 – [ ] : 두려워할 만함
2. 師兄 – [ ] : 수형자의 목숨을 끊음 또는 그 형벌
3. 反感 – [ ] : 절반이 줌
4. 存續 – [ ] : 부모와 같은 항렬 이상의 혈족
5. 構造 – [ ] : 위험한 상태에 있는 사람을 도와서 구원함
6. 博學 – [ ] : 학식이 얕고 좁음
7. 留置 – [ ] : 나이가 어림
8. 巨富 – [ ] : 받아들이지 아니함
9. 進化 – [ ] : 불이 난 것을 끔
10. 支給 – [ ] : 매우 급함
11. 富豪 – [ ] : 어떤 뜻을 나타내기 위한 기호
12. 校正 – [ ] : 잘못된 것을 바로 잡음
13. 强化 – [ ] : 전쟁을 끝내고 화의함
14. 盛大 – [ ] : 소리를 내는 기관
15. 急錢 – [ ] : 급히 전함
16. 課長 – [ ] : 실지보다 크게 나타냄
17. 思考 – [ ] : 역사 기록물을 두는 곳집
18. 交感 – [ ] : 학교의 일을 관리하는 직책
19. 契機 – [ ] : 길이, 면적, 무게나 온도, 시간, 강도 등을 재는 기구를 통틀어 이르는 말
20. 個性 – [ ] : 성을 고침
21. 酒宴 – [ ] : 연극, 영화의 주인공으로 출연함
22. 相互 – [ ] : 영업상 간판의 이름
23. 優秀 – [ ] : 근심과 걱정
24. 後事 – [ ] : 두터이 사례함
25. 副賞 – [ ] : 물 위로 떠오름
26. 詩想 – [ ] : 상장이나 상품, 상금 따위를 줌
27. 改正 – [ ] : 법정을 열어 재판을 시작함
28. 郡守 – [ ] : 군사상에 필요한 물자
29 不敬 – [ ] : 불교의 교리를 밝혀 놓은 전적(典籍)
30. 固守 – [ ] : 바둑이나 장기 따위에서 수가 높은 사람
31. 保釋 – [ ] : 빛깔과 광택이 아름다우며 희귀한 광물
32. 青山 – [ ] : 채무나 채권 관계를 셈하여 깨끗이 해결함
33. 劇團 – [ ] : 한쪽으로 몹시 치우침
34. 年代 – [ ] : 여럿이 함께 무슨 일을 하거나 함께 책임을 짐
35. 東向 – [ ] : 고향이 같음
36. 史記 – [ ] : 나쁜 꾀로 남을 속임
37. 詩人 – [ ] : 옳다고 인정함
38. 受賞 – [ ] : 내각의 우두머리
39. 旅券 – [ ] : 여자의 사회상, 정치상, 법률상의 권리
40. 早期 – [ ] : 조의를 뜻하는 기
41. 大將 – [ ] : 큰 창자
42. 財貨 – [ ] : 재앙과 화난
43. 氣道 – [ ] : 무엇을 이루기 위해 계획하거나 행함

72쪽의 정답

1.義擧 2.遺志 3.兵舍 4.乾燥 5.非行 6.拘束 7.顧問 8.傾斜 9.補修 10.開票 11.糧食 12.公衆 13.慣例 14.管理 15.免責 16.司會 17.大寒 18.賤職 19.獨子 20.不辭 21.失禮 22.移轉 23.强點 24.理解 25.器具 26.風速 27.懷疑 28.財貨 29.査定 30.飢死 31.强盜 32.傾向 33.旗手 34.頂上 35.歌詞 36.肖象 37.謝禮 38.傳承 39.告解 40.假裝 41.動機 42.素材 43.煙氣 44.寢睡 45.公募 46.技能 47.構築 48.汽船 49.飯酒 50.社說 51.遵守 52.加算 53.助手 54.在庫 55.答辭 56.引導 57.歲入

다음 각 單語의 同音異義語를 漢字로 쓰되, 提示된 뜻에 맞추시오.(長短音 차이는 무시함)

※정답은 75쪽 하단에 있음.

1. (海東) : 얼었던 것이 녹음 ―――― [　　]
2. (大賞) : 일의 상대나 목적이 되는 것 ―――― [　　]
3. (但書) : 어떤 일의 실마리 ―――― [　　]
4. (朝鮮) : 배를 설계하여 만듦 ―――― [　　]
5. (時計) : 시야(視野) ―――― [　　]
6. (關係) : 국가의 각 기관 ―――― [　　]
7. (低速) : 품위가 낮고 속됨 ―――― [　　]
8. (解散) : 아이를 낳는 일. 분만 ―――― [　　]
9. (情事) : 정치에 관한 일. 행정상의 사무 ―――― [　　]
10. (筆跡) : 능력이나 세력이 엇비슷하여 서로 맞섬 ―――― [　　]
11. (港口) : 변하지 아니하고 오래감 ―――― [　　]
12. (世帶) : 어떤 연대를 갈라서 나눈 층 ―――― [　　]
13. (地圖) : 어떤 목적이나 방향으로 남을 가르쳐 이끎 ―――― [　　]
14. (考試) : (행정기관이국민에게) 글로 써서 널리 알리는 것 [　　]
15. (謝恩) : 스승의 은혜 ―――― [　　]
16. (鑛産) : 유용한 광물을 캐내는 곳 ―――― [　　]
17. (地上) : 종이의 위, 신문의 지면 ―――― [　　]
18. (僧服) : 납득하여 따름 ―――― [　　]
19. (動搖) : 어린이들의 심리를 표현한 노래 ―――― [　　]
20. (伸縮) : 건물을 새로 지음 ―――― [　　]
21. (喪家) : 상점들이 늘어서 있는 거리 ―――― [　　]
22. (悲報) : 비밀히 하는 보고 ―――― [　　]
23. (是非) : 논밭에 거름을 줌 ―――― [　　]
24. (不充) : 충성스럽지 못함 ―――― [　　]
25. (製紙) : 말려서 못하게 함 ―――― [　　]
26. (不順) : 순수하지 못함 ―――― [　　]
27. (前後) : 전쟁이 끝난 뒤 ―――― [　　]
28. (再拜) : 식물을 심어 가꿈 ―――― [　　]
29. (綿織) : 일정한 직무에서 물러나게 함 ―――― [　　]
30. 謀事 : 어떤 그림을 그것과 꼭 같이 그림 ―――― [　　]
31. 減算 : 생산을 줄임 ―――― [　　]
32. 家道 : 큰 길거리 ―――― [　　]
33. 兵力 : 지금까지 앓은 일이 있는 병의 경험 ―――― [　　]
34. 主食 : 주식회사의 자본을 구성하는 단위 ―――― [　　]
35. 無期 : 전투에 쓰이는 병기 ―――― [　　]
36. 首席 : 관상용의 자연석 ―――― [　　]
37. 企圖 : 호흡할 때의 공기가 지나가는 통로 ―――― [　　]
38. 印象 : 값을 올림 ―――― [　　]
39. 高祖 : 높은 가락 ―――― [　　]
40. 美名 : 날이 채 밝기 전 ―――― [　　]
41. 洗手 : 세금을 거두어 들임 ―――― [　　]
42. 白米 : 흰 눈썹. 여럿 가운데 가장 뛰어난 사람이나 물건 [　　]
43. 宣傳 : 한 나라가 다른 나라에 대해 싸움의 시작을 알림 [　　]
44. 高價 : 높이 건너질러 가설하는 것 ―――― [　　]
45. 他道 : 때리거나 쳐서 쓰러뜨림 ―――― [　　]
46. 宿願 : 오래 묵은 원한 ―――― [　　]
47. 年間 : 일년에 한 번씩 간행하는 일 ―――― [　　]
48. 定期 : 천지를 생성하는 원천이 되는 기운 ―――― [　　]
49. 定員 : 집안에 있는 뜰 ―――― [　　]
50. 映畵 : 권력과 부귀를 마음껏 누리는 일 ―――― [　　]
51. 展示 : 전쟁이 벌어진 때 ―――― [　　]
52. 凝視 : 시험을 치름 ―――― [　　]
53. 短期 : 단군기원 ―――― [　　]
54. 教團 : 강의할 때 올라서는 단 ―――― [　　]
55. 決議 : 정하여 굳게 가짐 ―――― [　　]
56. 考慮 : 서기 918년 왕건이 개성에 도읍하여 세운 나라 ―――― [　　]
57. 意識 : 행사를 치르는 일정한 법식 ―――― [　　]
58. 舊說 : 시비하거나 헐뜯는 말 ―――― [　　]

75쪽의 정답

1.埋葬 2.傲氣 3.時刻 4.國基 5.好轉 6.單價 7.常道 8.知性 9.聲明 10.家務 11.斷線 12.貴中 13.求償 14.私製 15.寺院 16.警備 17.對置 18.試圖 19.蜜語 20.名日 21.僞裝 22.米壽 23.文豪 24.結團 25.口錢 26.國教 27.文具 28.碑銘 29.漁具 30.延長 31.燃燒 32.富者 33.端正 34.睡眠 35.觀相 36.冬至 37.通商 38.告知 39.百果 40.認可 41.死傷 42.特殊 43.貸地 44.遺傳 45.誇大 46.反戰 47.甘受 48.對備 49.原稿 50.救護 51.祭器 52.江邊

다음 각 單語의 同音異義語를 漢字로 쓰되, 提示된 뜻에 맞추시오. (長短音 차이는 무시함)

※정답은 74쪽 하단에 있음.

1. (賣場) : (시체를) 땅에 묻는 것 [ ]
2. (誤記) : 남에게 지기 싫어하는 마음 [ ]
3. (視覺) : 시간의 어느 한 시점 [ ]
4. (國旗) : 국가의 기초 [ ]
5. (好戰) : 일이나 병 따위가 잘 되거나 낫기 시작함 [ ]
6. (短歌) : 물건 한 단위의 가격 [ ]
7. (商道) : 항상 변하지 않는 떳떳한 도리 [ ]
8. (至誠) : 생각 · 판단하는 능력 [ ]
9. (姓名) : 여러사람에게 공개하여 알림 [ ]
10. (歌舞) : 집안 일 [ ]
11. (單線) : 줄이 끊어짐 [ ]
12. (貴重) : 상대편을 높이는 말 [ ]
13. (構想) : 배상 또는 상환을 요구하는 것 [ ]
14. (師弟) : 개인이 사사로이 만듦 [ ]
15. (社員) : 불교 종교의 교당 [ ]
16. (經費) : 경계하고 지킴 [ ]
17. (對峙) : 서로 맞대하여 버팀 [ ]
18. (市道) : 무엇을 이루기 위해 계획하거나 행동함 [ ]
19. (密語) : 달콤한 말. 남녀간의 정담 [ ]
20. (明日) : 명절 [ ]
21. (胃腸) : 거짓으로 꾸밈 [ ]
22. (未遂) : 여든 여덟살 [ ]
23. (門戶) : 크게 뛰어난 문학 · 문장의 대가(大家) [ ]
24. (決斷) : 단체를 결성함 [ ]
25. (口傳) : 흥정을 붙이고 받은 돈 [ ]
26. (國交) : 온 국민이 믿는 종교 [ ]
27. (文句) : 문방구의 준말 [ ]
28. (非命) : 비면(碑面)에 새긴 글 [ ]
29. (語句) : 고기잡이에 쓰는 여러 가지 도구 [ ]
30. (年長) : 시간이나 거리를 길게 늘임 [ ]
31. (年少) : 불이 붙어 탐 [ ]
32. (父子) : 재물이 많아 살림이 넉넉한 사람 [ ]
33. (斷定) : 얌전하고 깔끔함 [ ]
34. (水面) : 잠을 자는 일 [ ]
35. (觀象) : 사람의 상을 보고 그 사람의 운명 재수를 판단하는 일 [ ]
36. (同志) : 이십사절기의 하나 [ ]
37. (通常) : 나라 사이에 서로 상업을 함 [ ]
38. (高地) : 게시나 글을 통해 알림 [ ]
39. (百科) : 온갖 과실 [ ]
40. (人家) : 인정하여 허가함 [ ]
41. (思想) : 죽거나 다침 [ ]
42. (特需) : 특별히 다름 [ ]
43. (大志) : 세를 받고 빌려주는 땅 [ ]
44. (油田) : 물려받아 내려 옴 [ ]
45. (過大) : 작은 것을 크게 떠벌림 [ ]
46. (反轉) : 전쟁에 반대함 [ ]
47. (監修) : (질책 · 고통 · 모욕 따위를) 군말없이 달게 받음 [ ]
48. (對比) : 무엇에 대응하기 위하여 미리 준비하는 것 [ ]
49. (原告) : 인쇄하거나 발표하기 위하여 쓴 글이나 그림 따위 [ ]
50. (口號) : 재난으로 어려움에 처한 사람을 도와 보호함 [ ]
51. (提起) : 제사에 쓰는 그릇 [ ]
52. (强辯) : 강가 [ ]

74쪽의 정답

1.解凍 2.對象 3.端緖 4.造船 5.視界 6.官界 7.低俗 8.解産 9.政事 10.匹敵 11.恒久 12.世代 13.指導 14.告示 15.師恩 16.鑛山 17.紙上 18.承服 19.童謠 20.新築 21.商街 22.秘報 23.施肥 24.不忠 25.制止 26.不純 27.戰後 28.栽培 29.免職 30.模寫 31.減産 32.街道 33.病歷 34.株式 35.武器 36.壽石 37.氣道 38.引上 39.高調 40.未明 41.稅收 42.白眉 43.宣戰 44.高架 45.打倒 46.宿怨 47.年刊 48.精氣 49.庭園 50.榮華 51.戰時 52.應試 53.檀紀 54.敎壇 55.決意 56.高麗 57.儀式 58.口舌

四字成語(故事成語) — 3級범위

※ 3級 범위에서도 빈번히 출제됨. 이곳 3級中의 일부는 2級 속에 있습니다.

假弄成眞(가롱성진) : 장난삼아 한 것이 진심으로 한 것같이 됨

肝腦塗地(간뇌도지) : 참혹한 죽음을 당하여 간장과 뇌수가 땅에 널려 있음, 나라를 위하여 목숨을 돌보지 않고 애를 씀

干城之材(간성지재) : 나라를 지키는 인재 (유)棟梁之器

感之德之(감지덕지) : 감사하게 여기고 덕으로 여긴다는 데서, 대단히 고맙게 여김

甲男乙女(갑남을녀) : 이름도 알려지지 않은 평범한 보통 사람들

蓋世之才(개세지재) : 온 세상을 덮을 만큼 뛰어난 재주

居安思危(거안사위) : 편안한 때에 있어서도 앞으로 닥칠 위태로움을 생각함

乾木水生(건목수생) : 마른나무에서 물이 나올 수 없듯이 가진것이 없는 사람에게 무리하게 무엇을 내라고 요구함

乞人憐天(걸인연천) : 거지가 하늘을 걱정한다는 뜻으로 격에 맞지 않는 걱정을 한다는 뜻

隔世之感(격세지감) : 오래지 않은 동안에 몰라보게 변하여 아주 다른 세상이 된 것 같은 느낌

犬馬之勞(견마지로) : 자기의 노력을 낮추어 일컫는 말, 개나 말의 수고로움

見善如渴(견선여갈) : 착한 일을 보기를 마치 목마른 것같이 함

見善從之(견선종지) : 남의 착한 일을 본받고 착한 사람이 됨

見危授命(견위수명) : 위태함을 보고 목숨을 주어 버림. 곧 나라의 위태로움을 보고 목숨을 아끼지 않고 나라를 위하여 싸움

結者解之(결자해지) : 일을 만든 사람이 일을 해결해야 한다는 뜻

結草報恩(결초보은) : '풀을 엮어서 은혜를 갚는다'는 뜻으로 죽어서도 은혜를 잊지 않고 갚음

兼聽則明(겸청즉명) : 여러 사람의 의견을 들어 보면 시비를 정확하게 판단할 수 있음

兼人之勇(겸인지용) : 혼자서 몇 사람을 당해낼 만한 용기

輕擧妄動(경거망동) : 경솔하고 망령된 행동

傾國之色(경국지색) : 한 나라를 기울게 할 만큼 용모가 빼어난 미인

敬而遠之(경이원지) : 공경하되 가까이하지는 않음

鷄卵有骨(계란유골) : 달걀에도 뼈가 있다는 뜻으로 공교롭게 일이 방해됨을 이르는 말

鷄鳴狗盜(계명구도) : 점잖은 사람이 배울것이 못되는 천한 기능 또는 그런 기능을 가진 사람을 이르는 말

孤軍奮鬪(고군분투) : 적은 인원의 약한 힘으로 남의 도움 없이 힘에 겨운 일을 함

高臺廣室(고대광실) : 높은 대와 넓은 집이란 뜻에서 굉장히 크고 좋은 집을 말함

枯木死灰(고목사회) : 겉모습은 마른나무와 같고 마음은 재와 같음, 생기와 의욕이 없는 사람을 이르는 말

苦盡甘來(고진감래) : 고생 끝에 즐거움이 옴

高枕安眠(고침안면) : 근심 없이 편히 잘 지냄

困獸猶鬪(곤수유투) : 위급할 때는 아무리 약한 짐승이라도 싸우려고 덤빔

骨肉相爭(골육상쟁) : 형제나 동족끼리 서로 다툼을 뜻함

骨肉之親(골육지친) : 부자, 형제 등의 육친(肉親)

過恭非禮(과공비례) : 지나친 공손은 도리어 예의가 아님

巧言令色(교언영색) : 남의 환심을 사려고 아첨하는 교묘한 말과 보기 좋게 꾸미는 표정

九曲肝腸(구곡간장) : 아홉 번 구부러진 간과 창자라는 뜻으로 굽이굽이 사무침. 마음 속

九死一生(구사일생) : 여러 번 죽을 고비를 넘기고 간신히 살아남

口尙乳臭(구상유취) : 입에서 아직 젖내가 난다는 말로 말이나 행동이 유치하다는 뜻

九牛一毛(구우일모) : 많은 것 가운데 가장 적은 것을 비유하는 말

口禍之門(구화지문) : 입은 재앙을 불러들이는 문

國士無雙(국사무쌍) : 나라에서 견줄 사람이 없을 정도로 빼어난 선비를 뜻함

國泰民安(국태민안) : 나라가 태평하고 백성이 살기가 평안함

君爲臣綱(군위신강) : 임금은 신하의 모범이 되어야 한다는 말

窮狗莫追(궁구막추) : 피할 곳 없는 개를 쫓으면 덤벼들듯이 곤란한 지경에 있는 사람을 모질게 다루면 해를 당한다는 말

權謀術數(권모술수) : 목적을 위해서는 가리지 않고 쓰는 온갖 술책

克己復禮(극기복례) : 사욕을 누르고 예의 범절을 좇음

金科玉條(금과옥조) : 금이나 옥과 같이 귀중하게 여기어 지킬 법규나 규정

金蘭之契(금란지계) : 다정한 친구사이의 우정

錦上添花(금상첨화) : 비단 위에다 꽃을 얹는 다는 데서 좋은 일이 겹침

金石之交(금석지교) : 쇠나 돌처럼 굳고 변함없는 교제

錦衣夜行(금의야행) : 비단옷을 입고 밤에 다닌다는 뜻으로 아무 보람이 없는 행동을 비유함

錦衣玉食(금의옥식) : 비단옷과 옥같이 흰 쌀밥이란 뜻에서 사치스러운 생활을 이르는 말

四字成語(故事成語)

錦衣還鄕(금의환향) : 비단옷을 입고 고향으로 돌아온다는데서 성공하여 고향에 돌아옴을 뜻함
氣高萬丈(기고만장) : 기격의 높이가 만 발이나 된다는 데서, 기운이 펄펄 나는 모양
吉凶禍福(길흉화복) : 길하고 흉함과 재앙과 복
樂而不淫(낙이불음) : 즐기되 음탕하지 않음, 즐거움의 도를 지나치지 않음
男尊女卑(남존여비) : 여자보다 남자를 우대하고 존중함.
內憂外患(내우외환) : 나라 안의 걱정과 외적의 침입에 대한 근심. 나라 안팎의 여러 가지 어려운 일들
內助之功(내조지공) : 아내가 가정에서 남편이 바깥일을 잘 할 수 있도록 도와줌
怒甲移乙(노갑이을) : 갑에게 당한 노여움을 을에게 옮긴다는 뜻으로 어떤 사람에게 당한 화풀이를 다른 사람에게 해댐
怒氣衝天(노기충천) : 성난 기색이 하늘을 찌를 정도로 잔뜩 성이 나 있음
怒髮衝冠(노발충관) : 몹시 화가 나서 일어선 머리카락이 관을 추켜올림
路不拾遺(노불습유) : 길에 떨어진 물건도 주워 가지 않음
累卵之危(누란지위) : 달걀을 포개어 놓은 것과 같은 몹시 위태로운 형세를 말함
能小能大(능소능대) : 작은 일도 큰 일도 능히 해낼 수 있음
多多益善(다다익선) : 많으면 많을수록 더욱 좋음
斷機之敎(단기지교) : 학문을 중도에서 그만두는 것은 짜던 베의 날을 끊는 것과 같다는 가르침
單刀直入(단도직입) : 한칼로 바로 적진에 쳐들어간다는 뜻으로, 문장이나 언론에 여러 말을 늘어놓지 않고 바로 요점이나 본문제를 중심적으로 말함
談笑自若(담소자약) : 근심이나 놀라운 일을 당하였을 때도 보통 때와 같이 웃고 이야기하며 침착함
淡水之交(담수지교) : 맑은 물의 사귐, 친한 벗끼리 사귐
堂狗風月(당구풍월) : 서당 개 삼년이면 풍월을 읊은다는 말
大器晩成(대기만성) : 크게 될 사람은 성공이 늦다는 말
大聲痛哭(대성통곡) : 큰 목소리로 슬피 욺
大義滅親(대의멸친) : 국가나 사회의 대의를 위해서는 부모 형제의 정도 돌보지 않음
代人捉刀(대인착도) : 남을 대신하여 일을 함
對症下藥(대증하약) : 증세에 맞게 약을 써야 함, 문제의 핵심을 바로 보고 대처해야 함
大海一粟(대해일속) : 큰 바다의 좁쌀 하나, 아주 사소한 일
大海一滴(대해일적) : 큰 바다의 물 한 방울, 아주 작은 사물
獨也靑靑(독야청청) : 홀로 푸르름. 혼탁한 세상에서 홀로 높은 절개를 드러내고 있다는 말
同價紅裳(동가홍상) : 같은 값이면 다홍치마. 같은 조건이라면 좀 낫고 편리한 것을 택함
同根連枝(동근연지) : 같은 뿌리에서 나온 잇닿은 나뭇가지, 형제자매
同而不和(동이불화) : 겉으로는 같은 점을 표시하면서도 속마음은 그렇지 않음
東衝西突(동충서돌) : 동쪽에서 부딪히고 서쪽에서 부딪힘
東奔西走(동분서주) : 부산하게 이리저리 돌아다님
同床異夢(동상이몽) : 같은 잠자리에서 다른 꿈을 꾼다는 데서 같은 처지에서도 서로 다른 생각을 함
得一忘十(득일망십) : 한 가지를 얻고 열 가지를 잃어버림, 기억력이 좋지 못함
登高自卑(등고자비) : 높이 오르려면 낮은 곳에서부터 오른다는 말로, 무슨 일이든지 순서가 있음을 일컫는 말
登龍門(등용문) : 용문(龍門)은 중국 황하의 상류에 있는 급류로, 잉어가 그 곳에 오르면 용이 된다는 전설이 있음. 곧, 사람이 영달하는 관문
莫上莫下(막상막하) : 위도 없고 아래도 없다는 뜻에서 우열의 차이가 없다는 뜻
莫逆之友(막역지우) : 마음이 맞아 서로 거슬리는 일이 없는 친한 벗
萬頃蒼波(만경창파) : 한없이 넓고 푸른 바다
萬事休矣(만사휴의) : 모든 것이 헛수고로 돌아감
晩食當肉(만식당육) : 늦게 배고플 때 먹는 것은 무엇이든 고기 맛과 같게 느껴짐
萬全之計(만전지계) : 모든 것이 완전한 계책
亡國之歎(망국지탄) : 고국의 멸망을 한탄함
罔極之恩(망극지은) : 다함이 없는 임금이나 부모의 은혜
望梅解渴(망매해갈) : 매실은 생각만 하여도 침이 돌아 목마름이 해소되듯이 공상으로 잠시 동안의 평안과 위안을 얻음
茫然自失(망연자실) : 정신을 잃고 어리둥절한 모양
亡羊之歎(망양지탄) : 갈림길에서 양을 잃고 탄식한다는 뜻으로 학문의 길이 여러 갈래여서 잡기 어렵다는 말로 쓰임
孟母三遷(맹모삼천) : 맹자의 어머니가 맹자에게 훌륭한 교육환경을 만들어 주기 위해 세번 이사한 일
面從腹背(면종복배) : 겉으로는 복종하면서도 속으로는 배반함

四字成語(故事成語)

滅私奉公(멸사봉공):사적인 것을 버리고 공적인 것을 위하여 힘써 일함

名實相符(명실상부):겉에 드러난 이름과 속내가 서로 일치함

明若觀火(명약관화):불빛을 보는 것처럼 환하게 분명히 알 수 있음, 곧, 더할 나위 없이 분명함

毛遂自薦(모수자천):자기가 자기를 추천함

無不干涉(무불간섭):함부로 참견하고 사사건건 간섭하지 않는 일이 없음

無用之用(무용지용):언뜻 보기에 쓸모없는 것이 오히려 유용하게 쓰임

無依無托(무의무탁):몸을 의지하고 맡길 곳이 없이 몹시 가난하고 외로운 생활을 하는 상태

門前成市(문전성시):방문객이 많음을 비유한 말

勿輕小事(물경소사):작은 일이라도 가벼이 보지 말라는 뜻

美人薄命(미인박명):미인의 목숨은 짧다는 뜻

拍掌大笑(박장대소):손뼉을 치고 크게 웃음

博而不精(박이부정):여러 방면으로 널리 아나, 정통하지 못함

半面之識(반면지식):얼굴만 약간 알 정도의 교분이 두텁지 못한 사이

背恩忘德(배은망덕):남한테 입은 은혜를 저버리고 은덕을 잊음

百計無策(백계무책):어떤 어려운 일을 당해 아무리 생각해도 베풀만한 계교가 없음

白骨難忘(백골난망):죽어 백골이 되어도 깊은 은덕을 잊을 수 없다는 말

百年佳約(백년가약):젊은 남녀가 부부가 되어 평생을 같이 지낼 것을 굳게 다짐하는 언약

百世之師(백세지사):후세까지 모든 사람의 스승으로 존경을 받을 만한 훌륭한 사람

伯牙絶絃(백아절현):절친한 벗의 죽음을 슬퍼한다는 뜻

夫爲婦綱(부위부강):남편은 아내의 모범이 되어야 함

父爲子綱(부위자강):부모는 자식의 모범이 되어야 함

不知其數(부지기수):그 수를 알 수 없다는 뜻으로, 무수히 많음

夫唱婦隨(부창부수):남편이 부르면 아내가 따름

附和雷同(부화뇌동):제 주견은 없고 남이 하는 대로 그대로 좇아 따르거나 같이 행동함

不恥下問(불치하문):지위나 학식이 자기보다 못한 사람에게 묻기를 부끄러워하지 않음

不偏不黨(불편부당):어느 한쪽으로 치우치거나 기울어짐 없이 아주 공평함

朋友有信(붕우유신):벗과 벗의 도리는 믿음에 있음

氷炭之間(빙탄지간):얼음과 숯의 사이처럼 서로 화합할 수 없는 사이

捨生取義(사생취의):목숨을 버리고 의를 좇음

辭讓之心(사양지심):사람의 본성에서 우러나오는 겸손히 남에게 사양하는 마음

死而後已(사이후이):죽은 뒤에야 일을 그만 둠, 있는 힘을 다하여 그 일에 끝까지 힘씀

使人勿疑(사인물의):의심스러운 사람은 부리지 말고 일단 사람을 부리게 되면 그 사람을 의심하지 말아야 함

山紫水明(산자수명):산천의 경치가 아주 아름다움

三旬九食(삼순구식):'서른날에 아홉끼니 밖에 먹지 못했다'는 뜻으로 가난하여 끼니를 많이 거름

三從之道(삼종지도):여자는 어렸을 때는 아버지를 따르고, 시집을 가서는 남편을 따르고, 남편이 죽으면 아들을 따라야 한다는 유교 규범

三遷之敎(삼천지교):맹모삼천(孟母三遷)과 같은 뜻

喪家之狗(상가지구):상가의 개, 몹시 초라하고 수척한 사람을 깔보는 표현, 자신의 뜻을 펼치지 못하여 실의에 빠진 사람

桑田碧海(상전벽해):세상일이 덧없이 바뀜을 뜻함

生者必滅(생자필멸):생명이 있는 것은 반드시 죽음

先見之明(선견지명):닥쳐올 일을 미리 앎

雪上加霜(설상가상):불행이 엎친데 덮친 격으로 거듭 생김

盛者必衰(성자필쇠):융성하는 것은 결국 쇠퇴해짐

城下之盟(성하지맹):성 밑까지 쳐들어온 적군과 맺는 맹약, 항복한 나라가 적국과 맺는 굴욕적인 맹약을 뜻함

笑裏藏刀(소리장도):웃는 마음속에 칼이 있음. 겉으로는 웃고 있으나 마음속에는 해칠 마음을 품고 있음

騷人墨客(소인묵객):시문(詩·文)과 書畫에 종사하는 사람

小人之勇(소인지용):소인의 용기

束手無策(속수무책):어찌할 방책없이 꼼짝 못함

首丘初心(수구초심):여우가 죽을 때 고향쪽으로 머리를 두고 죽는다는 데서 고향을 그리워하는 마음

壽福康寧(수복강녕):오래 살고 복되며 건강하고 편안함

修身齊家(수신제가):몸을 닦고 집안을 바로 잡음

水魚之交(수어지교):물과 고기의 사이처럼 아주 친밀하여 떨어질 수 없는 사이

宿虎衝鼻(숙호충비):잠자는 범의 코를 찌른다는 뜻으로 공연한 일을 해서 도리어 큰 화를 자초함

四字成語(故事成語)

乘勝長驅(승승장구) : 싸움에서 이긴 기세를 타고 계속 적을 몰아침
是非之心(시비지심) : 옳고 그름을 가릴줄 아는 마음
始終一貫(시종일관) : 처음부터 끝까지 한결같이 관찰함
識字憂患(식자우환) : 아는 것이 오히려 근심이 됨
深思熟考(심사숙고) : 깊이 생각하고 곰곰이 생각함
十伐之木(십벌지목) : 열 번 찍어 베는 나무, 열 번 찍어 안 넘어가는 나무가 없다는 뜻
十日之菊(십일지국) : 한창 때인 9월 9일이 지난 9월 10일의 국화, 이미 때가 늦은 일
深山幽谷(심산유곡) : 깊은 산의 으슥한 골짜기
我田引水(아전인수) : 제 논에 물대기, 자기좋은 대로 이기적인 행동을 함
羊頭狗肉(양두구육) : 양의 머리를 내걸어 놓고 개고기를 판다는 데서, 겉으로는 그럴듯하게 내세우나 속은 변변치 않음
梁上君子(양상군자) : 도둑을 점잖게 이르는 말
魚頭肉尾(어두육미) : 물고기는 머리 쪽이, 짐승의 고기는 꼬리 쪽이 맛있음
漁父之利(어부지리) : 둘이 다투는 사이에 제 삼자가 이익을 취한다는 뜻
語不成說(어불성설) : 말이 사리에 맞지 않음, 어처구니 없는 말을 할때 쓰는 말
抑弱扶强(억약부강) : 약한 자를 억누르고 강한 자를 도움
焉敢生心(언감생심) : 어찌 감히 그런 생각을 하는가? (유)敢不生心
言笑自若(언소자약) : 웃고 이야기하며 침착함
女尊男卑(여존남비) : 여자를 남자보다 우대하고 존중하는 일
易地思之(역지사지) : 처지를 바꾸어 생각함
連理比翼(연리비익) : 부부 사이가 아주 화목함 (유)琴瑟之樂
燕雁代飛(연안대비) : 제비가 날아올 때는 기러기가 날아가고 기러기가 날아올 때에는 제비기 날아가 서로 교체하여 각각 다른 방향으로 감, 사람의 일이 어긋난다는 뜻
五車之書(오거지서) : 장서가 매우 많음을 이르는 말
五里霧中(오리무중) : 오리가 되는 짙은 안개 속, 무슨 일에 대하여 방향이나 갈피를 잡을 수 없음
吾不關焉(오불관언) : 나는 관계하지 않음
吾鼻三尺(오비삼척) : 내 코가 석자라는 말로 자신의 어려움이 심하여 남의 사정을 돌볼 겨를이 없음

屋烏之愛(옥오지애) : 어떤 사람을 사랑하면 그의 집 지붕에 있는 까마귀까지도 사랑스럽게 보인다는 뜻으로 깊은 사랑을 의미함
屋下架屋(옥하가옥) : 지붕 아래 또 지붕을 만듦, 선인(先人)들이 이루어 놓은 일을 후세의 사람들이 그대로 반복하여 발전한 바가 조금도 없음
瓦合之卒(와합지졸) : 쉽게 깨지는 기와를 모아 놓은 듯한 허약한 병졸 (유)烏合之卒
曰可曰否(왈가왈부) : 어떤 일에 대하여 옳거나, 옳지 않거나 하고 말함
外柔內剛(외유내강) : 겉으로는 부드럽고 순하나 속은 곧고 꿋꿋하다
搖之不動(요지부동) : 흔들어도 꼼짝도 하지 않음
欲取先與(욕취선여) : 얻으려면 먼저 주어야 함
龍頭蛇尾(용두사미) : 용의 머리와 뱀의 꼬리란 뜻에서 시작만 좋고 나중은 좋지 않음
龍蛇飛騰(용사비등) : 용이 날아오르는 듯한 힘이 있는 필력
優柔不斷(우유부단) : 어물저물하며 딱 잘라 결단을 내리지 못함
雨後竹筍(우후죽순) : 어떠한 일이 일시에 많이 일어남
雲中白鶴(운중백학) : 구름 속을 나는 백학, 고상한 기품을 가진 사람
遠禍召福(원화소복) : 화를 멀리 하고 복을 불러들임
月明星稀(월명성희) : 달이 밝으면 별빛이 희미해지듯 새로운 영웅이 나타나면 다른 군웅(群雄)의 존재가 희미해 진다는 뜻
危機一髮(위기일발) : 위급함이 매우 절박한 순간
類萬不同(유만부동) : 모든 것이 서로 같지 아니함
流水不腐(유수불부) : 흐르는 물은 썩지 아니함, 늘 움직이는 것은 썩지 아니함
有耶無耶(유야무야) : 있는 듯 없는 듯 흐지부지함
六尺之孤(육척지고) : 6尺은 15세를 의미, 15세의 고아, 나이가 젊은 후계자
意氣揚揚(의기양양) : 뜻한 바를 펼치려는 기운이 사기를 얻어 만족한 빛이 얼굴과 행동에 나타남
二姓之樂(이성지락) : 남성과 여성의 즐거움
二律背反(이율배반) : 서로 모순되는 두 개의 명제가 동등한 권리로 주장되는 일
人琴之歎(인금지탄) : 사람과 거문고의 탄식, 사람의 죽음을 몹시 슬퍼함
人飢己飢(인기기기) : 남의 굶주림을 자기의 굶주림으로 여김
仁者無敵(인자무적) : 어진 사람은 모든 사람을 사랑하므로 적이

四字成語(故事成語)

없음

人面獸心(인면수심) : 남의 은혜를 모르거나 행동이 흉악하고 음탕한 사람

一刀兩斷(일도양단) : 한 칼로 쳐서 두 동강이를 내듯이 머뭇거리지 않고 일이나 행동을 선뜻 결정함

日暮途遠(일모도원) : 날은 저물고 갈 길은 멂, 늙고 쇠약하나 앞으로 해야 할 일은 많다는 뜻

一蓮托生(일련탁생) : 다른 사람과 행동과 운명을 같이 함

一飯千金(일반천금) : 한끼의 밥을 얻어먹고 뒤에 천금으로 사례하였다는데서 조그만 은혜에 크게 보답함

一樹百穫(일수백확) : 나무 한 그루를 심어서 백 가지의 이익을 본다는 데서 유능한 인재 하나를 길러 여러 가지 효과를 얻는다는 뜻

一以貫之(일이관지) : 하나의 이치로서 모든 것을 꿰뚫었다는 뜻으로, 처음부터 끝까지 변하지 않음

一日之長(일일지장) : 하루 먼저 태어나서 나이가 조금 위가 된다는 뜻, 조금 낫다는 뜻

一場春夢(일장춘몽) : 덧없는 부귀영화

一觸卽發(일촉즉발) : 조그만 자극에도 큰 일이 벌어질 것 같은 아슬아슬한 상태를 이르는 말

一片丹心(일편단심) : 변치 않는 참된 마음

一筆揮之(일필휘지) : 글씨를 단숨에 힘차고 시원하게 써 내려감

一脈相通(일맥상통) : 생각, 처지, 성질 등이 한 줄기로 서로 통함

一絲不亂(일사불란) : 질서나 체계가 정연하여 조금도 어지러운 데가 없음

一魚濁水(일어탁수) : 한 마리의 고기가 물을 흐리게 함. 곧, 한 사람의 악행으로 인해 여러 사람이 그 해를 입게 됨

臨機應變(임기응변) : 그때그때의 형편에 따라 변통성 있게 적당히 대처함

立身揚名(입신양명) : 사회적으로 인정받고 출세하여 이름을 널리 알림

自手削髮(자수삭발) : 자기 손으로 자신의 머리털을 깎음, 어려운 일을 남의 힘을 빌리지 않고 자기 혼자의 힘으로 감당함

自中之亂(자중지란) : 같은 패 안에서 일어나는 다툼이나 혼란

自暴自棄(자포자기) : 절망상태에 빠져서 자신을 포기하고 돌보지 않음

自畵自讚(자화자찬) : 제가 한 일을 스스로 칭찬하여 자랑함

赤子之心(적자지심) : 赤子는 갓난아이를 뜻한데서 죄악에 물들지 아니하고 순수하며 거짓이 없는 마음을 의미한다.

田夫之功(전부지공) : 농부의 공덕

轉禍爲福(전화위복) : 화가 바뀌어 복이 됨. 언짢은 일이 계기가 되어 오히려 다른 좋은 일이 있음

朝三暮四(조삼모사) : 간사한 잔꾀로 남을 속이거나 눈앞에 보이는 차이만 알고 결과가 같음을 모르는 어리석음을 뜻한다.

鳥足之血(조족지혈) : '새발의 피'라는 뜻으로 아주 적은 분량을 비유하는 말

存亡之秋(존망지추) : 나라가 죽고 사느냐의 절박한 상황

左顧右視(좌고우시) : 왼쪽을 돌아보고 오른쪽을 돌아봄, 매사에 주의가 깊음

坐不安席(좌불안석) : 마음에 초조·불안·근심 등이 있어 한 자리에 오래 앉아 있지 못함

坐井觀天(좌정관천) : 우물에 앉아 하늘을 본다는 뜻으로, 견문이 좁아 세상물정에 어두움

左之右之(좌지우지) : 제 마음대로 다루거나 휘두름

晝耕夜讀(주경야독) : 낮에는 밭을 갈고 밤에는 책을 읽는다는 것으로 바쁜 틈을 타서 어렵게 공부를 한다는 뜻

衆寡不敵(중과부적) : 적은 수로써는 많은 수를 대적할 수 없음

衆口難防(중구난방) : 여러 사람의 입은 막기 어려움. 곧, 여러 사람들의 떠드는 원성 따위를 이루 막아내지 못함

知己之友(지기지우) : 자기를 알아주는 친한 벗

知難而退(지난이퇴) : 형세가 불리한 것을 알면 물러서야 함

指鹿爲馬(지록위마) : 사슴을 가리켜 말이라고 우겨서 남을 속이는 일, 윗사람을 농락하여 권세를 마음대로 함

知足不辱(지족불욕) : 분수를 지켜 매사에 만족할 줄 아는 사람은 욕되지 아니함

指呼之間(지호지간) : 손짓하여 부르면 대답할 수 있을 정도의 가까운 거리

進退維谷(진퇴유곡) : 앞으로 나아갈 수도 뒤로 물러날 수도 없이 꼼짝할 수 없는 궁지에 빠짐

此日彼日(차일피일) : 이날저날 하고 자꾸 기일을 미루어 가는 경우에 씀

妻城子獄(처성자옥) : 아내는 성(城)이고 자식은 감옥이란 뜻으로 처자가 있는 사람은 거기에 얽매여 자유롭게 활동할 수 없음

天壤之差(천양지차) : 하늘과 땅의 차이. 곧, 매우 큰 차이를 이르는 말

四字成語(故事成語)

徹頭徹尾(철두철미) : 처음부터 끝까지 빈틈이 없이 일을 처리함

徹天之恨(철천지한) : 하늘에 사무치는 크나큰 원한

晴耕雨讀(청경우독) : 날이 개면 논밭을 갈고 비가 오면 글을 읽음. 부지런히 일하며 공부에 힘씀

靑雲之志(청운지지) : 높고 큰 뜻을 펼치기 위해 높은 지위에 오르고자 하는 욕망

追友江南(추우강남) : 친구 따라 강남에 감, 자기주장이 없이 남을 따라하는 언행

秋毫之末(추호지말) : 가을의 짐승 털의 끝, 아주 작거나 적음

出沒無雙(출몰무쌍) : 나타났다 없어졌다 하는 것이 헤아릴 수 없을 만큼 심함

七去之惡(칠거지악) : 아내를 내쫓는 이유가 되는 일곱가지 사항

他山之石(타산지석) : 다른 사람의 하찮은 언행도 자기 지덕을 닦는 데는 도움이 된다는 말

脫兎之勢(탈토지세) : 우리를 빠져나가 마음껏 달아나는 토끼처럼 매우 빠르고 날랜 기세

泰山北斗(태산북두) : 태산과 북두성을 이르는 말로 세상 사람들로부터 가장 존경받는 사람들을 일컫는 말

破鏡之歎(파경지탄) : 깨어진 거울 조각을 들고 하는 탄식, 즉 부부의 이별을 서러워하는 탄식

破邪顯正(파사현정) : 그릇된 생각을 깨뜨리고 바른 도리를 드러냄

破顔大笑(파안대소) : 즐거운 표정으로 한바탕 웃음

破竹之勢(파죽지세) : 대를 쪼개는 것과 같은 기세로, 세력이 강하여 막을 수 없는 형세를 말함

廢寢忘食(폐침망식) : 밥 먹는 것과 잠자는 것도 잊고 매우 열심히 공부함

飽食暖衣(포식난의) : 배불리 먹고 따뜻하게 입음, 곧의식이 넉넉함을 말함

布衣之交(포의지교) : 벼슬을 하기 전 선비 시절에 베옷을 입고 다닐때의 사귐

表裏不同(표리부동) : 겉과 속이 다름

風雲之會(풍운지회) : 영웅호걸이 때를 만나 뜻을 이룰 수 있는 좋은 기회

風前燈燭(풍전등촉) : 바람 앞의 등불처럼 매우 위급한 상태

皮骨相接(피골상접) : 살가죽과 뼈가 맞붙을 정도로 몹시 마름

鶴首苦待(학수고대) : 학의 목처럼 목을 길게 늘여 애태우며 기다린다는 뜻으로 몹시 기다림을 뜻함

學而知之(학이지지) : 배워서야 앎에 이름

咸興差使(함흥차사) : 심부름을 가서 오지 아니하거나 더디 올때 쓰는 말

行不曲徑(행불곡경) : 길을 가는데 지름길이나 뒤안길로 가지 않고 큰길로 감

賢母良妻(현모양처) : 어진 어머니이면서 착한 아내

懸河之辯(현하지변) : 거침없이 유창하게 말을 잘함

胡馬望北(호마망북) : 북쪽오랑캐의 말이 북쪽을 바라봄
(유) 首丘初心

浩然之氣(호연지기) : 공명정대하여 조금도 부끄러울 바가 없는 도덕적 용기

昏定晨省(혼정신성) : 주무실때는 부모의 잠자리를 보아 드리고 이른 아침에는 부모의 안부를 여쭘, 부모를 잘 섬기고 효성을 다함

忽顯忽沒(홀현홀몰) : 문득 나타났다 문득 없어짐

弘益人間(홍익인간) : 널리 인간세상을 이롭게 한다는 뜻

黃口乳臭(황구유취) : 부리가 누런 새 새끼같이 어려서 아직 젖비린내가 남, 어리고 하잘 것 없다는 뜻

後生可畏(후생가외) : 후배들은 선배들보다 나아질 가능성이 많기 때문에 두려운 존재로 여길 수 있음

興亡盛衰(흥망성쇠) : 흥하고 망하고 성하고 쇠하는 일

사자성어(四字成語) – 2級

加減乘除 (가감승제) : 덧셈, 뺄셈, 곱셈, 나눗셈을 아울러 이르는 말

街談巷說 (가담항설) : 길거리나 세상사람들 사이에 떠도는 이야기. 세상에 떠도는 뜬소문

家書萬金 (가서만금) : 자기 집에서 온 편지의 반갑고 소중함을 이르는 말

佳人薄命 (가인박명) : 여자의 용모가 너무 아름다우면 명이 짧고 운명이 기박하다는 뜻

刻骨難忘 (각골난망) : 은혜에 대한 고마운 마음이 뼈에 사무쳐 잊혀지지 않음

刻舟求劍 (각주구검) : 시대의 변천을 모르고 융통성이 없이 어리석음

刻骨銘心 (각골명심) : 뼈 속에 새기고 마음 속에 새긴다는 것으로 마음 속에 깊이 새겨둠

肝膽相照 (간담상조) : 상호간에 진심을 터놓고 격의없이 사귐 서로의 마음을 터놓고 숨김없이 친하게 사귐

肝膽楚越 (간담초월) : 마음이 맞지 않으면 서로 관계가 있더라도 초나라와 월나라처럼 서로 등지게 됨

肝膽胡越(간담호월) : (유)肝膽楚越, 서로 가까운 거리에 있지만 관계가 매우 멂

間於齊楚 (간어제초) : 약자가 강자들 틈에 끼어서 괴로움을 겪음

感慨無量 (감개무량) : 마음속에서 느끼는 감동이나 느낌이 끝이 없음 또는 그 감동이나 느낌

甘井先渴 (감정선갈) : '물맛이 좋은 우물은 빨리 마른다'는 뜻으로, 재주가 뛰어난 사람이 일찍 쇠함을 이르는 말

綱紀肅正 (강기숙정) : 규율을 바르게 다지는 것

開卷有益 (개권유익) : '책을 읽으면 유익하다'는 뜻으로 독서를 권장하는 말

改過遷善 (개과천선) : 잘못을 고치고 착하게 살아갈 때 하는 말

蓋世之才 (개세지재) : 세상을 뒤덮을 만한 재주 또는 그런 재주를 가진 인재

擧棋不定 (거기부정) : 바둑돌을 들고 놓을 곳을 정하지 못함. 확고한 주관이 없거나 계획이 수시로 바뀜

擧案齊眉 (거안제미) : '밥상을 눈 높이까지 올려 남편에게 바친다'는 뜻으로 아내가 남편을 공경함을 이르는 말

去者日疏 (거자일소) : 서로 멀리 떨어져 있으면 점점 사이가 멀어짐을 이르는 말 또는 죽은자는 잊혀지기 마련임

車載斗量 (거재두량) : 물건이나 인재 등이 많아서 그다지 귀하지 않음을 이르는 말

擧措失當 (거조실당) : 모든 조치가 정당하지 않음.

乞兒得錦 (걸아득금) : 빌어먹는 아이가 비단을 얻은 것. 분수밖에 생긴 일을 지나치게 자랑하는 것.

牽强附會 (견강부회) : 자신의 형편에 이롭도록 무리하게 억지를 부리는 것]

見機而作 (견기이작) : 낌새를 알아채고 미리 조치함

犬馬之勞 (견마지로) : 자기의 노력을 낮추어 일컫는 말. 개나 말의 수고로움

見聞一致 (견문일치) : 보고 들은 바가 꼭 같음

堅忍不拔 (견인불발) : 굳게 참고 견디어 마음이 흔들리지 않음

犬兎之爭 (견토지쟁) : 두 사람의 싸움으로 제삼자가 이익을 봄을 이르는 말

耕當問奴 (경당문노) : 밭갈기는 마땅히 사내종에게 물어야함. 일은 그 방면의 전문가에게 물음이 좋음.

瓊枝玉葉 (경지옥엽) : (유)金枝玉葉, 임금의 자손이나 귀한 자손

經天緯地 (경천위지) : 하늘을 날줄로 삼고 땅을 씨줄로 삼아 천하를 다스린다

鷄口牛後 (계구우후) : 큰 단체의 말단보다는 작은 단체의 우두머리가 되는 것이 낫다는 말

桂玉之秋 (계옥지추) : 땔나무와 쌀 구하기가 힘듬. 남의 나라에 사는 괴로움.

季札掛劍 (계찰괘검) : 신의(信義)를 중히 여김.

孤立無援 (고립무원) : 고립되어 구원을 받을 데가 없음

孤城落日 (고성낙일) : 외딴 성과 서산에 지는 해. 즉 세력이 다하고 남의 도움이 없는 매우 외로운 처지를 이르는 말

高枕安眠 (고침안면) : '베개를 높이하여 편안히 잔다' 는 뜻으로, 근심없이 편안히 지냄을 이르는 말

鼓腹擊壤 (고복격양) : 의식(衣食)이 풍부하여 안락하며 태평세월을 즐기는 일

姑息之計 (고식지계) : 당장의 편안함만을 꾀하는 일시적인 방편

孤身隻影 (고신척영) : 몸 붙일 곳 없이 외로이 떠도는 홀몸

苦肉之策 (고육지책) : 적을 속이는 수단으로서 제 몸 괴롭히는 것을 돌보지 않고 쓰는 계책

孤掌難鳴 (고장난명) : 외손뼉은 울리지 않는다는 데서, 혼자만의 힘으로는 어떤 일을 하기가 어렵다는 것을 비유함

曲學阿世 (곡학아세) : 학문을 왜곡하여 세속에 아부함. 자신의 소신이나 철학을 굽혀 권세나 시세에 아첨함

空中樓閣 (공중누각) : 공중에 있는 누각처럼 근거가 없는 가공의 사물

誇大妄想 (과대망상) : 턱없이 과장하여 엉뚱하게 생각함

過猶不及 (과유불급) : 정도를 지나침은 미치지 못함과 같음

사자성어(四字成語)

瓜田李下 (과전이하) : 의심받기 쉬운 행동은 피하는 것이 좋음.

管鮑之交 (관포지교) : 매우 친밀하게 서로를 잘 이해해 주는 친구 사이

冠婚喪祭 (관혼상제) : 관례·혼례·상례·제례의 사례(四禮)를 통틀어 이르는 말

矯角殺牛 (교각살우) : 잘못된 점을 고치려다가 그 방법이나 정도가 지나쳐 오히려 일을 그르침을 이르는 말

膠柱鼓瑟 (교주고슬) : 융통성이 없고 고집스런 경우. 즉, 규칙에 얽매이어 변통할 줄 모르는 사람을 일컫는다.

膠漆之交 (교칠지교) : (유)管鮑之交, 아교(膠)와 옻칠(漆)처럼 벗끼리 끈끈하게 사귀는 우정

膠漆之心 (교칠지심) : (유)管鮑之交, 아교(膠)와 옻칠(漆)처럼 끈끈한 사귐

口蜜腹劍 (구밀복검) : 말로는 친한 체하지만 속으로는 은근히 해칠 생각을 품고 있음을 비유하여 이르는 말

狗猛酒酸 (구맹주산) : '개가 사나우면 술이 시어짐. 한 나라에 간신배가 있으면 어진 신하가 모이지 않음

鳩首會議 (구수회의) : 여럿이 한자리에 모여앉아 머리를 맞대고 의논함.

勸善懲惡 (권선징악) : 착한 일은 권장하고 악한 일을 징계함

群鷄一鶴 (군계일학) : 평범한 사람 가운데 뛰어난 한 사람을 비유함

群雄割據 (군웅할거) : 많은 영웅들이 각지에 자리잡고 서로 세력을 다툼

君子三樂 (군자삼락) : 군자의 세가지 즐거움. 곧,
첫째로, 부모가 모두 살아계시고 형제가 무고한 것.
둘째로, 하늘을 우러러 부끄럼이 없고,
셋째로, 천하의 영재를 얻어 교육하는 것을 말한다.

窮餘之策 (궁여지책) : 궁한 끝에 나는 한 꾀

權謀術數 (권모술수) : 목적을 위해서는 가리지 않고 쓰는 온갖 술책

窮鳥入懷 (궁조입회) : 궁할때는 적에게도 의지함.

閨中七友 (규중칠우) : 부녀자가 바느질을 하는데 필요한 7가지 물건인 바늘, 실, 골무, 가위, 자, 인두, 다리미.

金石盟約 (금석맹약) : 쇠나 돌처럼 굳은 약속

今昔之感 (금석지감) : 요즘 현실과 옛날을 비교할 때 차이가 너무 심한 것을 보고 받는 느낌

金城湯池 (금성탕지) : '쇠로 만든 성과 뜨거운 물로 가득찬 못' 이라는 뜻으로, 방어 시설이 견고한 성을 이르는 말

金蘭之契 (금란지계) : 친구 사이의 매우 두터운 정을 이르는 말

金枝玉葉 (금지옥엽) : 임금의 집안과 자손. 귀여운 자손

琴瑟相和 (금슬상화) : (유)琴瑟之樂(금슬지락). 금슬(琴瑟), 즉 거문고와 비파 소리가 조화를 이룸. 부부 사이가 다정하고 화목함.

琴瑟之樂 (금슬지락) : 거문고와 비파를 부부에 비유. 부부간의 사랑. 조화를 잘 이루는 부부사이의 즐거움.

驥服鹽車 (기복염거) : 천리마가 소금 수레를 끎. 유능한 사람이 알아주는 이를 만나지 못해, 천한 일에 종사함.

己飢己溺 (기기기닉) : 자기가 굶주리고 물에 빠지듯이, 다른 사람의 고통을 자기의 고통으로 생각하고 도와줌.

起承轉結 (기승전결) : 문학 작품의 서술 체계를 구성하는 형식

奇巖怪石 (기암괴석) : 기이하게 생긴 바위와 괴상하게 생긴 돌

奇巖絕壁 (기암절벽) : 기이하게 생긴 바위와 깎아지른 듯한 낭떠러지

氣盡脈盡 (기진맥진) : 기력이 다하고 맥이 풀림. 기진역진(氣盡力盡)

騎虎之勢 (기호지세) : '호랑이를 타고 달리는 형세'라는 말로 이미 시작한 일을 중도에 그만 둘 수 없는 경우를 이르는 말

奇貨可居 (기화가거) : 좋은 기회를 놓치지 말아야 함을 이르는 말

落膽喪魂 (낙담상혼) : 실의에 빠지고 마음이 상해서 넋을 잃음.

洛陽紙貴 (낙양지귀) : 낙양땅의 종이 값이 귀함. 책의 평판이 좋아 매우 잘 팔림.

爛商討論 (난상토론) : (유)爛商討議, 충분히 생각하고 의견을 나누어 토의함.

亂臣賊子 (난신적자) : 나라를 어지럽게 하는 신하와 부모에게 거역하는 자식

暖衣飽食 (난의포식) : 따뜻하게 입고 배불리 먹음

南柯一夢 (남가일몽) : 꿈과 같이 헛된 한 때의 부귀영화

男負女戴 (남부여대) : 가난한 사람들이 살 곳을 찾아 이리저리 떠돌아다님을 이르는 말

南風不競 (남풍불경) : '남쪽지방의 노래에 활기가 없다'는 뜻으로, 남쪽지방 세력이 부진함을 이르는 말

內柔外剛 (내유외강) : 사실은 마음이 약한데도 외부에는 강하게 나타냄

老萊之戲 (노래지희) : 자식이 나이가 들어도 부모의 자식에 대한 마음은 똑같으므로 변함없이 효도해야 함.

사자성어(四字成語), 고사성어(故事成語)

路柳墻花 (노류장화) : '길가의 버들과 울타리에 핀 꽃'이라는 뜻으로, '창녀'를 빗대어 이르는 말

老馬之智 (노마지지) : '늙은 말의 지혜'라는 뜻으로, 연륜이 깊으면 나름의 장점과 특기가 있음을 말함

勞心焦思 (노심초사) : 몹시 마음을 쓰며 애를 태움

勞而無功 (노이무공) : 애는 썼으나 보람이 없음을 이르는 말

綠林豪傑 (녹림호걸) : 도둑이나 불한당을 부르는 별칭

綠陰芳草 (녹음방초) : 푸른 나무 그늘과 꽃다운 풀. 곧 여름의 자연경치

綠衣紅裳 (녹의홍상) : '연두저고리에 다홍치마'라는 뜻으로 젊은 여자의 고운 옷차림을 이르는 말

弄瓦之慶 (농와지경) : 딸을 낳은 즐거움을 뜻함

弄璋之慶 (농장지경) : 아들을 낳은 즐거움.

籠鳥戀雲 (농조연운) : 새장에 갇힌 새가 구름을 그리워하듯이 속박당한 몸이 자유를 그리워함.

累卵之勢 (누란지세) : 알을 쌓아 놓은 듯한 형세. 곧, 매우 위태로운 형세

多岐亡羊 (다기망양) : 학문의 길이 다방면이어서 진리를 깨치기 어려움을 뜻함

多錢善賈 (다전선고) : 밑천이 넉넉하면 장사를 잘할 수 있음.

多才多能 (다재다능) : 여러 방면에 재능이 많음

斷機之戒 (단기지계) : 짜던 베도 도중에 자르면 쓸모없이 되듯이, 학문도 중도에 그만둠이 없이 꾸준히 계속해야 한다는 가르침

斷金之交 (단금지교) : 친구 사이의 사귀는 정이 두텁고 깊은 것

黨同伐異 (당동벌이) : 일의 옳고 그름은 따지지 않고 뜻이 같은 무리끼리는 서로 돕고 그렇지 않은 무리는 배척함을 이르는 말

丹脣皓齒 (단순호치) : 붉은 입술과 하얀 치아. 아름다운 여자

膽大心小 (담대심소) : 담력은 크게 가지되 주의는 세심해야 함.

大驚失色 (대경실색) : 몹시 놀라 얼굴빛이 하얗게 변함을 말함

大膽無雙 (대담무쌍) : 대담한 것으로 따져봤을 때 그와 상대할 만한 사람이 없는 의미

大書特筆 (대서특필) : 신문 등의 출판물에서 어떤 기사에 큰 비중을 두어 다룸을 이르는 말

對牛彈琴 (대우탄금) : 어리석은 사람에게는 깊이 이치를 말해도 알아듣지 못하므로 소용이 없음을 이르는 말

大義滅親 (대의멸친) : 큰 도리를 지키기 위하여 부모나 형제도 돌아보지 않음

德必有隣 (덕필유린) : 덕이 있으면 반드시 이웃이 따른다는 의미

道傍苦李 (도방고리) : '길가의 쓰디 쓴 자두'라는 뜻으로, 아무도 따는 사람이 없이 버림받음을 일컫는 말

桃園結義 (도원결의) : 유비, 관우, 장비가 도원에서 의형제를 맺은 데에서 유래한 말로, 의형제를 맺음을 이르는 말

道聽塗說 (도청도설) : 말을 들으면 깊이 생각하지 않고 다른 사람에게 전해버리는 경솔한 언행이나 소문

塗炭之苦 (도탄지고) : 진흙구덩이나 숯불 속에 떨어진 것처럼 생활이 몹시 곤란함을 말함

獨不將軍 (독불장군) : 무슨 일이든 자기 생각대로 혼자서 처리하는 사람

讀書三到 (독서삼도) : 독서는 눈으로 보고, 입으로 읽고, 마음으로 깨우쳐야함

讀書尙友 (독서상우) : 책을 읽음으로써 옛 현인(賢人)들과 벗할 수 있다는 말

棟梁之材 (동량지재) : 한 나라나 한 집안의 큰 일을 맡을만한 사람

同門修學 (동문수학) : 한 스승 밑에서 함께 학문을 닦음

同病相憐 (동병상련) : 어려운 처지나 비슷한 경우에 있는 사람끼리 서로 불쌍히 여겨 동정하고 도움

凍足放尿 (동족방뇨) : '언 발에 오줌누기라'는 뜻으로, 곧 효력이 없어져 더 나쁘게 되는 일을 이르는 말

杜門不出 (두문불출) : 집 안에만 틀어박혀 세상 밖으로 나다니지 아니함

斗酒不辭 (두주불사) : '말술도 사양하지 않는다'는 뜻으로, 술을 매우 잘 마심을 이르는 말

麻中之蓬 (마중지봉) : 삼밭에 나는 쑥. 선한 사람과 사귀면 그 감화를 받아 자연히 선해짐.

萬古風霜 (만고풍상) : 오랫동안 겪은 수많은 쓰라린 경험

萬里滄波 (만리창파) : (유)萬頃蒼波. 한없이 넓고 넓은 바다

萬死無惜 (만사무석) : 만번 죽어도 아까울 것이 없을 정도로 죄가 매우 무거워 용서할 여지가 없음을 이르는 말

萬事瓦解 (만사와해) : 한 가지 잘못으로 모든 일이 다 틀려 버림

사자성어(四字成語), 고사성어(故事成語)

萬事亨通 (만사형통) : 모든 일이 뜻대로 잘 이루어짐

萬世無疆 (만세무강) : (유)萬壽無疆. 아주 오랫동안 끝없이 삶.

萬壽無疆 (만수무강) : 장수를 빌 때 쓰는 말로 수명이 끝이 없음

晩時之歎 (만시지탄) : 시기에 늦어 기회를 놓쳤음을 안타까워하는 탄식

亡國之音 (망국지음) : '나라를 망하게 할 음악'이란 뜻으로, 저속하고 잡스러운 음악을 이르는 말

忘年之交 (망년지교) : 노인이나 나이에 거리끼지 않고 사귀는 젊은 벗. 망년지우(忘年之友)

望雲之情 (망운지정) : 객지에 있는 자식이 고향에 계신 어버이를 생각하는 마음

亡子計齒 (망자계치) : '죽은 자식의 나이 세기'란 말로, 이미 지나간 일을 다시 생각해 봐야 소용없음을 나타낸 말

望蜀之歎 (망촉지탄) : 蜀나라 땅을 얻고 싶어 하는 탄식

賣劍買牛 (매검매우) : 전쟁을 끝내고 농사를 짓게 함.

買占賣惜 (매점매석) : 물건값이 오를 눈치를 보고 혼자 이익을 보려고 막 사두는 것과 사놓은 물건도 오를것에 대비해 팔기를 꺼리는 일

梅蘭菊竹 (매란국죽) : 품성이 군자와 같이 고결하다고 여겨 사군자(四君子)라 함

賣鹽逢雨 (매염봉우) : 소금팔다가 비를 만남. 일에 마(魔)가 끼어 잘안된다는 뜻

梅妻鶴子 (매처학자) : 유유자적한 풍류 생활을 이르는 말

麥秀之嘆 (맥수지탄) : 고국의 멸망을 한탄함을 이르는 말

孟母斷機 (맹모단기) : 맹자의 어머니가 아들이 학업을 중단하고 돌아왔을 때, 짜던 베를 칼로 잘라 훈계한 고사 (유)斷機之戒

命在頃刻 (명재경각) : 목숨이 경각에 달렸다는 뜻으로 금방 숨이 끊어질 지경에 이름

明哲保身 (명철보신) : 어지러운 세상에서 총명하고 사리에 밝아서, 이치에 맞게 일을 처리하며 자신을 잘 보전함

矛盾之說 (모순지설) : 말의 앞뒤가 맞지 않음. '모순'이라고도 함

目食耳視 (목식이시) : 세상의 평판을 의식해서 겉치장에 골몰하는 것의 비유

目不忍見 (목불인견) : 차마 눈 뜨고 볼 수 없는 참상이나 꼴불견

武陵桃源 (무릉도원) : 신선이 살았다는 전설적인 중국의 명승지. 세상과 따로 떨어진 별천지

無不通知 (무불통지) : 무슨 일이든지 환히 통하여 모르는 것이 없음

無所不至 (무소부지) : 이르지 아니한 데가 없음

無爲徒食 (무위도식) : 하는 일이 없고 먹고 놀기만 하는 것을 뜻한다

無爲自然 (무위자연) : 인위(人爲)를 보탬이 없는 자연 그대로의 상태

無知莫知 (무지막지) : 매우 무지하고 우악스러움

門前沃畓 (문전옥답) : 집 가까이에 있는 기름진 논

文質彬彬 (문질빈빈) : 겉모양의 아름다움과 본바탕이 서로 잘 어울림.

物色比類 (물색비류) : 같은 것을 비교해서 목적에 맞는 것을 구비하는 것

勿失好機 (물실호기) : 좋은 기회를 놓치지 않음

物我一體 (물아일체) : 자연과 자아가 하나된 상태. 대상물에 완전히 몰입된 경지

尾生之信 (미생지신) : 우직하여 융통성이 없이 약속만을 굳게 지킴

迷津寶筏 (미진보벌) : 길을 헤매는 나루에서 길을 찾아가는 훌륭한 배란 뜻으로 삶에 가르침을 주는 책

博覽强記 (박람강기) : 여러 가지의 책을 널리 많이 읽고 기억을 잘함

薄利多賣 (박리다매) : 상품의 이익을 적게 보고 많이 팔아 이윤을 올리는일

博學審問 (박학심문) : 널리 배우고 자세하게 묻는다는 뜻으로, 배우는 사람이 반드시 명심해야 할 태도를 말함

伴食宰相 (반식재상) : 실력이나 능력이 모두 부족한 재상, 유능한 재상 옆에 붙어서 정사를 처리하는 宰相

半身不隨 (반신불수) : 병이나 사고로 반신이 마비되는 일 또는 그런 사람

反哺之孝 (반포지효) : 자식이 자란 후에 어버이의 은혜를 갚은 효성을 이르는 말

拔本塞源 (발본색원) : 좋지 않은 일의 근본 원인을 완전히 없애 다시는 그러한 일이 생길 수 없도록 함

發憤忘食 (발분망식) : 끼니까지도 잊을 정도로 어떤 일에 열중함

拔山蓋世 (발산개세) : 힘은 산을 뽑을 만큼 매우 세고 기개는 세상을 덮을 만큼 웅대함을 이르는 말

旁岐曲徑 (방기곡경) : 옆으로 난 샛길과 구불구불한 길

放聲大哭 (방성대곡) : 북받치는 슬픔 또는 분노를 참지 못해 목을 놓아 크게 욺.

傍若無人 (방약무인) : 아무 거리낌 없이 함부로 말하고 행동함.

사자성어(四字成語), 고사성어(故事成語)

方底圓蓋 (방저원개) : '네모진 바닥에 둥근 뚜껑'이란 뜻으로, 사물이 서로 맞지 않음을 이르는 말

背水之陣 (배수지진) : 물을 등지고 치는 진으로 목숨을 건 싸움을 말한다

伯樂一顧 (백락일고) : 현명한 사람일지라도 자기를 알아주는 자를 만나야 출세할 수 있음을 비유한 말

白龍魚服 (백룡어복) : '흰 용이 물고기의 옷을 입었다'는 뜻으로, 신분높은 사람이 남모르게 나다님

伯仲之間 (백중지간) : 큰 차이 없는 형세'라는 뜻으로, 우열의 차이가 없이 엇비슷함을 이르는 말

伯夷叔齊 (백이숙제) : 은나라의 충신으로 절개를 지켜 수양산에서 굶어죽은 형제

百八煩惱 (백팔번뇌) : 사람이 지닌 108가지의 번뇌

百花齊放 (백화제방) : 많은 꽃이 일제히 핌. 온갖 학문이나 예술, 사상이 개방되어 발표됨을 비유한 말

兵不厭詐 (병불염사) : 용병에 있어서는 속임수를 꺼리지 않음. 전쟁에서는 모든 방법으로 적군을 속여야 함.

輔車相依 (보거상의) : (유)脣亡齒寒. 수레에서 덧방나무와 바퀴가 서로 의지함. 긴밀한 관계를 맺으면서 서로 돕고 의지함.

報怨以德 (보원이덕) : 원한을 덕으로 갚음

普遍妥當 (보편타당) : 어떤 경우에도 두루 통용되고 적용되는 성질

伏地不動 (복지부동) : 마땅히 해야 할 일을 하지 않고 몸을 사림을 비유하여 이르는 말

封庫罷職 (봉고파직) : 어사나 감사가 부정을 저지른 원을 파면시키고 관고를 봉하여 잠그던 일

富國强兵 (부국강병) : 나라의 경제력을 넉넉하게 하고 군사력을 튼튼하게 하는 일

釜中之魚 (부중지어) : (유)魚遊釜中. 솥 속의 물고기. 죽을때가 가까움.

粉骨碎身 (분골쇄신) : 뼈가 가루가 되고 몸이 부서질 정도로 자기 몸을 희생할 각오로 전력을 다함을 비유한 말

不共戴天 (불공대천) : 한 하늘 아래에서 같이 살 수 없는 원수

不俱戴天 (불구대천) : 한 하늘 아래에서 같이 살 수 없는 원수

不撤晝夜 (불철주야) : 밤낮을 가리지 않고 어떤 일을 계속함

不肖小子 (불초소자) : 어버이의 덕망을 닮지 못한 자식. 못난 사람을 일컫는다

鵬程萬里 (붕정만리) : 붕새의 날아가는 하늘 길이 만리로 트임을 말하는데, 이는 곧 전도양양한 장래를 의미함.

非夢似夢 (비몽사몽) : 완전히 잠이 들지도 잠에서 깨어나지도 않은 어렴풋한 상태

貧者一燈 (빈자일등) : 물질의 많고 적음보다 정성이 중요함을 뜻함

四顧無親 (사고무친) : 사방을 돌아보아도 친한 사람이 없음. 곧, 의지할 만한 사람이 없이 외로운 처지를 말함

四顧無託 (사고무탁) : (유)四顧無親. 사방을 둘러보아도 의탁할 데가 없음.

捨己從人 (사기종인) : 자신의 잘못을 과감히 버리고 남의 좋은 점을 배운다는 뜻

四面楚歌 (사면초가) : 아무에게도 도움을 받지 못하는, 외롭고 곤란한 지경에 빠진 형편

斯文亂賊 (사문난적) : 유교 사상에 어긋나는 언행을 하는 사람

四分五裂 (사분오열) : 여러 갈래로 갈기갈기 찢어지거나 분열되어 질서가 없어짐

沙上樓閣 (사상누각) : 겉모양은 번듯하나 기초가 약하여 오래가지 못하는 일등을 비유하여 이르는 말

四柱單子 (사주단자) : 정혼한 후, 신랑집에서 신랑의 사주를 적어 신부집에 보내는 간지. 사주

四柱八字 (사주팔자) : 태어난 연·월·일·시가 사주이고, 그에 따른 간지(干支) 여덟 글자가 팔자이다

三可宰相 (삼가재상) : 세 사람 말이 모두 옳다고 한 황정승의 말에서 나온 말로, 마음이 아주 너그러운 사람을 뜻함

三人成虎 (삼인성호) : 근거 없는 말이라도 여러 사람이 말하면 곧이 듣게 됨을 이르는 말

三顧草廬 (삼고초려) : 인재를 맞아들이기 위하여 끈기 있게 노력함을 비유함

森羅萬象 (삼라만상) : 우주에 있는 온갖 사물과 현상

三水甲山 (삼수갑산) : 지세가 험하고 교통이 불편해 가기 어려운 곳이라는 뜻에서 '몹시 어려운 지경' 을 비유

傷弓之鳥 (상궁지조) : 한번 화살에 맞은 새는 구부러진 나무만 보아도 놀란다는 뜻

사자성어(四字成語), 고사성어(故事成語)

桑田滄海 (상전창해) : (유)桑田碧海. 뽕나무 밭이 변하여 푸른 바다가 됨. 세상이 몰라보게 변했음을 뜻함.

桑中之喜 (상중지희) : 남녀간의 불의(不義)의 쾌락이나 풍속의 퇴폐를 풍자하여 이르는 말

霜風高節 (상풍고절) : 곤경에 처하여도 굽히지 않는 서릿바람 같은 높은 절개

喪魂落膽 (상혼낙담) : (유)落膽喪魂. 넋을 잃고 실의에 빠짐.

塞翁之馬 (새옹지마) : 인생의 길흉화복은 변화가 많아서 예측하기가 어렵다는 말

生口不網 (생구불망) : 산입에 거미줄 치지는 아니함. 아무리 곤궁하여도 그럭저럭 먹고 살 수 있음.

雪膚花容 (설부화용) : 눈처럼 흰 피부와 꽃처럼 아름다운 얼굴

雪中松柏 (설중송백) : (유)歲寒松柏. 눈 속의 소나무와 잣나무

纖纖玉手 (섬섬옥수) : 가냘프고 옥처럼 고운 여자의 손

城下之盟 (성하지맹) : '성 밑까지 쳐들어온 적군과 맺는 맹약'이라는 뜻으로, 적국과 맺는 굴욕적인 맹약을 이르는 말

歲寒三友 (세한삼우) : '추운 겨울철의 세 벗'이라는 뜻으로, 추위에 잘 견디는 소나무대나무매화나무를 이르는 말

歲寒松柏 (세한송백) : (유)雪中松柏. 추운 겨울의 소나무와 잣나무. 어떤 역경 속에서도 지조를 굽히지 않음. 또는 그런 지조

小貪大失 (소탐대실) : 작은 것을 탐하다가 큰 것을 잃음

巢毁卵破 (소훼난파) : 새집이 부서지면 알도 깨짐. 조직이나 집단이 무너지면 그 구성원들도 피해를 입게 됨.

松都三絕 (송도삼절) : 조선시대에 서화담·황진이·박연폭포를 개성의 뛰어난 세 존재로 이르던 말

松茂栢悅 (송무백열) : 소나무가 무성하면 잣나무가 기뻐함. 벗이 잘되는 것을 기뻐함.

松柏之質 (송백지질) : 건강한 체질. 소나무와 잣나무는 서리를 맞고 더욱더 무성해지는 데서 유래된 말

宋襄之仁 (송양지인) : 너무 착하기만 하여 쓸데없는 아량을 베풀어 실속이 없음.

首丘初心 (수구초심) : '여우가 죽을 때에 머리를 자기가 살던 굴 쪽으로 둔다'는 뜻으로, 고향을 그리워하는 마음을 이르는 말

壽考無疆 (수고무강) : 목숨이 다함이 없음.

手不釋卷 (수불석권) : '손에서 책을 놓지 않는다'는 뜻으로 부지런히 학문에 힘씀을 이르는 말

守株待兎 (수주대토) : 융통성 없이 구습에 젖어 시대의 변천을 모름을 이름

壽則多辱 (수즉다욕) : 오래 살면 그 만큼 욕된 일이 많음

隋侯之珠 (수후지주) : 천하의 귀중한 보배.

脣亡齒寒 (순망치한) : 서로 이해관계가 밀접해 어느 한쪽이 망하면 다른 한쪽도 온전하기 어려움

脣齒輔車 (순치보거) : 이해관계가 밀접해 서로 도와감

食少事奔 (식소사분) : 먹을 것은 적은데 할 일은 많음

申申付託 (신신부탁) : 거듭 되풀이하며 간절히 부탁함

新陳代謝 (신진대사) : 묵은 것이 없어지고 새 것이 대신 생기는 일

神出鬼沒 (신출귀몰) : '귀신같이 나타났다가 사라진다'는 뜻으로, 자유자재로 나타나고 사라짐

實事求是 (실사구시) : 실제에 입각해서 진리를 탐구함

心機一轉 (심기일전) : 어떤 동기가 있어 이제까지 가졌던 마음가짐을 버리고 완전히 달라짐

十年減壽 (십년감수) : 수명이 십년이나 줄 정도로 위험한 고비를 겪음

十指不動 (십지부동) : '열 손가락을 꼼짝하지 아니한다'는 뜻으로. 게을러서 아무 일도 하지 아니함을 이르는 말

十伐之木 (십벌지목) : 아무리 심지가 굳은 사람이라도 여러 번 말을 하면 결국 마음을 돌려 따르게 됨

阿修羅場 (아수라장) : 싸움이나 그 밖의 다른 일로 큰 혼란에 빠진 곳 또는 그런 상태를 말함

眼中之人 (안중지인) : 눈앞에 있는 정(情)든 사람이나, 평생 사귄 사람

殃及池魚 (앙급지어) : '성문에 난 불을 못의 물로 끄니 그 못의 물고기가 다 죽었다'는 뜻으로, 엉뚱하게 재난을 당함을 이르는 말

良禽擇木 (양금택목) : '새도 가지를 가려 앉는다' 는 뜻에서, 현명한 선비는 좋은 군주를 가려서 섬김을 비유

藥籠中物 (약롱중물) : 약롱 속의 약품. 꼭 필요한 사람.

사자성어(四字成語), 고사성어(故事成語)

兩是雙非 (양시쌍비) : 양편의 주장이 다 이유가 있어서 시비를 가리기 어려움

楊布之狗 (양포지구) : 겉이 달라졌다고 해서 속까지 달라진 것으로 알고 있는 사람을 가리키는 말

養虎遺患 (양호유환) : '범을 길러서 화근을 남긴다'는 뜻으로, 화근이 될 것을 길러서 나중에 화를 당함

魚魯不辨 (어로불변) : 어(魚)자와 노(魯)자를 분간하지 못한다'는 뜻으로 '아주 무식함'을 비유한 말

魚網鴻離 (어망홍리) : '물고기를 잡으려고 쳐 놓은 그물에 기러기가 걸림. 남의 일로 엉뚱하게 화를 입게 됨.

魚遊釜中 (어유부중) : 물고기가 솥 안에서 노님. 살아 있기는 하여도 생명이 얼마 남지 아니하였음.

抑强扶弱 (억강부약) : 강한 자를 누르고 약한 자를 도움

億兆蒼生 (억조창생) : 수많은 백성. 수많은 사람

嚴妻侍下 (엄처시하) : 무서운 아내를 아래에서 모시고 있다는 데서, 아내의 주장 밑에서 쥐어 사는 남편을 조롱하는 말

如履薄氷 (여리박빙) : 살얼음을 밟듯이 아슬아슬하고 위험한 일

炎凉世態 (염량세태) : 세력이 있을 때는 아첨하여 따르고 세력이 없어지면 푸대접하는 세상인심을 비유

榮枯盛衰 (영고성쇠) : 인생이나 사물의 번성함과 쇠락함이 서로 바뀜

榮枯一炊 (영고일취) : (유)南柯一夢. 인생이 꽃피고 시드는 것은 한번 밥짓는 순간같이 덧없고 부질없음.

五更燈火 (오경등화) : 밤새워 열심히 공부함

烏飛梨落 (오비이락) : 까마귀 날자 배가 우연히 떨어졌다는 뜻으로 아무 관계도 없이 한일이 공교롭게도 때가 같아 의심을 받음

傲霜孤節 (오상고절) : '서릿발 속에서도 굽히지 않고, 외로이 지키는 절개'라는 뜻으로, '국화(菊花)를 비유함'

吳越同舟 (오월동주) : 서로 적의를 품은 사람들이 한 자리에 있게 된 경우나 서로 협력하여야 하는 상황

烏有先生 (오유선생) : 실제로 없는 인물. 가공의 인물

烏合之卒 (오합지졸) : 까마귀가 모인 것처럼 질서없이 어중이 떠중이가 모인 군중을 뜻함

瓦釜雷鳴 (와부뇌명) : 기왓가마가 우뢰와 같은 소리를 내면서 끓음. 별로 아는 것도 없는 사람이 과장해서 말함.

玉骨仙風 (옥골선풍) : 살빛이 희고 고결하여 신선과 같은 풍채

屋上架屋 (옥상가옥) : '지붕 위에 또 지붕을 만든다'는 뜻으로, 흔히 물건이나 일을 부질없이 거듭함

溫厚篤實 (온후독실) : 성격이 침착하여 정이 두터운 성실한 사람

要領不得 (요령부득) : 말이나 글 따위의 요령을 잡을 수가 없음

堯舜時節 (요순시절) : 요임금과 순임금이 덕으로 천하를 다스리던 태평한 시절

欲蓋彌彰 (욕개미창) : 진상을 감추려 하면 더욱 밝게 드러나게 됨.

欲速不達 (욕속부달) : 일을 빨리 하려고 서두르면 도리어 이루지 못함

欲言未吐 (욕언미토) : '하고 싶은 말은 있어도 아직 다하지 못하였다'는 뜻으로, 감정의 깊이가 있음

欲巧反拙 (욕교반졸) : 너무 잘 하려고 기교를 지나치게 부리면 오히려 잘 되지 않음

欲燒筆硯 (욕소필연) : 붓과 벼루를 태워버리고 싶어함. 남이 지은 문장의 뛰어남을 보고 자신의 재주가 그에 미치지 못함을 탄식함.

龍味鳳湯 (용미봉탕) : 맛이 썩 좋은 음식

愚公移山 (우공이산) : 무슨 일이든 꾸준히 노력하면 성공함을 비유한 말

牛刀割鷄 (우도할계) : '소 잡는 칼로 닭을 잡는다'는 뜻으로, 작은 일에 어울리지 아니하게 큰 도구를 씀

羽化登仙 (우화등선) : '사람이 신선이 되어 하늘로 올라감'을 이르는 말

雨後竹筍 (우후죽순) : 비 온 뒤에 여기저기 죽순처럼, 어떤 일이 일시에 많이 생겨남을 비유한 말

雲泥之差 (운니지차) : '구름과 진흙의 차이'라는 뜻으로, 사정이 크게 다름을 이르는 말

元亨利貞 (원형이정) : 주역(周易)의 건괘(乾卦)의 네가지 덕, 곧 천도(天道)의 네 가지 원리를 이르는 말

月盈則食 (월영즉식) : 달이 차면 반드시 이지러짐. 무슨 일이든지 성하면 반드시 쇠하게 됨.

渭樹江雲 (위수강운) : '멀리 떨어져 있는 벗이 서로 그리워함.

韋編三絕 (위편삼절) : '책을 열심히 읽음. 공자가 주역을 즐겨 읽어 책의 가죽끈이 세 번이나 끊어졌다는 데서 유래.

柔能制剛 (유능제강) : 부드러운 것이 오히려 능히 굳센 것을 이김

사자성어(四字成語), 고사성어(故事成語)

流芳百世 (유방백세) : 꽃다운 이름이 후세에 길이 전함

唯我獨尊 (유아독존) : 세상에서 오직 나만이 훌륭하다고 뽐냄

悠悠自適 (유유자적) : 속세를 떠나 아무것에도 속박되지 않고 조용하고 편안히 생활함

遺臭萬年 (유취만년) : 더러운 이름을 먼 장래에까지 끼침

殷鑑不遠 (은감불원) : 다른 사람의 실패를 자신의 거울로 삼음.

隱忍自重 (은인자중) : 괴로움을 감추어 참고 스스로 신중히 함

陰德陽報 (음덕양보) : 남이 모르게 덕행을 쌓은 사람은 뒤에 그 보답을 받게 됨을 이르는 말

吟風弄月 (음풍농월) : 밝은 달을 대하여 시를 읊으며 즐거이 놂. 즉, 풍류를 즐긴다는 뜻

應接不暇 (응접불가) : '응접에 바빠 겨를이 없다'는 뜻으로, 일이 몹시 바쁜 상태를 이르는 말

利用厚生 (이용후생) : 백성이 사용하는 기구를 편리하게 하고 의식을 넉넉하게 하여, 생활을 윤택하게 함

二律背反 (이율배반) : 서로 모순되어 양립할 수 없는 두 개의 명제

泥田鬪狗 (이전투구) : '진흙탕에서 싸우는 개'라는 뜻으로, 자기의 이익을 위하여 비열하게 다툼

理判事判 (이판사판) : 막다른 데 이르러 어찌할 수 없게 된 지경

以暴易暴 (이포역포) : 나쁜 사람을 바꾼다면서 또 다른 나쁜 사람을 들어앉힘

日久月深 (일구월심) : 날이 갈수록 바라는 마음이 더욱 간절해짐.

一以貫之 (일이관지) : 하나의 이치로서 모든 것을 꿰뚫었다는 뜻으로, 처음부터 끝까지 변하지 않음

一筆揮之 (일필휘지) : 글씨를 단숨에 힘차고 시원하게 써 내려감

一炊之夢 (일취지몽) : 밥 한 끼 지을 동안의 꿈. 한때의 헛된 부귀영화

日就月將 (일취월장) : 날로 달로 끊임없이 진보하고 발전함

異端邪說 (이단사설) : 정통하지 않고 틀린 학설

一網打盡 (일망타진) : 한 그물에 다 두드려 잡음. 곧, 한꺼번에 모조리 잡아들임

日暖風和 (일난풍화) : 날씨가 따뜻하고 바람이 부드러움

一葉知秋 (일엽지추) : 조그마한 일을 가지고 장차 올 일을 미리 짐작함

一葉片舟 (일엽편주) : 나뭇잎처럼 작은 배

一牛鳴地 (일우명지) : 소의 울음소리가 들릴 정도로 가까운 거리의 땅

一衣帶水 (일의대수) : 한 줄기 좁은 강물이나 바닷물

一波萬波 (일파만파) : 작은 한 사건이 큰 파장을 불러 일으킴을 의미한다

一敗塗地 (일패도지) : 여지없이 패하여 다시 일어날 수 없게 된 지경에 이름

慈母敗子 (자모패자) : 자식을 과잉보호하면 실패하기 쉽다는 뜻

自激之心 (자격지심) : 자기가 한 일에 대해 스스로 미흡하다고 생각하는 것

自己矛盾 (자기모순) : (유)自家撞着. 같은 사람의 말이나 행동이 앞뒤가 서로 맞지 아니함.

子膜執中 (자막집중) : 융통성이 없음.

赤手空拳 (적수공권) : 맨손과 빈주먹

積水成淵 (적수성연) : 한 방울의 물이 모여 연못을 이룸.

賊反荷杖 (적반하장) : '도둑이 되레 매를 든다'는 뜻으로, 잘못한 사람이 도리어 잘한 사람을 나무라는 경우를 말함

積塵成山 (적진성산) : '티끌 모아 태산을 이룬다'는 말로, 아무리 작은 것도 쌓이면 큰 덩어리가 됨

前途洋洋 (전도양양) : 앞길이 훤하게 열려 희망에 차있음을 뜻함.

前人未踏 (전인미답) : 현재까지 아무도 도달하지 않은 것

戰戰兢兢 (전전긍긍) : 몹시 두려워서 벌벌 떨며 조심함

絕世佳人 (절세가인) : 매우 뛰어난 미인

切齒腐心 (절치부심) : 몹시 분하여 이를 갈면서 속을 썩힘

漸入佳境 (점입가경) : 들어갈수록 점점 재미가 있음. 예술작품, 경치가 갈수록 멋지고 아름다운 모양을 일컬음

鄭衛桑間 (정위상간) : '(유)亡國之音, 鄭衛之音. 춘추전국시대 정나라와 위나라에서 유행하던 음악은 뽕나무 사이의 소리처럼 음란함.

鄭衛之音 (정위지음) : 춘추전국시대 정나라와 위나라에서 유행하던 음란한 망국(亡國)의 음악

精進潔齋 (정진결재) : 심신을 깨끗이하고 행동을 삼가는 것

사자성어(四字成語), 고사성어(故事成語)

頂門一鍼 (정문일침) : '정수리에 침을 놓는다'는 뜻으로, 따끔한 충고나 교훈을 이름

諸子百家 (제자백가) : 중국 춘추전국시대의 여러 학파를 통틀어 이르는 말

朝令暮改 (조령모개) : 아침에 내린 영을 저녁에 고침. 곧, 법령 등이 빈번하게 바뀜

朝三暮四 (조삼모사) : 간사한 잔꾀로 남을 속이거나 눈앞에 보이는 차이만 알고 결과가 같음을 모르는 어리석음을 뜻함.

朝名市利 (조명시리) : '명예는 조정에서 이익은 시장에서 다투라' 는 뜻으로, 무슨 일이든 알맞은 곳에서 해야 함

左衝右突 (좌충우돌) : 이리저리 닥치는대로 부딪힘. 아무 사람이나 구분하지 않고 함부로 맞닥뜨림

足脫不及 (족탈불급) : 맨발로 뛰어도 미치지 못함을 말하는 것으로 능력이나 역량 따위가 뚜렷한 차이가 있음을 이름

種瓜得瓜 (종과득과) : (유)種豆得豆. 외 심은데 외가 남.

縱橫無盡 (종횡무진) : 세로와 가로로 다함이 없다는 데서, 자유자재하여 끝이 없는 상태를 말함

左瞻右顧 (좌첨우고) : 왼쪽을 돌아보고 오른쪽을 돌아봄.

主客顚倒 (주객전도) : '주인과 손의 위치가 서로 뒤바뀐다'는 뜻으로, 사물의 경중·선후·완급 등이 서로 뒤바뀜

朱脣皓齒 (주순호치) : (유)丹脣皓齒. 붉은 입술에 흰 이. 아름다운 미인을 뜻함.

酒池肉林 (주지육림) : 술은 못을 이루고 고기는 숲을 이룬다는 뜻으로 굉장하게 차린 술잔치를 가리치는 말. 호화로운 생활

中原逐鹿 (중원축록) : 군웅(群雄)이 제왕의 지위를 얻으려고 다툼. 서로 경쟁하여 어떤 지위를 얻고자 함

芝蘭之交 (지란지교) : '지초와 난초 같은 향기로운 사귐'이라는 뜻으로, 벗 사이의 맑고도 높은 사귐을 말함

指鹿爲馬 (지록위마) : 사슴을 가리켜 말이라고 우긴 조고의 고사에서 비롯한 말. 곧, 윗사람을 농락하여 권세를 마음대로 휘두름

支離滅裂 (지리멸렬) : 순서없이 함부로 뒤섞여 갈피를 잡을 수 없는 상태

知命之年 (지명지년) : 공자(孔子)가 나이 쉰 살에 천명(天命)을 알았다는 데서 나온 말로'쉰 살'을 이름

至上命令 (지상명령) : 절대로 복종해야 할 명령

紙上兵談 (지상병담) : (유)卓上空論. 종이 위에서 펼치는 용병의 이야기

池魚之殃 (지어지앙) : '못의 물로 불을 끄니 물이 줄어 물고기가 죽는다'는 뜻으로 엉뚱한 사람이 재앙을 입음

指天射漁 (지천사어) : '하늘을 보고 고기를 쏜다'는 뜻으로, 되지 않을 일을 무리하게 하려는 것을 일컬음

知彼知己 (지피지기) : 적의 사정과 나의 사정을 자세히 앎

志學之年 (지학지년) : '학문에 뜻을 두는 나이'라는 뜻으로, 열다섯 살이 된 나이를 뜻함

秦鏡高懸 (진경고현) : 사람의 마음까지도 비추었다는 진(秦)나라 거울이 높게 매달려 있음.

塵合泰山 (진합태산) : 먼지가 모여 태산이 됨.

車胤聚螢 (차윤취형) : (유)螢雪之功. 차윤이 반딧불이를 모아 그 빛으로 공부함.

借廳入室 (차청입실) : 대청을 빌려 쓰다가 점점 안방까지 들어감. 처음에는 남에게 의지하다가 점차 그의 권리까지 침범함.

借廳借閨 (차청차규) : (유)借廳入室. 대청을 빌려 쓰다가 점점 안방까지 들어감.

創業守成 (창업수성) : 일을 시작하기는 쉬우나 이룬 것을 지키기는 어렵다는 말

滄桑之變 (창상지변) : (유)桑田碧海. 푸른 바다가 뽕나무밭이 되는 변화

彰善懲惡 (창선징악) : (유)勸善懲惡. 착한 것을 드러내고, 악한 것을 징계함.

滄海桑田 (창해상전) : (유)桑田碧海. 푸른 바다가 뽕나무밭이 되는 변화

滄海遺珠 (창해유주) : 넓고 큰 바다 속에 캐어지지 않은 채 남아 있는 진주. 세상에 미처 알려지지 않은 드물고 귀한 보배.

滄海一粟 (창해일속) : 넓고 큰 바다 속의 좁쌀 한 알'이란 뜻으로, 아주 많거나 넓은 것 가운데 매우 하찮고 작은 것을 이름

滄海一滴 (창해일적) : (유)九牛一毛. 넓고 큰 바다 속의 물방울 하나

隻手空拳 (척수공권) : (유)赤手空拳. 외손에 빈주먹

斥和洋夷 (척화양이) : 서양의 오랑캐와 화해함을 배척하는 쇄국정책을 일컬음

天高馬肥 (천고마비) : '하늘이 높고 말이 살찐다'는 뜻으로, '가을'을 일컫는 말

天方地軸 (천방지축) : 못난 사람이 종작없이 덤벙이는 일. 너무 급하여 허둥지둥 함부로 날 뜀

天淵之差 (천연지차) : (유)雪泥之差. 하늘과 연못과의 거리의 차이

天佑神助 (천우신조) : 하늘이 돕고 신이 도움

千載一遇 (천재일우) : 천 년에 한 번 만날 수 있는 기회. 곧, 좀처럼 만나기 어려운 좋은 기회

天衣無縫 (천의무봉) : '천사의 옷은 꿰맨 흔적이 없다'는 뜻으로, 문장이 훌륭하여 손 댈 곳이 없을 만큼 잘 되었음을 가리킴

天長地久 (천장지구) : 하늘과 땅은 영원히 변치 않음을 이르는 말. 흔히 장수를 빌 때 하는 말

天藏地秘 (천장지비) : '하늘과 땅 속에 감추어져 있다'는 뜻으로, 파묻혀서 세상에 알려지지 아니함을 이르는 말

天眞爛漫 (천진난만) : 말이나 행동이 천진함. 조금도 꾸밈이 없이 아주 순진하고 참됨

千篇一律 (천편일률) : 천 가지 책이 모두 하나의 내용과 형식이라는 뜻으로 사건이나 사물이 한결같아 단조로움을 이름

靑出於藍 (청출어람) : 열심히 학문에 정진하면 제자나 후배가 스승이나 선배보다 뛰어날 수 있다는 말

鐵石肝腸 (철석간장) : 쇠나 돌같이 굳고 단단한 마음

徹天之恨 (철천지한) : 하늘을 뚫을 정도로 사무친 한

晴耕雨讀 (청경우독) : 부지런히 일하며 여가를 헛되이 보내지 않고 공부함

草木皆兵 (초목개병) : '적을 두려워한 나머지 온 산의 초목을 모두 적군으로 잘못 보았다'는 뜻으로, 군세의 왕성함을 나타냄

焦眉之急 (초미지급) : '눈썹에 불이 붙었다'는 뜻으로, 매우 급함을 이르는 말

焦心苦慮 (초심고려) : (유)勞心焦思. 마음을 태우며 애써 생각함.

寸鐵殺人 (촌철살인) : 간단한 말이나 문장으로 상대방의 급소를 찔러 당황하게 만들거나 감동을 시키는 경우에 쓰이는 말

春樹暮雲 (춘수모운) : 봄철의 수목(樹木)과 해질무렵의 구름. 곧 벗을그리는 정(情)

春雉自鳴 (춘치자명) : 봄철의 꿩이 스스로 욺. 시키거나 요구하지 아니하여도 자기 스스로 함.

取捨選擇 (취사선택) : 취할 것은 취하고, 버릴 것은 버려서 골라 잡음

推己及人 (추기급인) : 자기의 마음을 미루어 보아 남에게도 그렇게 행동함

出將入相 (출장입상) : 나가서는 장수가 되고 들어와서는 재상이 됨을 말함. 문무를 다 갖추었음을 이르는 말

醉生夢死 (취생몽사) : '술에 취하여 꿈 속에 살고 죽는다'는 뜻으로, 한평생을 하는 일 없이 흐리멍덩하게 살아감을 말함

置之度外 (치지도외) : 내버려 두고 문제로 삼지 않음

七步之才 (칠보지재) : '일곱 걸음을 걸을 동안에 시를 지을 만한 재주'라는 뜻으로, 아주 뛰어난 글재주를 말함

貪官汚吏 (탐관오리) : 백성의 재물을 탐내어 빼앗는 행실이 깨끗하지 못한 관리

泰然自若 (태연자약) : 마음에 어떠한 충동을 받아도 움직임이 없이 천연스러움

土崩瓦解 (토붕와해) : 흙이 무너지고 기왓장이 깨지듯이 조직체가 일시에 무너짐

兎營三窟 (토영삼굴) : 토끼가 위기에서 벗어나기 위하여 세 개의 굴을 파 놓아 둠. 자신의 안전을 위하여 미리 몇 가지 대비책을 짜 놓음.

吐盡肝膽 (토진간담) : 간과 쓸개를 다 토함. 실정(實情)을 숨김없이 다 털어놓고 말함.

破鏡不照 (파경부조) : 깨어진 거울은 원래로 돌아오지 못함

破瓜之年 (파과지년) : 여자 나이 16세. 남자 나이 64세를 나타냄.

破廉恥漢 (파렴치한) : 부끄러움을 모르는 사람

破釜沈舟 (파부침주) : (유)背水之陣. 살아 돌아올 기약을 하지 않고 결사의 각오로 싸우겠다는 굳은 결의

破邪顯正 (파사현정) : 그릇된 것을 깨뜨리고 올바르게 바로잡음

破顔大笑 (파안대소) : 매우 즐거운 표정으로 활짝 웃음

八字所關 (팔자소관) : 타고난 운수로 인하여 어쩔 수 없이 당하는 일

抱腹絶倒 (포복절도) : 배를 안고 몸을 가누지 못할 정도로 몹시 웃음

暴惡無道 (포악무도) : 매우 사납고 악함

風樹之嘆 (풍수지탄) : 부모가 돌아가신 뒤에 효도를 다하지 못한것을 후회함.

風餐露宿 (풍찬노숙) : 바람을 먹고 이슬에 잠잠. 객지에서 겪는 숱한 고생

彼此一般 (피차일반) : 두 편이 서로 같음

사자성어(四字成語), 고사성어(故事成語)

匹夫之勇 (필부지용) : '평범한 사람의 용기'란 뜻으로, 작은 용기를 뜻함

匹夫匹婦 (필부필부) : 평범만 남자와 평범한 여자

下石上臺 (하석상대) : '아랫돌 빼서 윗돌 괴고 윗돌 빼서 아랫돌 괸다'는 뜻으로, 임시변통으로 이리저리 둘러맞춤을 일컬음

汗牛充棟 (한우충동) : '수레에 실으면 소가 땀을 흘리고, 집안에 쌓으면 들보까지 가득 찬다'는 뜻으로, 장서가 매우 많음을 말함

閑雲野鶴 (한운야학) : 아무 매인 데 없는 한가로운 생활로 유유자적하는 경지

割半之痛 (할반지통) : '몸의 반쪽을 베어 내는 고통'이라는 뜻으로, 형제 자매가 죽었을 때의 슬픔을 비유하는 말

割恩斷情 (할은단정) : 애틋한 사랑을 끊음

含憤蓄怨 (함분축원) : 분한 마음을 품고 원한을 쌓음

含哺鼓腹 (함포고복) : '잔뜩 먹고 배를 두드린다'는 뜻으로, 먹을 것이 풍족하여 즐겁게 지냄을 이르는 말

恒茶飯事 (항다반사) : 밥을 먹고 차를 마시는 일처럼 늘 있어서 이상하거나 신통할 것이 없는 일

亢龍有悔 (항룡유회) : 하늘 끝까지 다다른 용이 내려갈 길 밖에 없음을 후회함. 부귀영화가 극도로 다다른 사람은 쇠락할 염려가 있음.

解衣推食 (해의추식) : 남에게 옷과 음식을 베푸는 것

向陽花木 (향양화목) : '볕을 잘 받은 꽃나무'라는 뜻으로, 크게 잘 될 사람을 이르는 말

海翁好鷗 (해옹호구) : 사람에게 야심(野心)이 있으면 새도 그것을 알고 가까이 하지 않음.

虛氣平心 (허기평심) : 기(氣)를 가라앉히고 마음을 편안하게 가짐

虛靈不昧 (허령불매) : 잡된 생각이 없이 마음이 신령하여 어둡지 아니함

虛禮虛飾 (허례허식) : 정성이 없이 겉으로만 번드르르하게 꾸밈 또는 그런 예절이나 법식

虛無孟浪 (허무맹랑) : 터무니없이 허황하고 실상이 없음

軒軒丈夫 (헌헌장부) : 외모가 준수하고 풍채가 당당한 남자

現身說法 (현신설법) : 자기자신의 모습을 바탕으로 해서 남에게 설법하는 것

賢問愚答 (현문우답) : 현명한 물음에 대한 어리석은 대답

螢雪之功 (형설지공) : 반딧불과 눈으로 쌓은 공이란 뜻으로, 어려운 처지에서도 학문에 힘써 이룬 공을 말함.

虎父犬子 (호부견자) : 아버지는 잘났는데 아들은 못나고 어리석다는 뜻

好事多魔 (호사다마) : 좋은 일에는 흔히 방해되는 일이 많음

虎視耽耽 (호시탐탐) : 야심을 품고 날카로운 눈초리로 기회를 엿보는 모양

豪言壯談 (호언장담) : 분수에 맞지 않는 말을 큰소리로 자신있게 말한다는 뜻

浩然之氣 (호연지기) : 넓고 큰 기운. 무엇에도 구애를 받지 않고 떳떳하고도 유연한 기운

胡蝶之夢 (호접지몽) : 인생의 덧없음. 중국의 장자가 꿈에 나비가 되어 즐겁게 놀았다는 데서 유래

皓齒丹脣 (호치단순) : (유)丹脣皓齒. 흰 이와 붉은 입술. 아름다운 미인을 뜻함.

紅爐點雪 (홍로점설) : 사욕이나 의혹이 일시에 꺼져 없어짐

和光同塵 (화광동진) : 빛이 섞이어 먼지와 함께 함. 자기의 어짊과 능력을 드러내지 않고 세속에 섞여 살면서도 본질은 변치 않음.

畵龍點睛 (화룡점정) : 무슨 일을 하는 데에 가장 중요한 부분을 완성함을 이르는 말

畵蛇添足 (화사첨족) : 쓸데없는 군짓을 하여 도리어 실패함. 사족(蛇足)

畵虎類狗 (화호유구) : 범을 그리려다 강아지를 그림. 소양이 없는 사람이 호걸인 체하다 도리어 망신 당함

換骨奪胎 (환골탈태) : 선인의 시나 문장을 살리되, 새로움을 보태 자기 작품으로 삼음 또는 용모가 변하여 전보다 아름답게 되는 경우

厚顔無恥 (후안무치) : 뻔뻔스러워 부끄러움이 없음

喜怒哀樂 (희로애락) : 기쁨과 노여움과 슬픔과 즐거움

주제별(같은뜻) 사자성어(四字成語)

佳人薄命 (가인박명)
美人薄命 (미인박명)
紅顔薄命 (홍안박명)
} 미인은 명이 짧음

刻骨難忘 (각골난망)
白骨難忘 (백골난망)
結草報恩 (결초보은)
} 은혜를 잊지 못함

他山之石 (타산지석)
殷鑑不遠 (은감불원)
} 남에게 얻은 교훈

刻舟求劍 (각주구검)
膠柱鼓瑟 (교주고슬)
守株待兎 (수주대토)
尾生之信 (미생지신)
固執不通 (고집불통)
} 융통성이 없음

敢不生心 (감불생심)
敢不生意 (감불생의)
焉敢生心 (언감생심)
} 힘이 부치어 마음먹지 못함

甘言利說 (감언이설)
巧言令色 (교언영색)
} 남을 속이는 언행

甲男乙女 (갑남을녀)
匹夫匹婦 (필부필부)
張三李四 (장삼이사)
凡夫凡婦 (범부범부)
} 평범한 사람들

江湖煙波 (강호연파)
淸風明月 (청풍명월)
山紫水明 (산자수명)
} 자연의 좋은 경치

改過遷善 (개과천선)
改過自新 (개과자신)
} 잘못을 고침

去頭截尾 (거두절미)
單刀直入 (단도직입)
} 군더기말은 빼고 요점만 말함

居安思危 (거안사위)
有備無患 (유비무환)
} 불행에 대비함

隔世之感 (격세지감)
桑田碧海 (상전벽해)
今昔之感 (금석지감)
滄海桑田 (창해상전)
滄桑之變 (창상지변)
} 세상변화가 큼

牽强附會 (견강부회)
我田引水 (아전인수)
} 자기합리화

犬馬之勞 (견마지로)
犬馬之心 (견마지심)
狗馬之心 (구마지심)
} 윗 사람을 섬기는 겸손한 마음

見危授命 (견위수명)
見危致命 (견위치명)
} 순국정신

背水之陣 (배수지진)
破釜沈舟 (파부침주)
} 결사의 각오로 싸움

經國濟世 (경국제세)
經世濟民 (경세제민)
濟世安民 (제세안민)
} 나라 일을 경륜하고 세상을 구제함

驚天動地 (경천동지)
驚天驚地 (경천경지)
} 몹시 세상을 놀라게 함을 뜻함

花容月態 (화용월태)
月下美人 (월하미인)
傾國之色 (경국지색)
傾城之色 (경성지색)
丹脣皓齒 (단순호치)
絕世佳人 (절세가인)
雪膚花容 (설부화용)
} 절세미인

孤立無援 (고립무원)
四面楚歌 (사면초가)
孤立無依 (고립무의)
四顧無親 (사고무친)
孤城落日 (고성낙일)
孤身隻影 (고신척영)
} 외로운 처지

鼓腹擊壤 (고복격양)
含哺鼓腹 (함포고복)
太平聖代 (태평성대)
堯舜時節 (요순시절)
} 태평한 시절

臨機應辯 (임기응변)
姑息之計 (고식지계)
凍足放尿 (동족방뇨)
下石上臺 (하석상대)
臨時變通 (임시변통)
} 일시적인 계책

苦肉之策 (고육지책)
苦肉之計 (고육지계)
} 적을 속이기 위한 계책

주제별(같은뜻) 사자성어(四字成語)

孤掌難鳴 (고장난명)
獨不將軍 (독불장군)
→ 혼자서는 할 수 없음

高枕安眠 (고침안면)
高枕無憂 (고침무우)
高枕而臥 (고침이와)
→ 호의호식 편안하게 삼

同族相殘 (동족상잔)
骨肉相爭 (골육상쟁)
自中之亂 (자중지란)
→ 혈족끼리 다툼

空前絕後 (공전절후)
前無後無 (전무후무)
前代未聞 (전대미문)
前人未踏 (전인미답)
→ 세상에 있을 수 없는 일(것)

矯角殺牛 (교각살우)
過猶不及 (과유불급)
矯枉過直 (교왕과직)
→ 정도가 지나치면 오히려 해가 됨

縱橫無盡 (종횡무진)
自由自在 (자유자재)
神出鬼沒 (신출귀몰)
→ 동에 번쩍 서에 번쩍

口蜜腹劍 (구밀복검)
面從腹背 (면종복배)
笑裏藏刀 (소리장도)
表裏不同 (표리부동)
→ 겉과 속이 다름

九牛一毛 (구우일모)
滄海一粟 (창해일속)
滄海一滴 (창해일적)
車載斗量 (거재두량)
→ 미미한 존재

群鷄一鶴 (군계일학)
鷄群一鶴 (계군일학)
鷄群孤鶴 (계군고학)
泰山北斗 (태산북두)
→ 뛰어난 존재

近墨者黑 (근묵자흑)
脣亡齒寒 (순망치한)
近朱者赤 (근주자적)
堂狗風月 (당구풍월)
麻中之蓬 (마중지봉)
→ 환경의 영향을 받게 됨

金石盟約 (금석맹약)
金石之約 (금석지약)
→ 변하지 않는 약속

金城湯池 (금성탕지)
金城鐵壁 (금성철벽)
難攻不落 (난공불락)
→ 쳐 부수기 어려운 성지(城地)

錦衣還鄕 (금의환향)
錦衣之榮 (금의지영)
→ 출세하여 고향에 돌아옴

金蘭之交 (금란지교)
水魚之交 (수어지교)
肝膽相照 (간담상조)
芝蘭之交 (지란지교)
知己之友 (지기지우)
莫逆之友 (막역지우)
竹馬故友 (죽마고우)
管鮑之交 (관포지교)
金石之交 (금석지교)
膠漆之交 (교칠지교)
→ 절친한 친구

騎虎之勢 (기호지세)
虎尾難放 (호미난방)
→ 어쩔 수 없는 형세

南柯一夢 (남가일몽)
老生之夢 (노생지몽)
一場春夢 (일장춘몽)
一炊之夢 (일취지몽)
→ 한 바탕의 헛된 꿈

怒發大發 (노발대발)
怒氣衝天 (노기충천)
怒髮衝冠 (노발충관)
→ 몹시 화가 남

綠林豪傑 (녹림호걸)
梁上君子 (양상군자)
無本大商 (무본대상)
→ 도둑이나 불한당

累卵之勢 (누란지세)
累卵之危 (누란지위)
風前燈火 (풍전등화)
一觸卽發 (일촉즉발)
命在頃刻 (명재경각)
→ 매우 위태로움

多岐亡羊 (다기망양)
亡羊之歎 (망양지탄)
→ 진리 탐구의 어려움

道聽塗說 (도청도설)
街談巷說 (가담항설)
→ 길거리에 떠도는 뜬 소문

東奔西走 (동분서주)
南行北走 (남행북주)
南船北馬 (남선북마)
→ 매우 바쁜 생활

池魚之殃 (지어지앙)
殃及池魚 (앙급지어)
魚網鴻離 (어망홍리)
→ 제삼자에게 화가 미침

馬耳東風 (마이동풍)
牛耳讀經 (우이독경)
對牛彈琴 (대우탄금)
→ 아무리 말해도 소용없음

주제별(같은뜻) 사자성어(四字成語)

사자성어	독음	뜻
莫上莫下	(막상막하)	우열을 가리기 힘듬
伯仲之勢	(백중지세)	
難兄難弟	(난형난제)	
萬世無疆	(만세무강)	장수(長壽)를 기원함
萬壽無疆	(만수무강)	
壽考無疆	(수고무강)	
罔極之恩	(망극지은)	임금이나 부모의 끝없는 은혜
昊天罔極	(호천망극)	
風樹之嘆	(풍수지탄)	부모에 대한 그리움
望雲之情	(망운지정)	
白雲孤飛	(백운고비)	
孟母斷機	(맹모단기)	면학에 대한 엄중한 권계
斷機之戒	(단기지계)	
孟母三遷	(맹모삼천)	
三遷之敎	(삼천지교)	
無所不爲	(무소불위)	못할 일이 없음
無所不能	(무소불능)	
博學多識	(박학다식)	학문이 넓고 식견이 많음
無不通知	(무불통지)	
無所不知	(무소부지)	
民生塗炭	(민생도탄)	가혹한 정치
塗炭之苦	(도탄지고)	
反哺之孝	(반포지효)	부모에 대한 효도
反哺報恩	(반포보은)	
昏定晨省	(혼정신성)	
放聲大哭	(방성대곡)	북받치는 슬픔과 분노
大聲痛哭	(대성통곡)	
白面書生	(백면서생)	세상 경험없는 서생(書生)
白面書郎	(백면서랑)	
百年河淸	(백년하청)	아무리 애써도 성사시키기 어려움
漢江投石	(한강투석)	
紅爐點雪	(홍로점설)	
勞而無功	(노이무공)	
夫唱婦隨	(부창부수)	가정에서의 부부화합을 강조하는 말
女必從夫	(여필종부)	
不俱戴天	(불구대천)	화합할 수 없는 사이
不共戴天	(불공대천)	
氷炭之間	(빙탄지간)	

사자성어	독음	뜻
不問可知	(불문가지)	확실한 사실
明若觀火	(명약관화)	
四通五達	(사통오달)	길이 사방 팔방으로 통해 있음
四通八達	(사통팔달)	
四方八方	(사방팔방)	
千載一遇	(천재일우)	모처럼의 행운
天佑神助	(천우신조)	
塞翁之馬	(새옹지마)	세상의 변화는 예측하기 힘듬
轉禍爲福	(전화위복)	
榮枯盛衰	(영고성쇠)	
榮枯一炊	(영고일취)	
小貪大失	(소탐대실)	작은 것을 탐하다가 큰 것을 잃음
矯角殺牛	(교각살우)	
始終一貫	(시종일관)	처음과 끝이 변함없음
始終如一	(시종여일)	
安分知足	(안분지족)	자기 분수를 알고 만족함
安貧樂道	(안빈낙도)	
眼下無人	(안하무인)	교만한 행동
傍若無人	(방약무인)	
鄭衛桑間	(정위상간)	나라를 망하게할 음악
鄭衛之音	(정위지음)	
亡國之音	망국지음)	
養虎遺患	(양호유환)	화근거리를 키움
自業自得	(자업자득)	
魚魯不辨	(어로불변)	몹시 무식함
目不識丁	(목불식정)	
漁父之利	(어부지리)	엉뚱한 제삼자가 이익을 얻음
犬免之爭	(견토지쟁)	
五車之書	(오거지서)	많은 장서(책)
汗牛充棟	(한우충동)	
閑雲野鶴	(한운야학)	자연과 더불어 즐김
梅妻鶴子	(매처학자)	
吟風弄月	(음풍농월)	
吟風咏月	(음풍영월)	
悠悠自適	(유유자적)	
日就月將	(일취월장)	학문이나 재주가 갑자기 늘어남
刮目相對	(괄목상대)	
日進月步	(일진월보)	

주제별(같은뜻) 사자성어(四字成語)

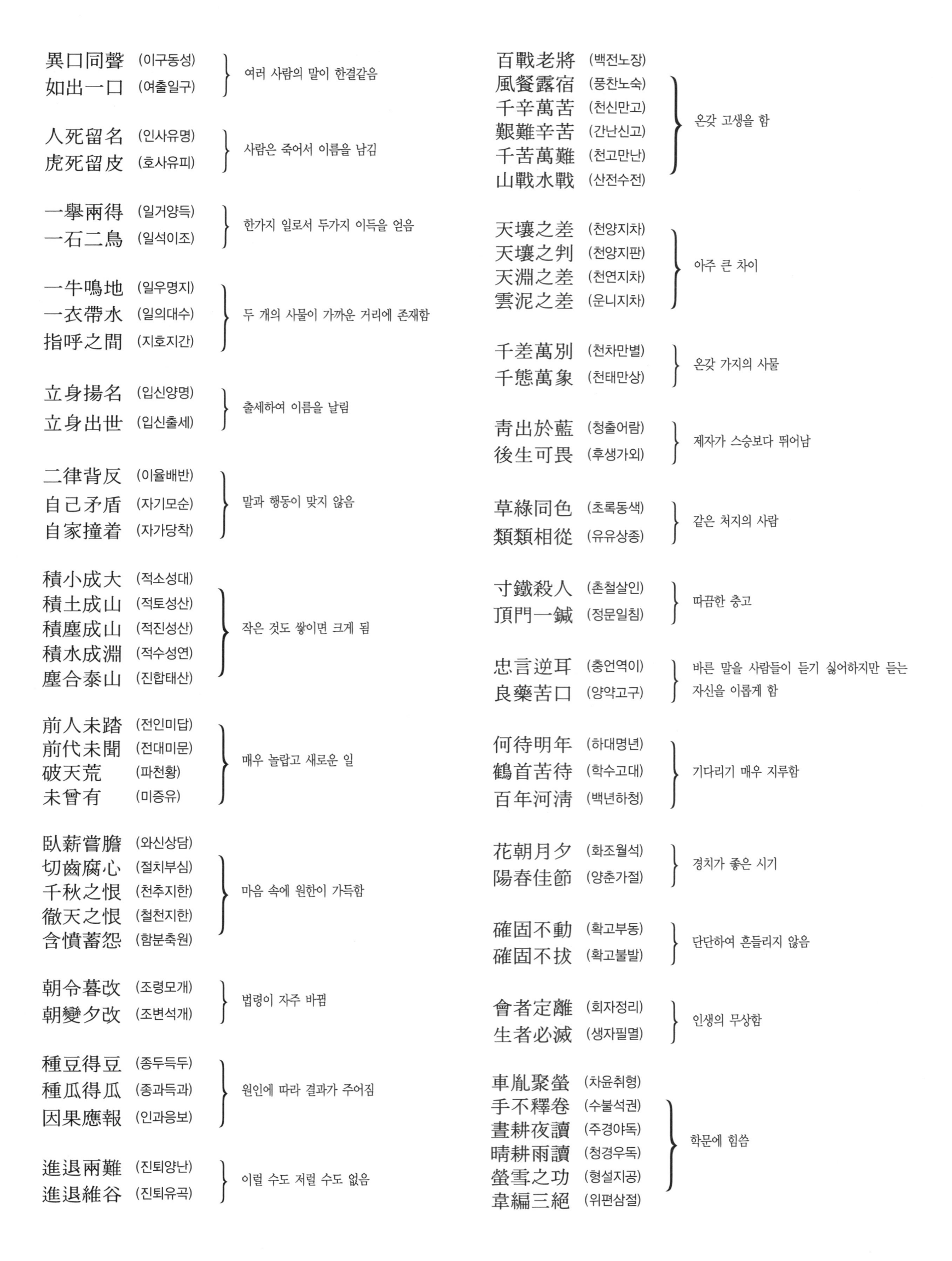

異口同聲 (이구동성)
如出一口 (여출일구) — 여러 사람의 말이 한결같음

人死留名 (인사유명)
虎死留皮 (호사유피) — 사람은 죽어서 이름을 남김

一擧兩得 (일거양득)
一石二鳥 (일석이조) — 한가지 일로서 두가지 이득을 얻음

一牛鳴地 (일우명지)
一衣帶水 (일의대수)
指呼之間 (지호지간) — 두 개의 사물이 가까운 거리에 존재함

立身揚名 (입신양명)
立身出世 (입신출세) — 출세하여 이름을 날림

二律背反 (이율배반)
自己矛盾 (자기모순)
自家撞着 (자가당착) — 말과 행동이 맞지 않음

積小成大 (적소성대)
積土成山 (적토성산)
積塵成山 (적진성산)
積水成淵 (적수성연)
塵合泰山 (진합태산) — 작은 것도 쌓이면 크게 됨

前人未踏 (전인미답)
前代未聞 (전대미문)
破天荒 (파천황)
未曾有 (미증유) — 매우 놀랍고 새로운 일

臥薪嘗膽 (와신상담)
切齒腐心 (절치부심)
千秋之恨 (천추지한)
徹天之恨 (철천지한)
含憤蓄怨 (함분축원) — 마음 속에 원한이 가득함

朝令暮改 (조령모개)
朝變夕改 (조변석개) — 법령이 자주 바뀜

種豆得豆 (종두득두)
種瓜得瓜 (종과득과)
因果應報 (인과응보) — 원인에 따라 결과가 주어짐

進退兩難 (진퇴양난)
進退維谷 (진퇴유곡) — 이럴 수도 저럴 수도 없음

百戰老將 (백전노장)
風餐露宿 (풍찬노숙)
千辛萬苦 (천신만고)
艱難辛苦 (간난신고)
千苦萬難 (천고만난)
山戰水戰 (산전수전) — 온갖 고생을 함

天壤之差 (천양지차)
天壤之判 (천양지판)
天淵之差 (천연지차)
雲泥之差 (운니지차) — 아주 큰 차이

千差萬別 (천차만별)
千態萬象 (천태만상) — 온갖 가지의 사물

靑出於藍 (청출어람)
後生可畏 (후생가외) — 제자가 스승보다 뛰어남

草綠同色 (초록동색)
類類相從 (유유상종) — 같은 처지의 사람

寸鐵殺人 (촌철살인)
頂門一鍼 (정문일침) — 따끔한 충고

忠言逆耳 (충언역이)
良藥苦口 (양약고구) — 바른 말을 사람들이 듣기 싫어하지만 듣는 자신을 이롭게 함

何待明年 (하대명년)
鶴首苦待 (학수고대)
百年河淸 (백년하청) — 기다리기 매우 지루함

花朝月夕 (화조월석)
陽春佳節 (양춘가절) — 경치가 좋은 시기

確固不動 (확고부동)
確固不拔 (확고불발) — 단단하여 흔들리지 않음

會者定離 (회자정리)
生者必滅 (생자필멸) — 인생의 무상함

車胤聚螢 (차윤취형)
手不釋卷 (수불석권)
晝耕夜讀 (주경야독)
晴耕雨讀 (청경우독)
螢雪之功 (형설지공)
韋編三絶 (위편삼절) — 학문에 힘씀

뜻이 반대되는 사자성어(四字成語)

刻骨難忘 (각골난망) ↔ 背恩忘德 (배은망덕)
高大廣室 (고대광실) ↔ 一間斗屋 (일간두옥)
苦盡甘來 (고진감래) ↔ 興盡悲來 (흥진비래)
錦上添花 (금상첨화) ↔ 雪上加霜 (설상가상)
凍氷寒雪 (동빙한설) ↔ 和風暖陽 (화풍난양)
上意下達 (상의하달) ↔ 下意上達 (하의상달)
我田引水 (아전인수) ↔ 易地思之 (역지사지)
抑强扶弱 (역강부약) ↔ 抑弱扶强 (억약부강)
龍頭蛇尾 (용두사미) ↔ 始終一貫 (시종일관)
流芳百世 (유방백세) ↔ 遺臭萬年 (유취만년)
一刀兩斷 (일도양단) ↔ 優柔不斷 (우유부단)
隱忍自重 (은인자중) ↔ 輕擧妄動 (경거망동)
表裏不同 (표리부동) ↔ 表裏一致 (표리일치)

속담과 관련된 사자성어(四字成語)

甘呑苦吐 (감탄고토) : 달면 삼키고 쓰면 뱉는다
苦盡甘來 (고진감래) : 태산을 넘으면 평지를 본다
孤掌難鳴 (고장난명) : 외손뼉이 울랴!
姑息之計 (고식지계) : 언발에 오줌누기
凍足放尿 (동족방뇨) : 언발에 오줌누기
矯角殺牛 (교각살우) : ① 쥐 잡으려다 장독깬다
② 빈대 잡으려다 초가삼간 태운다
錦衣夜行 (금의야행) : 비단옷 입고 밤길 걷기
同價紅裳 (동가홍상) : 같은 값이면 다홍치마
同病相憐 (동병상련) : 과부사정은 동무 과부가 안다
燈下不明 (등하불명) : 등잔 밑이 어둡다
登高自卑 (등고자비) : 천리길도 한 걸음부터
麻中之蓬 (마중지봉) : 삼밭에 쑥대
亡子計齒 (망자계치) : 죽은자식 나이세기
本末顚倒 (본말전도) : 배보다 배꼽이 더 크다
目不識丁 (목불식정) : 낫놓고 기역자도 모른다
脣亡齒寒 (순망치한) : 벽을 치면 대들보가 운다
識字憂患 (식자우환) : 아는 것이 병
相扶相助 (상부상조) : 백지장도 맞들면 낫다
塞翁之馬 (새옹지마) : 사람팔자 알 수 없다
我田引水 (아전인수) : 제논에 물대기
雪上加霜 (설상가상) : 엎친데 덮친다
於異阿異 (어이아이) : '어' 다르고 '아' 다르다
如反掌 (여반장) : 식은 죽 먹기
吾鼻三尺 (오비삼척) : 내코가 석자
烏飛梨落 (오비이락) : 까마귀 날자 배 떨어진다
牛耳讀經 (우이독경) : 소 귀에 경 읽기
類類相從 (유유상종) : 가재는 게 편이다
有備無患 (유비무환) : 감나무 밑에 누워도 삿갓미사리를 대어라
以卵擊石 (이란격석) : 달걀로 바위치기
以卵投石 (이란투석) : 달걀로 바위치기
人死留名 (인사유명) : 사람은 죽어서 이름을 남긴다
一日三秋 (일일삼추) : 하루가 삼년같다
一擧兩得 (일거양득) : 꿩먹고 알 먹는다
一魚濁水 (일어탁수) : 어물전 망신은 꼴뚜기가 시킨다
臨渴掘井 (임갈굴정) : 목마른자가 우물판다
積土成山 (적토성산) : 티끌모아 태산이 된다
塵合泰山 (진합태산) : 티끌모아 태산이 된다
鳥足之血 (조족지혈) : 새발의 피
種豆得豆 (종두득두) : 콩심은데 콩난다
走馬看山 (주마간산) : 수박 겉 핥기
指呼之間 (지호지간) : 엎어지면 코 닿을데
靑出於藍 (청출어람) : ①나중에 난 뿔이 우뚝하다
②후진들이 선배보다 더 낫다
③제자가 스승보다 낫다
漢江投石 (한강투석) : ①밑빠진 독에 물붓기
②굴 우물에 돌 넣기
③시루에 물 퍼붓기
④한강에 돌 던기기
下石上臺 (하석상대) : 아랫돌 빼서 윗돌 괸다

다음 四字成語가 완성되도록 괄호속의 우리말을 漢字로 쓰시오. ※정답은 99쪽 하단에 있음.

1. 泥田 [투][구]
2. 賢問 [우][답]
3. 高枕 [안][면]
4. 擧棋 [부][정]
5. 爛商 [토][론]
6. 魚魯 [불][변]
7. 普遍 [타][당]
8. 老萊 [지][희]
9. 下石 [상][대]
10. 紅爐 [점][설]
11. 一以 [관][지]
12. 伯樂 [일][고]
13. 發憤 [망][식]
14. 閨中 [칠][우]
15. 行雲 [유][수]
16. 籠鳥 [연][운]
17. 膽大 [심][소]
18. 以卵 [투][석]
19. 柔能 [제][강]
20. 實事 [구][시]
21. 旁岐 [곡][경]
22. 伏地 [부][동]
23. 焦眉 [지][급]
24. 殷鑑 [불][원]
25. 一絲 [불][란]
26. 擧措 [실][당]
27. 落膽 [상][혼]
28. 半身 [불][수]
29. 大膽 [무][쌍]
30. 松柏 [지][질]
31. 炎涼 [세][태]
32. 不肖 [소][자]
33. 三水 [갑][산]
34. 梅妻 [학][자]
35. 隋 [후]之[주]
36. 傲霜 [고][절]
37. 多岐 [망][양]
38. 德必 [유][린]
39. 吳越 [동][주]
40. [약]籠中[물]
41. 榮枯 [성][쇠]
42. [어]網鴻[리]
43. 手不 [석][권]
44. 阿修 [라][장]
45. [어]遊釜[중]
46. 元亨 [이][정]
47. [영]枯[일]炊
48. [와]釜雷[명]
49. 傍若 [무][인]
50. 堯舜 [시][절]
51. 杜門 [불][출]
52. 利用 [후][생]
53. 烏合 [지][졸]
54. [욕][개] 彌彰
55. 千篇 [일][률]
56. 牛刀 [할][계]
57. 寸鐵 [살][인]
58. 千慮 [일][실]
59. 心機 [일][전]
60. 欲燒 [필][연]
61. 天長 [지][구]
62. 唯我 [독][존]
63. 月盈 [즉][식]
64. 渭樹 [강][운]
65. 取捨 [선][택]
66. 泰然 [자][약]
67. 窮餘 [지][책]
68. 不撤 [주][야]
69. 韋編 [삼][절]
70. 森羅 [만][상]
71. 擧案 [제][미]
72. 脣亡 [치][한]
73. 一網 [타][진]
74. 明哲 [보][신]
75. 二律 [배][반]
76. 桑中 [지][희]
77. [일]炊之[몽]
78. 武陵 [도][원]
79. 子膜 [집][중]
80. 新陳 [대][사]
81. 人面 [수][심]
82. 物我 [일][체]
83. 小貪 [대][실]
84. 知彼 [지][기]
85. [자][기] 矛盾
86. 不俱 [대][천]
87. [적][수]成淵
88. 鄭 [위]之[음]
89. 抑强 [부][약]
90. 方底 [원][개]
91. 松都 [삼][절]
92. 烏有 [선][생]
93. 首丘 [초][심]
94. [농]璋之[경]
95. [다]錢[선]賈
96. 亡[국]之[음]
97. [망]蜀之[탄]
98. [파]釜[침]舟
99. 破邪 [현][정]
100. 風餐 [노][숙]
101. 亢龍 [유][회]
102. [해]翁[호]鷗
103. 皓齒 [단][순]
104. [화][광] 同塵

다음 四字成語가 완성되도록 괄호속의 우리말을 漢字로 쓰시오. ※정답은 100쪽 하단에 있음.

1. 瓊 [지][옥] 葉
2. 假 [롱][성] 眞
3. 肝 [담][상] 照
4. 綠 [음][방] 草
5. 膠 [칠][지] 交
6. 四 [면] 楚 [가]
7. 口 [밀][복] 劍
8. 裏 [혼][낙] 膽
9. 漸 [입][가] 境
10. 天 [진][난] 漫
11. 雪 [부][화] 容
12. 膠 [주][고] 瑟
13. 生 [구][불] 網
14. 殃 [급][지] 魚
15. 君 [자][삼] 樂
16. 切 [치][부] 心
17. 雪 [중][송] 柏
18. 賊 [반][하] 杖
19. 塞 [옹][지] 馬
20. 秦 [경][고] 懸
21. 出 [장][입] 相
22. 改 [과][천] 善
23. 養 [호][유] 患
24. 城 [하][지] 盟
25. 兎 [사][구] 烹
26. 起 [승][전] 結
27. 徹 [천][지] 恨
28. 孤 [립][무] 援
29. 路 [류][장] 花
30. 雲 [니][지] 差
31. 刮 [목][상] 對
32. 蓋 [세][지] 才
33. 家 [서][만] 金
34. 雨 [후][죽] 筍
35. 歲 [한]松 [백]
36. 針 [소][봉] 大
37. 綠 [림][호] 傑
38. [종]瓜 [득] 瓜
39. 累 [란][지] 勢
40. 麥 [수]之[탄]
41. [좌]瞻 [우] 顧
42. 朱 [순]皓 [치]
43. 楊 [포][지] 狗
44. 傷 [궁][지] 鳥
45. 日 [구][월] 深
46. 膠 [칠]之 [심]
47. 食 [소][사] 奔
48. 尾 [생][지] 信
49. 刻 [골][난] 忘
50. 草 [목][개] 兵
51. 抱 [복][절] 倒
52. 斥 [화][양] 夷
53. 胡 [접][지] 夢
54. 塵 [합][태] 山
55. 萬 [사][와] 解
56. 如 [리][박] 氷
57. 隔 [세][지] 感
58. 畵 [중][지] 餠
59. 孤 [군][분] 鬪
60. 絶 [장][보] 短
61. 砂 [상][누] 閣
62. 破 [사][현] 正
63. 博 [학][심] 問
64. 矯 [각][살] 牛
65. 車 [재][두] 量
66. 誇 [대][망] 想
67. 恒 [다][반] 事
68. 塗[탄]之[고]
69. 男 [부][여] 戴
70. [차] 胤聚 [형]
71. 支 [리][멸] 裂
72. 流 [방][백] 世
73. 借 [청]入[실]
74. 借 [청][차] 閨
75. 滄 [상]之[변]
76. 空 [중][누] 閣
77. 主 [객][전] 倒
78. 破 [안][대] 笑
79. 諸 [자][백] 家
80. 中 [원][축] 鹿
81. 我 [전][인] 水
82. 堅 [인][불] 拔
83. 彰 [선]懲[악]
84. 白 [룡][어] 服
85. 春雉 [자][명]
86. 焦心 [고][려]
87. 兎 [영][삼] 窟
88. 吐 [진][간] 膽

98쪽의 정답

1.鬪狗 2.愚答 3.安眠 4.不定 5.討論 6.不辨 7.妥當 8.之喜 9.上臺 10.點雪 11.貫之 12.一顧 13.忘食 14.七友 15.流水 16.戀雲 17.心小 18.投石 19.制剛 20.求是 21.曲徑 22.不動 23.之急 24.不遠 25.不亂 26.失當 27.喪魂 28.不隨 29.無雙 30.之質 31.世態 32.小子 33.甲山 34.鶴子 35.侯珠 36.孤節 37.亡羊 38.有隣 39.同舟 40.藥物 41.盛衰 42.魚離 43.釋卷 44.羅場 45.魚中 46.利貞 47.榮一 48.瓦鳴 49.無人 50.時節 51.不出 52.厚生 53.之卒 54.欲蓋 55.一律 56.割鷄 57.殺人 58.一失 59.一轉 60.筆硯 61.地久 62.獨尊 63.則食 64.江雲 65.選擇 66.自若 67.之策 68.晝夜 69.三絕 70.萬象 71.齊眉 72.齒寒 73.打盡 74.保身 75.背反 76.之喜 77.一夢 78.桃源 79.執中 80.代射 81.獸心 82.一體 83.大失 84.知己 85.自己 86.戴天 87.積水 88.衛音 89.扶弱 90.圓蓋 91.三絕 92.先生 93.初心 94.弄慶 95.多善 96.亡音 97.望歎 98.破沈 99.顯正 100.露宿 101.有悔 102.海好 103.丹脣 104.和光

다음 四字成語가 완성되도록 괄호속의 우리말을 漢字로 쓰시오. ※정답은 101쪽 하단에 있음.

1. [감][개] 無量
2. [기][암] 絕壁
3. [아][비] 叫喚
4. [간][어] 齊楚
5. [고][신] 隻影
6. [금][석] 盟約
7. [천][고] 馬肥
8. [과][전] 李下
9. [허][령] 不昧
10. [엄][처] 時下
11. [허][례] 虛飾
12. [기][기] 己溺
13. [병][불] 厭詐
14. [계] 札掛 [검]
15. [구] 猛 [주] 酸
16. [유] 萬 [부] 同
17. [도] 園 [결] 義
18. [전] 禍 [위] 福
19. [방] 聲 [대] 哭
20. [사][분] 五裂
21. [비][몽] 似夢
22. [십][벌] 之木
23. [맹][모] 斷機
24. [사][고] 八苦
25. [고][복] 擊壤
26. [삼][고] 草廬
27. [욕][교] 反拙
28. [단][순] 皓齒
29. [마][중] 之蓬
30. [파][렴] 恥漢
31. [도][청] 塗說
32. [견] 兎 [지] 爭
33. [향] 陽 [화] 木
34. [사] 文 [난] 賊
35. [박] 利 [다] 賣
36. [지] 學之 [년]
37. [경] 天 [위] 地
38. [풍] 樹之 [탄]
39. [만][경] 滄波
40. [사][기] 從人
41. [무][위] 徒食
42. [절][세] 佳人
43. [문][전] 沃畓
44. [문][질] 彬彬
45. [일][맥] 相通
46. [노][심] 焦思
47. [옥][상] 架屋
48. [백][팔] 煩惱
49. [우][화] 登仙
50. [금] 枝 [옥] 葉
51. [대] 義 [멸] 親
52. [미] 津 [보] 筏
53. [각] 自 [위] 政
54. [대] 驚 [실] 色
55. [도] 傍 [고] 李
56. [금] 昔 [지] 感
57. [암][중] 摸索
58. [빈][자] 一燈
59. [일][망] 打盡
60. [좌][불] 安席
61. [점][입] 佳境
62. [용][미] 鳳湯
63. [조][지] 不變
64. [풍][전] 燈火
65. [적][자] 生存
66. [동][족] 放尿
67. [망] 國之 [음]
68. [이][율] 背反
69. [지] 魚 [지] 殃
70. [천] 載 [일] 遇
71. [기] 盡 [맥] 盡
72. [요] 領 [부] 得
73. [화] 蛇 [첨] 足
74. [허] 張 [성] 勢
75. [옥] 骨 [선] 風
76. [명][재] 傾刻
77. 纖纖 [옥][수]
78. 巢毁 [난][파]
79. 宋 襄 之 [인]
80. 壽 [고][무] 疆

99쪽의 정답

1.枝玉 2.弄成 3.膽相 4.陰芳 5.漆之 6.面歌 7.蜜腹 8.魂落 9.入佳 10.眞爛 11.膚花 12.杜鼓 13.口不 14.及池 15.子三 16.齒腐 17.中松 18.反荷 19.翁之 20.鏡高 21.將入 22.過遷 23.虎遺 24.下之 25.死狗 26.承轉 27.天之 28.立無 29.柳墻 30.泥之 31.目相 32.世之 33.書萬 34.後竹 35.寒柏 36.小棒 37.林豪 38.種得 39.卵之 40.秀歎 41.左右 42.脣齒 43.布之 44.弓之 45.久月 46.漆心 47.少事 48.生之 49.骨難 50.木皆 51.腹絕 52.和洋 53.蝶之 54.合泰 55.事瓦 56.履薄 57.世之 58.中之 59.軍奮 60.長補 61.上樓 62.邪顯 63.學審 64.角殺 65.載斗 66.大妄 67.茶飯 68.炭苦 69.負女 70.車螢 71.離滅 72.芳百 73.廳室 74.廳借 75.桑變 76.中樓 77.客顚 78.顔大 79.子百 80.原逐 81.田引 82.忍不 83.善惡 84.龍魚 85.自鳴 86.苦慮 87.營三 88.盡肝

다음 四字成語가 완성되도록 괄호속의 우리말을 漢字로 쓰시오. ※정답은 102쪽 하단에 있음.

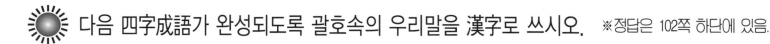

1. 芝[란]之[교]
2. 加[감]乘[제]
3. 縱[횡]無[진]
4. 同[문]修[학]
5. 姑[식]之[계]
6. 百[화]齊[방]
7. 鷄[구]牛[후]
8. 一[명]驚[인]
9. 積[소]成[대]
10. 高[대]廣[실]
11. 驥[복]鹽[거]
12. 肝[담]楚[월]
13. 八[자]所[관]
14. 孤[성]落[일]
15. 萬[사]亨[통]
16. 江[호]煙[파]
17. 汗[우]充[동]
18. 梅[란]菊[죽]
19. 臨[기]應[변]
20. 四[고]無[친]
21. 積[토]成[산]
22. 背[수]之[진]
23. 匹[부]之[용]
24. 萬[고]風[상]
25. 同[병]相[련]
26. 滄[해]一[속]
27. 權[모]術[수]
28. 苦[육]之[책]
29. 固[집]不[통]
30. 暖[의]飽[식]
31. 陰[덕]陽[보]
32. 悠[유]自[적]
33. 表[리]不[동]
34. 登[고]自[비]
35. 封[고]罷[직]
36. 四[주]單[자]
37. 多[사]多[난]
38. 博[람]强[기]
39. 酒[지]肉[림]
40. 如[리]薄[빙]
41. 積[진]成[산]
42. 金[성]湯[지]
43. 知[명]之[년]
44. 暴[악]無[도]
45. 軒[헌]丈[부]
46. 虛[기]平[심]
47. 克[기]復[례]
48. 輔[거]相[의]
49. 畵[룡]點[정]
50. 讀[서]三[도]
51. 街[담]巷[설]
52. 甘[정]先[갈]
53. 吟[풍]弄[월]
54. 群[계]一[학]
55. 釜[중]之[어]
56. 松[무]柏[열]
57. 日[난]風[화]
58. 刻[골]銘[심]
59. 反[포]之[효]
60. 左[충]右[돌]
61. 金[란]之[계]
62. 匹[부]匹[부]
63. 伯[중]之[간]
64. 隱[인]自[중]
65. 四[고]無[친]
66. 指[록]爲[마]
67. 無[용]之[물]
68. 內[유]外[강]
69. 刻[주]求[검]
70. 曲[학]阿[세]
71. 以[포]易[포]
72. 靑[운]之[지]
73. 桑[전]滄[해]
74. 金[과]玉[조]
75. 奇[상]天[외]
76. 彼[차]一[반]
77. 亂[신]賊[자]
78. 格[물]致[지]
79. 怒[갑]移[을]
80. 惻[은]之[심]
81. [창][해]桑田
82. 隻手[공][권]
83. [천]淵 之 差
84. [창][해]遺珠

100쪽의 정답

1.感慨 2.奇巖 3.阿鼻 4.間於 5.孤身 6.金石 7.天高 8.瓜田 9.虛靈 10.嚴妻 11.虛禮 12.己飢 13.兵不 14.季劍 15.狗酒 16.類不 17.桃結 18.轉爲 19.放大 20.四分 21.非夢 22.十伐 23.孟母 24.四苦 25.鼓腹 26.三顧 27.欲巧 28.丹脣 29.麻中 30.破廉 31.道聽 32.犬之 33.向花 34.斯亂 35.薄多 36.志年 37.經緯 38.風歎 39.萬頃 40.捨己 41.無爲 42.絕世 43.門前 44.文質 45.一脈 46.勞心 47.屋上 48.百八 49.羽化 50.金玉 51.大滅 52.迷寶 53.各爲 54.大失 55.道苦 56.今之 57.暗中 58.貧者 59.一網 60.坐不 61.漸入 62.龍味 63.初志 64.風前 65.適者 66.凍足 67.亡音 68.二律 69.池之 70.千一 71.氣脈 72.要不 73.畫添 74.虛聲 75.玉仙 76.命在 77.玉手 78.卵破 79.仁 80.考無

다음의 우리말 속담에 맞는 四字成語가 되도록 빈칸에 알맞은 漢字를 써 넣으시오

※정답은 103쪽 하단에 있음.

1. 下[ ]上[ ] ……. 아랫돌빼서 윗돌 괸다
2. 識[ ]憂[ ] ……. 아는 것이 병
3. 吾[ ]三[ ] ……. 내 코가 석자
4. 孤[ ]難[ ] ……. 외손 뼉이 울랴!
5. 目[ ]識[ ] ……. 낫놓고 기억자도 모른다
6. 同[ ]相[ ] ……. 과부사정은 동무 과부가 안다
7. 凍[ ]放[ ] ……. 언발에 오줌누기
8. 畵[ ]之[ ] ……. 그림속의 떡
9. 麻[ ]之[ ] ……. 삼 밭에 쑥대

23. [ ]擧兩[ ] ……. 꿩먹고 알 먹는다
24. [ ]假虎[ ] ……. 사또 덕분에 나팔분다
25. [ ]價紅[ ] ……. 같은 값이면 다홍치마
26. [ ]綠同[ ] ……. 가재는 게편이다
27. [ ]出於[ ] ……. 제자가 스승보다 낫다
28. [ ]角殺[ ] ……. ①쥐 잡으려다 장독깬다 ②빈대 잡으려다 초가삼간 태운다
29. [ ]扶相[ ] ……. 백지장도 맞들면 낫다
30. [ ]魚濁[ ] ……. 어물전 망신은 꼴뚜기가 시킨다
31. [ ]羊補[ ] ……. 소 잃고 외양간 고친다

10. 목마른자가 우물판다 ………… [ ][ ] 掘井
11. 비단옷 입고 밤길 걷기 ………… [ ][ ] 夜行
12. 엎진 데 덮친다 ………… [ ][ ] 加霜
13. 사람팔자 알 수 없다 ………… [ ][ ] 之馬
14. 천리길도 한 걸음부터 ………… [ ][ ] 自卑
15. 달면 삼키고 쓰면 뱉는다 ………… [ ][ ] 苦吐
16. 제 논에 물대기 ………… [ ][ ] 引水
17. 새발의 피 ………… [ ][ ] 之血
18. 태산을 넘으면 평지를 본다 ………… [ ][ ] 甘來
19. 죽은자식 나이세기 ………… [ ][ ] 計齒
20. 등잔 밑이 어둡다 ………… [ ][ ] 不明
21. 사람은 죽어서 이름을 남긴다 ………… [ ][ ] 留名
22. 식은 죽 먹기 ………… [ ][ ] 掌

32. 콩 심은데 콩난다 ………… 種豆[ ][ ]
33. 감나무 밑에 누워도 삿갓 미사리를 대어라 ….. 有備[ ][ ]
34. '어'다르고 '아'다르다 ………… 於異[ ][ ]
35. 달걀로 바위치기 ………… 以卵[ ][ ]
36. 하루가 삼년같다 ………… 一日[ ][ ]
37. 까마귀 날자 배 떨어진다 ………… 烏飛[ ][ ]
38. 벽을 치면 대들보가 운다 ………… 脣亡[ ][ ]
39. 티끌모아 태산 ………… 積土[ ][ ]
40. 배보다 배꼽이 더 크다 ………… 本末[ ][ ]
41. 쇠 귀에 경읽기 ………… 牛耳[ ][ ]
42. 엎어지면 코 닿을데 ………… 指呼[ ][ ]
43. 수박 겉 핥기 ………… 走馬[ ][ ]

101쪽의 정답

1.蘭交 2.減除 3.橫盡 4.門學 5.息計 6.花放 7.口後 8.鳴人 9.小大 10.臺室 11.服車 12.膽越 13.字關 14.城日 15.事通 16.湖波 17.牛棟 18.蘭竹 19.機變 20.顧親 21.土山 22.水陣 23.夫勇 24.古霜 25.病憐 26.海粟 27.謀數 28.肉策 29.執通 30.衣食 31.德報 32.悠適 33.裏同 34.高卑 35.庫職 36.柱子 37.事難 38.覽記 39.池林 40.履氷 41.塵山 42.城池 43.命年 44.惡道 45.軒夫 46.氣心 47.己禮 48.車依 49.龍睛 50.書到 51.談說 52.井渴 53.風月 54.鷄鶴 55.中魚 56.茂悅 57.暖和 58.骨心 59.哺孝 60.衝突 61.蘭契 62.夫婦 63.仲間 64.忍重 65.顧親 66.鹿馬 67.用物 68.柔剛 69.舟劍 70.學世 71.暴暴 72.雲志 73.田海 74.科條 75.想外 76.此般 77.臣子 78.物知 79.甲乙 80.隱心 81.滄海 82.空拳 83.天 84.滄海

覺	깨닫다 각	覺醒(각성)
	꿈깨다 교	覺案(교안)
降	내리다 강	降雪(강설)
	항복하다 항	降伏(항복)
更	다시 갱	更新(갱신)
	고치다 경	變更(변경)
車	수레 거	人力車(인력거)
	수레 차	自動車(자동차)
乾	하늘마르다 건	乾坤(건곤)
	마르다 간	乾物(간물)
見	보다 견	見學(견학)
	뵙다 현	謁見(알현)
契	맺을 계	契約(계약)
	부족이름 글	契丹(글안)
串	꿸 관	串童(관동)
	땅이름 곶	甲串(갑곶)
龜	터지다 균	龜裂(균열)
	거북,본받다 귀	龜鑑(귀감)
金	쇠 금	千金(천금)
	성 김	金氏(김씨)
奈	어찌 나	奈落(나락)
	어찌 내	奈何(내하)
內	안 내	室內(실내)
	궁궐 나	內人(나인)
茶	차 다	茶房(다방)
	차 차	葉茶(엽차)
丹	붉다 단	丹楓(단풍)
	꽃이름 란	牡丹(모란)
糖	엿 당	糖尿(당뇨)
	사탕 탕	雪糖(설탕)

宅	집 택	住宅(주택)
	집안 댁	宅內(댁내)
度	법도 도	程度(정도)
	헤아릴 탁	度地(탁지)
讀	읽다 독	讀書(독서)
	구절 두	句讀(구두)
木	나무 목	草木(초목)
	모과 모	木瓜(모과)
便	똥오줌 변	便所(변소)
	편하다 편	便利(편리)
復	회복하다 복	復舊(복구)
	다시 부	復興(부흥)
否	아닐 부	否定(부정)
	막힐 비	否運(비운)
北	북녘 북	南北(남북)
	달아나다 배	敗北(패배)
不	아닐 부	不當(부당)
	아닐 불	不可能(불가능)
寺	절 사	寺刹(사찰)
	내관 시	內寺(내시)
邪	간사하다 사	邪惡(사악)
	희롱하다 야	邪揄(야유)
殺	죽이다 살	殺生(살생)
	덜다 쇄	相殺(상쇄)
參	석 삼	參千(삼천)
	참여하다 참	參加(참가)
狀	형상 상	現狀(현상)
	문서 장	賞狀(상장)
塞	변방 새	要塞(요새)
	막다 색	閉塞(폐색)

索	찾다 색	索出(색출)
	흩어지다 삭	索莫(삭막)
說	말씀 설	說話(설화)
	달래다 세	遊說(유세)
	기뻐하다 열	說樂(열락)
省	살필 성	反省(반성)
	덜 생	省略(생략)
屬	무리 속	屬國(속국)
	부탁할 촉	屬望(촉망)
率	거느리다 솔	引率(인솔)
	비율 률	能率(능률)
數	셈 수	數式(수식)
	자주 삭	數脈(삭맥)
	촘촘할 촉	數罟(촉고)
帥	장수 수	元帥(원수)
	거느리다 솔	帥先(솔선)
宿	묵다 숙	旅人宿(여인숙)
	성수 수	星宿(성수)
拾	줍다 습	拾得(습득)
	열 십	拾圓(십원)
食	먹다 식	飮食(음식)
	밥 사	簞食瓢飮(단사표음)
識	알다 식	知識(지식)
	기록하다 지	標識(표지)
沈	잠기다 침	沈沒(침몰)
	성씨 심	沈氏(심씨)
什	열사람 십	什長(십장)
	세간 집	什器(집기)
氏	성씨 씨	姓氏(성씨)
	나라이름 지	月氏(월지)
惡	악할 악	惡人(악인)
	미워할 오	憎惡(증오)

102쪽의 정답

1.石臺 2.字患 3.鼻尺 4.掌鳴 5.不丁 6.病憐 7.足尿 8.中餅 9.中蓬 10.臨渴 11.錦衣 12.雪上 13.塞翁 14.登高 15.甘呑 16.我田 17.鳥足 18.苦盡 19.亡子 20.燈下 21.人死 22.如反 23.一得 24.狐威 25.同裳 26.草色 27.青藍 28.矯牛 29.相助 30.一水 31.亡牢 32.得豆 33.無患 34.阿異 35.擊石, 投石 36.三秋 37.梨落 38.齒寒 39.成山 40.顚倒 41.讀經 42.之間 43.看山

일자다음자(一字多音字), 동자이음자(同字異音字) — 두가지 이상의 音을 지닌 漢字

字	뜻·음	예
樂	좋아하다 요	樂山樂水(요산요수)
	즐기다 락	樂園(낙원)
	노래 악	音樂(음악)
若	같다 약	若干(약간)
	반야 야	般若(반야)
於	어조사 어	於中間(어중간)
	감탄하다 오	於呼(오호)
葉	잎 엽	落葉(낙엽)
	성 섭	葉氏(섭씨)
易	바꾸다 역	貿易(무역)
	쉽 다 이	難易(난이)
刺	찌르다 자	刺客(자객)
	찌르다 척	刺殺(척살)
抵	막다 저	抵抗(저항)
	칠 지	抵掌(지장)
著	지으다 저	著述(저술)
	나타나다 저	顯著(현저)
	붙다 착	附著(부착)
提	끌다 제	提携(제휴)
	보리수 리	菩提(보리)
切	끊다 절	切斷(절단)
	온통 체	一切(일체)
辰	별 진	辰宿(진수)
	때 신	生辰(생신)
		日月生辰(일월생신)
徵	부르다 징	徵戒(징계)
	가락 치	徵音(치음)
差	다르다 차	差度(차도)
	어긋나다 치	差池(치지)
拓	열다 척	開拓(개척)
	박다 탁	拓本(탁본)
推	옮기다 추	推進(추진)
	밀다 퇴	推敲(퇴고)
則	법칙 칙	法則(법칙)
	곧 즉	則(즉)-다시말하면
洞	골 동	洞里(동리)
	밝다 통	洞察(통찰)
布	베, 펴다 포	布告(포고)
	베풀다 보	布施(보시)
暴	나타내다 폭	暴露(폭로)
	사납다 포	暴惡(포악)
皮	가죽 피	皮革(피혁)
	가죽 비	鹿皮(녹비)
合	합하다 합	合同(합동)
	홉 홉	一合(일홉)
行	다니다 행	行動(행동)
	항렬 항	行列(항렬)
畵	그림 화	畵家(화가)
	그으다 획	計畵(계획)
活	살다 활	生活(생활)
	물소리 괄	活活(괄괄)
滑	미끄러지다 활	滑降(활강)
	익살스럽다 골	滑稽(골계)

漢字상식

1. 나이

10대	충년 : 沖年	15세	지우학 : 志于學	16세	방년 : 芳年
20세	약관 : 弱冠	30세	이립지 : 而立志	40세	불혹 : 不惑
50세	지천명 : 知天命	60세	이순 : 耳順	70세	고희 : 古稀
	애년 : 艾年				종심 : 從心
77세	희수 : 喜壽	80세	산수 : 傘壽	88세	미수 : 米壽
90세	졸수 : 卒壽	91세	망백 : 望百	99세	백수 : 白壽

2. 띠

子(쥐띠), 丑(소띠), 寅(범띠), 卯(토끼띠), 辰(용띠), 巳(뱀띠), 午(말띠), 未(양띠), 申(원숭이띠), 酉(닭띠), 戌(개띠), 亥(돼지띠)

3. 밤시간

初更(오후 7시~9시), 二更(오후 9시~11시), 三更(오후 11시~새벽 1시)
四更(새벽 1시~새벽 3시), 五更(새벽 3시~새벽 5시)

5. 12支

支	時 間	支	時 間
子(자)	오후11시~오전 1시(삼경)	午(오)	오전11시~오후 1시
丑(축)	오전 1시~오전 3시(사경)	未(미)	오후 1시~오후 3시
寅(인)	오전 3시~오전 5시(오경)	申(신)	오후 3시~오후 5시
卯(묘)	오전 5시~오전 7시	酉(유)	오후 5시~오후 7시
辰(진)	오전 7시~오전 9시	戌(술)	오후 7시~오전 9시(초경)
巳(사)	오전 9시~오전 11시	亥(해)	오후 9시~오후 11시(이경)

틀리기 쉬운 漢字

佳 (아름다울 가)
往 (갈 왕)
住 (살 주)

間 (사이 간)
聞 (들을 문)
問 (물을 문)

看 (볼 간)
着 (붙을 착)

監 (볼 감)
覽 (볼 람)

減 (덜 감)
滅 (멸할 멸)

甲 (갑옷 갑)
申 (납 신)

綱 (벼리 강)
網 (그물 망)

擧 (들 거)
譽 (명예 예)

儉 (검소할 검)
檢 (검사할 검)
險 (험할 험)

堅 (굳을 견)
緊 (긴할 긴)

境 (지경 경)
鏡 (거울 경)

警 (경계할 경)
驚 (놀랄 경)

頃 (이랑 경)
項 (항목 항)

經 (지날 경)
徑 (지름길 경)

季 (철 계)
李 (오얏 리)
考 (생각할 고)
孝 (효도 효)

枯 (마를 고)
姑 (시어머니 고)

孤 (외로울 고)
派 (갈래 파)
狐 (여우 호)

苦 (쓸 고)
若 (같을 약)

困 (곤할 곤)
囚 (가둘 수)
因 (인할 인)

橋 (다리 교)
僑 (더부살이 교)
矯 (바로잡을 교)

球 (공 구)
救 (구원할 구)
求 (구할 구)

壞 (무너질 괴)
壤 (흙덩이 양)
懷 (품을 회)

丘 (언덕 구)
兵 (군사 병)

句 (글귀 구)
旬 (열흘 순)

群 (무리 군)
郡 (고을 군)

卷 (책 권)
券 (문서 권)

勸 (권할 권)
觀 (볼 관)
歡 (기쁠 환)

歸 (돌아갈 귀)
掃 (쓸 소)

劇 (심할 극)
據 (근거 거)

級 (등급 급)
給 (줄 급)
絡 (이을 락)

起 (일어날 기)
赴 (다다를 부)

己 (몸 기)
已 (이미 이)
巳 (뱀 사)
怒 (성낼 노)
奴 (사내종 노)

端 (끝 단)
瑞 (상서로울 서)

旦 (아침 단)
且 (또 차)

踏 (밟을 답)
蹈 (밟을 도)

堂 (집 당)
當 (마땅할 당)

代 (대신할 대)
伐 (칠 벌)

帶 (띠 대)
隊 (무리 대)

待 (기다릴 대)
侍 (모실 시)

到 (이를 도)
致 (이를 치)

桃 (복숭아 도)
挑 (돋울 도)

徒 (무리 도)
從 (좇을 종)

讀 (읽을 독)
續 (이을 속)

亂 (어지러울 란)
難 (어려울 난)

剌 (발랄할 랄)
刺 (찌를 자)

郎 (사내 랑)
朗 (밝을 랑)

旅 (나그네 려)
族 (겨레 족)
施 (베풀 시)
旋 (돌 선)

歷 (지낼 력)
曆 (책력 력)

綠 (푸를 록)
緣 (인연 연)

錄 (기록할 록)
祿 (녹 록)

論 (논할 론)
倫 (인륜 륜)
輪 (바퀴 륜)
輸 (보낼 수)

陸 (언덕 륙)
睦 (화목할 목)

栗 (밤 률)
粟 (조 속)

隣 (이웃 린)
憐 (불쌍히여길 련)

免 (면할 면)
兎 (토끼 토)

眠 (잠잘 면)
眼 (눈 안)

鳴 (울 명)
嗚 (슬플 오)

募 (뽑을 모)
慕 (그리워할 모)
暮 (저물 모)
幕 (장막 막)
墓 (무덤 묘)

武 (호반 무)
式 (법 식)

微 (가늘 미)
徵 (부를 징)
徽 (아름다울 휘)

密 (빽빽할 밀)
蜜 (꿀 밀)

薄 (엷을 박)
簿 (문서 부)

防 (막을 방)
妨 (방해할 방)

辯 (말씀 변)
辨 (분별할 변)

薄 (엷을 박)
簿 (문서 부)

拍 (칠 박)
泊 (배댈 박)

排 (물리칠 배)
俳 (배우 배)

復 (돌아올 복)
複 (겹칠 복)

紛 (어지러울 분)
粉 (가루 분)

佛 (부처 불)
拂 (떨칠 불)

比 (견줄 비)
此 (이 차)

貧 (가난할 빈)
貪 (탐할 탐)

謝 (사례할 사)
射 (쏠 사)

師 (스승 사)
帥 (장수 수)

使 (부릴 사)
便 (편할 편)

思 (생각 사)
恩 (은혜 은)

祀 (제사 사)
祝 (빌 축)

唆 (부추길 사)
俊 (준걸 준)

象 (코끼리 상)
像 (모양상)

恕 (용서할 서)
怒 (성낼 노)

署 (관청 서)
暑 (더울 서)

宣 (베풀 선)
宜 (마땅할 의)

틀리기 쉬운 漢字

釋 (풀 석)
譯 (번역할 역)
澤 (못 택)
擇 (가릴 택)

城 (재 성)
域 (지경 역)

俗 (풍속 속)
裕 (넉넉할 유)

遂 (이룰 수)
逐 (쫓을 축)

熟 (익을 숙)
熱 (더울 열)

崇 (높을 숭)
宗 (마루 종)

僧 (중 승)
憎 (미워할 증)
增 (더할 증)
曾 (일찍 증)

詩 (시 시)
討 (칠 토)

矢 (화살 시)
失 (잃을 실)

仰 (우러를 앙)
抑 (누를 억)

熱 (더울 열)
勢 (형세 세)

哀 (슬플 애)
衰 (쇠할 쇠)
衷 (속마음 충)

讓 (사양할 양)
壤 (흙덩이 양)
壞 (무너질 괴)
懷 (품을 회)
孃 (아가씨 양)

延 (끌 연)
廷 (조정 정)

葉 (잎 엽)
棄 (버릴 기)

榮 (영화로울 영)
營 (경영할 영)

穩 (편안할 온)
隱 (숨을 은)

謠 (노래 요)
搖 (흔들 요)

圍 (둘레 위)
圓 (둥글 원)

遺 (남길 유)
遣 (보낼 견)

任 (맡길 임)
仕 (벼슬 사)

腸 (창자 장)
陽 (해 양)

奬 (장려할 장)
裝 (꾸밀 장)

栽 (심을 재)
裁 (마를 재)
載 (실을 재)
戴 (일 대)

積 (쌓을 적)
績 (길쌈 적)

滴 (물방울 적)
摘 (딸 적)
敵 (원수 적)

折 (꺾을 절)
析 (쪼갤 석)

傳 (전할 전)
停 (머무를 정)

錢 (돈 전)
殘 (해칠 잔)

提 (끌 제)
堤 (둑 제)

早 (일찍 조)
旱 (가물 한)

條 (가지 조)
修 (닦을 수)

燥 (마를 조)
操 (잡을 조)

晝 (낮 주)
書 (글 서)
畫 (그림 화)
盡 (다할 진)

柱 (기둥 주)
桂 (계수나무 계)

指 (가리킬 지)
持 (가질 지)

枝 (가지 지)
枚 (낱 매)
技 (재주 기)

知 (알 지)
和 (화할 화)

職 (직분 직)
識 (알 식)

陳 (묵을 진)
陣 (진칠 진)

津 (나루 진)
律 (법 률)

且 (또 차)
旦 (아침 단)

着 (붙을 착)
差 (어긋날 차)

撤 (거둘 철)
徹 (뚫을 철)

淸 (맑을 청)
請 (청할 청)
晴 (갤 청)

招 (부를 초)
紹 (소개할 소)
昭 (밝을 소)

村 (마을 촌)
材 (재목 재)

衝 (찌를 충)
衡 (저울대 형)

忠 (충성 충)
患 (근심할 환)

側 (곁 측)
測 (잴 측)

親 (친할 친)
新 (새 신)

枕 (베개 침)
沈 (성심/잠길 침)

濁 (흐릴 탁)
燭 (촛불 촉)
獨 (홀로 독)

脫 (벗을 탈)
稅 (세금 세)
悅 (기쁠 열)

說 (말씀 설)
設 (베풀 설)

探 (찾을 탐)
深 (깊을 심)

閑 (한가할 한)
閉 (닫을 폐)

幣 (폐백 폐)
弊 (폐단 폐)
蔽 (덮을 폐)

抱 (안을 포)
胞 (세포 포)

捕 (잡을 포)
浦 (개 포)
補 (기울 보)
鋪 (가게 포)

標 (표할 표)
漂 (떠다닐 표)

抗 (겨룰 항)
坑 (구덩이 갱)

鄕 (시골 향)
卿 (벼슬 경)

幸 (다행 행)
辛 (매울 신)

虛 (빌 허)
處 (곳 처)

刑 (형벌 형)
形 (형상 형)
刊 (새길 간)

亨 (형통할 형)
享 (누릴 향)

活 (살 활)
浩 (넓을 호)

互 (서로 호)
瓦 (기와 와)

毫 (터럭 호)
豪 (호걸 호)

歡 (기쁠 환)
歎 (탄식 할 탄)

悔 (뉘우칠 회)
海 (바다 해)
梅 (매화 매)
侮 (업신여길 모)

※ 다음 각 문장의 밑줄친 單語중 한글로 記錄된 것은 漢字로 바꾸어 쓰고, 漢字로 표기된 것은 그 讀音을 쓰시오.(1~70)

※정답은 116쪽에 있음

㉠ 고구려[1]의 고분[2] 벽화[3]는 선사[4]時代의 암각화와는 달리 본격적인 예술[5]로서 사회성과 상징성[6]을 지니고 있고, 線과 채색[7]으로 이루어져 있으며 발전적인 繪畵(회화) 기법[8]을 지니고 있어 회화성을 가진다.

또한 벽화의 주제[9]가 당시의 生活, 文化, 社會像 등의 반영된 생활상과 宗敎的인 소재로 선택되어 역사적인 사료[10]의 가치가 있으며, 초기의 中國 양식[11]에서 벗어나 점차 독자적[12]으로 발전된 회화적 전통이 동시대의 다른 나라에까지 미치고 있다는 점에서 문화적인 가치[13]를 지닌다.

㉡ 유례없이 빼어난 성과[14]를 이룩한 고려[15] 靑磁(瓷)[16]형식이 조선[17]왕조[18]의 창업[19]과 더불어 가차없이 폐기[20]되고 분청사기와 백자의 새 시대를 열었던 것은 작은 예일 뿐이다. 이 경우에도 청자의 형식은 청산하였으되 분청사기와 백자의 製作에 청자로부터 承繼할 첨단[21]의 기술적 노하우가 녹아들어 있음을 두말할 필요가 없다. 이것이 문화의 발전을 이끄는 시대양식의 當爲요, 역사 의 힘이다.

(1) 고구려[ ] (2) 고분[ ] (3) 벽화 [ ]
(4) 선사 [ ] (5) 예술[ ] (6) 상징성[ ]
(7) 채색 [ ] (8) 기법[ ] (9) 주제 [ ]
(10) 사료 [ ] (11) 양식[ ] (12) 독자적[ ]
(13) 가치 [ ] (14) 성과[ ] (15) 고려 [ ]
(16) 靑磁 [ ] (17) 조선[ ] (18) 왕조 [ ]
(19) 창업 [ ] (20) 폐기[ ] (21) 첨단 [ ]

범죄[22]피해자[23]로서 절도[24]를 당하거나 강도[25]를 당했을 때 경찰[26]에 신고[27]하는 것은 정확한 치안[28]수요[29]의 예측[30]을 위해 필수적인 자료[31]가 된다. 만약 주민들이 자신들의 피해사실을 신고하지 않을 경우에는 정확한 치안상태를 把握[32]하기 어려우며 이에 대응[33]한 효과적인 치안서비스를 제공[34]할 수도 없을 것이다. 또한 범죄목격자[35]로서 범죄를 신고하거나 증인[36]이 되고자 하는 것은 범죄를 예방[37]하고 해결하는 데에 큰 도움이 된다.

경찰청은 자율[38]방범대[39]와의 합동순찰[40]로 치안공백을 최소화하고 24시간 편의점[41], 신문, 우유배달원[42], 환경[43]미화원, 택시기사, 아파트 경비원[44]등을 범죄예방신고 요원으로 적극 활용하기로 했다.

(22) 범죄[ ] (23) 피해자[ ] (24) 절도 [ ]
(25) 강도[ ] (26) 경찰 [ ] (27) 신고 [ ]

(28) 치안[ ] (29) 수요 [ ] (30) 예측 [ ]
(31) 자료[ ] (32) 把握 [ ] (33) 대응 [ ]
(34) 제공[ ] (35) 목격자[ ] (36) 증인 [ ]
(37) 예방[ ] (38) 자율 [ ] (39) 방범대[ ]
(40) 순찰[ ] (41) 편의점[ ] (42) 배달원[ ]
(43) 환경[ ] (44)경비원[ ]

장애인 문제를 해결하기 위한 障碍人[45] 福祉의 궁극적[46] 목표는 모든 장애인이 자신의 능력을 최대한으로 모든 활동 분야에 參與할 수 있도록 기회[47]를 제공해 주고, 가능한 다른 構成員들과 동등하게 자신의 能力에 따라 합당한 생활 수준[48]을 확보[49]할 수 있도록 보장[50]해 줌으로써, 신체상의 장애 狀態가 일상생활의 장애가 되지 않도록 하는 것이다.(중략)

장애인의 직업 재활은 국가가 지방자치단체 또는 사회적으로 人的, 物的 자원[51]을 절감[52]시키고 이들을 복지 혜택[53]의 수혜 범위[54]에서 사회로 환원[55]케 함으로써,

사회적으로 부담[56]을 줄이고 個人의 존엄성[57]을 신장[58]시킨다는 차원에서 다루어져야 한다.

(45) 障碍人[ ] (46) 궁극적[ ] (47) 기회[ ]
(48) 수준 [ ] (49) 확보 [ ] (50) 보장[ ]
(51) 자원 [ ] (52) 절감 [ ] (53) 혜택[ ]
(54) 범위 [ ] (55) 환원 [ ] (56) 부담[ ]
(57) 존엄성[ ] (58) 신장 [ ]

무대[59] 위에서 움직이고 있는 배우[60]의 視線은 객석에서 그 연극[61]을 감상[62]하고 있는 관객[63]의 시선이 된다. 관객은 배우의 시선을 따라가며 극을 이해한다.(중략)

이는 호흡[64], 발성[65]신체의 움직임은 연기의 중요한 要素로 여기어서 희곡[66]속의 등장[67]인물을 형상화[68]할 때에 연습 初期부터 의식[69]하면서 다루지만 시선은 배우에게 중요하다고 인식을 하면서도 배우의 시선처리는 작품을 분석[70]한 후에 '행동선'을 결정하면 자연히 따라오는 부수적 요소로 여기기 때문이다.

(59) 무대 [ ] (60) 배우[ ] (61) 연극[ ]
(62) 감상 [ ] (63) 관객[ ] (64) 호흡[ ]
(65) 발성 [ ] (66) 희곡[ ] (67) 등장[ ]
(68) 형상화[ ] (69) 의식[ ] (70) 분석[ ]

※ 다음 글을 읽고 밑줄친 單語를 漢字로 고치거나 그 讀音을 쓰시오.(1~63) ※정답은 116쪽에 있음

> **지구**[1] **표면**[2]의 70%를 점하고 있는 해양이 지구**환경**[3]에 미치는 영향은 지대하므로 해양현상의 과학적 **규명**[4]이 필요하다. 이를 위해 우리**해역**[5]의 **선단**[6]과 **태평양**[7]의 중심에 해양과학**기지**[8] 를 건설하였으며 이를 **토대**[9]로 실시간 **관측**[10] 및 **전송**[11] 네트워크 **구축**[12]이 가능해졌다. 즉, 이어도・**독도**[13]등 영토선단에 해황・**어황**[14]・**기상**[15]관측시설을 설치하고, 대양연구의 前進기지 역할을 수행할 서태평양 海洋共同硏究센터를 **설치**[16] ・운영하며, 대국민 해양서비스의 획기적 향상을 위한 전해역 綜合해양관측・**감시망**[17]을 구축하게 되었다.(중략) 또한 해양기술관련 자료・정보를 전문적으로 수집, **분석**[18]・**가공**[19]・**공급**[20] 하는 **전담**[21] 機關을 설치・운영하는 것도 이의 한 方案일 것이다.

(1) 지구 [ ] (2) 표면 [ ] (3) 환경 [ ]
(4) 규명 [ ] (5) 해역 [ ] (6) 선단 [ ]
(7) 태평양 [ ] (8) 기지 [ ] (9) 토대 [ ]
(10) 관측 [ ] (11) 전송 [ ] (12) 구축 [ ]
(13) 독도 [ ] (14) 어황 [ ] (15) 기상 [ ]
(16) 설치 [ ] (17) 감시망 [ ] (18) 분석 [ ]
(19) 가공 [ ] (20) 공급 [ ] (21) 전담 [ ]

> 국가 과학기술 **투자**[22]가 공공성과 사회적 유용성보다는, 소수만을 위한 **이윤**[23]의 **창출**[24], 권력을 위한 **감독**[25]과 **통제**[26]의 강화, 군사적 **파괴**[27], **무기**[28]의 개발, 지적 **호기심**[29]의 **충족**[30]을 위한 연구 등에 집중되고 있는 것은 아닐까? **핵문제**[31], 환경, **오염**[32], 군사무기, **유전자**[33]조작기술, 인간**복제**[34]문제, 감시・통제 기술, 건강 불평등, 기술적 **재난**[35]등 지배와 이윤 창출을 위해서만 방향 지어진 과학기술로 인해 생긴 많은 **생태적**[36], 사회적, **윤리적**[37] 문제들에 과학기술자들의 책임이 없다고는 이야기하지 못하리라.(중략)
>
> 과학기술자들은 이러한 직접적인 다가감과 **실천**[38]만이 **歪曲**[39]된 우리의 삶과 앎을 바로 세우는, 그리고 **긍정적**[40]인 사회변화를 **촉진**[41]하는 거의 유일한 방법이라는 것을 이해해야 할 것이다.

(22) 투자 [ ] (23) 이윤 [ ] (24) 창출 [ ]
(25) 감독 [ ] (26) 통제 [ ] (27) 파괴 [ ]
(28) 무기 [ ] (29) 호기심 [ ] (30) 충족 [ ]
(31) 핵문제 [ ] (32) 오염 [ ] (33) 유전자 [ ]
(34) 복제 [ ] (35) 재난 [ ] (36) 생태적 [ ]
(37) 윤리적 [ ] (38) 실천 [ ] (39) 歪曲 [ ]
(40) 긍정적 [ ] (41) 촉진 [ ]

> 남북 사이의 교류・협력은 인도적・**경제적**[42]분야 못지 않게 문화・학술・예술의 **영역**[43]에서도 **시급**[44]히 이루어져야 할 필요가 있다. 그러자면 문화의 **정상적**[45] **소통**[46]을 가로막는 **제도적**[47]・현실적 **폐해**[48] 요소의 제거가 선행되어야 한다. 그중의 하나로 남북사이의 **저작권**[49] 보호문제를 생각해 본다.
>
> 지금 남북한 사이에는 상대방의 **출판**[50], **공연**[51], **미술**[52], **영상**[53] 등 저작물의 **보호**[54]・이용에 관하여 아무런 합의 **규범**[55]도 존재하지 않는다. 따라서 상대방 저작물의 적법한 이용이 불가능하거나 **무단**[56] 이용이 **방치**[57] 되어 왔다.
>
> 남한에서는 **헌법**[58]상의 영토**조항**[59]을 **근거**[60]삼아 북한지역도, 한국 영토니까 남한의 법령이 적용된다고 하면서 그런 이유로 북한 저작물도 남한 내에서 보호된다는 **판례**[61]가 있다. 그렇지만 그런 주장은 오히려 남북 사이의 문화교류를 가로막는 결과를 가져올 수 있다. 왜냐하면 남북이 서로 상대방의 존재를 불법으로 몰아서야 **화해**[62]나 **교류**[63]는 기대할 수 없기 때문이다.

(42) 경제적 [ ] (43) 영역 [ ] (44) 시급 [ ]
(45) 정상적 [ ] (46) 소통 [ ] (47) 제도적 [ ]
(48) 폐해 [ ] (49) 저작권 [ ] (50) 출판 [ ]
(51) 공연 [ ] (52) 미술 [ ] (53) 영상 [ ]
(54) 보호 [ ] (55) 규범 [ ] (56) 무단 [ ]
(57) 방치 [ ] (58) 헌법 [ ] (59) 조항 [ ]
(60) 근거 [ ] (61) 판례 [ ] (62) 화해 [ ]
(63) 교류 [ ]

※ 다음 글을 읽고 밑줄친 單語를 漢字로 고치거나 그 讀音을 쓰시오.(1~67) ※정답은 116쪽에 있음

현대사회는 광범위[1]하고 급속[2]한 情報유통과 과학기술의 發達로 인하여 경험[3]해 보지 못한 새로운 문제가 유발[4]되고 사회적 불확실성이 높아지게 되었다. 새롭게 제기되는 문제는 기존[5]의 전문적[6]인 지식만 가지고는 정확한 미래의 예측[7]이나 문제해결이 어려운 특성을 가지고 있다. 또한 정보화 사회로의 이행[8]과 전문지식의 분화 및 지식의 분산[9]으로 인하여 정부의 전문기술에 대한 독점[10]적 지위는 상실[11]되었고 자체의 정보소유를 통해 權力이 창출[12]되던 시대는 지나갔다. 그리고 새로운 재화[13] 및 서비스 개발과 생산은 물론 기존의 기능[14]까지도 민간부문을 포함한 외부에 의존[15]하게 되었다. 이러한 주변[16]여건의 변화로 인해 기존의 관행[17]과 업무[18]처리 방식을 그대로 고수[19]할 경우 다양한 도전[20]과 競爭에 신속하고 효과적으로 대응[21]할 수 없게 되었다. 따라서 이전의 것과는 다른 행정체제를 갖추는 것이 중요한 과제[22]로 대두되었다. 이와 같은 비판[23]에 直面하여, 정부는 공공부문의 효율성과 유연성[24]을 제고[25]하기 위한 다양한 노력을 기울이고 있다. 두드러진 것으로는 공공서비스를 경쟁의 원리에 노출[26]시켜서 民間部門의 역량[27]과 활력을 이용하고 비효율과 낭비[28]를 제거[29]하고자 하는 민영화 趨勢[30]를 들 수 있다. 특히 민간부문과 위탁[31]계약에 의해 공공서비스를 공급하는 수단[32]이 效率的으로 이용되고 있다.

1,2차 세계대전을 겪으며 운송[33]수단의 속도가 기술수준의 척도[34]임을 깨달은 미국과 유럽 열강[35]들은 정부 주도[36]로 항공기 속도 올리기에 주력했으나 '소리의 속도가 마의 장벽[37]'이라는 한계[38]에 다다랐다.

당시의 기술력으로는 '음속[39] 돌파[40]가 곧 '극한[41]기술'이었고, 이 극한기술을 먼저 보유[42]하는 국가가 세계를 지배할 것이라고 믿었다.

지금까지 나열[43]한 역사적 사건들은 '첨단[44]과학기술은 지속적인 연구개발에 기초[45]하며, 중간단계[46]없이 '기적[47]'에 의해 탄생[48]하지 않는다'는 교훈을 주고 있다.

실례로, 우리는 미국이 巡廻[49] 전시[50]한 월석을 보면서 그저 신기[51]했지만, 그들은 이미 60년대에 아폴로 우주선[52]전기공급을 위해 개발한 연료[53] 전지[54]로 21세기 자동차 시장을 손아귀에 넣으려 하고 있다. 항공우주산업을 위해 개발한 수퍼컴퓨터는 인간 유전자 비밀[55] 해독[56]의 주역이 돼 있다.

미국이 천문학적인 예산[57]을 들여 화성에 탐사선[58]을 보내는 까닭이 외계 생물체 존재의 가능성을 입증[59]할 물의 흔적을 찾으려는 것만은 절대 아니다.

미래의 우주개발에 필요한 현재의 극한기술이 바로 화성과 같은 태양계[60]의 원거리[61] 행성[62]탐사이고, 이 미래 원천기술의 획득[63]을 통해서 미국은 다음 세대에 세계, 아니 우주 지배를 위한 준비를 하고 있는 것이다. 이 원대[64]한 계획은 미국 정부 내의 진보적[65]이고 독립적인 최고급 두뇌[66]들에 의해 수립[67]되고 진행되고 있다.

(1) 광범위[ ] (2) 급속[ ] (3) 경험 [ ]
(4) 유발 [ ] (5) 기존[ ] (6) 전문적[ ]
(7) 예측 [ ] (8) 이행[ ] (9) 분산 [ ]
(10) 독점 [ ] (11) 상실 [ ] (12) 창출 [ ]
(13) 재화 [ ] (14) 기능[ ] (15) 의존 [ ]
(16) 주변 [ ] (17) 관행[ ] (18) 업무 [ ]
(19) 고수 [ ] (20) 도전[ ] (21) 대응 [ ]
(22) 과제 [ ] (23) 비판[ ] (24) 유연성[ ]
(25) 제고 [ ] (26) 노출[ ] (27) 역량 [ ]
(28) 낭비 [ ] (29) 제거[ ] (30) 趨勢 [ ]
(31) 위탁 [ ] (32) 수단[ ]

(33) 운송 [ ] (34) 척도 [ ] (35) 열강 [ ]
(36) 주도 [ ] (37) 장벽 [ ] (38) 한계 [ ]
(39) 음속 [ ] (40) 돌파 [ ] (41) 극한 [ ]
(42) 보유 [ ] (43) 나열 [ ] (44) 첨단 [ ]
(45) 기초 [ ] (46) 단계 [ ] (47) 기적 [ ]
(48) 탄생 [ ] (49) 巡廻 [ ] (50) 전시 [ ]
(51) 신기 [ ] (52) 우주선[ ] (53) 연료 [ ]
(54) 전지 [ ] (55) 비밀 [ ] (56) 해독 [ ]
(57) 예산 [ ] (58) 탐사선[ ] (59) 입증 [ ]
(60) 태양계[ ] (61) 원거리[ ] (62) 행성 [ ]
(63) 획득 [ ] (64) 원대 [ ] (65) 진보적[ ]
(66) 두뇌 [ ] (67) 수립 [ ]

※ 다음 글을 읽고 밑줄친 單語를 漢字로 고치거나 그 讀音을 쓰시오.(1~67) ※정답은 116쪽에 있음

일반적으로 노인에게는 4고(四苦)가 있는데 그것은 <u>빈곤</u>[1], <u>질병</u>[2] <u>역할</u>[3]의 <u>상실</u>[4]과 <u>소외</u>[5]를 말한다. 그 중에서도 빈곤의 문제는 다른 문제와 비교하여 견딜 수 없는 고통이다. 經濟的인 빈곤은 누구에게나 어려움을 주겠지만 특히 노인에게 있어서는 그 정도 가 <u>심각</u>[6]하다는데 문제의 심각성이 있다.

노인 빈곤의 가장 큰 원인으로 <u>지적</u>[7]되고 있는 것은 <u>취업</u>[8]<u>기회</u>[9]의 <u>제한</u>[10]으로 인한 <u>수입</u>[11]의 減少 내지 <u>단절</u>[12]이다. 현재 노인들 중에는 한창 일할 수 있는 나이에도 <u>불구</u>[13]하고 職場을 떠남으로서 生計에 <u>위협</u>[14]을 받는 노인들이 증가하고 있는데, 이와 같은 <u>현상</u>[15]은 IMF(국제통화기금)시대 이후 經濟<u>위기</u>[16]로 더욱 두드러지고 있다. 특히 노인의 취업이나 재취업문제는 청・장년의 취업문제에 떠밀려 사회문제로 <u>부각</u>[17]되지 못하고 있는데 문제의 심각성이 있다.(중략) 이러한 측면에서의 생산적 복지는 사회적 생산과 <u>근로</u>[18]의욕을 <u>극대화</u>[19]시킴으로서 공동체적 삶의 질을 <u>고양</u>[20]하는 사회복지의 <u>핵심</u>[21]체계이다.

(1) 빈곤 [ ]	(2) 질병 [ ]	(3) 역할 [ ]
(4) 상실 [ ]	(5) 소외 [ ]	(6) 심각 [ ]
(7) 지적 [ ]	(8) 취업 [ ]	(9) 기회 [ ]
(10) 제한 [ ]	(11) 수입 [ ]	(12) 단절 [ ]
(13) 불구 [ ]	(14) 위협 [ ]	(15) 현상 [ ]
(16) 위기 [ ]	(17) 부각 [ ]	(18) 근로 [ ]
(19) 극대화 [ ]	(20) 고양 [ ]	(21) 핵심 [ ]

韓國의 新文學이 그 祖宗의 <u>계보</u>[22]를 따져서, 자기의 <u>고전</u>[23] <u>유산</u>[24]보다 서구문학의 <u>조류</u>[25]나 <u>수법</u>[26]에 더 영향됨이 컸으며, 또한 그 <u>모방</u>[27]<u>이식</u>[28]의 段階를 멀리 벗어나지 못하고 서구문학의 <u>아류</u>[29]的인 <u>파생</u>[30]에 불과하다는 前提를 거의 전적으로 <u>시인</u>[31]하지 않을 수 없는 한국 신 문학의 胚胎(배태)과정을 역사적으로 一瞥(일별)할 때 이런 畸型的(기형적) <u>특수성</u>[32]을 부정할 수 없는 關鍵(관건)은 스스로 <u>해명</u>[33]되어지는 것이다. 따라서, 이와 같은 역사적 사실을 그대로 이 땅의 신문학의 성격을 規定짓고, 그 발전에 <u>제약</u>[34]을 주고, 아울러 한국신문학으로 하여금 <u>해탈</u>[35]하기 어려운 문학사적인 불운한 <u>숙명</u>[36]을 <u>피동적</u>[37]으로 諦念(체념)하지 않을 수 없기까지 만들었다.

(22) 계보 [ ]	(23) 고전 [ ]	(24) 유산 [ ]
(25) 조류 [ ]	(26) 수법 [ ]	(27) 모방 [ ]
(28) 이식 [ ]	(29) 아류 [ ]	(30) 파생 [ ]
(31) 시인 [ ]	(32) 특수성 [ ]	(33) 해명 [ ]
(34) 제약 [ ]	(35) 해탈 [ ]	(36) 숙명 [ ]
(37) 피동적 [ ]		

오늘날의 스포츠는 끊임없이 새로운 것을 <u>추구</u>[38]하는 욕구에 따라 旣存의 스포츠 <u>종목</u>[39]들은 <u>세분화</u>[40]・<u>다양화</u>[41]되고 있으며 新規 스포츠 種目 또한 속속 登場하고 있다. 이러한 현상을 통해 확인할 수 있는 것은 보다 빠르고, 보다 힘들고, 보다 <u>격렬</u>[42]한 것을 추구하는 <u>경향</u>[43]이다.

다운힐(Down Hill)경기는 이렇게 격렬한 競技중의 한 種目으로써 <u>급경사</u>[44]의 내리막길을 최대의 스피드로 <u>질주</u>[45]하여 <u>순위</u>[46] 및 記錄을 겨루는 경기이다. 커브와 경사의 정도에 따라 다양하게 코스를 <u>구성</u>[47]할 수 있다. 안전을 위한 <u>시설</u>[48]이 반드시 필요하며 이러한 시설의 <u>배치</u>[49]방식에 따라 <u>난이도</u>[50]가 <u>조절</u>[51]된다. 오토바이 경기와 거의 동일한 <u>보호</u>[52]<u>장구</u>[53]를 <u>착용</u>[54]한다. 가장 危險한 종목인 동시에 가장 큰 스릴을 <u>경험</u>[55]할 수 있어 많은 매니아층을 <u>확보</u>[56]하고 있다.

이외에 향후 大衆的 인기와 <u>관광</u>[57]상품으로서의 가치가 높아 질 것으로 보여지는 스포츠 종목으로는 <u>극기</u>[58]스포츠, <u>체험</u>[59]형 <u>도전</u>[60]스포츠, 스피드스포츠 등을 들 수 있다.

(38) 추구 [ ]	(39) 종목 [ ]	(40) 세분화 [ ]
(41) 다양화 [ ]	(42) 격렬 [ ]	(43) 경향 [ ]
(44) 급경사 [ ]	(45) 질주 [ ]	(46) 순위 [ ]
(47) 구성 [ ]	(48) 시설 [ ]	(49) 배치 [ ]
(50) 난이도 [ ]	(51) 조절 [ ]	(52) 보호 [ ]
(53) 장구 [ ]	(54) 착용 [ ]	(55) 경험 [ ]
(56) 확보 [ ]	(57) 관광 [ ]	(58) 극기 [ ]
(59) 체험 [ ]	(60) 도전 [ ]	

※ 다음 글을 읽고 밑줄친 單語를 漢字로 고치거나 그 讀音을 쓰시오.(1~80) ※정답은 116쪽에 있음

한인애국단은 1926년 12월에 백범이 임시정부 국무령으로 있으면서 중국과의 <u>우의</u>[1]와 일본 <u>수뇌</u>[2]<u>암살</u>[3]을 목적으로 <u>조직</u>[4]한 항일운동 단체이다.

尹奉吉(1908~1932)은 1931년 金九선생의 한인 <u>애국단</u>[5]에 들어갔다. 그 뒤 직접 <u>왜적</u>[6]에 <u>대항</u>[7]하여 <u>투쟁</u>[8]할 기회를 찾던 중, 32년 4월 29일 상해의 홍구公園에서 일본이 上海<u>사변</u>[9]에서 승리한 戰勝 <u>축하회</u>[10]를 연다는 사실을 알았다.

윤봉길은 백범과 김홍일의 입회 아래 도시락 <u>폭탄</u>[11]으로 <u>투탄</u>[12] <u>예행</u>[13]연습을 실시한다. 시험방법은 兵工會 마당에 <u>土窟</u>[14]을 파고 사면을 <u>철판</u>[15]으로 싼 다음 폭탄을 그 속에 넣고 <u>뇌관</u>[16]에 긴 줄을 달아서 수십 보 밖에 엎드려서 그 줄을 당겼다. 이에 토굴은 벼락 소리가 나며 깨어진 철판 조각이 공중을 날아 오르는 <u>장관</u>[17]이 펼쳐졌다. 뇌관은 이와같은 방법으로 20개나 시험해서 한 번도 실패가 없는 것을 보고서야 <u>실물</u>[18]에 <u>장치</u>[19]했다.

불조계 패륵로 동방공우 30호에 <u>은거</u>[20]하며 모든 <u>거사</u>[21]준비가 <u>완료</u>[22]되자 4월 26일, 거류민단사무실에서 '한인애국단선서식'을 <u>거행</u>[23]하고 <u>기념</u>[24] 촬영을 했다.

드디어 그날이 왔다. 이날 오전 11시 40분 윤봉길은 폭탄을 몸에 품고 경비가 <u>삼엄</u>[25]한 式場을 뚫고 들어가 식장 정면에 투척(投擲), 폭발시켰다.

(1) 우의 [ ]	(2) 수뇌 [ ]	(3) 암살 [ ]
(4) 조직 [ ]	(5) 애국단 [ ]	(6) 왜적 [ ]
(7) 대항 [ ]	(8) 투쟁 [ ]	(9) 사변 [ ]
(10) 축하회 [ ]	(11) 폭탄 [ ]	(12) 투탄 [ ]
(13) 예행 [ ]	(14) 土窟 [ ]	(15) 철판 [ ]
(16) 뇌관 [ ]	(17) 장관 [ ]	(18) 실물 [ ]
(19) 장치 [ ]	(20) 은거 [ ]	(21) 거사 [ ]
(22) 완료 [ ]	(23) 거행 [ ]	(24) 기념 [ ]
(25) 삼엄 [ ]		

다음 訓과 音으로 연결된 單語를 漢字로 쓰시오.(26~80)

[보기] 하늘 **천** - 땅 **지** → [**天 地**]

(26) 드릴 납 - 서늘할 량 ………… [ ]
(27) 먹을 식 - 말씀 언 ………… [ ]
(28) 진흙 도 - 숯 탄 ………… [ ]
(29) 창 모 - 방패 순 ………… [ ]
(30) 기둥 동 - 들보 량 ………… [ ]
(31) 맏 백 - 버금 중 ………… [ ]
(32) 어찌 나 - 떨어질 락 ………… [ ]
(33) 건널 섭 - 찾을 렵 ………… [ ]
(34) 죽을 사 - 각도 각 ………… [ ]
(35) 속일 사 속일 기 ……… [ ]
(36) 먼저 선 어버이 친 ……… [ ]
(37) 흰 백 눈썹 미 ……… [ ]
(38) 바탕 질 순박할 박 ……… [ ]
(39) 바람 풍 티끌 진 ……… [ ]
(40) 실패 와 풀 해 ……… [ ]
(41) 소홀히할 홀 대접할 대 ……… [ ]
(42) 뒤 후 볼 견 ……… [ ]
(43) 하늘 천 물가 애 ……… [ ]
(44) 두루 편 지낼 력 ……… [ ]
(45) 자주 빈 자주 삭 ……… [ ]
(46) 물을 문 물을 후 ……… [ ]
(47) 흰 백 목숨 수 ……… [ ]
(48) 초하루 삭 보름 망 ……… [ ]
(49) 드물 희 목숨 수 ……… [ ]
(50) 어머니 자 집 당 ……… [ ]
(51) 뾰족할 첨 날카로울 예 ……… [ ]
(52) 으뜸 원 아침 단 ……… [ ]
(53) 귀 이 순할 순 ……… [ ]
(54) 바람 풍 서리 상 ……… [ ]
(55) 봄 춘 곤할 곤 ……… [ ]
(56) 약할 약 벼슬 관 ……… [ ]
(57) 아니 불 미혹할 혹 ……… [ ]
(58) 잇닿을 면 늘일 연 ……… [ ]
(59) 쾌할 쾌 다를 차 ……… [ ]
(60) 쾌할 쾌 맞을 적 ……… [ ]
(61) 누를 압 책 권 ……… [ ]
(62) 아이 동 어릴 몽 ……… [ ]
(63) 가을 추 털 호 ……… [ ]
(64) 저승 명 복 복 ……… [ ]
(65) 헛될 도 수고할 로 ……… [ ]
(66) 뽑을 발 무리 군 ……… [ ]
(67) 처음 전 끝 말 ……… [ ]
(68) 깨뜨릴 파 문 문 ……… [ ]
(69) 긴뱀 사 발 족 ……… [ ]
(70) 쌀 미 목숨 수 ……… [ ]
(71) 몰 구 닥칠 박 ……… [ ]
(72) 닫을 폐 자물쇠 쇄 ……… [ ]
(73) 덮을 복 낯 면 ……… [ ]
(74) 겸손할 겸 사양할 양 ……… [ ]
(75) 두터울 후 사례할 사 ……… [ ]
(76) 뚫을 철 밑 저 ……… [ ]
(77) 베풀 보 베풀 시 ……… [ ]
(78) 겸손할 겸 낮을 비 ……… [ ]
(79) 펼 포 알릴 고 ……… [ ]
(80) 허리 요 아플 통 ……… [ ]

※ 다음 괄호속에 든 單語를 漢字로 고쳐 쓰시오(1~80) ※정답은 116쪽에 있음

1. **(유영)** 물 속에서 헤엄치고 놀다 .... [ ]
2. **(소홀)** 정성이나 조심이 부족함 .... [ ]
3. **(투명)** 흐리지 않고 환히 트여 맑음 .... [ ]
4. **(절애)** 깍아 세운듯한 낭떠러지 .... [ ]
5. **(부임)** 임명을 받아 근무할 곳으로 감 .... [ ]
6. **(망각)** 어떤 사실을 잊어 버림 .... [ ]
7. **(차입)** 돈이나 물건을 꾸어 들임 .... [ ]
8. **(답곡)** 논에서 나는 곡식 .... [ ]
9. **(착오)** 착각으로 잘못함 .... [ ]
10. **(훼손)** 체면, 명예를 손상함 .... [ ]
11. **(배격)** 남의 의견, 사상 따위를 물리침 .... [ ]
12. **(교도)** 국가공무원 직급 명칭의 하나 .... [ ]
13. **(희박)** 일의 희망, 가망이 적다 .... [ ]
14. **(요대)** 허리띠 .... [ ]
15. **(항간)** 일반인들 사이 .... [ ]
16. **(소동)** 여럿이 법석을 떪 .... [ ]
17. **(타락)** 품행이 나빠 못된 구렁에 빠짐 .... [ ]
18. **(선율)** 가락이나 리듬 .... [ ]
19. **(희롱)** 말, 행동으로 실없이 놀리는 것 .... [ ]
20. **(수인)** 죄수 .... [ ]
21. **(근소)** 아주 적어서 얼마되지 않다 .... [ ]
22. **(구박)** 못견디게 괴롭힘 .... [ ]
23. **(확산)** 흩어져 번짐 .... [ ]
24. **(교체)** 사람이나 사물을 바꿈 .... [ ]
25. **(번영)** 일이 성하게 잘되어 영화로움 .... [ ]
26. **(운임)** 운송에 대한 삯 .... [ ]
27. **(하객)** 축하해 주기 위해 온 손님 .... [ ]
28. **(포식)** 배부르게 먹음 .... [ ]
29. **(봉분)** 흙을 쌓아올려서 만든 무덤 .... [ ]
30. **(보좌)** 상관을 도와서 일을 처리함 .... [ ]
31. **(오락)** 쉬는 시간에 여러 가지 방법으로 즐겁게 하는 일 .... [ ]
32. **(광분)** 미친 듯이 날뜀 .... [ ]
33. **(둔탁)** 소리가 굵고 거칠며 무겁다 .... [ ]
34. **(조도)** 올벼 .... [ ]
35. **(만추)** 늦가을 .... [ ]
36. **(도약)** 뛰어 오름 .... [ ]
37. **(하역)** 짐을 싣고 부리는 일 .... [ ]
38. **(매몰)** 파묻음 .... [ ]
39. **(참작)** 이리저리 비교해 보고 알맞게 헤아림 .... [ ]
40. **(첨부)** 더하여 붙임 .... [ ]
41. **(색출)** 뒤져서 찾아냄 .... [ ]
42. **(열등)** 수준이 보통보다 낮음 .... [ ]
43. **(간척)** 호수나 바다를 막아 육지로 만드는 일 .... [ ]
44. **(예리)** 연장 따위가 날카롭다 .... [ ]
45. **(폭리)** 부당한 이익 .... [ ]
46. **(포악)** 사납고 악함 .... [ ]
47. **(동결)** 사용 및 이동이 금지된 상태 .... [ ]
48. **(투시)** 막힌 물체를 틔어봄 .... [ ]
49. **(황량)** 황폐하고 쓸쓸함 .... [ ]
50. **(남발)** 말이나 약속 따위를 함부로 하는 것 .... [ ]
51. **(고객)** 물건을 사러온 손님 .... [ ]
52. **(섭렵)** 모든 것을 경험함 .... [ ]
53. **(휴대)** 손에 들거나 몸에 지님 .... [ ]
54. **(기간)** 어떤 분야에서 중심이 되는 부분 .... [ ]
55. **(위도)** 적도에 평행하게 가로로 된 지구의 위치를 나타내는 좌표 .... [ ]
56. **(창달)** 의견을 자유로이 표현하고 전달함 .... [ ]
57. **(계수)** 계수나무 .... [ ]
58. **(탕약)** 달여서 먹는 한약 .... [ ]
59. **(잔상)** 사라진 뒤에도 잠시 동안 보이는 자극의 상 .... [ ]
60. **(망언)** 망령되게 말함 .... [ ]
61. **(건조)** 물기, 습기가 없어짐 .... [ ]
62. **(통찰)** 온통 밝혀서 살핌 .... [ ]
63. **(고뇌)** 괴로워 하고 번뇌함 .... [ ]
64. **(탄환)** 총탄, 포탄의 총칭 .... [ ]
65. **(상쇄)** 상반되는 것이 서로 영향을 주어 효과가 없어지는 일 .... [ ]
66. **(취미)** 여가시간에 즐겨하는 일 .... [ ]
67. **(신령)** 풍습으로 모시는 모든 신 .... [ ]
68. **(겸허)** 잘난체 하지 않고 겸손한 태도가 있음 .... [ ]
69. **(현감)** 고려, 조선때 작은 고을의 우두머리 .... [ ]
70. **(촉매)** 화학반응에서 변화를 주지 않고 반응속도에만 영향을 주는 물질 .... [ ]
71. **(협박)** 으르고 다잡음 .... [ ]
72. **(사막)** 강수량이 적어 생긴 불모의 모래 벌판 .... [ ]
73. **(괴이)** 이상 야릇한 .... [ ]
74. **(어뢰)** 물고기 모양의 함선공격용 수중 미사일 .... [ ]
75. **(태반)** 거의 절반 .... [ ]
76. **(포착)** 기회나 정세를 알아차림. 꼭 붙잡음 .... [ ]
77. **(향락)** 쾌락을 누림 .... [ ]
78. **(검역)** 전염병을 막기위해 검사하고 소독하는 일 .... [ ]
79. **(가경)** 아름다운 경치 .... [ ]
80. **(소란)** 매우 시끄럽게 어지럽힘 .... [ ]

※ 다음 訓과 音으로 연결된 單語를 漢字로 쓰시오.(1~80) ※정답은 116쪽에 있음

[보기] 하늘 천 - 땅 지 → [天 地]

(1) 장부책 장 - 문서 부 ……… [ ]
(2) 편할 편 - 탈 승 ……… [ ]
(3) 기를 양 - 벌 봉 ……… [ ]
(4) 밥통 위 - 벽 벽 ……… [ ]
(5) 면할 면 - 세금 세 ……… [ ]
(6) 나물 채 - 나물 소 ……… [ ]
(7) 부끄러울 참 - 부끄러울 괴 ……… [ ]
(8) 끝 종 - 마칠 료 ……… [ ]
(9) 헐 훼 - 덜 손 ……… [ ]
(10) 분별할 변 - 갚을 상 ……… [ ]
(11) 열 계 - 어리석을 몽 ……… [ ]
(12) 장님 맹 - 창자 장 ……… [ ]
(13) 볼 관 - 무리 중 ……… [ ]
(14) 지칠 피 - 폐단/곤할 폐 ……… [ ]
(15) 긴할 긴 - 숨길/가까울 밀 ……… [ ]
(16) 옮길 천 - 도읍 도 ……… [ ]
(17) 썩을 부 - 패할/썩을 패 ……… [ ]
(18) 씻을 세 - 빨 탁 ……… [ ]
(19) 파할 파 - 면할/벗을 면 ……… [ ]
(20) 거칠 황 - 들 야 ……… [ ]
(21) 더할 첨 - 붙을 부 ……… [ ]
(22) 가질 휴 - 띠 대 ……… [ ]
(23) 뛰어날 준 - 뛰어날 걸 ……… [ ]
(24) 받을 수 - 허락할 낙(락) ……… [ ]
(25) 시어미/잠깐 고 - 쉴 식 ……… [ ]
(26) 다할/궁핍할 궁 - 막힐 색 ……… [ ]
(27) 엮을 편 - 이룰 성 ……… [ ]
(28) 바꿀 환 - 돈 전 ……… [ ]
(29) 둑 제 - 막을/둑 방 ……… [ ]
(30) 살찔/거름 비 - 거리(재료) 료 ……… [ ]
(31) 잠잠할 묵 - 알 인 ……… [ ]
(32) 넉넉할 우 - 못할 렬(열) ……… [ ]
(33) 완전할 완 - 떨칠 불 ……… [ ]
(34) 초하루/북녘 삭 - 바람 풍 ……… [ ]
(35) 본뜰 모 - 본뜰 방 ……… [ ]
(36) 뛰어날 준 - 빼어날 수 ……… [ ]
(37) 불사를 소 - 물리칠 각 ……… [ ]
(38) 징계할 징 - 경계할 계 ……… [ ]
(39) 밝을 랑 - 욀 송 ……… [ ]
(40) 몰/달릴 구 - 걸을 보 ……… [ ]
(41) 숨길 비 - 비결 결 ……… [ ]
(42) 속 리 - 낯/겉 면 ……… [ ]
(43) 세금 조 - 세금 세 ……… [ ]
(44) 멜 하 - 무거울 중 ……… [ ]
(45) 조상할 조 - 손님 객 ……… [ ]
(46) 집 호 - 문서 적 ……… [ ]
(47) 빚질 채 - 힘쓸 무 ……… [ ]
(48) 부세/구실 부 - 부릴/일 역 ……… [ ]
(49) 거만할 오 - 기운 기 ……… [ ]
(50) 이미 기 - 혼인할 혼 ……… [ ]
(51) 못할 렬 - 무리/등급 등 ……… [ ]
(52) 질그릇 도 - 그릇 기 ……… [ ]
(53) 떠다닐 표 - 흐를 류 ……… [ ]
(54) 천거할 천 - 들 거 ……… [ ]
(55) 떠들 소 - 어지러울 란 ……… [ ]
(56) 마실 흡 - 거둘 수 ……… [ ]
(57) 서로 호 - 바꿀 환 ……… [ ]
(58) 추할 추 - 모습 태 ……… [ ]
(59) 느릴 완 - 급할 급 ……… [ ]
(60) 봉할 봉 - 자물쇠/봉할 쇄 ……… [ ]
(61) 달릴 분 - 달릴 주 ……… [ ]
(62) 누를 억 - 머무를 류 ……… [ ]
(63) 물결/함부로 랑 - 말씀 설 ……… [ ]
(64) 회복할 복 - 옛 구 ……… [ ]
(65) 졸할 졸 - 못할 렬 ……… [ ]
(66) 꾈 유 - 이끌 도 ……… [ ]
(67) 짝 배 - 짝 필 ……… [ ]
(68) 간절할 간 - 말씀 담 ……… [ ]
(69) 넘칠 람 - 쓸 용 ……… [ ]
(70) 맥 맥 - 얽을/이을 락 ……… [ ]
(71) 뛰어날 절 - 꼭대기 정 ……… [ ]
(72) 아닐 미 - 마칠 필 ……… [ ]
(73) 부를/조짐 징 - 조짐 조 ……… [ ]
(74) 관계할 관 - 연이을 련 ……… [ ]
(75) 물러날 퇴 - 물리칠 각 ……… [ ]
(76) 속일 사 - 부를 칭 ……… [ ]
(77) 움직일 운 - 품삯 임 ……… [ ]
(78) 속일 기 - 속일 망 ……… [ ]
(79) 칠 타 - 거꾸로 도 ……… [ ]
(80) 돌이킬 반 - 물건 품 ……… [ ]

※ 다음 괄호속에 든 單語를 漢字로 고쳐 쓰시오(1~72) ※정답은 116쪽에 있음

1. **(위배)** 약속 따위를 어김, 위반 .... [ ]
2. **(절규)** 애타게 부르짖음 .... [ ]
3. **(소송)** 법률 상의 판결을 법원에 요구하는 일 .... [ ]
4. **(징벌)** 장래를 경계하기위해 벌을 가함 .... [ ]
5. **(겸허)** 잘난 체하지 않고 겸손함 .... [ ]
6. **(은폐)** 가리어 숨김 .... [ ]
7. **(길몽)** 좋은 조짐이 되는 꿈 .... [ ]
8. **(유세)** 자기 주장을 돌아다니면서 선전함 ...... [ ]
9. **(숙질)** 아저씨와 조카 .... [ ]
10. **(묘판)** 못자리 .... [ ]
11. **(둔탁)** 소리가 굵고 거칠며 무겁다 .... [ ]
12. **(삭제)** 지워버림 .... [ ]
13. **(승선)** 배에 올라탐 .... [ ]
14. **(부표)** 물 위에서 이리저리 떠다님 .... [ ]
15. **(인솔)** 여러 사람을 이끌고 감 .... [ ]
16. **(수면)** 잠을 자는 행위 .... [ ]
17. **(숙면)** 잠이 깊이 듦 .... [ ]
18. **(강직)** 마음이 굳세고 곧음 .... [ ]
19. **(척살)** 칼 따위로 사람을 찔러 죽임 .... [ ]
20. **(초상)** 사람의 용모를 그린 화상 또는 조각 .... [ ]
21. **(토로)** 속마음을 죄다 드러내어 말함 .... [ ]
22. **(투철)** 사리가 밝고 확실함 .... [ ]
23. **(마멸)** 닳아서 없어짐 .... [ ]
24. **(돌파)** 어떤 기준, 기록 등을 넘어섬 .... [ ]
25. **(갈망)** 간절히 바람 .... [ ]
26. **(완만)** 행동이 느릿느릿함 .... [ ]
27. **(공란)** 글자없이 비워둔 칸 .... [ ]
28. **(미로)** 한번 들어가면 빠져 나오기 어려운 길 .... [ ]
29. **(파종)** 논밭에 곡식의 씨앗을 뿌림 .... [ ]
30. **(현상)** 구하거나 사람을 찾는 일 따위에 상금을 검 .... [ ]
31. **(필경)** 마침내 .... [ ]
32. **(미량)** 아주 적은 양 .... [ ]
33. **(준령)** 높고 가파른 고개 .... [ ]
34. **(돈독)** 인정이 두터움 .... [ ]
35. **(귀감)** 본보기가 될만한 것 .... [ ]
36. **(균열)** 갈라지고 터짐 .... [ ]
37. **(매복)** 상대를 살피거나 해치려고 숨어 있는 일 .... [ ]
38. **(답사)** 현장에 가서 보고듣고 조사함 .... [ ]
39. **(금연)** 담배를 피우지 못하게 함 .... [ ]
40. **(필적)** 능력이 서로 엇비슷하여 견줄만 함 .. [ ]
41. **(폐색)** : 닫아 막음 .... [ ]
42. **(자태)** : 모양이나 모습 .... [ ]
43. **(반송)** : 도로 돌려보냄 .... [ ]
44. **(연민)** : 불쌍하고 가련하게 여김 .... [ ]
45. **(분개)** : 격분하여 개탄함 .... [ ]
46. **(초월)** : 어떤 한계를 뛰어 넘음 .... [ ]
47. **(확장)** : 세력 등을 늘여 넓힘 .... [ ]
48. **(봉밀)** : 벌꿀 .... [ ]
49. **(마의)** : 삼베로 지은 옷 .... [ ]
50. **(임종)** : 죽음을 맞이함 .... [ ]
51. **(근소)** : 아주 적어서 얼마되지 아니함 .... [ ]
52. **(박복)** : 복이 없음 .... [ ]
53. **(습득)** : 주어서 얻음 .... [ ]
54. **(진폭)** : 진동하는 물체의 좌우 굴절의 크기 . [ ]
55. **(목욕)** : 머리를 감으며 몸을 씻는 일 .... [ ]
56. **(번뇌)** : 마음이 시달려서 괴로움 .... [ ]
57. **(윤곽)** : 일이나 사건의 대체적인 줄거리 ...... [ ]
58. **(쌍교)** : 좌우 양측으로 놓여져 있는 다리 .... [ ]
59. **(요란)** : 시끄럽고 어지러움 .... [ ]
60. **(간선)** : 도로나 철도의 주요한 선 .... [ ]
61. **(타협)** : 두편이 서로 좋도록 합의함 .... [ ]
62. **(고집)** : 자기의견을 곧게 지킴 .... [ ]
63. **(제사)** : 죽은 사람의 넋에게 음식을 바쳐 정성을 나타내는 의식 .... [ ]
64. **(매몰)** : 파묻음 .... [ ]
65. **(염치)** : 청렴하여 부끄러움을 아는 마음 ...... [ ]
66. **(사취)** : 남의 것을 속여 빼앗음 .... [ ]
67. **(구현)** : 구체적으로 나타냄 .... [ ]
68. **(선열)** : 정의를 위해 싸우다 죽은 용사 ..... [ ]
69. **(피란)** : 난리를 피해 있는 곳을 옮김 .... [ ]
70. **(진압)** : 진정시켜 억누름 .... [ ]
71. **(졸작)** : 졸렬한 제작이나 작품 .... [ ]
72. **(자만)** : 스스로 뽐내어 거만하게 굶 .... [ ]

※ 다음 괄호속에 든 單語를 漢字로 고쳐 쓰시오(1~42) ※정답은 116쪽에 있음

1. (돈독) 두텁게 함 .... [ ]
2. (방관) 직접 관련하지 않고 곁에서 보기만함 [ ]
3. (판촉) 판매가 늘어나도록 유도하는 일 .... [ ]
4. (삭발) 머리를 자름 .... [ ]
5. (탈환) 다시 빼앗음 .... [ ]
6. (통곡) 소리내어 슬피 욺 .... [ ]
7. (발아) 싹이 트임 .... [ ]
8. (은괴) 은덩어리 .... [ ]
9. (입도) 벼의 이삭이 팸 .... [ ]
10. (도출) 시비를 일으키거나 싸움을 돋음 .... [ ]
11. (근신) 몸가짐이나 행동을 삼감 .... [ ]
12. (참극) 슬프고 끔직한 사건의 비유 .... [ ]
13. (포획) 무엇 따위를 잡음 .... [ ]
14. (숭상) 높여 소중히 여김 .... [ ]
15. (맹견) 사납고 용맹스런 개 .... [ ]
16. (파업) 하던 일을 중지함 .... [ ]
17. (투숙) 호텔 따위에 들어서 묵음 .... [ ]
18. (성수) 별자리 .... [ ]
19. (빈번) 횟수가 잦음 .... [ ]
20. (피뢰) 벼락을 피함 .... [ ]
21. (융성) 대단히 번성함 .... [ ]
22. (인근) 가까운 장소 .... [ ]
23. (경사) 기울기 .... [ ]
24. (목축) 가축을 기름 .... [ ]
25. (모병) 병사를 모집함 .... [ ]
26. (대여) 빌려줌 .... [ ]
27. (곡창) 곡식을 저장한 창고 .... [ ]
28. (담수) 깨끗하고 맑은 물 .... [ ]
29. (소집) 불러 모집함 .... [ ]
30. (완수) 완전하게 이룸 .... [ ]
31. (습득) 물건 등을 주움 .... [ ]
32. (간통) 남의 배우자와 정을 통함 .... [ ]
33. (체포) 도망가지 못하게 붙잡음 .... [ ]
34. (서가) 책장 .... [ ]
35. (착각) 실제와 다르게 느끼거나 생각함 .... [ ]
36. (완충) 둘 사이의 충돌을 완화시킴 .... [ ]
37. (창파) 푸른 바다와 파도 .... [ ]
38. (겸직) 직업을 두가지 가지고 있음 .... [ ]
39. (희미) 분명치 못하고 어렴풋이 .... [ ]
40. (지폐) 종이 돈 .... [ ]
41. (배우) 이성간의 짝 .... [ ]
42. (절도) 남의 금품을 훔치는 일 따위 .... [ ]

★ 漢字상식

6. 24節氣

節氣란 태양의 황도상(黃道上)의 위치에 따라 1년 동안을 24로 나누어 정한 때를 말한다.

春
- (1) **立春**(입춘) : 봄이 시작되는 때. 2월 4일경
- (2) **雨水**(우수) : 강물이 풀리기 시작하는 때. 2월 19일경
- (3) **驚蟄**(경칩) : 동물이 冬眠을 마치고 깨어나는 시기. 3월 5일경
- (4) **春分**(춘분) : 밤과 낮의 길이가 거의 같은 시기. 3월 21일경
- (5) **淸明**(청명) : 날씨가 맑고 청명함. 4월 5일경
- (6) **穀雨**(곡우) : 봄비가 내려 백곡이 윤택해지는 때. 4월 20일경

夏
- (7) **立夏**(입하) : 여름이 시작되는 때. 5월 6일경
- (8) **小滿**(소만) : 만물이 점차 성장하여 가득 차는 시기. 5월 21일경
- (9) **芒種**(망종) : 보리는 익어 먹게 되고, 볏모는 자라서 심게 되는 시기. 6월 6일경
- (10) **夏至**(하지) : 낮이 제일 길고 밤이 제일 짧은 시기. 6월 21일경
- (11) **小暑**(소서) : 본격적인 더위가 시작되는 시기. 7월 7일경
- (12) **大暑**(대서) : 더위가 가장 심한 시기. 7월 23일경

秋
- (13) **立秋**(입추) : 가을이 시작되는 시기. 8월 8일경
- (14) **處暑**(처서) : 더위가 풀려 가는 시기. 8월 23일경
- (15) **白露**(백로) : 이슬이 내리고 가을 기운이 완전히 나타나는 시기. 9월 8일경
- (16) **秋分**(추분) : 낮과 밤의 길이가 같아지는 시기. 9월 23일경
- (17) **寒露**(한로) : 찬 서리의 기운이 싹트는 시기. 10월 8일경
- (18) **霜降**(상강) : 서리가 오기 시작하는 시기. 10월 23일경

冬
- (19) **立冬**(입동) : 겨울이 시작되는 시기. 11월 7일경
- (20) **小雪**(소설) : 눈이 오기 시작하는 때. 11월 23일경
- (21) **大雪**(대설) : 눈이 많이 오는 시기. 12월 7일경
- (22) **冬至**(동지) : 낮이 제일 짧고 밤이 제일 긴 시기. 12월 23일경
- (23) **小寒**(소한) : 겨울 중 가장 추운 때. 1월 6일경
- (24) **大寒**(대한) : 몹시 추운 시기. 1월 20일경

2級 漢字語 쓰기 정답

2級 漢字 쓰기 문제는 3級 1817字 범위내에서 출제됨

제1회 · 107쪽의 정답

1. 高句麗 2. 古墳 3. 壁畵 4. 先史 5. 藝術 6. 象徵性 7. 彩色 8. 技法 9. 主題 10. 史料 11. 樣式 12. 獨自的 13. 價値 14. 成果 15. 高麗 16. 청자 17. 朝鮮 18. 王朝 19. 創業 20. 廢棄 21. 尖端 22. 犯罪 23. 被害者 24. 竊盜 25. 强盜 26. 警察 27. 申告 28. 治安 29. 需要 30.豫測 31. 資料 32. 파악 33. 對應 34. 提供 35. 目擊者 36. 證人 37. 豫防 38. 自律 39. 防犯隊 40. 巡察 41. 便宜店 42. 配達員 43. 環境 44. 警備員 45. 장애인 46. 窮極的 47. 機會 48. 水準 49. 確保 50. 保障 51. 資源 52. 節減 53. 惠澤 54. 範圍 55. 還元 56. 負擔 57. 尊嚴性 58. 伸張 59. 舞臺 60. 俳優 61. 演劇 62. 鑑賞 63. 觀客 64. 呼吸 65. 發聲 66. 戱曲 67. 登場 68. 形象化 69. 意識 70. 分析

제2회 · 108쪽의 정답

1. 地球 2. 表面 3. 環境 4. 糾明 5. 海域 6. 船團 7. 太平洋 8. 基地 9. 土臺 10. 觀測 11. 電送 12. 構築 13. 獨島 14. 漁況 15. 氣象 16. 設置 17. 監視網 18. 分析 19. 加工 20. 供給 21. 專擔 22. 投資 23. 利潤 24. 創出 25. 監督 26. 統制 27. 破壞 28. 武器 29. 好奇心 30. 充足 31. 核問題 32. 汚染 33. 遺傳子 34. 複製 35. 災難 36. 生態的 37. 倫理的 38. 實踐 39. 왜곡 40. 肯定的 41. 促進 42. 經濟的 43. 領域 44. 時急 45. 正常的 46. 疏通 47. 制度的 48. 弊害 49. 著作權 50. 出版 51. 公演 52. 美術 53. 映像 54. 保護 55. 規範 56. 無斷 57. 放置 58. 憲法 59. 條項 60. 根據 61. 判例 62. 和解 63. 交流

제3회 · 109쪽의 정답

1. 廣範圍 2. 急速 3.經驗 4. 誘發 5. 旣存 6. 專門的 7. 豫測 8. 履行 9. 分散 10. 獨占 11. 喪失 12. 創出 13. 財貨 14. 機能 15. 依存 16. 周邊 17. 慣行 18. 業務 19. 固守 20. 挑戰 21. 對應 22. 課題 23. 批判 24. 柔軟性 25. 提高 26. 露出 27. 力量 28. 浪費 29. 除去 30. 추세 31. 委託 32. 手段 33. 運送 34. 尺度 35. 列强 36. 主導 37. 障壁 38. 限界 39. 音速 40. 突破 41. 極限 42. 保有 43. 羅列 44. 尖端 45. 基礎 46. 段階 47. 奇蹟 48. 誕生 49. 순회 50. 展示 51. 神技 52. 宇宙船 53. 燃料 54. 電池 55. 秘密 56. 解讀 57. 豫算 58. 探査船 59. 立證 60. 太陽系 61. 遠距離 62. 行星 63. 獲得 64. 遠大 65. 進步的 66. 頭腦 67. 樹立

제4회 · 110쪽의 정답

1. 貧困 2. 疾病 3. 役割 4. 喪失 5. 疏外 6. 深刻 7. 指摘 8. 就業 9. 機會 10. 制限 11. 輸入 12. 斷切 13. 不拘 14. 威脅 15. 現狀 16. 危機 17. 浮刻 18. 勤勞 19. 極大化 20. 高揚 21. 核心 22. 系譜 23. 古典 24. 遺産 25. 潮流 26. 手法 27. 模倣 28. 移植 29. 亞流 30. 派生 31. 是認 32. 特殊性 33. 解明 34. 制約 35. 解脫 36. 宿命 37. 被動的 38. 追求 39. 種目 40. 細分化 41. 多樣化 42. 激烈 43. 傾向 44. 急傾斜 45. 疾走 46. 順位 47. 構成 48. 施設 49. 配置 50. 難易度 51. 調節 52. 保護 53. 裝具 54. 着用 55. 經驗 56. 確保 57. 觀光 58. 克己 59. 體驗 60. 挑戰

제5회 · 111쪽의 정답

1. 友誼 2. 首腦 3. 暗殺 4. 組織 5. 愛國團 6. 倭敵 7. 對抗 8. 鬪爭 9. 事變 10. 祝賀會 11. 爆彈 12. 投彈 13. 豫行 14. 토굴 15. 鐵板 16. 雷管 17. 壯觀 18. 實物 19. 裝置 20. 隱居 21. 擧事 22. 完了 23. 擧行 24.記紀念25. 森嚴 26. 納凉 27. 食言 28. 塗炭 29. 矛盾 30. 棟梁 31. 伯仲 32. 奈落 33. 涉獵 34. 死角 35. 詐欺 36. 先親 37. 白眉 38. 質朴 39. 風塵 40. 瓦解 41. 忽待 42. 後見 43. 天涯 44. 遍歷 45. 頻數 46. 問候 47. 白壽 48. 朔望 49. 稀壽 50. 慈堂 51. 尖銳 52. 元旦 53. 耳順 54. 風霜 55. 春困 56. 弱冠 57. 不惑 58. 綿延 59. 快差 60. 快適 61. 壓卷 62. 童蒙 63. 秋毫 64. 冥福 65. 徒勞 66. 拔群 67. 顚末 68. 破門 69. 蛇足 70. 米壽 71. 驅迫 72. 閉鎖 73. 覆面 74. 謙讓 75. 厚謝 76. 徹底 77. 布施 78. 謙卑 79. 布告 80. 腰痛

제6회 · 112쪽의 정답

1. 遊泳 2. 疏忽 3. 透明 4. 絕崖 5. 赴任 6. 忘却 7. 借入 8. 畜穀 9. 錯誤 10. 毁損 11. 排擊 12. 矯導 13. 稀薄 14. 腰帶 15. 巷間 16. 騷動 17. 墮落 18. 旋律 19. 戱弄 20. 囚人 21. 僅少 22. 驅迫 23. 擴散 24. 交替 25. 繁榮 26. 運賃 27. 賀客 28. 飽食 29. 封墳 30. 補佐 31. 娛樂 32. 狂奔 33. 鈍濁 34. 早稻 35. 晩秋 36. 跳躍 37. 荷役 38. 埋沒 39. 參酌 40. 添附 41. 索出 42. 劣等 43. 干拓 44. 銳利 45. 暴利 46. 暴惡 47. 凍結 48. 透視 49. 荒凉 50. 濫發 51. 顧客 52. 涉獵 53. 携帶 54. 基幹 55. 緯度 56. 暢達 57. 桂樹 58. 湯藥 59. 殘像 60. 妄言 61. 乾燥 62. 洞察 63. 苦惱 64. 彈丸 65. 相殺 66. 趣味 67. 神靈 68. 謙虛 69. 縣監 70. 觸媒 71. 脅迫 72. 沙漠 73. 怪異 74. 魚雷 75. 殆半 76. 捕捉 77. 享樂 78. 檢疫 79. 佳景 80. 騷亂

제7회 · 113쪽의 정답

1. 帳簿 2. 便乘 3. 養蜂 4. 胃壁 5. 免稅 6. 菜蔬 7.慙愧 8. 終了 9. 毁損 10. 辨償 11. 啓蒙 12. 盲腸 13. 觀衆 14. 疲弊 15. 緊密 16. 遷都 17. 腐敗 18. 洗濯 19. 罷免 20. 荒野 21. 添附 22. 携帶 23. 俊傑 24. 受諾 25. 姑息 26. 窮塞 27. 編成 28. 換錢 29. 堤防 30. 肥料 31. 默認 32. 優劣 33. 完拂 34. 朔風 35. 模倣 36. 俊秀 37. 燒却 38. 懲戒 39. 朗誦 40. 驅步 41. 秘訣 42. 裏面 43. 租稅 44. 荷重 45. 弔客 46. 戶籍 47. 債務 48. 賦役 49. 傲氣 50. 旣婚 51. 劣等 52. 陶器 53. 漂流 54. 薦擧 55. 騷亂 56. 吸收 57. 互換 58. 醜態 59. 緩急 60. 封鎖 61. 奔走 62. 抑留 63. 浪說 64. 復舊 65. 拙劣 66. 誘導 67. 配匹 68. 懇談 69. 濫用 70. 脈絡 71. 絕頂 72. 未畢 73. 徵兆 74. 關聯 75. 退却 76. 詐稱 77. 運賃 78. 欺罔 79. 打倒 80. 返品

제8회 · 114쪽의 정답

1. 違背 2. 絕叫 3. 訴訟 4. 懲罰 5. 謙虛 6. 隱蔽 7. 吉夢 8. 遊說 9. 叔姪 10. 苗板 11. 鈍濁 12. 削除 13. 乘船 14. 浮漂 15. 引率 16. 睡眠 17. 熟眠 18. 剛直 19. 刺殺 20. 肖像 21. 吐露 22. 透徹 23. 磨滅 24. 突破 25. 渴望 26. 緩慢 27. 空欄 28. 迷路 29. 播種 30. 懸賞 31. 畢竟 32. 微量 33. 峻嶺 34. 敦篤 35. 龜鑑 36. 龜裂 37. 埋伏 38. 踏査 39. 禁煙 40. 匹敵 41. 閉塞 42. 姿態 43. 返送 44. 憐憫 45. 憤慨 46. 超越 47. 擴張 48. 蜂蜜 49. 麻衣 50. 臨終 51. 僅少 52. 薄福 53. 拾得 54. 振幅 55. 沐浴 56. 煩惱 57. 輪廓 58. 雙橋 59. 搖亂 60. 幹線 61. 妥協 62. 固執 63. 祭祀 64. 埋沒 65. 廉恥 66. 詐取 67. 具現 68. 先烈 69. 避亂 70. 鎭壓 71. 拙作 72. 自慢

제9회 · 115쪽의 정답

1. 敦篤 2. 傍觀 3. 販促 4. 削髮 5. 奪還 6. 痛哭 7. 發芽 8. 銀塊 9. 立稻 10. 挑出 11. 謹身 12. 慘劇 13. 捕獲 14. 崇尙 15. 猛犬 16. 罷業 17. 投宿 18. 星宿 19. 頻繁 20. 避雷 21. 隆盛 22. 隣近 23. 傾斜 24. 牧畜 25. 募兵 26. 貸與 27. 穀倉 28. 淡水 29. 召集 30. 完遂 31. 拾得 32. 姦通 33. 逮捕 34. 書架 35. 錯覺 36. 緩衝 37. 滄波 38. 兼職 39. 稀微 40. 紙幣 41. 配偶 42. 竊盜

약자(略字)

※ 2급 약자는 3급 배정한자 1817字 범위에서 출제됩니다.

假(거짓 가) – 仮
價(값 가) – 価
暇(틈 가) – 昄
覺(깨달을 각) – 覚
監(볼 감) – 监
鑑(거울 감) – 鑑
强(강할 강) – 強
蓋(덮을 개) – 盖
據(근거 거) – 拠
擧(들 거) – 挙
傑(뛰어날 걸) – 杰
儉(검소할 검) – 倹
劍(칼 검) – 剣
檢(조사할 검) – 検
堅(굳을 견) – 坚
缺(이지러질 결) – 欠
徑(길 경) – 径
經(지날 경) – 経
輕(가벼울 경) – 軽
繼(이을 계) – 継
鷄(닭 계) – 雞
觀(볼 관) – 观, 覌
關(관계할 관) – 関
館(집 관) – 舘
廣(넓을 광) – 広
鑛(쇳돌 광) – 鉱
壞(무너질 괴) – 壊
橋(다리 교) – 桥
矯(바로잡을 교) – 矫
區(구분할 구) – 区
舊(옛 구) – 旧
驅(몰 구) – 駆
龜(거북 귀) – 亀
國(나라 국) – 国
勸(권할 권) – 劝, 勧
權(권세 권) – 权
歸(돌아갈 귀) – 帰
棄(버릴 기) – 弃
氣(기운 기) – 気

農(농사 농) – 农
緊(긴할 긴) – 紧
寧(편안 녕) – 寍
惱(번뇌할 뇌) – 悩
腦(머리골 뇌) – 脳
單(홑 단) – 単
團(모을 단) – 团
斷(끊을 단) – 断
擔(멜 담) – 担
膽(쓸개 담) – 胆
當(마땅할 당) – 当
黨(무리 당) – 党
對(대할 대) – 対
臺(대 대) – 台
圖(그림 도) – 図
獨(홀로 독) – 独
讀(읽을 독) – 読
同(한가지 동) – 仝
燈(등 등) – 灯
樂(풍류 악, 즐길 락) – 楽
亂(어지러울 란) – 乱
濫(넘칠 람) – 滥
藍(쪽 람) – 蓝
覽(볼 람) – 覧
來(올 래) – 来
兩(두 량) – 両
勵(힘쓸 려) – 励
麗(고울 려) – 麗
戀(그리워할 련) – 恋
聯(연이을 련) – 联
獵(사냥할 렵) – 猟
靈(신령 령) – 灵
禮(예도 례) – 礼
勞(일할 로) – 労
爐(화로 로) – 炉
龍(용 룡) – 竜
樓(다락 루) – 楼
離(떠날 리) – 难
臨(임할 림) – 临

滿(가득할 만) – 満
萬(일만 만) – 万
蠻(오랑캐 만) – 蛮
賣(팔 매) – 売
脈(줄기 맥) – 脉
麥(보리 맥) – 麦
貌(모양 모) – 皃
夢(꿈 몽) – 梦
廟(사당 묘) – 庙
無(없을 무) – 无
發(필 발) – 発
變(변할 변) – 変
邊(가 변) – 辺, 边
竝(나란히 병) – 並
寶(보배 보) – 宝
佛(부처 불) – 仏
拂(떨칠 불) – 払
冰(얼음 빙) – 氷
寫(베낄 사) – 写, 写
師(스승 사) – 师
絲(실 사) – 糸
辭(말씀 사) – 辞
嘗(맛볼 상) – 甞
桑(뽕나무 상) – 桒
牀(상 상) – 床
狀(형상 상) – 状
敍(펼 서) – 叙, 敘
釋(풀 석) – 釈
僊(신선 선) – 仙
攝(다스릴/잡을 섭) – 摂
聲(소리 성) – 声
世(인간 세) – 卋
燒(사를 소) – 焼
屬(무리 속) – 属
續(이을 속) – 続
壽(목숨 수) – 寿
收(거둘 수) – 収
數(셈할 수) – 数
獸(짐승 수) – 獣

약자(略字)

隨(따를 수) - 随
肅(엄숙할 숙) - 粛, 肃
濕(젖을 습) - 湿
乘(탈 승) - 乗
腎(콩팥 신) - 肾
實(열매 실) - 実
雙(두 쌍) - 双
亞(버금 아) - 亜
兒(아이 아) - 児
惡(악할 악) - 悪
鴈(기러기 안) - 雁
巖(바위 암) - 岩
壓(누를 압) - 圧
藥(약 약) - 薬
壤(흙덩이 양) - 壌
嚴(엄할 엄) - 厳
業(업 업) - 业
與(줄 여) - 与
餘(남을 여) - 余
譯(번역할 역) - 訳
驛(역 역) - 駅
硏(갈 연) - 研
鹽(소금 염) - 塩
榮(영화 영) - 栄
營(경영할 영) - 営
藝(재주 예) - 芸, 艺
譽(명예 예) - 誉
豫(미리 예) - 予
往(갈 왕) - 徃
員(인원 원) - 負
僞(거짓 위) - 偽
圍(둘레 위) - 囲
爲(할 위) - 為
隱(숨을 은) - 隠
陰(그늘 음) - 陰
應(응할 응) - 応
醫(의원 의) - 医
貳(두 이) - 弐
益(더할 익) - 益
刃(칼날 인) - 刃
殘(남을 잔) - 残
雜(섞일 잡) - 雑
壯(장할 장) - 壮
將(장수 장) - 将
莊(엄할 장) - 荘
裝(꾸밀 장) - 装
奬(장려할 장) - 奨
哉(어조사 재) - 㦲
爭(다툴 쟁) - 争
傳(전할 전) - 伝
戰(싸울 전) - 战
轉(구를 전) - 転
錢(돈 전) - 銭
竊(훔칠 절) - 窃
點(점 점) - 点, 奌
定(정할 정) - 㝎
靜(고요할 정) - 静
濟(건널 제) - 済
齊(가지런할 제) - 斉
條(가지 조) - 条
卒(마칠 졸) - 卆
從(좇을 종) - 从
晝(낮 주) - 昼
鑄(쇠불릴 주) - 鋳
增(더할 증) - 増
曾(일찍 증) - 曽
蒸(찔 증) - 苤
證(증거 증) - 証
珍(보배 진) - 珎
盡(다할 진) - 尽
眞(참 진) - 真
質(바탕 질) - 貭
參(참여할 참) - 参
慘(슬플 참) - 惨
冊(책 책) - 册
處(곳 처) - 処
淺(얕을 천) - 浅
賤(천할 천) - 賎
踐(밟을 천) - 践
遷(옮길 천) - 迁
鐵(쇠 철) - 鉄
廳(청사 청) - 庁
聽(들을 청) - 聴
體(몸 체) - 体
遞(갈릴 체) - 逓
觸(닿을 촉) - 触
總(다 총) - 総
蟲(벌레 충) - 虫
醉(취할 취) - 酔
齒(이 치) - 歯
漆(옻칠할 칠) - 柒
沈(잠길 침) - 沉
稱(일컬을 칭) - 称
墮(떨어질 타) - 堕
彈(탄알 탄) - 弾
擇(가릴 택) - 択
澤(못 택) - 沢
兎(토끼 토) - 兔
廢(폐할 폐) - 廃
豐(풍년 풍) - 豊
學(배울 학) - 学
解(풀 해) - 觧
虛(빌 허) - 虚
獻(바칠 헌) - 献
險(험할 험) - 険
驗(시험할 험) - 験
縣(고을 현) - 県
賢(어질 현) - 賢
顯(나타낼 현) - 顕
螢(반딧불 형) - 蛍
號(이름 호) - 号
畫(그림 화) - 画
華(빛날 화) - 华
擴(넓힐 확) - 拡
歡(기쁠 환) - 欢
會(모일 회) - 会
懷(품을 회) - 懐
興(일 흥) - 兴
戱(놀이 희) - 戯

※ 다음 漢字의 略字를 쓰고, 略字는 正字로 고쳐 쓰시오.

※ 정답은 120쪽에 있음.

1. 假 (　)	13. 緊 (　)	25. 勞 (　)	37. 冰 (　)	49. 雙 (　)	61. 応 (　)
2. 據 (　)	14. 團 (　)	26. 龍 (　)	38. 寫 (　)	50. 巖 (　)	62. 医 (　)
3. 傑 (　)	15. 擔 (　)	27. 蠻 (　)	39. 師 (　)	51. 壓 (　)	63. 弍 (　)
4. 檢 (　)	16. 當 (　)	28. 麥 (　)	40. 辭 (　)	52. 與 (　)	64. 壱 (　)
5. 堅 (　)	17. 黨 (　)	29. 貌 (　)	41. 牀 (　)	53. 鹽 (　)	65. 残 (　)
6. 觀 (　,　)	18. 圖 (　)	30. 夢 (　)	42. 狀 (　)	54. 驛 (　)	66. 蚕 (　)
7. 關 (　)	19. 獨 (　)	31. 無 (　)	43. 釋 (　)	55. 榮 (　)	67. 伝 (　)
8. 廣 (　)	20. 覽 (　)	32. 變 (　)	44. 聲 (　)	56. 營 (　)	68. 战 (　)
9. 舊 (　)	21. 來 (　)	33. 邊 (　,　)	45. 屬 (　)	57. 藝 (　)	69. 転 (　)
10. 驅 (　)	22. 勵 (　)	34. 寶 (　)	46. 壽 (　)	58. 譽 (　)	70. 兴 (　)
11. 龜 (　)	23. 戀 (　)	35. 佛 (　)	47. 肅 (　)	59. 豫 (　)	71. 錢 (　)
12. 歸 (　)	24. 禮 (　)	36. 拂 (　)	48. 濕 (　)	60. 圍 (　)	

※ 다음 略字는 正字(基本字)로 고치고, 正字는 略字로 고쳐 쓰시오.

72. 点 (　)	83. 质 (　)	94. 触 (　)	105. 顕 (　)	116. 監 (　)	128. 遞 (　)
73. 乏 (　)	84. 参 (　)	95. 酔 (　)	106. 蛍 (　)	117. 嚴 (　)	129. 隨 (　)
74. 済 (　)	85. 惨 (　)	96. 歯 (　)	107. 号 (　)	118. 膽 (　)	130. 峽 (　)
75. 条 (　)	86. 処 (　)	97. 称 (　)	108. 画 (　)	119. 矯 (　)	131. 擴 (　)
76. 実 (　)	87. 浅 (　)	98. 択 (　)	109. 欢 (　)	120. 壞 (　)	132. 兔 (　)
77. 㚢 (　)	88. 践 (　)	99. 沢 (　)	110. 会 (　)	121. 燒 (　)	133. 竊 (　)
78. 亜 (　)	89. 迁 (　)	100. 廃 (　)	111. 桥 (　)	122. 敍 (　)	134. 靜 (　)
79. 蒁 (　)	90. 鉄 (　)	101. 鮮 (　)	112. 农 (　)	123. 寧 (　)	135. 鑄 (　)
80. 証 (　)	91. 庁 (　)	102. 献 (　)	113. 业 (　)	124. 離 (　)	136. 晝 (　)
81. 珎 (　)	92. 聴 (　)	103. 県 (　)	114. 华 (　)	125. 徑 (　)	137. 獵 (　)
82. 尽 (　)	93. 体 (　)	104. 賢 (　)	115. 侨 (　)	126. 鑑 (　)	138. 攝 (　)
				127. 懷 (　)	139. 墮 (　)

※ 120쪽의 정답

1. 釆 2. 疒 3. 田 4. 干 5. 田 6. 亠 7. 貝 8. 田 9. 肉 10. 尸 11. 亅 12. 音 13. 卩 14. 目 15. 革 16. 口 17. 人 18. 人 19. 肉 20. 廾 21. 鼓 22. 力 23. 山 24. 水 25. 幺 26. 止 27. 鹵 28. 舛 29. 日 30. 口 31. 臼 32. 止 33. 巾 34. 口 35. 十 36. 力 37. 戈 38. 一 39. 衣 40. 口 41. 大 42. 乙 43. 鼎 44. 虫 45. 口 46. 聿 47. 冂 48. 斤 49. 日 50. 丿 51. 行 52. 手 53. 火 54. 女 55. 火 56. 山 57. 里 58. 牛 59. 欠 60. 田 61. 乙 62. 阜 63. 大 64. 穴 65. 殳 66. 目 67. 力 68. 丿 69. 麥 70. 卩 71. 豕 72. 匕 73. 心 74. 犬 75. 臼 76. 内 77. 二 78. 骨 79. 火 80. 勹 81. 禾 82. 豕 83. 衣 84. 彡 85. 木 86. 宀 87. 龍 88. 舌 89. 支 90. 用 91. 小 92. 一 93. 丿 94. 虫 95. 爪 96. 口 97. 厶 98. 匚 99. 禾 100. 行 101. 貝 102. 肉 103. 儿 104. 支 105. 刀 106. 一 107. 入 108. 頁 109. 口 110. 鹿 111. 阜 112. 士 113. 巛 114. 刀 115. 大 116. 八 117. 口 118. 广 119. 竹 120. 隶 121. 卜 122. 口 123. 屮 124. 口 125. 心

※ 다음 漢字의 部首를 쓰시오.

※ 정답은 119쪽에 있음.

1. 采 (　)	26. 歪 (　)	51. 街 (　)	76. 禹 (　)	101. 貳 (　)
2. 疫 (　)	27. 鹽 (　)	52. 承 (　)	77. 云 (　)	102. 胤 (　)
3. 申 (　)	28. 舞 (　)	53. 焉 (　)	78. 體 (　)	103. 元 (　)
4. 幹 (　)	29. 昴 (　)	54. 妥 (　)	79. 燕 (　)	104. 敢 (　)
5. 畓 (　)	30. 司 (　)	55. 炅 (　)	80. 勿 (　)	105. 劉 (　)
6. 亮 (　)	31. 兒 (　)	56. 島 (　)	81. 秉 (　)	106. 世 (　)
7. 賣 (　)	32. 武 (　)	57. 量 (　)	82. 象 (　)	107. 俞 (　)
8. 昆 (　)	33. 師 (　)	58. 牟 (　)	83. 襄 (　)	108. 須 (　)
9. 肝 (　)	34. 商 (　)	59. 歌 (　)	84. 彦 (　)	109. 各 (　)
10. 尼 (　)	35. 卒 (　)	60. 當 (　)	85. 未 (　)	110. 鹿 (　)
11. 了 (　)	36. 務 (　)	61. 亂 (　)	86. 密 (　)	111. 阜 (　)
12. 響 (　)	37. 成 (　)	62. 隔 (　)	87. 龐 (　)	112. 壽 (　)
13. 卷 (　)	38. 丑 (　)	63. 奈 (　)	88. 舒 (　)	113. 州 (　)
14. 督 (　)	39. 裵 (　)	64. 窮 (　)	89. 敏 (　)	114. 刊 (　)
15. 鞅 (　)	40. 四 (　)	65. 段 (　)	90. 甫 (　)	115. 奏 (　)
16. 含 (　)	41. 奚 (　)	66. 看 (　)	91. 尙 (　)	116. 具 (　)
17. 介 (　)	42. 也 (　)	67. 劣 (　)	92. 三 (　)	117. 吏 (　)
18. 來 (　)	43. 鼎 (　)	68. 乃 (　)	93. 乘 (　)	118. 康 (　)
19. 膜 (　)	44. 蜜 (　)	69. 麥 (　)	94. 融 (　)	119. 篤 (　)
20. 弁 (　)	45. 史 (　)	70. 卿 (　)	95. 爵 (　)	120. 隷 (　)
21. 鼓 (　)	46. 肅 (　)	71. 豚 (　)	96. 哉 (　)	121. 卨 (　)
22. 勞 (　)	47. 再 (　)	72. 化 (　)	97. 參 (　)	122. 啓 (　)
23. 崔 (　)	48. 斥 (　)	73. 慶 (　)	98. 匹 (　)	123. 屯 (　)
24. 泰 (　)	49. 會 (　)	74. 獵 (　)	99. 秦 (　)	124. 囚 (　)
25. 幻 (　)	50. 乎 (　)	75. 興 (　)	100. 衡 (　)	125. 恭 (　)

※ 119쪽의 정답

1.仮 2.拠 3.杰 4.検 5.坚 6.观,规 7.関 8.広 9.旧 10.駆 11.亀 12.帰 13.紧 14.団 15.担 16.当 17.党 18.図 19.独 20.覧 21来 22.励 23.恋 24.礼 25.労 26.竜 27.蛮 28.麦 29.皃 30.梦 31.无 32.変 33.边 辺 34.宝 35仏 36.払 37.氷 38写 39师 40辞 41.床 42.状 43.积 44.声 45.属 46.寿 47.粛 48.湿 49.双 50. 岩 51.圧 52.与 53塩 54.駅 55栄 56営 57艺 58誉 59予 60囲 61. 應 62. 醫 63. 貳 64. 壹 65. 殘 66. 蠶 67. 傳 68. 戰 69. 轉 70. 興 71. 錢 72. 點 73. 定 74. 濟 75. 條 76. 實 77. 卒 78. 亞 79. 蒸 80. 證 81. 珍 82. 盡 83. 質 84. 參 85. 慘 86. 處 87. 淺 88. 踐 89. 遷 90. 鐵 91. 廳 92. 聽 93. 體 94. 觸 95. 醉 96. 齒 97. 稱 98. 擇 99. 澤 100. 廢 101. 解 102. 獻 103. 縣 104. 賢 105. 顯 106. 螢 107. 號 108. 畫 109. 歡 110. 會 111. 橋 112. 農 113. 業 114. 華 115. 僑 116.监 117.厳 118.胆 119.矫 120.壊 121.焼 122.叙 123.瑫 124.难 125.径 126鑑 127.懐 128.逓 129.随 130.峡 131.拡 132.兎 133.窃 134.静 135.铸 136.昼 137.猟 138.摂 139.堕

어문회 2급 '섞음漢字' 訓·音표(배정漢字 추가분 538字)

어문회 2급 배정漢字는 3급 1817字에다 새로운 538字를 추가해서 2355字입니다.

1 伽 절 가	26 揭 높이들 게 걸 게	51 鞠 성(姓) 국 국문할 국	76 耆 늙을 기	101 謄 베낄 등	126 療 병고칠 료	151 茅 띠 모	176 賠 물어줄 배	201 傅 스승 부	226 晳 밝을 석	251 盾 방패 순
2 賈 성 가 장사 고	27 憩 쉴 게	52 掘 팔 굴	77 濃 짙을 농	102 裸 벗을 라	127 硫 유황 류	152 牟 성/보리 모	177 裵 성(姓) 배	202 敷 펼 부	227 碩 클 석	252 珣 옥이름 순
3 迦 부처이름 가	28 甄 질그릇 견	53 窟 굴 굴	78 尿 오줌 뇨	103 洛 물이름 락	128 劉 죽일 류 묘금도 류	153 謨 꾀 모	178 柏 측백 백	203 膚 살갗 부	228 繕 기울 선	253 荀 풀이름 순
4 柯 가지 가	29 炅 빛날 경	54 圈 우리 권	79 尼 여승 니	104 爛 빛날 란	129 謬 그르칠 류	154 帽 모자 모	179 筏 뗏목 벌	204 芬 향기 분	229 瑄 도리옥 선	254 舜 순임금 순
5 軻 수레 가 사람이름 가	30 瓊 구슬 경	55 闕 대궐 궐	80 溺 빠질 닉	105 藍 쪽 람	130 崙 산이름 륜	155 沐 머리감을 목	180 閥 문벌 벌	205 弗 아닐/말 불	230 璇 옥 선	255 瑟 큰거문고 슬
6 珏 쌍옥 각	31 璟 옥빛 경	56 圭 서옥 규 쌍토 규	81 湍 여울 단	106 拉 끌 랍	131 楞 네모질 릉	156 穆 화목할 목	181 汎 넓을 범	206 鵬 새 붕	231 璿 구슬 선	256 升 되 승
7 艮 괘이름 간	32 儆 경계할 경	57 揆 헤아릴 규	82 鍛 쇠불릴 단	107 萊 명아주 래	132 麟 기린 린	157 昴 별이름 묘	182 范 성(姓) 범	207 丕 클 비	232 卨 사람이름설	257 繩 노끈 승
8 杆 몽둥이 간	33 皐 언덕 고	58 閨 안방 규	83 膽 쓸개 담	108 輛 수레 량	133 摩 문지를 마	158 汶 물이름 문	183 僻 궁벽할 벽	208 匪 비적 비	233 薛 성(姓) 설	258 屍 주검 시
9 葛 칡 갈	34 雇 품팔 고	59 奎 별 규	84 潭 못 담	109 亮 밝을 량	134 魔 마귀 마	159 紊 문란할 문 어지러울 문	184 卞 성(姓) 변	209 毖 삼갈 비	234 陜 땅이름 섬	259 柴 섶 시
10 鞨 오랑캐이름 갈	35 串 땅이름 곶 꿸 관	60 珪 홀 규	85 塘 못 당	110 樑 들보 량	135 痲 저릴 마	160 彌 미륵 미 오랠 미	185 弁 고깔 변	210 毘 도울 비	235 暹 햇살치밀 섬 나라이름 섬	260 軾 수레가로나무 식
11 憾 섭섭할 감	36 戈 창 과	61 槿 무궁화 근	86 垈 집터 대	111 礪 숫돌 려	136 膜 막/꺼풀 막	161 玟 아름다운 돌 민	186 柄 자루 병	211 彬 빛날 빈	236 纖 가늘 섬	261 湜 물맑을 식
12 邯 조나라 서울 한 사람이름 감	37 菓 과자 과	62 瑾 아름다운옥 근	87 戴 일 대	112 呂 성 려 법칙 려	137 娩 낳을 만	162 閔 성(姓) 민	187 炳 불꽃 병	212 飼 기를 사	237 蟾 두꺼비 섬	262 殖 불릴 식
13 岬 곶 갑	38 瓜 외 과	63 兢 떨릴 긍	88 悳 큰 덕	113 驪 검은말 려	138 蠻 오랑캐 만	163 旻 하늘 민	188 昞 밝을 병	213 唆 부추길 사	238 燮 불꽃 섭	263 紳 띠 신
14 鉀 갑옷 갑	39 琯 옥피리 관	64 淇 물이름 기	89 悼 슬퍼할 도	114 廬 농막집 려	139 灣 물굽이 만	164 旼 화할 민	189 昺 밝을 병	214 赦 용서할 사	239 晟 밝을 성	264 腎 콩팥 신
15 崗 언덕 강	40 款 항목 관	65 棋 바둑 기	90 燾 비칠 도	115 漣 잔물결 련	140 靺 말갈 말	165 珉 옥돌 민	190 倂 아우를 병	215 泗 물이름 사	240 貰 세놓을 세	265 瀋 즙낼 심 물이름 심
16 岡 산등성이 강	41 傀 허수아비 괴	66 琪 아름다운옥 기	91 惇 도타울 돈	116 煉 달굴 련	141 網 그물 망	166 舶 배 박	191 秉 잡을 병	216 傘 우산 산	241 沼 못 소	266 握 쥘 악
17 姜 성 강	42 槐 회화나무 괴 느티나무 괴	67 箕 키 기	92 燉 불빛 돈	117 濂 물이름 렴	142 魅 매혹할 매	167 搬 옮길 반	192 潽 물이름 보	217 酸 실 산	242 巢 새집 소	267 閼 막을 알
18 彊 굳셀 강	43 僑 더부살이 교	68 騏 준마 기	93 頓 조아릴 돈	118 玲 옥소리 령	143 枚 낱 매	168 潘 성(姓) 반	193 甫 클 보	218 蔘 삼 삼	243 邵 땅이름 소 성 소	268 癌 암 암
19 疆 지경 강	44 絞 목맬 교	69 驥 천리마 기	94 乭 이름 돌	119 醴 단술 례	144 貊 맥국 맥	169 磻 반계 반 반계 번	194 輔 도울 보	219 揷 꽂을 삽	244 紹 이을 소	269 鴨 오리 압
20 价 클 개	45 膠 아교 교	70 麒 기린 기	95 桐 오동나무 동	120 盧 성 로	145 覓 찾을 멱	170 渤 바다이름 발	195 馥 향기 복	220 庠 학교 상	245 宋 성(姓) 송	270 埃 티끌 애
21 塏 높은땅 개	46 邱 언덕 구	71 冀 바랄 기	96 棟 마룻대 동	121 蘆 갈대 로	146 俛 구부릴 면	171 鉢 바리때 발	196 俸 녹 봉	221 箱 상자 상	246 洙 물가 수	271 艾 쑥 애
22 坑 구덩이 갱	47 玖 옥돌 구	72 琦 옥이름 기	97 董 바를 동	122 鷺 백로 로 해오라기 로	147 冕 면류관 면	172 旁 곁 방	197 蓬 쑥 봉	222 舒 펼 서	247 銖 저울눈 수	272 礙 거리낄 애
23 鍵 열쇠 건 자물쇠 건	48 歐 구라파 구 칠 구	73 岐 갈림길 기	98 杜 막을 두	123 魯 노나라 로 노둔할 로	148 沔 물이름 면 빠질 면	173 紡 길쌈 방	198 縫 꿰맬 봉	223 瑞 상서 서	248 隋 수나라 수	273 倻 가야 야
24 杰 뛰어날 걸	49 鷗 갈매기 구	74 璣 별이름 기	99 鄧 나라이름 등	124 籠 대바구니 롱	149 蔑 업신여길 멸	174 龐 높은집 방	199 釜 가마 부	224 奭 클/쌍백 석	249 洵 참으로 순	274 惹 이끌 야
25 桀 夏王이름 걸	50 購 살 구	75 沂 물이름 기	100 藤 등나무 등	125 遼 멀 료	150 矛 창 모	175 俳 배우 배	200 阜 언덕 부	225 錫 주석 석	250 淳 순박할 순	275 孃 아가씨 양

어문회 2급 '섞음漢字' 訓·音표(배정漢字 추가분 538字)

어문회 2급 배정漢字는 3급 1817字에다 새로운 538字를 추가해서 2355字입니다.

276 襄 도울 양	301 邕 막힐 옹	326 蔚 고을이름 울	351 怡 기쁠 이	376 楨 광나무 정	401 址 터 지	426 埰 사패지 채	451 衷 속마음 충	476 馮 성 풍 / 탈 빙	501 壕 해자 호	526 薰 향풀 훈
277 彦 선비 언	302 莞 빙그레할 완 / 왕골 관	327 鬱 답답할 울	352 珥 귀고리 이	377 禎 상서로울 정	402 旨 뜻 지	427 采 풍채 채	452 聚 모을 취	477 弼 도울 필	502 濠 호주 호	527 徽 아름다울 휘
278 姸 고울 연	303 汪 넓을 왕	328 熊 곰 웅	353 貳 두/갖은두 이	378 呈 드릴 정	403 脂 기름 지	428 蔡 성(姓) 채	453 炊 불땔 취	478 泌 스며흐를 필 / 분비할 비	503 澔 넓을 호	528 烋 아름다울 휴
279 淵 못 연	304 旺 왕성할 왕	329 袁 성(姓) 원	354 翊 도울 익	379 晶 맑을 정	404 稙 올벼 직	429 悽 슬퍼할 처	454 峙 언덕 치	479 虐 모질 학	504 昊 하늘 호	529 匈 오랑캐 흉
280 衍 넓을 연	305 倭 왜나라 왜	330 媛 계집 원	355 刃 칼날 인	380 珽 옥이름 정	405 稷 피 직	430 隻 외짝 척	455 雉 꿩 치	480 翰 편지 한	505 祜 복 호	530 欽 공경할 흠
281 硯 벼루 연	306 歪 기울 왜(외)	331 瑗 구슬 원	356 壹 한 일 / 갖은한 일	381 鼎 솥 정	406 晋 진나라 진	431 陟 오를 척	456 託 부탁할 탁	481 艦 큰배 함	506 鎬 호경 호	531 嬉 아름다울 희
282 厭 싫어할 염	307 姚 예쁠 요	332 苑 나라동산 원	357 佾 줄춤 일	382 劑 약제 제	407 診 진찰할 진	432 釧 팔찌 천	457 琢 다듬을 탁	482 陜 땅이름 합 / 좁을 협	507 酷 심할 혹	532 憙 기뻐할 희
283 閻 마을 염	308 堯 요임금 요	333 韋 가죽 위	358 鎰 무게이름 일	383 彫 새길 조	408 塵 티끌 진	433 喆 밝을 철 / 쌍길 철	458 灘 여울 탄	483 亢 높을 항	508 泓 물깊을 홍	533 熙 빛날 희
284 燁 빛날 엽	309 妖 요사할 요	334 渭 물이름 위	359 妊 아이밸 임	384 措 둘 조	409 津 나루 진	434 撤 거둘 철	459 耽 즐길 탐	484 沆 넓을 항	509 靴 신 화	534 噫 한숨쉴 희
285 瑩 옥돌 영 / 밝을 형	310 耀 빛날 요	335 魏 성(姓) 위	360 雌 암컷 자	385 趙 나라 조	410 秦 성(姓) 진	435 澈 맑을 철	460 兌 바꿀 태 / 기쁠 태	485 杏 살구 행	510 嬅 탐스러울 화	535 熹 빛날 희
286 盈 찰 영	311 傭 품팔 용	336 尉 벼슬 위	361 滋 불을 자	386 釣 낚을/낚시 조	411 窒 막힐 질	436 瞻 볼 첨	461 台 별 태	486 赫 빛날 혁	511 樺 자작나무 화 / 벚나무 화	536 禧 복 희
287 暎 비칠 영	312 鏞 쇠북 용	337 兪 대답할 유 / 인월도 유	362 磁 자석 자	387 曺 성(姓) 조	412 輯 모을 집	437 諜 염탐할 첩	462 胎 아이밸 태	487 爀 불빛 혁	512 幻 헛보일 환	537 姬 계집 희
288 瑛 옥빛 영	313 熔 녹을 용	338 楡 느릅나무 유	363 諮 물을 자	388 祚 복 조	413 遮 가릴 차	438 締 맺을 체	463 颱 태풍 태	488 炫 밝을 현	513 煥 빛날 환	538 羲 복희 희
289 濊 종족이름 예	314 溶 녹을 용	339 踰 넘을 유	364 蠶 누에 잠	389 琮 옥홀 종	414 餐 밥 찬	439 楚 초나라 초	464 坡 언덕 파	489 鉉 솥귀 현	514 桓 굳셀 환	
290 芮 성 예	315 瑢 패옥소리 용	340 庾 곳집 유 / 노적가리 유	365 蔣 성(姓) 장	390 綜 모을 종	415 鑽 뚫을 찬	440 哨 망볼 초	465 阪 언덕 판	490 峴 고개 현	515 滑 미끄러울 활 / 어지러울 골	
291 睿 슬기 예	316 鎔 쇠녹일 용	341 允 맏 윤	366 庄 전장 장	391 駐 머무를 주	416 燦 빛날 찬	441 焦 탈 초	466 覇 으뜸 패	491 弦 시위 현	516 滉 깊을 황	
292 預 맡길/미리 예	317 禹 성 우	342 鈗 창 윤	367 獐 노루 장	392 疇 이랑 주	417 璨 옥빛 찬	442 蜀 나라이름 촉	467 彭 성(姓) 팽	492 峽 골짜기 협	517 晃 밝을 황	
293 吳 성(姓) 오	318 佑 도울 우	343 尹 성(姓) 윤	368 璋 홀 장	393 埈 높을 준	418 瓚 옥잔 찬	443 崔 성(姓) 최 / 높을 최	468 扁 작을 편	493 型 모형 형	518 廻 돌 회	
294 墺 물가 오	319 祐 복 우	344 胤 자손 윤	369 沮 막을 저	394 峻 높을 준 / 준엄할 준	419 刹 절 찰	444 趨 달아날 추	469 坪 들 평	494 邢 성 형	519 淮 물이름 회	
295 梧 오동나무 오	320 郁 성할 욱	345 融 녹을 융	370 甸 경기 전	395 浚 깊게할 준	420 札 편지 찰	445 鄒 추나라 추	470 抛 던질 포	495 瀅 물맑을 형	520 檜 전나무 회	
296 沃 기름질 옥	321 旭 아침해 욱	346 殷 은나라 은	371 汀 물가 정	396 准 비준 준	421 斬 벨 참	446 楸 가래 추	471 葡 포도 포	496 炯 빛날 형	521 后 임금/왕후 후	
297 鈺 보배 옥	322 昱 햇빛밝을 욱	347 垠 지경 은	372 艇 배 정	397 晙 밝을 준	422 彰 드러날 창	447 蹴 찰 축	472 鮑 절인물고기 포	497 馨 꽃다울 형	522 喉 목구멍 후	
298 穩 편안할 온	323 煜 빛날 욱	348 誾 향기 은	373 鄭 나라 정	398 駿 준마 준	423 滄 큰바다 창	448 軸 굴대 축	473 怖 두려워할 포	498 晧 밝을 호	523 勳 공 훈	
299 甕 독 옹	324 頊 삼갈 욱	349 鷹 매 응	374 旌 기 정	399 濬 깊을 준	424 敞 시원할 창	449 椿 참죽나무 춘	474 鋪 펼/가게 포	499 皓 흴 호	524 熏 불길 훈	
300 雍 화할 옹	325 芸 향풀 운	350 伊 저 이	375 偵 염탐할 정	400 芝 지초 지	425 昶 해길 창	450 沖 화할 충	475 杓 북두자루 표	500 扈 따를 호	525 壎 질나팔 훈	

◇ 앞면과 뒷면의 글자가 다르므로 양면 모두 하세요.
◇ '섞음漢字' ㉮형을 완전하게 완수한후에 하세요.
◇ '섞음漢字' 모두를 잘 익혔다면 예상문제를 풀때 독음·훈을 쓰기문제중 3문제 이상 틀리지 않도록 충분히 가능합니다.

甫 ○ 193	翰 ○ 480	澔 ○ 503	圈 ○ 54	晟 ○ 239	枚 ○ 143	崙 ○ 130	併 ○ 190	謨 ○ 153
亢 ○ 483	珥 ○ 352	梧 ○ 295	敝 ○ 424	煜 ○ 323	熔 ○ 313	杰 ○ 24	旼 ○ 164	偵 ○ 375
疆 ○ 18	璋 ○ 368	泗 ○ 215	菓 ○ 37	網 ○ 141	芸 ○ 325	癌 ○ 268	楚 ○ 439	嬉 ○ 531
彫 ○ 383	珽 ○ 380	鞠 ○ 51	璨 ○ 417	炊 ○ 453	灘 ○ 458	鉉 ○ 489	炫 ○ 488	俞 ○ 337
雍 ○ 300	炅 ○ 29	融 ○ 345	麟 ○ 132	坡 ○ 464	磁 ○ 362	旁 ○ 172	祐 ○ 319	魔 ○ 134
埃 ○ 270	鷺 ○ 122	餐 ○ 414	闇 ○ 348	痲 ○ 135	炳 ○ 187	赦 ○ 214	閤 ○ 283	呂 ○ 112
弼 ○ 477	兢 ○ 63	珉 ○ 165	盈 ○ 286	惇 ○ 91	楸 ○ 446	遮 ○ 413	韋 ○ 333	甸 ○ 370
鞨 ○ 10	后 ○ 521	晧 ○ 498	杜 ○ 98	淳 ○ 250	戴 ○ 87	矛 ○ 150	吳 ○ 293	謬 ○ 129
謄 ○ 101	軸 ○ 448	晋 ○ 406	煉 ○ 116	樑 ○ 110	悼 ○ 89	垠 ○ 347	伽 ○ 1	紳 ○ 263
蔣 ○ 365	遼 ○ 125	袁 ○ 329	琪 ○ 66	邢 ○ 494	歐 ○ 48	隻 ○ 430	瑗 ○ 331	撤 ○ 167
騏 ○ 68	岬 ○ 13	鬱 ○ 327	丕 ○ 207	旭 ○ 321	彦 ○ 277	濃 ○ 77	釣 ○ 386	魯 ○ 123
匪 ○ 208	賠 ○ 176	呈 ○ 378	董 ○ 97	嬅 ○ 510	膠 ○ 45	鷹 ○ 349	硫 ○ 217	峴 ○ 490
濊 ○ 289	舜 ○ 254	輔 ○ 194	禧 ○ 536	膜 ○ 136	敷 ○ 202	揆 ○ 57	瓚 ○ 418	柴 ○ 259
硏 ○ 278	雌 ○ 360	虐 ○ 479	澈 ○ 435	皐 ○ 33	棟 ○ 96	陟 ○ 431	盾 ○ 251	麒 ○ 70
耆 ○ 76	鮑 ○ 472	舒 ○ 222	殷 ○ 346	鎰 ○ 358	療 ○ 126	葛 ○ 9		

2級 섞음漢字 538字 ㉯型

◇ 앞면과 뒷면의 글자가 다르므로 양면 모두 하세요.
◇ '섞음漢字' ㉮형을 완전하게 완수한후에 하세요.
◇ '섞음漢字' 모두를 잘 익혔다면 예상문제를 풀때 독음·훈을 쓰기문제중 3문제 이상 틀리지 않도록 충분히 가능합니다.

坮 ○ 86	杓 ○ 475	皓 ○ 499	掘 ○ 52	玲 ○ 118	碍 ○ 272	邯 ○ 12	斬 ○ 421	彰 ○ 422
劑 ○ 382	璇 ○ 230	桐 ○ 95	芮 ○ 290	採 ○ 426	勳 ○ 523	鵬 ○ 206	噫 ○ 534	箕 ○ 67
纖 ○ 236	插 ○ 219	閨 ○ 58	諜 ○ 437	撤 ○ 434	焦 ○ 441	裵 ○ 177	昱 ○ 322	陝 ○ 234
熹 ○ 532	潽 ○ 192	疇 ○ 392	燦 ○ 416	祜 ○ 505	弁 ○ 185	壎 ○ 525	悳 ○ 88	貳 ○ 353
禹 ○ 317	桀 ○ 25	尉 ○ 336	瑢 ○ 315	傭 ○ 311	驪 ○ 113	刃 ○ 355	釧 ○ 432	熙 ○ 533
殖 ○ 262	俸 ○ 196	頓 ○ 93	萊 ○ 107	驥 ○ 69	杆 ○ 8	軻 ○ 5	衷 ○ 451	埈 ○ 393
蘆 ○ 121	甄 ○ 28	孃 ○ 275	艇 ○ 372	炯 ○ 496	巢 ○ 242	摩 ○ 133	鍛 ○ 82	潘 ○ 168
灣 ○ 139	泓 ○ 508	台 ○ 461	燉 ○ 92	旨 ○ 402	診 ○ 407	墺 ○ 294	槿 ○ 61	姬 ○ 537
佾 ○ 357	瞻 ○ 436	紡 ○ 173	莞 ○ 302	煥 ○ 513	閥 ○ 180	珏 ○ 6	靴 ○ 509	俳 ○ 175
耽 ○ 459	型 ○ 493	堯 ○ 308	允 ○ 341	哨 ○ 440	僑 ○ 43	胤 ○ 344	槐 ○ 42	鍵 ○ 23
憩 ○ 27	媛 ○ 330	采 ○ 427	窟 ○ 53	艦 ○ 481	預 ○ 292	茅 ○ 151	馮 ○ 476	邕 ○ 301
沂 ○ 75	卨 ○ 232	岡 ○ 16	陜 ○ 482	崍 ○ 492	衍 ○ 280	爀 ○ 487	尼 ○ 79	胥 ○ 264
颱 ○ 463	浚 ○ 395	燁 ○ 284	昞 ○ 188	彬 ○ 211	稷 ○ 405	濠 ○ 502	瑟 ○ 255	鎔 ○ 316
趙 ○ 385	輛 ○ 108	升 ○ 256	珪 ○ 60	玟 ○ 161	縫 ○ 198	薰 ○ 526	鋪 ○ 474	渭 ○ 334
膽 ○ 83	軾 ○ 260	藤 ○ 100	毖 ○ 209	購 ○ 50	怡 ○ 351	琦 ○ 72	壽 ○ 90	傅 ○ 201

◇ 앞면과 뒷면의 글자가 다르므로 양면 모두 하세요.
◇ '섞음漢字' ㉮형을 완전하게 완수한후에 하세요.
◇ '섞음漢字' 모두를 잘 익혔다면 예상문제를 풀때 독음·훈을 쓰기문제중 3문제 이상 틀리지 않도록 충분히 가능합니다.

尿 ○ 78	隋 ○ 248	渤 ○ 170	酸 ○ 217	駐 ○ 391	坑 ○ 22	穩 ○ 298	疆 ○ 19	秦 ○ 410
旌 ○ 374	津 ○ 409	歪 ○ 306	礦 ○ 111	趨 ○ 444	淮 ○ 396	屍 ○ 258	諮 ○ 363	亙 ○ 94
箱 ○ 221	串 ○ 35	冀 ○ 71	憾 ○ 11	沃 ○ 296	楨 ○ 376	姚 ○ 307	瑞 ○ 223	柄 ○ 186
閔 ○ 162	湜 ○ 261	泌 ○ 478	岐 ○ 73	瀅 ○ 495	瓊 ○ 30	冲 ○ 450	蠶 ○ 364	昆 ○ 210
薛 ○ 233	烋 ○ 528	締 ○ 438	坪 ○ 469	鉀 ○ 14	湍 ○ 81	傘 ○ 216	欽 ○ 530	沐 ○ 155
鏞 ○ 312	崔 ○ 443	沮 ○ 369	价 ○ 20	弗 ○ 205	蜀 ○ 442	妊 ○ 359	蔡 ○ 428	庠 ○ 220
瑩 ○ 285	熏 ○ 524	喆 ○ 433	裸 ○ 102	淵 ○ 279	扁 ○ 468	駿 ○ 398	醴 ○ 119	彭 ○ 467
傀 ○ 41	盧 ○ 120	曺 ○ 387	熹 ○ 535	阜 ○ 200	姜 ○ 17	厭 ○ 282	紹 ○ 244	貊 ○ 144
彌 ○ 160	僻 ○ 183	晶 ○ 379	弦 ○ 491	昺 ○ 189	鴨 ○ 269	蓬 ○ 197	睿 ○ 291	幻 ○ 512
徽 ○ 527	戈 ○ 36	俛 ○ 146	靺 ○ 140	稙 ○ 404	檜 ○ 520	硯 ○ 281	瀋 ○ 265	奭 ○ 224
棋 ○ 65	匈 ○ 529	邱 ○ 46	款 ○ 40	鉢 ○ 171	握 ○ 266	雉 ○ 455	拉 ○ 106	碩 ○ 227
祚 ○ 388	卿 ○ 273	庾 ○ 340	穆 ○ 156	亮 ○ 109	燮 ○ 238	鼎 ○ 381	襄 ○ 276	沼 ○ 241
溺 ○ 80	宋 ○ 245	滋 ○ 361	汶 ○ 158	汪 ○ 303	胎 ○ 462	輯 ○ 412	馥 ○ 195	喉 ○ 522
籠 ○ 124	滄 ○ 423	魅 ○ 142	沆 ○ 484	晙 ○ 397	窒 ○ 411	闕 ○ 267	艾 ○ 271	址 ○ 401
冕 ○ 147	圭 ○ 56	馨 ○ 497	踰 ○ 339	紊 ○ 159	潭 ○ 84	葡 ○ 471	塏 ○ 21	獐 ○ 367

2級 섞음漢字 538字 ㉯型

◇ 앞면과 뒷면의 글자가 다르므로 양면 모두 하세요.
◇ '섞음漢字' ㉮형을 완전하게 완수한후에 하세요.

◇ '섞음漢字' 모두를 잘 익혔다면 예상문제를 풀때 독음·훈을 쓰기문제중 3문제 이상 틀리지 않도록 충분히 가능합니다.

溶 ○ 314	璟 ○ 31	昊 ○ 504	筏 ○ 179	汎 ○ 181	楞 ○ 131	繩 ○ 257	飼 ○ 212	闕 ○ 55
揭 ○ 26	惹 ○ 274	芝 ○ 400	佑 ○ 318	覇 ○ 466	鄭 ○ 373	旺 ○ 304	濬 ○ 399	荀 ○ 253
璿 ○ 231	札 ○ 420	瑄 ○ 229	鈺 ○ 297	妖 ○ 309	伊 ○ 350	栢 ○ 178	濂 ○ 117	壕 ○ 501
阪 ○ 465	范 ○ 182	託 ○ 456	暹 ○ 235	蔑 ○ 149	酷 ○ 507	壹 ○ 356	脂 ○ 403	郁 ○ 320
銃 ○ 342	怖 ○ 473	聚 ○ 452	熊 ○ 328	龐 ○ 174	昶 ○ 425	帽 ○ 154	絞 ○ 44	錫 ○ 225
鎬 ○ 506	秉 ○ 191	汀 ○ 371	璣 ○ 74	禎 ○ 377	覓 ○ 145	釜 ○ 199	楡 ○ 338	措 ○ 384
沔 ○ 148	貰 ○ 240	桓 ○ 514	苑 ○ 332	洙 ○ 246	抛 ○ 470	蟾 ○ 237	翊 ○ 354	爪 ○ 38
迦 ○ 3	赫 ○ 486	磻 ○ 169	蠻 ○ 138	滉 ○ 516	繕 ○ 228	奎 ○ 59	珣 ○ 252	膚 ○ 203
峙 ○ 454	鑽 ○ 415	劉 ○ 128	倭 ○ 305	昻 ○ 157	哲 ○ 226	瑾 ○ 62	樺 ○ 511	盧 ○ 114
洛 ○ 103	舶 ○ 166	庄 ○ 366	兌 ○ 460	蹴 ○ 447	羲 ○ 538	杏 ○ 485	淮 ○ 519	爛 ○ 104
鄧 ○ 99	琮 ○ 389	耀 ○ 310	綜 ○ 390	崗 ○ 15	悽 ○ 429	淇 ○ 64	唆 ○ 213	琯 ○ 39
蔚 ○ 326	扈 ○ 500	雇 ○ 34	卞 ○ 184	魏 ○ 335	玖 ○ 47	旻 ○ 163	塘 ○ 85	蔘 ○ 218
晃 ○ 517	甕 ○ 299	暎 ○ 287	尹 ○ 343	刹 ○ 419	賈 ○ 2	廻 ○ 518	娩 ○ 137	鷗 ○ 49
頊 ○ 324	琢 ○ 457	峻 ○ 394	艮 ○ 7	牟 ○ 152	洵 ○ 249	滑 ○ 515	芬 ○ 204	鄒 ○ 445
椿 ○ 449	塵 ○ 408	藍 ○ 105	銖 ○ 247	柯 ○ 4	徹 ○ 32	瑛 ○ 288	邵 ○ 243	漣 ○ 115

활음조현상(滑音調現象)

◆ 미끄러질 활(滑), 소리 음(音), 고를 조(調)

'활음조'는, 소리를 미끄러지듯 부드럽게 골라주는 현상이란 뜻입니다.

활음조현상은 발음하기가 어렵고 듣기 거슬리는 소리에 어떤 소리를 더하거나 바꾸어, 발음하기가 쉽고 듣기 부드러운 소리로 되게 하는 음운 현상입니다.

음조를 부드럽게 하기 위하여 ㄴ음이 ㄹ로 바뀌거나, 발음을 쉽게 하기 위하여 ㄹ음이 ㄴ따위로 바뀌는 현상이 활음조현상입니다.

두음법칙(頭音法則)도 활음조현상의 일종입니다.(5급, 4급에 수록)

활음조현상은 'ㄴ, ㄹ'이 '모음이나 유성자음(주로 'ㄴ')' 뒤에 연결될 때 이루어집니다.

大怒(대노) - 대로	千兩(천량) - 천냥	龜裂(균렬) - 균열
困難(곤난) - 곤란	六月(육월) - 유월	優劣(우렬) - 우열
受諾(수낙) - 수락	十月(십월) - 시월	序列(서렬) - 서열
許諾(허낙) - 허락	惹鬧(야뇨) - 야료	先烈(선렬) - 선열
寒暖(한난) - 한란	牛囊(우낭) - 우랑	系列(계렬) - 계열
喜怒(희노) - 희로	智異山(지이산) - 지리산	陳列(진렬) - 진열
論難(논난) - 논란	漢拏山(한나산) - 한라산	奴隸(노례) - 노예
議論(의론) - 의논	規律(규률) - 규율	

◆ 이체자(異體字) - 모양만 다를 뿐 서로 같은 글자

裡(속 리) - 裏	疏(소통할 소) - 疎	讚(기릴 찬) - 讃
糧(양식 량) - 粮	煙(연기 연) - 烟	針(바늘 침) - 鍼
免(면할 면) - 免	姸(갈 연) - 硏	恥(부끄러울 치) - 耻
倂(아우를 병) - 併	映(비칠 영) - 暎	歎(탄식할 탄) - 嘆
祕(숨길 비) - 秘	豫(미리 예) - 預	兎(토끼 토) - 兔
盃(잔 배) - 杯	吊(조상할 조) - 弔	效(본받을 효) - 効
礙(거리낄 애) - 碍	栢(측백 백) - 柏	

♧ 2급 독음 연습

※ 다음 漢字語의 讀音을 쓰시오.

※ 정답은 132쪽에 있음.

※ 우선 한 줄을 풀어보고 미흡하면 '섞음漢字'를 복습한후 다시 푸는 식으로 하세요. 확실하게 완성됩니다.

1. 購讀 (　　)
2. 怡顔 (　　)
3. 斬新 (　　)
4. 嫌惡 (　　)
5. 託宣 (　　)
6. 美姬 (　　)
7. 殘虐 (　　)
8. 凝固 (　　)
9. 揭示 (　　)
10. 槐木 (　　)
11. 妖鬼 (　　)
12. 合奏 (　　)
13. 輔弼 (　　)
14. 竊盜 (　　)
15. 圈外 (　　)
16. 塗炭 (　　)
17. 后宮 (　　)
18. 滑降 (　　)
19. 示唆 (　　)
20. 拉致 (　　)
21. 檢診 (　　)
22. 冀願 (　　)
23. 疆土 (　　)
24. 融合 (　　)
25. 奏樂 (　　)
26. 拉北 (　　)
27. 書札 (　　)
28. 飜覆 (　　)
29. 撤收 (　　)
30. 偏黨 (　　)
31. 耽讀 (　　)
32. 本旨 (　　)
33. 糾彈 (　　)
34. 撤回 (　　)
35. 薄俸 (　　)
36. 嫌厭 (　　)
37. 幼年 (　　)
38. 大闕 (　　)
39. 貨殖 (　　)
40. 利殖 (　　)
41. 誤謬 (　　)
42. 誓約 (　　)
43. 簡札 (　　)
44. 秘苑 (　　)
45. 殿閣 (　　)
46. 紅鹿 (　　)
47. 糖尿 (　　)
48. 水晶 (　　)
49. 偏向 (　　)
50. 津浦 (　　)
51. 倂記 (　　)
52. 騰貴 (　　)
53. 隻句 (　　)
54. 隻步 (　　)
55. 斬首 (　　)
56. 妖精 (　　)
57. 隔日 (　　)
58. 妖婦 (　　)
59. 凝滯 (　　)
60. 偏愛 (　　)
61. 瞻望 (　　)
62. 渡津 (　　)
63. 僻村 (　　)
64. 倂合 (　　)
65. 措置 (　　)
66. 沈滯 (　　)
67. 覇者 (　　)
68. 溶液 (　　)
69. 薰陶 (　　)
70. 瀞入 (　　)
71. 碩士 (　　)
72. 地震 (　　)
73. 滑走 (　　)
74. 母胎 (　　)
75. 諜者 (　　)
76. 燦然 (　　)
77. 馥郁 (　　)
78. 療飢 (　　)
79. 鬱結 (　　)
80. 押送 (　　)
81. 頓首 (　　)
82. 融資 (　　)
83. 傭兵 (　　)
84. 奏請 (　　)
85. 跳躍 (　　)
86. 乞食 (　　)
87. 偏母 (　　)
88. 旻天 (　　)
89. 漁網 (　　)
90. 裁縫 (　　)
91. 暴虐 (　　)
92. 同伴 (　　)
93. 蹴球 (　　)
94. 賠償 (　　)
95. 中尉 (　　)
96. 宮殿 (　　)
97. 鍛鍊 (　　)
98. 模寫 (　　)
99. 肝膽 (　　)
100. 魔力 (　　)
101. 托鉢 (　　)
102. 尿道 (　　)
103. 鑄錢 (　　)
104. 蔑視 (　　)
105. 厭症 (　　)
106. 河津 (　　)
107. 震怒 (　　)
108. 大宮 (　　)
109. 鬱蒼 (　　)
110. 紡織 (　　)
111. 醫療 (　　)
112. 彫像 (　　)
113. 軍艦 (　　)
114. 葛藤 (　　)
115. 狂亂 (　　)
116. 胃癌 (　　)
117. 帽子 (　　)
118. 駐屯 (　　)
119. 倭賊 (　　)
120. 盟誓 (　　)
121. 聚落 (　　)
122. 連覇 (　　)
123. 揷畵 (　　)
124. 俸給 (　　)
125. 攝政 (　　)
126. 巢窟 (　　)
127. 塗布 (　　)
128. 勳臣 (　　)
129. 衡平 (　　)
130. 杏仁 (　　)
131. 坑儒 (　　)
132. 古刹 (　　)
133. 停滯 (　　)
134. 飛騰 (　　)
135. 偵探 (　　)
136. 顚覆 (　　)
137. 膠漆 (　　)
138. 祿俸 (　　)
139. 翰墨 (　　)
140. 慘酷 (　　)
141. 原型 (　　)
142. 秀勳 (　　)
143. 擁立 (　　)
144. 療養 (　　)
145. 論旨 (　　)
146. 素餐 (　　)
147. 惹起 (　　)
148. 狂風 (　　)
149. 僧尼 (　　)
150. 閱讀 (　　)

※ 다음 漢字語의 讀音을 쓰시오.

※ 정답은 132쪽에 있음.

1. 紳士 (　　)
2. 首勳 (　　)
3. 溶媒 (　　)
4. 包裝 (　　)
5. 瑞氣 (　　)
6. 眞珠 (　　)
7. 結膜 (　　)
8. 抑鬱 (　　)
9. 大尉 (　　)
10. 茅屋 (　　)
11. 棋局 (　　)
12. 柴門 (　　)
13. 藥劑 (　　)
14. 官僚 (　　)
15. 絞首 (　　)
16. 艦砲 (　　)
17. 融和 (　　)
18. 潤滑 (　　)
19. 家療 (　　)
20. 冷酷 (　　)
21. 滯納 (　　)
22. 假託 (　　)
23. 駿足 (　　)
24. 絞殺 (　　)
25. 莞島 (　　)
26. 檢閱 (　　)
27. 師傅 (　　)
28. 診斷 (　　)
29. 煉炭 (　　)
30. 溺死 (　　)
31. 斬刑 (　　)
32. 葛藤 (　　)
33. 穩健 (　　)
34. 歐美 (　　)
35. 落款 (　　)
36. 誕降 (　　)
37. 加療 (　　)
38. 明晳 (　　)
39. 脂粉 (　　)
40. 妖邪 (　　)
41. 痲醉 (　　)
42. 嫌畏 (　　)
43. 紛糾 (　　)
44. 扁額 (　　)
45. 鞠問 (　　)
46. 茶菓 (　　)
47. 苛酷 (　　)
48. 商圈 (　　)
49. 磁場 (　　)
50. 擁護 (　　)
51. 垂訓 (　　)
52. 赦免 (　　)
53. 倭夷 (　　)
54. 禁獵 (　　)
55. 衍文 (　　)
56. 太傅 (　　)
57. 硫黃 (　　)
58. 急騰 (　　)
59. 乞暇 (　　)
60. 珠玉 (　　)
61. 殘酷 (　　)
62. 殖産 (　　)
63. 融通 (　　)
64. 酷寒 (　　)
65. 虐政 (　　)
66. 約款 (　　)
67. 錯綜 (　　)
68. 治療 (　　)
69. 閱覽 (　　)
70. 駐在 (　　)
71. 箱子 (　　)
72. 巢窟 (　　)
73. 鞠香 (　　)
74. 纖維 (　　)
75. 耽溺 (　　)
76. 間諜 (　　)
77. 磁性 (　　)
78. 隨伴 (　　)
79. 沮害 (　　)
80. 堯舜 (　　)
81. 放尿 (　　)
82. 拋棄 (　　)
83. 屯營 (　　)
84. 覇王 (　　)
85. 震動 (　　)
86. 印尼 (　　)
87. 槐位 (　　)
88. 惇敍 (　　)
89. 滯留 (　　)
90. 把握 (　　)
91. 病魔 (　　)
92. 胎氣 (　　)
93. 覆蓋 (　　)
94. 祥瑞 (　　)
95. 垂楊 (　　)
96. 瓊團 (　　)
97. 撤退 (　　)
98. 坑道 (　　)
99. 長途 (　　)
100. 后妃 (　　)
101. 胎生 (　　)
102. 檢屍 (　　)
103. 倂置 (　　)
104. 揷架 (　　)
105. 衷情 (　　)
106. 攝生 (　　)
107. 陵蔑 (　　)
108. 進駐 (　　)
109. 淵源 (　　)
110. 紹介 (　　)
111. 塗色 (　　)
112. 脫帽 (　　)
113. 締約 (　　)
114. 艮坐 (　　)
115. 瑞玉 (　　)
116. 颱風 (　　)
117. 常駐 (　　)
118. 桑田 (　　)
119. 磁氣 (　　)
120. 偏食 (　　)
121. 族閥 (　　)
122. 聚落 (　　)
123. 覆面 (　　)
124. 峻嶺 (　　)
125. 牽引 (　　)
126. 窒素 (　　)
127. 款待 (　　)
128. 一躍 (　　)
129. 衣鉢 (　　)
130. 人蔘 (　　)
131. 寺刹 (　　)
132. 妖妄 (　　)
133. 攝取 (　　)
134. 凝縮 (　　)
135. 伏犬 (　　)
136. 碩學 (　　)
137. 傭員 (　　)
138. 夢幻 (　　)
139. 僑民 (　　)
140. 擁衛 (　　)
141. 輔弼 (　　)
142. 被拉 (　　)
143. 蘆花 (　　)
144. 獵銃 (　　)
145. 閣僚 (　　)
146. 穩全 (　　)
147. 駐車 (　　)
148. 借款 (　　)
149. 疆界 (　　)
150. 幻影 (　　)

※ 다음 漢字語의 讀音을 쓰시오.

※ 정답은 132쪽에 있음.

1. 採掘 (　　)
2. 伽倻 (　　)
3. 岐路 (　　)
4. 王后 (　　)
5. 瓊姿 (　　)
6. 遺憾 (　　)
7. 魅力 (　　)
8. 融液 (　　)
9. 連逮 (　　)
10. 鄒魯 (　　)
11. 金融 (　　)
12. 飼育 (　　)
13. 競艇 (　　)
14. 磁器 (　　)
15. 倂用 (　　)
16. 屍身 (　　)
17. 生殖 (　　)
18. 韓菓 (　　)
19. 診療 (　　)
20. 魅惑 (　　)
21. 徽章 (　　)
22. 沒溺 (　　)
23. 銘旌 (　　)
24. 長靴 (　　)
25. 裸體 (　　)
26. 謄記 (　　)
27. 定款 (　　)
28. 陰鬱 (　　)
29. 歪曲 (　　)
30. 雇役 (　　)
31. 狂氣 (　　)
32. 覇氣 (　　)
33. 翰札 (　　)
34. 書籍 (　　)
35. 坑木 (　　)
36. 搜索 (　　)
37. 坑夫 (　　)
38. 措處 (　　)
39. 打診 (　　)
40. 誤診 (　　)
41. 頓坐 (　　)
42. 施肥 (　　)
43. 强震 (　　)
44. 飛躍 (　　)
45. 融解 (　　)
46. 學閥 (　　)
47. 購買 (　　)
48. 遞信 (　　)
49. 冀望 (　　)
50. 合倂 (　　)
51. 魔術 (　　)
52. 欽慕 (　　)
53. 槿域 (　　)
54. 斬殺 (　　)
55. 彫琢 (　　)
56. 滑石 (　　)
57. 西歐 (　　)
58. 日傘 (　　)
59. 運搬 (　　)
60. 遲滯 (　　)
61. 勳章 (　　)
62. 瑞雲 (　　)
63. 排尿 (　　)
64. 恐怖 (　　)
65. 肥沃 (　　)
66. 哨兵 (　　)
67. 預託 (　　)
68. 闕席 (　　)
69. 主宰 (　　)
70. 解雇 (　　)
71. 密獵 (　　)
72. 發掘 (　　)
73. 謄抄 (　　)
74. 旺盛 (　　)
75. 縫刺 (　　)
76. 乳菓 (　　)
77. 自炊 (　　)
78. 派閥 (　　)
79. 炊事 (　　)
80. 魔窟 (　　)
81. 紅蔘 (　　)
82. 誕生 (　　)
83. 惡魔 (　　)
84. 表彰 (　　)
85. 蓮塘 (　　)
86. 書翰 (　　)
87. 雨傘 (　　)
88. 僻地 (　　)
89. 私憾 (　　)
90. 網羅 (　　)
91. 峽雨 (　　)
92. 膠着 (　　)
93. 厭世 (　　)
94. 締結 (　　)
95. 減俸 (　　)
96. 武勳 (　　)
97. 網巾 (　　)
98. 酷吏 (　　)
99. 蟾兎 (　　)
100. 軌跡 (　　)
101. 趨勢 (　　)
102. 浮埃 (　　)
103. 誓願 (　　)
104. 魔鬼 (　　)
105. 氷菓 (　　)
106. 乾蔘 (　　)
107. 窒息 (　　)
108. 浮彫 (　　)
109. 丕業 (　　)
110. 診脈 (　　)
111. 籠球 (　　)
112. 棟宇 (　　)
113. 敷衍 (　　)
114. 膽大 (　　)
115. 隔離 (　　)
116. 製菓 (　　)
117. 分泌 (　　)
118. 垈地 (　　)
119. 伴奏 (　　)
120. 艦長 (　　)
121. 寄託 (　　)
122. 船舶 (　　)
123. 峻論 (　　)
124. 揭揚 (　　)
125. 太后 (　　)
126. 風塵 (　　)
127. 槿花 (　　)
128. 養殖 (　　)
129. 鵬鳥 (　　)
130. 社稷 (　　)
131. 僻字 (　　)
132. 肺癌 (　　)
133. 夜尿 (　　)
134. 侮辱 (　　)
135. 趨進 (　　)
136. 勳舊 (　　)
137. 雇傭 (　　)
138. 角膜 (　　)
139. 侮蔑 (　　)
140. 分秒 (　　)
141. 纖細 (　　)
142. 宰相 (　　)
143. 車軸 (　　)
144. 菓子 (　　)
145. 腎臟 (　　)
146. 幻想 (　　)
147. 軌道 (　　)
148. 苦衷 (　　)
149. 錫杖 (　　)
150. 僑胞 (　　)

※ 다음 漢字語의 讀音을 쓰시오.

※ 정답은 132쪽에 있음.

1. 自虐 (　　)
2. 結託 (　　)
3. 託送 (　　)
4. 葛巾 (　　)
5. 差押 (　　)
6. 棟梁 (　　)
7. 肝癌 (　　)
8. 覓得 (　　)
9. 平穩 (　　)
10. 葛布 (　　)
11. 覇權 (　　)
12. 沃沮 (　　)
13. 窮地 (　　)
14. 籠城 (　　)
15. 蜀漢 (　　)
16. 獵奇 (　　)
17. 鬱憤 (　　)
18. 沖積 (　　)
19. 仲尼 (　　)
20. 窮僻 (　　)
21. 俳優 (　　)
22. 秒針 (　　)
23. 丕績 (　　)
24. 胎兒 (　　)
25. 鑄造 (　　)
26. 繩墨 (　　)
27. 艦隊 (　　)
28. 建坪 (　　)
29. 痲藥 (　　)
30. 揭載 (　　)
31. 塵土 (　　)
32. 沮喪 (　　)
33. 偏見 (　　)
34. 勳功 (　　)
35. 纖月 (　　)
36. 預金 (　　)
37. 負戴 (　　)
38. 乞人 (　　)
39. 顯彰 (　　)
40. 步哨 (　　)
41. 駐屯 (　　)
42. 校閱 (　　)
43. 筋膜 (　　)
44. 倭政 (　　)
45. 舊態 (　　)
46. 遮陽 (　　)
47. 推戴 (　　)
48. 圓滑 (　　)
49. 一蹴 (　　)
50. 湍怒 (　　)
51. 磁石 (　　)
52. 平衡 (　　)
53. 抱擁 (　　)
54. 哀悼 (　　)
55. 沮止 (　　)
56. 追悼 (　　)
57. 葛根 (　　)
58. 匈奴 (　　)
59. 桓雄 (　　)
60. 皇后 (　　)
61. 同僚 (　　)
62. 峽谷 (　　)
63. 權柄 (　　)
64. 編輯 (　　)
65. 瞻仰 (　　)
66. 匪賊 (　　)
67. 塗料 (　　)
68. 牽牛 (　　)
69. 繫留 (　　)
70. 結晶 (　　)
71. 凝結 (　　)
72. 洞窟 (　　)
73. 包攝 (　　)
74. 隻身 (　　)
75. 挿話 (　　)
76. 伽藍 (　　)
77. 鋪道 (　　)
78. 功勳 (　　)
79. 幕僚 (　　)
80. 踰月 (　　)
81. 牽制 (　　)
82. 坪數 (　　)
83. 銀杏 (　　)
84. 趣旨 (　　)
85. 磁力 (　　)
86. 把持 (　　)
87. 撤廢 (　　)
88. 哨戒 (　　)
89. 診察 (　　)
90. 虛誕 (　　)
91. 溶解 (　　)
92. 寢殿 (　　)
93. 主軸 (　　)
94. 懸隔 (　　)
95. 酷使 (　　)
96. 焦眉 (　　)
97. 冠冕 (　　)
98. 峻德 (　　)
99. 燦爛 (　　)
100. 敎唆 (　　)
101. 律呂 (　　)
102. 瑞雪 (　　)
103. 巡廻 (　　)
104. 酷評 (　　)
105. 遮日 (　　)
106. 諜報 (　　)
107. 陽傘 (　　)
108. 駿馬 (　　)
109. 虐待 (　　)
110. 魅了 (　　)
111. 隻言 (　　)
112. 董督 (　　)
113. 阿膠 (　　)
114. 焦燥 (　　)
115. 延滯 (　　)
116. 八佾 (　　)
117. 碩德 (　　)
118. 油脂 (　　)
119. 繁殖 (　　)
120. 商賈 (　　)
121. 增殖 (　　)
122. 殿試 (　　)
123. 滑車 (　　)
124. 演奏 (　　)
125. 水蔘 (　　)
126. 紊亂 (　　)
127. 關鍵 (　　)
128. 酷毒 (　　)
129. 妖怪 (　　)
130. 汀洲 (　　)
131. 悼惜 (　　)
132. 奎星 (　　)
133. 幻滅 (　　)
134. 彰顯 (　　)
135. 彌久 (　　)
136. 扁平 (　　)
137. 諮問 (　　)
138. 耽美 (　　)
139. 枚擧 (　　)
140. 特赦 (　　)
141. 偏僻 (　　)
142. 釣針 (　　)
143. 盜掘 (　　)
144. 涉獵 (　　)
145. 窒塞 (　　)
146. 脂肪 (　　)
147. 障碍 (　　)
148. 攝理 (　　)
149. 膽石 (　　)
150. 屯兵 (　　)

2급 한자 독음연습 정답

128쪽의 정답

1. 구독 2. 이안 3. 참신 4. 혐오 5. 탁선 6. 미희 7. 잔학 8. 응고 9. 게시 10. 괴목 11. 요괴 12. 합주 13. 보필 14. 절도 15. 권외 16. 도탄 17.후궁 18. 활강 19. 시사 20. 납치 21. 검진 22. 기원 23. 강토 24. 융합 25. 주악 26. 납북 27. 서찰 28. 번복 29. 철수 30. 편당 31. 탐독 32. 본지 33. 규탄 34. 철회 35. 박봉 36. 혐염 37. 유년 38. 대궐 39. 화식 40. 이식 41. 오류 42. 서약 43. 간찰 44. 비원 45. 전각 46. 홍록 47. 당뇨 48. 수정 49. 편향 50. 진포 51. 병기 52. 등귀 53. 척구 54. 척보 55. 참수 56. 요정 57. 격일 58. 요부 59. 응체 60. 편애 61. 첨망 62. 도진 63. 벽촌 64. 병합 65. 조치 66. 침체 67. 패자 68. 용액 69. 훈도 70. 만입 71. 석사 72. 지진 73. 활주 74. 모태 75. 첩자 76.찬연 77. 복욱 78. 요기 79. 울결 80. 압송 81. 돈수 82. 융자 83. 용병 84. 주청 85. 도약 86. 걸식 87. 편모 88. 민천 89. 어망 90. 재봉 91. 포학 92. 동반 93. 축구 94. 배상 95. 중위 96. 궁전 97. 단련 98. 모사 99. 간담 100. 마력 101. 탁발 102. 요도 103. 주전 104. 멸시 105. 염증 106. 하진 107. 진노 108. 대궁 109. 울창 110. 방직 111. 의료 112. 조상 113. 군함 114. 갈등 115. 광란 116. 위암 117. 모자 118. 주둔 119. 왜적 120. 맹서 121. 취락 122. 연패 123. 삽화 124. 봉급 125. 섭정 126. 소굴 127. 도포 128. 훈신 129. 형평 130. 행인 131. 갱유 132. 고찰 133. 정체 134. 비등 135. 정탐 136. 전복 137. 교칠 138. 녹봉 139. 한묵 140. 참혹 141. 원형 142. 수훈 143. 옹립 144. 요양 145. 논지 146. 소찬 147. 야기 148. 광풍 149. 승니 150. 열독

129쪽의 정답

1. 신사 2. 수훈 3. 용매 4. 포장 5. 서기 6. 진주 7. 결막 8. 억울 9. 대위 10. 모옥 11. 기국 12. 시문 13. 약제 14. 관료 15. 교수 16. 함포 17. 융화 18. 윤활 19. 가료 20. 냉혹 21. 체납 22. 가탁 23. 준족 24. 교살 25. 완도 26. 검열 27. 사부 28. 진단 29. 연탄 30. 익사 31. 참형 32. 갈등 33. 온건 34. 구미 35. 낙관 36. 탄강 37. 가료 38. 명석 39. 지분 40. 요사 41. 마취 42. 혐외 43. 분규 44. 편액 45. 국문 46. 다과 47. 가혹 48. 상권 49. 자장 50. 옹호 51. 수훈 52. 사면 53. 왜이 54. 금렵 55. 연문 56. 태부 57. 유황 58. 급등 59. 걸가 60. 주옥 61. 잔혹 62. 식산 63. 융통 64. 혹한 65. 학정 66. 약관 67. 착종 68. 치료 69. 열람 70. 주재 71. 상자 72. 소굴 73. 국향 74. 섬유 75. 탐닉 76. 간첩 77. 자성 78. 수반 79. 저해 80. 요순 81. 방뇨 82. 포기 83. 둔영 84. 패왕 85. 진동 86. 인니 87. 괴위 88. 돈서 89. 체류 90. 파악 91. 병마 92. 태기 93. 복개 94. 상서 95. 수양 96. 경단 97. 철퇴 98. 갱도 99. 장도 100. 후비 101. 태생 102. 검시 103. 병치 104. 삽가 105. 충정 106. 섭생 107. 능멸 108. 진주 109. 연원 110. 소개 111. 도색 112. 탈모 113. 체약 114. 간좌 115. 서옥 116. 태풍 117. 상주 118. 상전 119. 자기 120. 편식 121. 족벌 122. 취락 123. 복면 124. 준령 125. 견인 126. 질소 127. 관대 128. 일약 129. 의발 130. 인삼 131. 사찰 132. 요망 133. 섭취 134. 응축 135. 복견 136. 석학 137. 용원 138. 몽환 139. 교민 140. 옹위 141. 보필 142. 피랍 143. 노화 144. 엽총 145. 각료 146. 온전 147. 주차 148. 차관 149. 강계 150. 환영

130쪽의 정답

1. 채굴 2. 가야 3. 기로 4. 왕후 5. 경자 6. 유감 7. 매력 8. 융액 9. 연체 10. 추로 11. 금융 12. 사육 13. 경정 14. 자기 15. 병용 16. 시신 17. 생식 18. 한과 19. 진료 20. 매혹 21. 휘장 22. 몰닉 23. 명정 24. 장화 25. 나체 26. 등기 27. 정관 28. 음울 29. 왜곡 30. 고역 31. 광기 32. 패기 33. 한찰 34. 서적 35. 갱목 36. 수색 37. 갱부 38. 조처 39. 타진 40. 오진 41. 돈좌 42. 시비 43. 강진 44. 비약 45. 융해 46. 학벌 47. 구매 48. 체신 49. 기망 50. 합병 51. 마술 52. 흠모 53. 근역 54. 참살 55. 조탁 56. 활석 57. 서구 58. 일산 59. 운반 60. 지체 61. 훈장 62. 서운 63. 배뇨 64. 공포 65. 비옥 66. 초병 67. 예탁 68. 궐석 69. 주재 70. 해고 71. 밀렵 72. 발굴 73. 등초 74. 왕성 75. 봉자 76. 유과 77. 자취 78. 파벌 79. 취사 80. 마굴 81. 홍삼 82. 탄생 83. 악마 84. 표창 85. 연당 86. 서한 87. 우산 88. 벽지 89. 사감 90. 망라 91. 협우 92. 교착 93. 염세 94. 체결 95. 감봉 96. 무훈 97. 망건 98. 혹리 99. 섬토 100. 궤적 101. 추세 102. 부애 103. 서원 104. 마귀 105. 빙과 106. 건삼 107. 질식 108. 부조 109. 비업 110. 진맥 111. 농구 112. 동우 113. 부연 114. 담대 115. 격리 116. 제과 117. 분비 118. 대지 119. 반주 120. 함장 121. 기탁 122. 선박 123. 준론 124. 계양 125. 태후 126. 풍진 127. 근화 128. 양식 129. 봉조 130. 사직 131. 벽자 132. 폐암 133. 야뇨 134. 모욕 135. 추진 136. 훈구 137. 고용 138. 각막 139. 모멸 140. 분초 141. 섬세 142. 재상 143. 차축 144. 과자 145. 신장 146. 환상 147. 궤도 148. 고충 149. 석장 150. 교포

131쪽의 정답

1. 자학 2. 결탁 3. 탁송 4. 갈건 5. 차압 6. 동량 7. 간암 8. 멱득 9. 평온 10. 갈포 11. 패권 12. 옥저 13. 궁지 14. 농성 15. 촉한 16. 엽기 17. 울분 18. 충적 19. 중니 20. 궁벽 21. 배우 22. 초침 23. 비적 24. 태아 25. 주조 26. 승묵 27. 함대 28. 건평 29. 마약 30. 게재 31. 진토 32. 저상 33. 편견 34. 훈공 35. 섬월 36. 예금 37. 부대 38. 걸인 39. 현창 40. 보초 41. 주둔 42. 교열 43. 근막 44. 왜정 45. 구태 46. 차양 47. 추대 48. 원활 49. 일축 50. 단노 51. 자석 52. 평형 53. 포옹 54. 애도 55. 저지 56. 추도 57. 갈근 58. 흉노 59. 환웅 60. 황후 61. 동료 62. 협곡 63. 권병 64. 편집 65. 첨앙 66. 비적 67. 도료 68. 견우 69. 계류 70. 결정 71. 응결 72. 동굴 73. 포섭 74. 척신 75. 삽화 76. 가람 77. 포도 78. 공훈 79. 막료 80. 유월 81. 견제 82. 평수 83. 은행 84. 취지 85. 자력 86. 파지 87. 철폐 88. 초계 89. 진찰 90. 허탄 91. 용해 92. 침전 93. 주축 94. 현격 95. 혹사 96. 초미 97. 관면 98. 준덕 99. 찬란 100. 교사 101. 율려 102. 서설 103. 순회 104. 혹평 105. 차일 106. 첩보 107. 양산 108. 준마 109. 학대 110. 매료 111. 척언 112. 동독 113. 아교 114. 초조 115. 연체 116. 팔일 117. 석덕 118. 유지 119. 번식 120. 상고 121. 증식 122. 전시 123. 활차 124. 연주 125. 수삼 126. 문란 127. 관건 128. 흑독 129. 요괴 130. 정주 131. 도석 132. 규성 133. 환멸 134. 창현 135. 미구 136. 편평 137. 자문 138. 탐미 139. 매거 140. 특사 141. 편벽 142. 조침 143. 도굴 144. 섭렵 145. 질색 146. 지방 147. 장애 148. 섭리 149. 담석 150. 둔병

한자능력 검정시험
2급 예상문제(1~13회)

예상문제를 푸는 동안
'讀音' 과 '訓音' 부분에서
5문제 이상 틀릴 때는
'섞음漢字' 전체읽기를 하여
틀린 글자는 3번씩 쓰고 외우기를
2회 정도 하면 72문제를 거의 맞출 수
있습니다. '섞음漢字' 사용은
학생의 상황에 따라 신속하게
이용할 수 있고 경우에 따라서는
3급용도 익힐 필요가 있습니다.
정답은 183쪽에 있음.

국가공인 제1회 한자능력검정시험 2급 예상문제

합격점수 : 105점
제한시간 : 60분

※ 예상문제를 푸는 동안 미흡한 분야가 있다면, 독음과 훈음 쓰기는 '섞음漢字'를(3Ⅱ, 3급 포함), 그밖에 사자성어, 반의어, 유의어, 약자는 각 유형별 문제 익히기를 통해서 실력을 확보하세요.

1. 다음 漢字語의 讀音을 쓰시오. (1~45)

(1) 鷺陽　(2) 舶來
(3) 傳納　(4) 陟罰
(5) 艮坐　(6) 揷畵
(7) 撤收　(8) 度揆
(9) 侮辱　(10) 寶殿
(11) 淵博　(12) 梧桐
(13) 療渴　(14) 御殿
(15) 凝視　(16) 秉悳
(17) 同僚　(18) 氷菓
(19) 覇氣　(20) 輕蔑
(21) 燦然　(22) 觸診
(23) 閨閥　(24) 澔天
(25) 妖魅　(26) 把捉
(27) 沔水　(28) 凝縮
(29) 鍛鋼　(30) 閻羅
(31) 辨償　(32) 郵遞
(33) 葛藤　(34) 雪糖
(35) 懸隔　(36) 新灘
(37) 昊蒼　(38) 閼智
(39) 慨歎　(40) 成層
(41) 趨勢　(42) 胃腸
(43) 魏闕　(44) 鑽堅
(45) 鍛鍊

2. 다음 漢字의 訓과 音을 쓰시오. (46~67)

(46) 禹　(47) 姬
(48) 旨　(49) 礙
(50) 託　(51) 歐
(52) 磁　(53) 埃
(54) 宋　(55) 盧
(56) 翰　(57) 羲
(58) 舜　(59) 鎔
(60) 抛　(61) 淇
(62) 颱　(63) 繩
(64) 翊　(65) 沆
(66) 融　(67) 絞

3. 다음 [ ]속에 적당한 漢字를 써넣어 四字成語를 완성하시오. (68~77)

(68) 孤[ ]隻[ ]　(69) [천]載[일]遇
(70) 勿[ ]好[ ]　(71) [거]棋[부]定
(72) 棟[ ]之[ ]　(73) 瓜田[이][하]
(74) 抱[ ][ ]倒　(75) [백][팔]煩惱
(76) 唯我[ ][ ]　(77) 擧措[실][당]

4. 다음 각 單語의 同音異義語를 쓰되, 提示된 뜻에 맞추시오. (78~82) 〈長短音 差異는 무시함〉

(78) 强辯 – [ ] : 강가
(79) 演技 – [ ] : 물건이 탈 때에 빛깔이 있는 기체
(80) 保釋 – [ ] : 빛깔과 광택이 아름다우며 희귀한 광물
(81) 初喪 – [ ] : 그림 따위에 나타난 어떠한 사람의 얼굴과 모습
(82) 氣道 – [ ] : 무엇을 이루기 위해 계획하거나 행함

5. 다음 漢字語 가운데 첫소리가 長音인 것을 골라 각각 그 번호를 쓰시오. (83~87)

(83) [ ] : ① 葬禮 ② 印象 ③ 政府 ④ 婚約
(84) [ ] : ① 儀式 ② 論述 ③ 賃貸 ④ 花壇
(85) [ ] : ① 德談 ② 防役 ③ 把守 ④ 密集
(86) [ ] : ① 昨今 ② 緩慢 ③ 盜掘 ④ 證明
(87) [ ] : ① 揭揚 ② 郵便 ③ 飯饌 ④ 排出

6. 다음 글을 읽고 밑줄 친 單語를 漢字로 고치거나 그 讀音를 쓰시오. (88~122)

고구려[88]는 만주[89] 夫餘族의 한 갈래로 B.C 1세기 경, 부족[90] 연맹체[91]에서 출발하여 철기[92] 문화를 바탕으로 한반도[93]에서 일어난 국가로 지속적인 왕권[94]강화정책과 정복[95]전쟁을 통하여 名實 상부[96]한 古代國家로서의 면모[97]를 갖추었다.

대륙[98]과 인접[99]한 반도국가의 특성을 지님으로써 恒時 北方民族 침입[100]의 위험[101]성을 내포하고 있어 領土 확장[102]을 위한 전쟁이 국가의 형성과정에서 필연적으로 대두되었고, 고구려의 대외 정복활동은 高朱蒙이 나라를 세운 서기 전부터 활발하게 이루어졌다.

1세기 말 경에는 물산[103]이 풍부[104]하고 땅이 비옥한 遼東[118] 지역을 손에 넣었으며, 沃沮[119], 肅愼[120] 등을 차례차례 정복하여 강국에의 길을 걸었다. 이는 「韓濊[121]가 强盛해져서 樂浪, 帶方 郡縣의 힘으로는 제어[105]할 수가 없게 되었다.」하는 魏志韓傳의 기록으로 알 수 있다.

고구려는 4세기 들어 율령[106]반포를 통한 중앙정부의 통치[107]기반[108]을 확립하였고, 국민 교화를 위한 불교[109]의 수용[110], 태학[111] 설립을 통한 이념의 定立에 성공하였다. 6대 太祖王때 강력한 고대국가로서의 체제[112]를 정비[113]하여 안으로는 중앙집권력[114]을 강화하는 한편 5세기에는 中國 5胡 16國 시대의 혼란[115]을 활용하여 東西로는 지금의 북간도[116]에서 遼西 지방에 이르고, 南北으로는 北夫餘에서 牙山灣[122]에 이르는 대제국[117]으로 성장했다.

(88) 고구려 [ ]	(89) 만주 [ ]
(90) 부족 [ ]	(91) 연맹체 [ ]
(92) 철기 [ ]	(93) 한반도 [ ]
(94) 왕권 [ ]	(95) 정복 [ ]
(96) 상부 [ ]	(97) 면모 [ ]
(98) 대륙 [ ]	(99) 인접 [ ]
(100) 침입 [ ]	(101) 위험 [ ]
(102) 확장 [ ]	(103) 물산 [ ]
(104) 풍부 [ ]	(105) 제어 [ ]
(106) 율령 [ ]	(107) 통치 [ ]
(108) 기반 [ ]	(109) 불교 [ ]
(110) 수용 [ ]	(111) 태학 [ ]
(112) 체제 [ ]	(113) 정비 [ ]
(114) 집권력 [ ]	(115) 혼란 [ ]
(116) 북간도 [ ]	(117) 대제국 [ ]
(118) 遼東 [ ]	(119) 沃沮 [ ]
(120) 肅愼 [ ]	(121) 韓濊 [ ]
(122) 牙山灣 [ ]	

7. 다음 각 글자와 意味上 對立되는 漢字를 적어 單語를 完成하시오. (123~127)

(123) [ ] ↔ 削 (124) 疏 ↔ [ ]

(125) [ ] ↔ 捨 (126) 禽 ↔ [ ]

(127) 閑 ↔ [ ]

8. 다음 각 單語와 意味上 對立(반대)되는 單語를 쓰시오. (128~132)

(128) 暴露 ↔ [ ] (129) 拘禁 ↔ [ ]

(130) 守勢 ↔ [ ] (131) 詳述 ↔ [ ]

(132) 靜肅 ↔ [ ]

9. 다음 漢字와 뜻이 비슷한 漢字를 연결하여 單語를 완성하시오. (133~142)

(133) 拙 – [ ] (134) 駐 – [ ]

(135) 埈 – [ ] (136) [ ] – 遣

(137) 琢 – [ ] (138) [ ] – 睡

(139) 拋 – [ ] (140) [ ] – 徹

(141) 抱 – [ ] (142) [ ] – 僻

10. 다음 漢字의 部首를 쓰시오. (143~147)

(143) 刃 – [ ] (144) 冕 – [ ]

(145) 褒 – [ ] (146) 赦 – [ ]

(147) 尹 – [ ]

11. 다음 漢字의 略字를 쓰시오. (148~150)

(148) 應 – [ ]

(149) 膽 – [ ]

(150) 賤 – [ ]

국가공인
제2회 한자능력검정시험 2급 예상문제

합격점수 : 105점
제한시간 : 60분

※ 예상문제를 푸는 동안 미흡한 분야가 있다면, 독음과 훈음 쓰기는 '섞음漢字'를(3Ⅱ, 3급 포함), 그밖에 사자성어, 반의어, 유의어, 약자는 각 유형별 문제 익히기를 통해서 실력을 확보하세요.

1. 다음 漢字語의 讀音을 쓰시오. (1~45)

(1) 搬弄　(2) 妖怪
(3) 檜林　(4) 蓬萊
(5) 僑接　(6) 衡鑑
(7) 炊飯　(8) 睿旨
(9) 紹介　(10) 間隔
(11) 殘虐　(12) 飼育
(13) 東軒　(14) 肺癌
(15) 星宿　(16) 匪賊
(17) 惹端　(18) 休憩
(19) 魅惑　(20) 握手
(21) 楸梧　(22) 俛仰
(23) 船舶　(24) 賈島
(25) 屯聚　(26) 排尿
(27) 僻幽　(28) 歸趨
(29) 誕生　(30) 雨傘
(31) 胸膜　(32) 嫌疑
(33) 暎窓　(34) 雇傭
(35) 魔術　(36) 凝縮
(37) 嚇怒　(38) 般若
(39) 糖尿　(40) 僑胞
(41) 補闕　(42) 把握
(43) 構築　(44) 侮蔑
(45) 駿逸

2. 다음 漢字의 訓과 音을 쓰시오. (46~71)

(46) 殷　(47) 揷
(48) 溺　(49) 渭
(50) 葡　(51) 埈
(52) 鞠　(53) 津
(54) 魏　(55) 禎
(56) 升　(57) 煉
(58) 袁　(59) 价
(60) 熊　(61) 炫
(62) 鬱　(63) 楡
(64) 蔚　(65) 撤
(66) 欽　(67) 芸
(68) 頊　(69) 弦
(70) 鉀　(71) 艾

3. 다음 [ ]속에 적당한 漢字를 써넣어 四字成語를 완성하시오. (72~81)

(72) 男[부][여]戴　(73) 破[ ][ ]正
(74) 瓊[지][옥]葉　(75) 閨[ ][ ]友
(76) [대][우]彈琴　(77) 多[ ][ ]賈
(78) 落膽[상][혼]　(79) 奇[ ]可[ ]
(80) 魚魯[불][변]　(81) 驥[ ]鹽[ ]

4. 다음 각 單語의 同音異義語를 쓰되, 提示된 뜻에 맞추시오. (82~86) 〈長短音 差異는 무시함〉

(82) (國交) : 온 국민이 믿는 종교 ······ [ ]
(83) (俊秀) : 규칙, 명령 따위를 좇아서 지킴 ······ [ ]
(84) (稅入) : 한 회계 연도의 모든 수입 ······ [ ]
(85) (同情) : 사람의 행동 · 일 · 병세 등이 벌어져 나가는 낌새나 상태 ······ [ ]
(86) (口傳) : 흥정을 붙이고 받은 돈 ······ [ ]

5. 다음 漢字語 가운데 첫소리가 長音인 것을 골라 각각 그 번호를 쓰시오. (87~91)

(87) [ ] : ① 銃擊 ② 訟事 ③ 主權 ④ 西洋
(88) [ ] : ① 韻致 ② 齒牙 ③ 滿足 ④ 徐氏
(89) [ ] : ① 今週 ② 壁畵 ③ 贊成 ④ 審理
(90) [ ] : ① 英才 ② 迎接 ③ 懺悔 ④ 蜂蜜
(91) [ ] : ① 遵法 ② 牧蓄 ③ 播多 ④ 金融

6. 다음 글 가운데 밑줄 친 單語를 漢字로 고치시오. (92~121)

茶山 정약용은 화폐[92] 유통이 상품유통[93]을 圓滑[94]히 한다고 생각하였으며 화폐의 가치[95]척도[96]로서의 기능[97], 지불[98]手段, 가치저장 수단으로서 이해하고 있었다.

또한 후농[99]의 한 방법으로 부업[100]및 多角農法의 필요성을 역설[101]하였는데 역서[102]에 年神方位, 금기[103], 미신[104] 등을 기재하는 종래방식을 폐지[105]하고 대신 종곡[106], 축산[107]에 관한 여러가지 방법을 적당한 時期를 따라 記入하여 역서를 한개의 農書로 만들어 민간에 배포[108]할 것을 주장하였다.

그는 화폐 制度 확립[109]을 위해서도 국가가 적극적으로 광산[110]을 開發할것을 주장[111]하였다. 국가에서 각 지방에 관리[112]를 파견[113]하여 수백개소의 金·銀·銅·鐵의 광산들을 접수[114]하고 그것을 직접 개발하여 거기서 나오는 광석을 처리하여 금·은·동의 금속[115]화폐를 대량 주조[116]한 다음 그 돈으로 세입[117]에 충당[118]한다면 백성들의 조세[119]부담[120]도 줄어들고 나라도 부유[121]해질 것이라고 하였다.

(92) 화폐 [ ] (93) 유통 [ ]
(94) 圓滑 [ ] (95) 가치 [ ]
(96) 척도 [ ] (97) 기능 [ ]
(98) 지불 [ ] (99) 후농 [ ]
(100) 부업 [ ] (101) 역설 [ ]
(102) 역서 [ ] (103) 금기 [ ]
(104) 미신 [ ] (105) 폐지 [ ]
(106) 종곡 [ ] (107) 축산 [ ]
(108) 배포 [ ] (109) 확립 [ ]
(110) 광산 [ ] (111) 주장 [ ]
(112) 관리 [ ] (113) 파견 [ ]
(114) 접수 [ ] (115) 금속 [ ]
(116) 주조 [ ] (117) 세입 [ ]
(118) 충당 [ ] (119) 조세 [ ]
(120) 부담 [ ] (121) 부유 [ ]

7. 다음 글자와 反對 또는 相對되는 漢字를 써서 單語를 完成하시오. (122~126)

(122) 向 ↔ [ ] (123) [ ] ↔ 濁
(124) 損 ↔ [ ] (125) [ ] ↔ 橫
(126) 鈍 ↔ [ ]

8. 다음 單語와 意味上 對立되는 單語를 쓰시오. (127~131)

(127) 榮轉 ↔ [ ] (128) 虐待 ↔ [ ]
(129) 義務 ↔ [ ] (130) 野蠻 ↔ [ ]
(131) 隱蔽 ↔ [ ]

9. 다음 漢字와 뜻이 비슷한 漢字를 연결하여 單語를 完成하시오. (132~136)

(132) 彫 [ ] (133) 歪 [ ]
(134) [ ] 謬 (135) 遼 [ ]
(136) [ ] 賣

10. 다음 單語와 뜻이 비슷한 單語를 〈보기〉에서 골라 그 번호를 쓰시오. (137~141)

〈보기〉 ①同門 ②綿密 ③忘德 ④源泉 ⑤東門 ⑥首肯 ⑦同性 ⑧服從 ⑨順序 ⑩ 共衆

(137) 同窓 – [ ] (138) 順從 – [ ]
(139) 背恩 – [ ] (140) 共鳴 – [ ]
(141) 根源 – [ ]

11. 다음 漢字의 部首를 쓰시오. (142~146)

(142) 甸 – [ ] (143) 盈 – [ ]
(144) 冀 – [ ] (145) 牟 – [ ]
(146) 腎 – [ ]

12. 다음 漢字의 略字를 쓰시오. (147~150)

(147) 條 – [ ] (148) 巖 – [ ]
(149) 夢 – [ ] (150) 稱 – [ ]

국가공인
제3회 한자능력검정시험 2급 예상문제

합격점수 : 105점
제한시간 : 60분

※ 예상문제를 푸는 동안 미흡한 분야가 있다면, 독음과 훈음 쓰기는 '쉬음漢字'를(3Ⅱ, 3급 포함), 그밖에 사자성어, 반의어, 유의어, 약자는 각 유형별 문제 익히기를 통해서 실력을 확보하세요.

1. 다음 漢字語의 讀音을 쓰시오. (1~45)

(1) 偵探　(2) 漏液
(3) 拉致　(4) 沐浴
(5) 蹴球　(6) 准尉
(7) 祿俸　(8) 激震
(9) 囚繫　(10) 蠻勇
(11) 殺到　(12) 峽谷
(13) 涉獵　(14) 逮捕
(15) 碩望　(16) 誕辰
(17) 釋迦　(18) 類型
(19) 豪傑　(20) 侮蔑
(21) 龐錫　(22) 旺盛
(23) 紹介　(24) 僑胞
(25) 瓊團　(26) 潔馨
(27) 枚擧　(28) 赤裸
(29) 托鉢　(30) 赦免
(31) 輔佐　(32) 銀杏
(33) 皐陶　(34) 怖伏
(35) 糖尿　(36) 潤滑
(37) 舒雁　(38) 預置
(39) 堯舜　(40) 活躍
(41) 闕席　(42) 抱擁
(43) 管攝　(44) 攝取
(45) 新灘津

2. 다음 漢字의 訓과 音을 쓰시오. (46~72)

(46) 鏞　(47) 洛
(48) 芬　(49) 晳
(50) 蠶　(51) 獐
(52) 雇　(53) 闕
(54) 濬　(55) 琯
(56) 弁　(57) 輯
(58) 堯　(59) 蟾
(60) 甫　(61) 鉉
(62) 瀅　(63) 戈
(64) 耆　(65) 輔
(66) 邵　(67) 陜
(68) 巢　(69) 弗
(70) 袒　(71) 倭
(72) 芝

3. 다음 [ ]속에 적당한 漢字를 써넣어 四字成語를 완성하시오. (73~82)

(73) 元亨[ ][ ]　(74) 吳越[동][주]
(75) [ ]前[ ]沓　(76) [사]文[난]賊
(77) [ ]樹[ ]歎　(78) 麻[중][지]蓬
(79) 兵[ ][ ]詐　(80) 恒[다][반]事
(81) [ ]津[ ]筏　(82) 塗[탄][지]苦

4. 다음 각 單語의 同音異義語를 쓰되, 提示된 뜻에 맞추시오. (83~87) 〈長短音 差異는 무시함〉

(83) 青山 – [ ] : 채무나 채권 관계를 셈하여 깨끗이 해결함.
(84) 曉星 – [ ] : 마음을 다해 부모를 섬기는 정성
(85) 詩想 – [ ] : 상장이나 상품, 상금 따위를 줌
(86) 水面 – [ ] : 잠을 자는 일
(87) 固守 – [ ] : 바둑이나 장기 따위에서 수가 높은 사람

5. 다음 漢字語 가운데 첫소리가 長音인 것을 골라 각각 그 번호를 쓰시오. (88~92)

(88) [ ] : ① 炊事 ② 豪傑 ③ 眉間 ④ 飯酒
(89) [ ] : ① 飼料 ② 諮問 ③ 鍾樓 ④ 班列
(90) [ ] : ① 縫製 ② 攝取 ③ 戴天 ④ 胡服
(91) [ ] : ① 癌疾 ② 湖水 ③ 祥瑞 ④ 覆蓋
(92) [ ] : ① 拉致 ② 喪失 ③ 換拂 ④ 趨勢

6. 다음 글 가운데 밑줄 친 單語를 漢字로 고치시오. (93~121)

한글 전용과 漢字 혼용[93] 또는 병용[94]에 대해서는 이미 新教育制度가 발아[95]한 世紀 말엽[96]부터 거론되어 왔던 主要 현안[97]이었으며 또한 쟁점[98]이기도 하였다.

그 동안 우리 교과서는, 한글 전용과 漢字 혼용 또는 병용 등의 文教시책에 의해 그에 따른 수정[99]또는 新·改編, 별도의 漢字·漢文學習을 위한 교육과정 개정으로 여러 차례에 걸친 변혁[100]을 경험해 왔다.(중략)

광복[101]이후 우리 社會에는 식민지[102] 教育世代(일본어 교육), 漢字教育世代, 그리고 한글 교육 세대라는 미묘한 대명사[103]被教育世代의 계층[104]을 구획[105]하려는 풍조[106]가 잠정[107]해 왔던 것이 사실이다.

고유[108]文字인 한글이 다른 어떤 文字들보다 科學性과 평이성[109]을 두루 갖춘, 탁월[110]한 표음[111]文字라는 데보다 큰 자랑과 긍지[112]를 가지고 있음은 재론[113]할 여지가 없다 하겠으나 漢字 문화권[114]안에서 累千年을 보내온 韓國人으로서는 漢字, 漢文이 일상의 文字生活에 끼친 광범[115]한 영향을 부인[116]할 수 없을 것이다.

그래서, 政府가 語文 시책[117]을 펼침에 있어 우선 教育機關을 통해 펴는 것이 전제[118]가 되므로, 그에 따른 활용의 방법과 기준[119]을 마련해 오게 되었다. 이는 被教育世代의 學習課程에 漢字·漢文教育을 어떻게 적용[120]해야 바람직한 것인가를 심각하게 考慮할 필요성이 요청[121]되었기 때문이다.

(93) 혼용 [ ] (94) 병용 [ ]
(95) 발아 [ ] (96) 말엽 [ ]
(97) 현안 [ ] (98) 쟁점 [ ]
(99) 수정 [ ] (100) 변혁 [ ]
(101) 광복 [ ] (102) 식민지 [ ]
(103) 대명사 [ ] (104) 계층 [ ]
(105) 구획 [ ] (106) 풍조 [ ]
(107) 잠정 [ ] (108) 고유 [ ]
(109) 평이성 [ ] (110) 탁월 [ ]
(111) 표음 [ ] (112) 긍지 [ ]
(113) 재론 [ ] (114) 문화권 [ ]
(115) 광범 [ ] (116) 부인 [ ]
(117) 시책 [ ] (118) 전제 [ ]
(119) 기준 [ ] (120) 적용 [ ]
(121) 요청 [ ]

7. 다음 漢字語와 뜻이 反對(대립)되는 漢字語를 쓰시오. (122~129)

(122) 漸進 ↔ [ ] (123) 敵對 ↔ [ ]
(124) 發達 ↔ [ ] (125) 改革 ↔ [ ]
(126) 柔軟 ↔ [ ] (127) 困難 ↔ [ ]
(128) 乾燥 ↔ [ ] (129) 貯蓄 ↔ [ ]

8. 다음 글자와 뜻이 비슷한 漢字를 적어 單語를 完成쓰시오. (130~138)

(130) 隆 [ ] (131) 酷 [ ]
(132) 獻 [ ] (133) 締 [ ]
(134) [ ] 慢 (135) 艦 [ ]
(136) [ ] 滯 (137) 毁 [ ]
(138) 慨 [ ]

9. 다음 漢字語의 뜻을 固有語(순수한 우리말)로 쓰시오. (139~142)

(139) 知音 – [ ]
(140) 淸談 – [ ]
(141) 肩章 – [ ]
(142) 闕席 – [ ]

10. 다음 漢字의 部首를 쓰시오. (143~147)

(143) 麟 – [ ] (144) 盾 – [ ]
(145) 闇 – [ ] (146) 皐 – [ ]
(147) 徽 – [ ]

11. 다음 漢字의 略字를 쓰시오. (148~150)

(148) 當 – [ ]
(149) 缺 – [ ]
(150) 傳 – [ ]

국가공인
제4회 한자능력검정시험 2급 예상문제

합격점수 : 105점
제한시간 : 60분

1. 다음 漢字語의 讀音을 쓰시오. (1~43)

(1) 折衷　(2) 巢窟
(3) 寺刹　(4) 需要
(5) 鐘鼎　(6) 宮闕
(7) 貳拾　(8) 敷設
(9) 伴奏　(10) 殘虐
(11) 船舶　(12) 基址
(13) 港灣　(14) 驛遞
(15) 賠償　(16) 艦艇
(17) 校尉　(18) 攝理
(19) 縫織　(20) 週末
(21) 腎臟　(22) 隆盛
(23) 纖柔　(24) 朝槿
(25) 燦爛　(26) 破爪
(27) 診療　(28) 艮坐
(29) 遞信　(30) 峻嶺
(31) 圓滑　(32) 肺癌
(33) 溺死　(34) 尉官
(35) 裸身　(36) 端揆
(37) 輕蔑　(38) 蒸氣
(39) 槿域　(40) 謄寫
(41) 委託　(42) 金融
(43) 喉頭

2. 다음 漢字의 訓과 音을 쓰시오. (44~70)

(44) 晶　(45) 睿
(46) 疆　(47) 聚
(48) 沖　(49) 峙
(50) 雉　(51) 灘
(52) 台　(53) 賠
(54) 渤　(55) 紡
(56) 耽　(57) 搬
(58) 舶　(59) 桓
(60) 徽　(61) 舒
(62) 兌　(63) 隋
(64) 潘　(65) 旁
(66) 杜　(67) 岐
(68) 摩　(69) 琦
(70) 皓

3. 다음 [　]속에 적당한 漢字를 써넣어 四字成語를 완성하시오. (71~75)

(71) 輔車[　][　]　(72) 釜[　]之[　]
(73) 旁岐[　][　]　(74) 惻[　]之[　]
(75) 阿修[　][　]

4. 다음 속담에 알맞는 四字成語를 쓰시오. (76~80)

(76) 엎친데 덮친다　[　][　]加霜
(77) 태산을 넘으면 평지를 본다　[　][　]甘來
(78) 죽은자식 나이세기　[　][　]計齒
(79) 엎어지면 코닿을데　指呼[　][　]
(80) 감나무 밑에 누워도 삿갓미사리를 대어라　有備[　][　]

5. 다음 각 單語의 同音異義語를 쓰되, 提示된 뜻에 맞추시오. (81~85) 〈長短音 差異는 무시함〉

(81) (口號) : 재난으로 어려움에 처한 사람을 도와 보호함 ············[　]
(82) (强度) : 폭력이나 협박으로 남의 재물을 빼앗는 도둑 ············[　]
(83) (前後) : 전쟁이 끝난 뒤 ············[　]
(84) (同志) : 이십사절기의 하나 ············[　]
(85) (歌舞) : 집안 일 ············[　]

6. 다음 漢字語 가운데 첫소리가 長音인 것을 골라 각각 그 번호를 쓰시오. (86~90)

(86) [　] : ① 渴望 ② 饗應 ③ 禮物 ④ 節次
(87) [　] : ① 焦土 ② 腹痛 ③ 弱者 ④ 爛漫
(88) [　] : ① 遮陽 ② 怪異 ③ 防犯 ④ 公務
(89) [　] : ① 併用 ② 蜂起 ③ 園藝 ④ 復舊
(90) [　] : ① 尋訪 ② 奔走 ③ 翰林 ④ 功勞

7. 다음 글 가운데 밑줄 친 單語를 漢字로 고치시오. (91~120)

Ⅰ 대통령[91]은 취임[92]에 즈음하여 다음의 선서[93]를 한다.
"나는 헌법[94]을 준수[95]하고 국가를 보위[96]하며 祖國의 평화적 통일과 국민의 자유와 福利의 증진 및 민족문화의 창달[97]에 노력하여 대통령으로서의 직책[98]을 誠實히 수행[99]할것을 국민앞에 엄숙[100]히 선서합니다."

Ⅱ 대통령은 내우[101], 외환[102], 천재[103], 지변[104] 또는 중대한 財政경제上의 위기[105]에 국가의 安全보장[106] 또는 公共의 安寧질서[107]를 유지[108]하기 위하여 긴급[109]한 조치[110]가 필요하고 국회의 集會를 기다릴 여유가 없을때에 한하여 최소한으로 필요한 재정, 경제상의 處分을 하거나 이에 관하여 법률의 效力을 가지는 명령을 발할 수 있고 법률이 정하는 바에 의하여 사면[111], 감형[112], 복권[113]을 명할 수 있으며 훈장[114], 기타 영전[115]을 授與한다.

Ⅲ 국회는 선전[116]포고[117], 국군의 외국에의 파견[118]또는 外國軍隊의 대한민국 영역[119]안에서의 주류[120]에 대한 同意權을 가진다.

(91) 대통령 [ ]　(92) 취임 [ ]
(93) 선서 [ ]　(94) 헌법 [ ]
(95) 준수 [ ]　(96) 보위 [ ]
(97) 창달 [ ]　(98) 직책 [ ]
(99) 수행 [ ]　(100) 엄숙 [ ]
(101) 내우 [ ]　(102) 외환 [ ]
(103) 천재 [ ]　(104) 지변 [ ]
(105) 위기 [ ]　(106) 보장 [ ]
(107) 질서 [ ]　(108) 유지 [ ]
(109) 긴급 [ ]　(110) 조치 [ ]
(111) 사면 [ ]　(112) 감형 [ ]
(113) 복권 [ ]　(114) 훈장 [ ]
(115) 영전 [ ]　(116) 선전 [ ]
(117) 포고 [ ]　(118) 파견 [ ]
(119) 영역 [ ]　(120) 주류 [ ]

8. 다음 각 單語와 意味上 對立(반대)되는 單語를 쓰시오. (121~130)

(121) 依他 ↔ [ ]　(122) 隆起 ↔ [ ]
(123) 門外漢 ↔ [ ]　(124) 微風 ↔ [ ]
(125) 偶然 ↔ [ ]

9. 다음 각 글자와 意味上 對立(반대)되는 漢字를 써서 單語를 完成하시오. (126~130)

(126) [ ] ↔ 盾　(127) 喜 ↔ [ ]
(128) [ ] ↔ 背　(129) 攻 ↔ [ ]
(130) [ ] ↔ 降

10. 다음 각 글자와 뜻이 비슷한 漢字를 연결하여 單語를 完成쓰시오. (131~140)

(131) 詳 [ ]　(132) [ ] 酷
(133) 恐 [ ]　(134) 俊 [ ]
(135) 婚 [ ]　(136) 妥 [ ]
(137) 模 [ ]　(138) 榮 [ ]
(139) 獲 [ ]　(140) [ ] 握

11. 다음 單語의 뜻을 쓰시오. (141~143)

(141) 纖毛 – [ ]
(142) 涉獵 – [ ]
(143) 濁聲 – [ ]

12. 다음 漢字의 部首를 쓰시오. (144~147)

(144) 遲 – [ ]
(145) 呈 – [ ]
(146) 后 – [ ]
(147) 禹 – [ ]

13. 다음 漢字를 略字로 바꾸어 쓰시오. (148~150)

(148) 齊 – [ ]
(149) 靈 – [ ]
(150) 冰 – [ ]

국가공인

제5회 한자능력검정시험 2급 예상문제

합격점수 : 105점
제한시간 : 60분

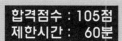

1. 다음 漢字語의 讀音을 쓰시오. (1~45)

(1) 彫飾 (2) 厭症
(3) 書札 (4) 建坪
(5) 耐震 (6) 釣臺
(7) 旌門 (8) 沃沓
(9) 揭揚 (10) 雌雄
(11) 修繕 (12) 典型
(13) 升麻 (14) 甄拔
(15) 虛誕 (16) 受侮
(17) 脈絡 (18) 艮峴
(19) 慨歎 (20) 邕熙
(21) 彫刻 (22) 障碍
(23) 硯滴 (24) 屯聚
(25) 綜合 (26) 紳商
(27) 疏忽 (28) 脫帽
(29) 沮碍 (30) 凝滯
(31) 度揆 (32) 屍身
(33) 憎嫌 (34) 甄別
(35) 甕器 (36) 批准
(37) 蓬萊 (38) 閨閥
(39) 和穆 (40) 膠着
(41) 葛藤 (42) 磁氣
(43) 卵巢 (44) 念珠
(45) 綠江

2. 다음 漢字의 訓과 音을 쓰시오. (46~72)

(46) 俛 (47) 泌
(48) 燉 (49) 陜
(50) 灣 (51) 屍
(52) 薰 (53) 沼
(54) 奎 (55) 戴
(56) 桀 (57) 塏
(58) 蘆 (59) 塘
(60) 楨 (61) 魯
(62) 圈 (63) 姸
(64) 綜 (65) 診
(66) 淮 (67) 呈
(68) 斬 (69) 魅
(70) 劑 (71) 樺
(72) 婢

3. 다음 [ ]속에 적당한 漢字를 써넣어 四字成語를 완성하시오. (73~82)

(73) 四面[초][가] (74) 喪[ ][ ]膽
(75) 纖纖[옥][수] (76) 松[ ]柏[ ]
(77) 曲[학]阿[세] (78) 壽[ ][ ]疆
(79) 以[ ]易[ ] (80) [ ]口[ ]綱
(81) 巢毁[ ][ ] (82) [ ]兆[ ]生

4. 다음 각 單語의 同音異義語를 쓰되, 提示된 뜻에 맞추시오. (83~87) 〈長短音 差異는 무시함〉

(83) 苦海 – [ ] : 고백성사
(84) 事例 – [ ] : 고마운 뜻을 나타내는 인사
(85) 再考 – [ ] : 창고 따위에 쌓여 있음
(86) 急錢 – [ ] : 급히 전함
(87) 家産 – [ ] : 더하여 셈함

5. 다음 漢字語 가운데 첫소리가 長音인 것을 골라 각각 그 번호를 쓰시오. (88~92)

(88) [ ] : ① 測量 ② 蔽塞 ③ 療養 ④ 勞動
(89) [ ] : ① 妊産 ② 轉換 ③ 誘致 ④ 埋藏
(90) [ ] : ① 傳染 ② 聲調 ③ 徹底 ④ 汎濫
(91) [ ] : ① 詐欺 ② 痲醉 ③ 茶禮 ④ 菜蔬
(92) [ ] : ① 懸賞 ② 具備 ③ 職場 ④ 繁殖

6. 다음 글 가운데 밑줄 친 單語를 漢字 正字로 쓰거나, 그 讀音를 쓰시오. (93~122)

[1] 自己 또는 다른사람의 性的 욕망[93]을 流發하거나 滿足시킬 목적으로 電話, 우편[94], 컴퓨터, 기타 通信 매체[95]를 통하여 性的 수치심이나 혐오감[96]을 일으키는 말이나, 음향[97], 글이나 도화[98], 영상[99]또는 물건을 相對方에게 到達하게 한 자는 통신매체를 이용한 음란[100] 행위이므로 法에 抵觸[101]된다.

[2] 누구든지 열차[102], 전동차[103], 항공기[104], 船舶[105], 승합[106] 自動車의 정차장 구내와 병원[107], 診療所[108], 도서관[109], 연구소[110], 시험소[111], 기타 의료, 문화 연구시설에서는 어떤 형태의 연설[112]이라도 해서는 안된다.

[3] 建設現場에서 발생하는 건설소음[113]은 건설기계[114]를 사용할 때 발생한다. 건설공사용 장비[115]는 그 종류가 多様할뿐만 아니라 발생소음이 같은 기계라도 그 사용목적 및 운전[116]條件에 따라 상이[117]하며 공사현장의 주변[118] 상황[119]이나 배경[120]소음, 바람, 온도, 습도[121], 지형, 障碍物[122]등에 따라 크게 영향을 받게 된다.

(93) 욕망 [ ] (94) 우편 [ ]
(95) 매체 [ ] (96) 혐오감 [ ]
(97) 음향 [ ] (98) 도화 [ ]
(99) 영상 [ ] (100) 음란 [ ]
(101) 抵觸 [ ] (102) 열차 [ ]
(103) 전동차 [ ] (104) 항공기 [ ]
(105) 船舶 [ ] (106) 승합 [ ]
(107) 병원 [ ] (108) 診療所 [ ]
(109) 도서관 [ ] (110) 연구소 [ ]
(111) 시험소 [ ] (112) 연설 [ ]
(113) 소음 [ ] (114) 기계 [ ]
(115) 장비 [ ] (116) 운전 [ ]
(117) 상이 [ ] (118) 주변 [ ]
(119) 상황 [ ] (120) 배경 [ ]
(121) 습도 [ ] (122) 障碍物 [ ]

7. 다음 각 單語와 意味上 對立(반대)되는 單語를 쓰시오. (123~130)

(123) 容易 ↔ [ ] (124) 密接 ↔ [ ]
(125) 快調 ↔ [ ] (126) 鈍濁 ↔ [ ]
(127) 具體的 ↔ [ ] (128) 債權者 ↔ [ ]
(129) 擴大 ↔ [ ] (130) 加害者 ↔ [ ]

8. 다음 각 글자와 뜻이 비슷한 漢字를 연결하여 단어를 完成하시오. (131~135)

(131) 探 – [ ] (132) [ ] – 落
(133) 稱 – [ ] (134) [ ] – 燒
(135) 紹 – [ ] (136) 撤 – [ ]
(137) 透 – [ ] (138) 策 – [ ]
(139) 謙 – [ ] (140) 緊 – [ ]

9. 다음 單語의 뜻을 쓰시오. (141~143)

(141) 逝去 – [ ]
(142) 擁護 – [ ]
(143) 隻眼 – [ ]

10. 다음 漢字의 部首를 쓰시오. (144~147)

(144) 柴 – [ ] (145) 采 – [ ]
(146) 璨 – [ ] (147) 馮 – [ ]

11. 다음 漢字의 略字를 쓰시오. (148~150)

(148) 證 – [ ]
(149) 醉 – [ ]
(150) 戀 – [ ]

국가공인
제6회 한자능력검정시험 2급 예상문제

합격점수 : 105점
제한시간 : 60분

1. 다음 漢字語의 讀音을 쓰시오. (1~45)

(1) 幻想　　(2) 挿入
(3) 絹織　　(4) 夭折
(5) 趨勢　　(6) 偏頗
(7) 薄俸　　(8) 舊址
(9) 把守　　(10) 肯定
(11) 焦燥　　(12) 臺灣
(13) 窒素　　(14) 盟誓
(15) 睿德　　(16) 訟隻
(17) 鷗鷺　　(18) 妙訣
(19) 濊貊　　(20) 專貰
(21) 勉勵　　(22) 穆然
(23) 放尿　　(24) 麒麟
(25) 紛糾　　(26) 閣僚
(27) 隔離　　(28) 陟罰
(29) 滯留　　(30) 俳優
(31) 俸祿　　(32) 嫌怒
(33) 御苑　　(34) 溶解
(35) 錫鑛　　(36) 胃液
(37) 升揚　　(38) 纖維
(39) 憩泊　　(40) 商圈
(41) 凝固　　(42) 撤去
(43) 爪形　　(44) 紡績
(45) 彌縫

2. 다음 漢字의 訓과 音을 쓰시오. (46~72)

(46) 鷹　　(47) 虐
(48) 崗　　(49) 琢
(50) 沮　　(51) 醴
(52) 閻　　(53) 庄
(54) 嬉　　(55) 蓬
(56) 籠　　(57) 酷
(58) 幀　　(59) 胥
(60) 繕　　(61) 崙
(62) 窟　　(63) 療
(64) 璋　　(65) 亮
(66) 禧　　(67) 后
(68) 揆　　(69) 晙
(70) 駿　　(71) 昆
(72) 壎

3. 다음 [ ]속에 적당한 漢字를 써넣어 四字成語를 完成하시오. (73~82)

(73) 暴[　]無[　]　　(74) 桀[　][　]炊
(75) 軒[　]丈[　]　　(76) [　]釜雷[　]
(77) 虛[　]平[　]　　(78) 欲燒[　][　]
(79) 傲霜[고][절]　　(80) 普遍[타][당]
(81) 韋[편][삼]絕　　(82) 寤寐[불][망]

4. 다음 각 單語의 同音異義語를 쓰되, 提示된 뜻에 맞추시오. (83~87) 〈長短音 差異는 무시함〉

(83) 交感 - [　] : 학교의 일을 관리하는 직책
(84) 副賞 - [　] : 물 위로 떠오름
(85) 國旗 - [　] : 국가의 기초
(86) 賣場 - [　] : (시체)를 땅에 묻는 것
(87) 家事 - [　] : 노래의 내용이 되는 글

5. 다음 漢字語 가운데 첫소리가 長音인 것을 골라 각각 그 번호를 쓰시오. (88~92)

(88) [　] : ① 汎愛 ② 銅像 ③ 黨舍 ④ 逃避
(89) [　] : ① 司正 ② 名譽 ③ 廉恥 ④ 被襲
(90) [　] : ① 清淨 ② 慧眼 ③ 錯誤 ④ 橫斷
(91) [　] : ① 同伴 ② 菓子 ③ 疑問 ④ 話術
(92) [　] : ① 安全 ② 惡用 ③ 同居 ④ 播種

6. 다음 글 가운데 밑줄 친 單語를 漢字 正字로 쓰거나, 그 讀音를 쓰시오. (93~122)

☆李충무공[93]이 지혜[94]를 짜서 전선[95]을 제작 하니 그 형상이 穹窿(궁륭 – 거북형상)하여 거북과 같으므로 이름하여 귀선[96]이라 선상에 大板을 덮고 板中에 十字細路를 設置하여 사람의 通行을 容케하고 其他에는 錐刀(추도 – 송곳같은 칼)를 모두 꽂아 발딛을곳이 없게하고 앞은 용두[97]요 뒤는 귀미니 전후 좌우에 총혈[98]이 각각 여섯개가 있어 大丸을 설치하고 적을 만난즉 편모[99]로 위에 덮어 錐刀와 대포를 보이지 않게 감추다가 적이 내습[100]하여 등선[101]코져 한즉 일시에 편모를 벗기고 대포와 활을 쏴서 向하는 바에 무적[102]한지라 임진[103]의 왜란[104]때 수전에서 每戰 每勝함이 이를 이용함이니라

☆ 육군 副將[105]민영환이 백관[106]으로 더불어 伏闕[107]상소[108]하여 대세를 挽回(만회 – 바로잡아 회복함)코저 하다가 시세[109]가 가위치 못할지라 이에 자결[110]하여 死할세 유서[111]로써 한국 국민에게 경고[112]하니 그 글에 쓰기를 국치[113]민욕[114]이 이에 이르러 나의 국민이 장차[115]생존경쟁에서 파멸[116]될지라 대저 구차[117]히 生을 요하는 자는 죽고 死를 期하는 자는 도리어 살것이니 제공[118](모든 공신들)은 어찌 이를 不諒하느뇨. 永煥은 한번 죽음으로 황은[119]을 앙보[120]하고 아울러 이천만 동포[121]형제에게 사죄[122]하노이다.(이하 생략)

(93) 충무공 [ ]　(94) 지혜 [ ]
(95) 전선 [ ]　(96) 귀선 [ ]
(97) 용두 [ ]　(98) 총혈 [ ]
(99) 편모 [ ]　(100) 내습 [ ]
(101) 등선 [ ]　(102) 무적 [ ]
(103) 임진 [ ]　(104) 왜란 [ ]
(105) 副將 [ ]　(106) 백관 [ ]
(107) 伏闕 [ ]　(108) 상소 [ ]
(109) 시세 [ ]　(110) 자결 [ ]
(111) 유서 [ ]　(112) 경고 [ ]
(113) 국치 [ ]　(114) 민욕 [ ]
(115) 장차 [ ]　(116) 파멸 [ ]
(117) 구차 [ ]　(118) 제공 [ ]
(119) 황은 [ ]　(120) 앙보 [ ]
(121) 동포 [ ]　(122) 사죄 [ ]

7. 다음 각 글자와 意味上 對立되는 漢字를 적어 單語를 完成하시오. (123~132)

(123) 慶 ↔ [ ]　(124) [ ] ↔ 揚
(125) 賢 ↔ [ ]　(126) [ ] ↔ 借
(127) 伸 ↔ [ ]　(128) [ ] ↔ 醜
(129) 乾 ↔ [ ]　(130) [ ] ↔ 寢
(131) 喜 ↔ [ ]　(132) [ ] ↔ 過

8. 다음 각 글자와 뜻이 비슷한 漢字를 연결하여 單語를 완성하시오. (133~140)

(133) 燦 – [ ]　(134) 贊 – [ ]
(135) [ ] – 促　(136) [ ] – 陵
(137) [ ] – 逐　(138) 誇 – [ ]
(139) [ ] – 裂　(140) [ ] – 隷

9. 다음 漢字의 部首를 쓰시오. (141~145)

(141) 膠 – [ ]　(142) 襄 – [ ]
(143) 匪 – [ ]　(144) 崗 – [ ]
(145) 爽 – [ ]

10. 다음 漢字의 略字를 쓰시오. (146~150)

(146) 竝 – [ ]　(147) 廟 – [ ]
(148) 觸 – [ ]　(149) 實 – [ ]
(150) 雙 – [ ]

국가공인
제7회 한자능력검정시험 2급 예상문제

합격점수 : 105점
제한시간 : 60분

1. 다음 漢字語의 讀音을 쓰시오. (1~45)

(1) 把握　(2) 祿俸
(3) 飛躍　(4) 塵埃
(5) 睿宗　(6) 星宿
(7) 拙速　(8) 洗濯
(9) 溶液　(10) 撤收
(11) 颱風　(12) 卓越
(13) 遺憾　(14) 忌祭
(15) 購買　(16) 掠奪
(17) 藥劑　(18) 檢閱
(19) 凝集　(20) 嫌忌
(21) 偏僻　(22) 琴瑟
(23) 掌握　(24) 主軸
(25) 締結　(26) 徵候
(27) 閨秀　(28) 泌尿
(29) 圖謨　(30) 急逝
(31) 明晳　(32) 偏差
(33) 彌滿　(34) 槿花
(35) 傭聘　(36) 禁苑
(37) 整頓　(38) 狂亂
(39) 炊事　(40) 沮止
(41) 補繕　(42) 震怒
(43) 鑄幣　(44) 熊膽
(45) 赤裸

2. 다음 漢字의 訓과 音을 쓰시오. (46~72)

(46) 槿　(47) 甄
(48) 歪　(49) 孃
(50) 鄒　(51) 晋
(52) 炅　(53) 兢
(54) 淳　(55) 董
(56) 熹　(57) 昊
(58) 祜　(59) 鍵
(60) 悳　(61) 闕
(62) 坑　(63) 儆
(64) 珣　(65) 琮
(66) 棟　(67) 乭
(68) 桐　(69) 鼎
(70) 浚　(71) 柴
(72) 駐

3. 다음 [ ]속에 적당한 漢字를 써넣어 四字成語를 完成하시오. (73~82)

(73) 一[ ][ ]盡　(74) [ ]盈[ ]食
(75) 拔[ ][ ]世　(76) 渭樹[ ][ ]
(77) 堅[ ][ ]拔　(78) 大膽[무][쌍]
(79) 殷[ ][ ]遠　(80) 多岐[망][양]
(81) 冠[ ][ ]祭　(82) 梅妻[학][자]

4. 다음 각 單語의 同音異義語를 쓰되, 提示된 뜻에 맞추시오. (83~87) 〈長短音 差異는 무시함〉

(83) 辯士 – [ ] : 뜻밖의 재난으로 죽음
(84) 洋式 – [ ] : 생존을 위하여 필요한 사람의 먹을 거리
(85) 是非 – [ ] : 논밭에 거름을 줌
(86) 婦人 – [ ] : 인정하지 아니함
(87) 首席 – [ ] : 관상용의 자연석

5. 다음 漢字語 가운데 첫소리가 長音인 것을 골라 각각 그 번호를 쓰시오. (88~92)

(88) [ ] : ① 魔魁 ② 搖動 ③ 壓症 ④ 蔘田
(89) [ ] : ① 傘下 ② 膽力 ③ 蹴球 ④ 盤上
(90) [ ] : ① 喪家 ② 峯頭 ③ 診察 ④ 瓦換
(91) [ ] : ① 抱擁 ② 墨書 ③ 妖怪 ④ 忌避
(92) [ ] : ① 驚氣 ② 排斥 ③ 俸給 ④ 象徵

6. 다음 글을 읽고 밑줄 친 漢字語를 漢字 正字로 쓰거나, 그 讀音를 쓰시오. (93~116)

Ⅰ 生命科學과 醫學의 급속한 변화로 탄생[93]과 죽음의 양상[94]이 예전과는 점점 달라지고 있다. 생명의 탄생부터가 자연스럽지 못하다. 오랫동안 금기[95]시 돼온 낙태[96]는 우리나라에서 상상을 초월[97]할 정도로 다반사[98]로 이뤄지고 있지만 다른 선진국처럼 사회적 논쟁[99]거리가 되지 못한다. 의사 개인에 그냥 맡겨진다. 또한 책임 소재[100]가 어디에 있든간에, 正常分娩[101] 보다는 재왕절개[102]로 탄생하는 우리나라 嬰兒(영아)의 비율[103]이 세계에서 제일 높다.

생명의 탄생에서 우리를 가장 놀라게 하는 것은 복제[104] 인간의 출현일 것이다. 유명 과학자들이 어쩌면 복제인간을 만들기 위해 지금도 시행착오[105]를 거듭하고 있을지도 모른다.

죽음의 과정도 마찬가지이다. 이미 의사의 도움에 의한 자살[106]이 유럽에서는 받아들여지고 있어서 우리나라에도 언제 수용[107]될 지 모른다. 히포크라테스 선서[108]는 쓰레기통에 묻혀버렸다. 정부가 통과시킨 「장기[109]등 이식에 관한 법률」에 의해 뇌사[110]가 우리나라에서는 법률적으로 인정받게 되어 이제부터 정부가 장기이식을 통합관리하게 된다.

Ⅱ 안락사[111]는 現代醫學의 지식과 기술에 비추어 볼 때 불치의 병에 걸려 있고 死期가 목전에 임박하여 있으며 극심[112]한 육체적 고통에 허덕이는 병자의 고통을 완화[113]할 목적으로 본인 또는 그 가족의 동의나 승낙[114]에 의하여 의사가 합리적이고 타당[115]한 방법으로 평온[116]하게 죽음을 맞이하게 하는 경우라고 일반적으로 정의한다.

(93) 탄생	[ ]	(94) 양상	[ ]
(95) 금기	[ ]	(96) 낙태	[ ]
(97) 초월	[ ]	(98) 다반사	[ ]
(99) 논쟁	[ ]	(100) 소재	[ ]
(101) 分娩	[ ]	(102) 절개	[ ]
(103) 비율	[ ]	(104) 복제	[ ]
(105) 착오	[ ]	(106) 자살	[ ]
(107) 수용	[ ]	(108) 선서	[ ]
(109) 장기	[ ]	(110) 뇌사	[ ]
(111) 안락사	[ ]	(112) 극심	[ ]
(113) 완화	[ ]	(114) 승낙	[ ]
(115) 타당	[ ]	(116) 평온	[ ]

7. 다음 각 單語와 意味上 對立(반대)되는 單語를 쓰시오. (117~126)

(117) 歲暮 ↔ [ ]　(118) 憐憫 ↔ [ ]
(119) 不法化 ↔ [ ]　(120) 銳利 ↔ [ ]
(121) 能動 ↔ [ ]　(122) 統合 ↔ [ ]
(123) 直系 ↔ [ ]　(124) 開放的 ↔ [ ]
(125) 妥當 ↔ [ ]　(126) 柔弱 ↔ [ ]

8. 다음 각 글자와 뜻이 비슷한 漢字를 연결하여 單語를 완성하시오. (127~136)

(127) [ ] - 盜　(128) [ ] - 飾
(129) [ ] - 蔽　(130) [ ] - 留
(131) [ ] - 賴　(132) 敦 - [ ]
(133) 貌 - [ ]　(134) 跳 - [ ]
(135) 返 - [ ]　(136) [ ] - 收

9. 다음 單語의 뜻을 쓰시오. (137~140)

(137) 掠奪 - [ ]
(138) 歪曲 - [ ]
(139) 閨秀 - [ ]
(140) 虛勢 - [ ]

10. 다음 漢字의 部首를 쓰시오. (141~145)

(141) 餐 - [ ]　(142) 隋 - [ ]
(143) 兢 - [ ]　(144) 魔 - [ ]
(145) 盧 - [ ]

11. 다음 略字를 正字(基本字)로 고쳐 쓰시오. (146~150)

(146) 寿 - [ ]　(147) 蛮 - [ ]
(148) 圧 - [ ]　(149) 属 - [ ]
(150) 弥 - [ ]

국가공인
제8회 한자능력검정시험 2급 예상문제

합격점수 : 105점
제한시간 : 60분

1. 다음 漢字語의 讀音을 쓰시오. (1~45)

(1) 驥足　(2) 檢閱
(3) 端揆　(4) 偏僻
(5) 哀悼　(6) 豪傑
(7) 灘津　(8) 憾怨
(9) 龜旨　(10) 洛陽
(11) 洋傘　(12) 奈何
(13) 丕構　(14) 殿閣
(15) 補闕　(16) 鷹犬
(17) 琢磨　(18) 社稷
(19) 耀渡　(20) 棟梁
(21) 攝政　(22) 凝固
(23) 懷妊　(24) 偏頗
(25) 潛水　(26) 揆彈
(27) 遮陽　(28) 網膜
(29) 董其　(30) 茅屋
(31) 寄宿　(32) 診療
(33) 痲藥　(34) 飜覆
(35) 大尉　(36) 紡織
(37) 懸隔　(38) 敷設
(39) 磨礪　(40) 戴冠
(41) 敷暢　(42) 延滯
(43) 絞殺　(44) 龐錯
(45) 禁獵

2. 다음 漢字의 訓과 音을 쓰시오. (46~72)

(46) 祚　(47) 潭
(48) 庠　(49) 梧
(50) 墺　(51) 敞
(52) 姜　(53) 怖
(54) 鋪　(55) 錫
(56) 媛　(57) 瑗
(58) 旭　(59) 瑢
(60) 韋　(61) 祜
(62) 尉　(63) 柏
(64) 瑛　(65) 郁
(66) 佑　(67) 筏
(68) 閥　(69) 札
(70) 稙　(71) 玖
(72) 俳

3. 다음 [　]속에 적당한 漢字를 써넣어 四字成語를 完成하시오. (73~77)

(73) 子膜[　][　]　(74) 亂[　]賊[　]
(75) 一炊[　][　]　(76) 狐[　]虎[　]
(77) 鄭[　]之[　]

4. 다음의 속담에 알맞는 四字成語가 되도록 괄호속에 적당한 漢字를 써넣으시오.(78~82)

(78) 本[　]顚[　] : 배보다 배꼽이 더 크다
(79) 凍[　]放[　] : 언발에 오줌누기
(80) 識[　]憂[　] : 아는 것이 병
(81) [　]出於[　] : 제자가 스승보다 낫다
(82) 狐假[　][　] : 사또 덕분에 나팔 분다

5. 다음 각 單語의 同音異義語를 쓰되, 提示된 뜻에 맞추시오. (83~87) 〈長短音 差異는 무시함〉

(83) (實例) : 언행이 예의에 벗어남 ………… [　]
(84) (面責) : 책임이나 책망을 면함 ………… [　]
(85) (風俗) : 바람의 속도 ………… [　]
(86) (暴走) : 폭음 ………… [　]
(87) (喜笑) : 매우 드물어서 적음 ………… [　]

6. 다음 漢字語 가운데 첫소리가 長音인 것을 골라 각각 그 번호를 쓰시오. (88~92)

(88) [　] : ① 豫金 ② 濃縮 ③ 組閣 ④ 且夕
(89) [　] : ① 逢變 ② 爛發 ③ 翁姑 ④ 琢器
(90) [　] : ① 塊土 ② 納采 ③ 工員 ④ 悽慘
(91) [　] : ① 僞裝 ② 自慢 ③ 心境 ④ 惹起
(92) [　] : ① 怪異 ② 禍難 ③ 封印 ④ 心氣

7. 다음 각 문장의 밑줄 친 單語중 한글로 記錄된 것은 漢字로 바꾸어 쓰고, 漢字로 표기된 것은 그 讀音를 쓰시오. (93~122)

[가] 암은 질병[93]의 특성상 初期에는 증상[94]이 없거나 경미[95]한 정도이지만 조기에 발견하여 치료[96]하지 못하면 질병이 진행되어 癌細胞[97]가 타장기[98]로 전이[99], 침투[100]되어 여러가지 心覺한 증상들을 초래[101]하게 된다. (중략) 암의 進行程度에 따라 심한 통증을 동반[102]하게 되고 통증이 있는 환자[103]는 휴식[104], 수면[105], 活動障碍[106]를 받게되어 不安과 죽음에 대한 공포[107]가 가중[108]되므로 통증 조절[109]을 위한 간호[110]의 提供이 필수[111]不可決하게 되었다.

[나] 암환자의 진통[112]劑 투여간격[113]은 규칙적으로 투여[114]하는 방법이 필요시마다 투여하는 것보다 진통영역[115]이 길며 약물의 혈액[116] 內 농도[117]가 持續的임을 감안할 때 간호사를 비롯한 의료인은 진통제를 규칙적인 방법으로 투여함이 바람직하다.

[다] 淘汰死(도태사)란 사회공동체의 한 구성원이 질병이나 상해[118]로 심신의 상태가 극도[119]로 악화되어 공동체에 부담과 犧牲을 인내할 수 없는 경우 생존의 의미가 없다고 거부[120]되는 것이다. 쓸모 없는 존재로서의 생명주체의 배제[121]는 공동체의 부정을 의미하는 것이 아니라 반대로 강화에로의 방향에서 나오게 된 이론으로 이를 '도태사' 라고 표현하기도 하고 일명 '抛棄[122]적 안락사' 라고도 한다.

(93) 질병 [ ]　(94) 증상 [ ]
(95) 경미 [ ]　(96) 치료 [ ]
(97) 癌細胞 [ ]　(98) 타장기 [ ]
(99) 전이 [ ]　(100) 침투 [ ]
(101) 초래 [ ]　(102) 동반 [ ]
(103) 환자 [ ]　(104) 휴식 [ ]
(105) 수면 [ ]　(106) 障碍 [ ]
(107) 공포 [ ]　(108) 가중 [ ]
(109) 조절 [ ]　(110) 간호 [ ]
(111) 필수 [ ]　(112) 진통 [ ]
(113) 간격 [ ]　(114) 투여 [ ]
(115) 영역 [ ]　(116) 혈액 [ ]
(117) 농도 [ ]　(118) 상해 [ ]
(119) 극도 [ ]　(120) 거부 [ ]
(121) 배제 [ ]　(122) 抛棄 [ ]

8. 다음 각 글자와 뜻이 반대(對立)되는 漢字를 적어 單語를 완성하시오. (123~127)

(123) 勤 ↔ [ ]　(124) 方 ↔ [ ]
(125) 優 ↔ [ ]　(126) [ ] ↔ 裏
(127) [ ] ↔ 緯

9. 다음 單語와 뜻이 對立되는 單語를 쓰시오. (128~132)

(128) 滅亡 ↔ [ ]　(129) 卑語 ↔ [ ]
(130) 老鍊 ↔ [ ]　(131) 聰明 ↔ [ ]
(132) 增産 ↔ [ ]

10. 다음 각 글자와 뜻이 비슷한 漢字를 연결하여 單語를 완성하시오. (133~141)

(133) 敍 – [ ]　(134) 謄 – [ ]
(135) 惠 – [ ]　(136) 鍛 – [ ]
(137) 功 – [ ]　(138) 飢 – [ ]
(139) [ ] – 滯　(140) [ ] – 勵
(141) [ ] – 觸

11. 다음 單語의 뜻을 쓰시오. (142~144)

(142) 懸隔 – [ ]
(143) 鑄貨 – [ ]
(144) 絞殺 – [ ]

12. 다음 漢字의 部首를 쓰시오. (145~147)

(145) 匽 – [ ]　(146) 靴 – [ ]
(147) 薰 – [ ]

13. 다음 漢字의 略字를 쓰시오. (148~150)

(148) 寫 – [ ]
(149) 關 – [ ]
(150) 腦 – [ ]

국가공인
제9회 한자능력검정시험 2급 예상문제

합격점수 : 105점
제한시간 : 60분

1. 다음 漢字語의 讀音을 쓰시오. (1~43)

(1) 軌道　(2) 陜川
(3) 酷毒　(4) 枚個
(5) 干戈　(6) 牽引
(7) 演奏　(8) 攝政
(9) 播遷　(10) 銃砲
(11) 伽藍　(12) 廻避
(13) 融統　(14) 寺址
(15) 連繫　(16) 毘盧
(17) 纖維　(18) 誇張
(19) 報聘　(20) 假裝
(21) 惹起　(22) 祥瑞
(23) 年俸　(24) 波紋
(25) 運搬　(26) 冒險
(27) 侮辱　(28) 獐血
(29) 曲阜　(30) 蒙塵
(31) 比率　(32) 沈鬱
(33) 氷晶　(34) 敦篤
(35) 歸趨　(36) 融資
(37) 敷衍　(38) 赤錫
(39) 徽章　(40) 王后
(41) 進陟　(42) 瞻視
(43) 茶菓

2. 다음 漢字의 訓과 音을 쓰시오. (44~70)

(44) 悼　(45) 隻
(46) 措　(47) 瑟
(48) 樑　(49) 艇
(50) 匈　(51) 旌
(52) 剩　(53) 暎
(54) 芮　(55) 蔘
(56) 驪　(57) 珪
(58) 筍　(59) 盾
(60) 熙　(61) 赦
(62) 藍　(63) 洵
(64) 彫　(65) 蔡
(66) 垈　(67) 邱
(68) 昱　(69) 濂
(70) 酸

3. 다음 [ ]속에 적당한 漢字를 써넣어 四字成語를 完成하시오. (71~80)

(71) 森羅[만][상]　(72) 刻[골]銘[심]
(73) 左瞻[우][고]　(74) 隻[수][공]拳
(75) 矯[　][　]牛　(76) 如[　][　]氷
(77) [　]昔[　]感　(78) [　]蛇[　]足
(79) 塵[　]泰[　]　(80) 借[　]入[　]

4. 다음 각 單語의 同音異義語를 쓰되, 提示된 뜻에 맞추시오. (81~85) 〈長短音 差異는 무시함〉

(81) 史記 − [　　] : 나쁜 꾀로 남을 속임
(82) 展示 − [　　] : 전쟁이 벌어진 때
(83) 早期 − [　　] : 조의를 뜻하는 기
(84) 富豪 − [　　] : 어떤 뜻을 나타내기 위한 기호
(85) 郡守 − [　　] : 군사상에 필요한 물자

5. 다음 漢字語 가운데 첫소리가 長音인 것을 골라 각각 그 번호를 쓰시오. (86~90)

(86) [　　] : ① 刷新　② 治國　③ 年歲　④ 元素
(87) [　　] : ① 聰明　② 滿期　③ 湯藥　④ 禽鳥
(88) [　　] : ① 審査　② 原色　③ 心志　④ 准將
(89) [　　] : ① 超越　② 彩色　③ 完備　④ 週期
(90) [　　] : ① 初婚　② 心腸　③ 稚拙　④ 漸次

6. 다음 글을 읽고 밑줄 친 漢字語를 漢字 正字로 쓰거나, 그 讀音를 쓰시오. (91~120)

●醫藥分業은 의와 약을 분리하여 의사는 診斷[116]과 처방[91]을, 약사는 의사가 처방한 처방전에 의해 의약품을 造劑[117]하도록 하는 제도이다. 즉 醫師, 藥師가 서로 전문직능[92]을 발휘[93]하도록 함으로써 치료[94]효과를 높임과 동시에 약의 오·남용[95]을 防止하여 국민 보건[96] 향상을 극대화[97] 시키자는 데 궁극[98] 적인 목적이 있다고 하겠다. 이러한 목적 하에서 歐美[118] 각국에서는 의약분업이 이미 오래전부터 시행되고 있으며, 동양권[99]에서 완전 의약분업은 아니지만 일본과 대만이 의약분업을 도입[100]하고 이 제도가 정착[101]되도록 노력하고 대책[102]을 强究해 나가고 있다.

●박쥐자세[103]는 간과 관계 있는 기혈[104]을 자극하는 자세인데 이 기혈은 주로 허벅지 안쪽 선에 몰려 있다. 박쥐 자세에서 중요한 것은 다리를 힘껏 뻗는 데 있다. 허벅지의 안쪽을 刺戟하면 우선 혈액[105]순환[106]이 잘 되기 때문에 무릎과 허리의 관절[107]움직임이 유연[108]해진다. 특히 일그러진 골반[109]을 바르게 하는 데도 탁월[110]해서 생리[111] 불순[112]이나 不姙症[119]에 좋으며 자연分娩[120]에도 효과가 있다. 간장[113]經血과 관계가 있으니 당연히 간 질환[114]이 있는 사람은 이 동작이 잘 안되고, 이 동작을 극복[115]하면 자연스럽게 간장이 좋아질 수 밖에 없다.

(91) 처방	[ ]	(92) 직능	[ ]
(93) 발휘	[ ]	(94) 치료	[ ]
(95) 오·남용	[ ]	(96) 보건	[ ]
(97) 극대화	[ ]	(98) 궁극	[ ]
(99) 동양권	[ ]	(100) 도입	[ ]
(101) 정착	[ ]	(102) 대책	[ ]
(103) 자세	[ ]	(104) 기혈	[ ]
(105) 혈액	[ ]	(106) 순환	[ ]
(107) 관절	[ ]	(108) 유연	[ ]
(109) 골반	[ ]	(110) 탁월	[ ]
(111) 생리	[ ]	(112) 불순	[ ]
(113) 간장	[ ]	(114) 질환	[ ]
(115) 극복	[ ]	(116) 診斷	[ ]
(117) 造劑	[ ]	(118) 歐美	[ ]
(119) 不姙症	[ ]	(120) 分娩	[ ]

7. 다음 각 글자와 意味上 對立되는 漢字를 적어 單語를 완성하시오. (121~130)

(121) [ ] ↔ 卑 (122) [ ] ↔ 衰
(123) 雅 ↔ [ ] (124) [ ] ↔ 從
(125) 彼 ↔ [ ] (126) [ ] ↔ 晩
(127) 及 ↔ [ ] (128) 衆 ↔ [ ]
(129) [ ] ↔ 復 (130) 田 ↔ [ ]

8. 다음 각 글자와 뜻이 비슷한 漢字를 연결하여 單語를 완성하시오. (131~135)

(131) [ ] - 露 (132) 魔 - [ ]
(133) 必 - [ ] (134) [ ] - 俸
(135) 祭 - [ ]

9. 다음 單語와 뜻이 비슷한 單語를 〈보기〉에서 골라 그 번호를 쓰시오. (136~140)

〈보기〉 ①要求 ②孝誠 ③虛點 ④强點 ⑤練習 ⑥强要 ⑦至誠 ⑧距離 ⑨流離 ⑩老鍊

(136) 弱點 - [ ] (137) 能熟 - [ ]
(138) 精誠 - [ ] (139) 要請 - [ ]
(140) 漂泊 - [ ]

10. 다음 漢字의 部首를 쓰시오. (141~145)

(141) 紊 - [ ] (142) 魏 - [ ]
(143) 扉 - [ ] (144) 覓 - [ ]
(145) 鬱 - [ ]

11. 다음 略字를 正字(基本字)로 바꾸어 쓰시오. (146~150)

(146) 乱 - [ ] (147) 仝 - [ ]
(148) 蚕 - [ ] (149) 桥 - [ ]
(150) 点 - [ ]

국가공인
제10회 한자능력검정시험 2급 예상문제

합격점수 : 105점
제한시간 : 60분

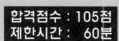

1. 다음 漢字語의 讀音을 쓰시오. (1~45)

(1) 勳籍　(2) 閣僚
(3) 乞暇　(4) 圈點
(5) 籠球　(6) 福岡
(7) 殊勳　(8) 淵博
(9) 覆蓋　(10) 哨所
(11) 朝餐　(12) 魯鈍
(13) 駐留　(14) 瞻星
(15) 掌握　(16) 莞島
(17) 偵諜　(18) 鼎談
(19) 裸蟲　(20) 芮戈
(21) 糾彈　(22) 暎窓
(23) 綜合　(24) 濬池
(25) 嘗膽　(26) 穆然
(27) 衷懇　(28) 纖毫
(29) 間諜　(30) 搬移
(31) 揆策　(32) 彌縫
(33) 脫帽　(34) 暖飽
(35) 禎祥　(36) 蔑視
(37) 舒雁　(38) 炳煜
(39) 閱覽　(40) 串戲
(41) 師傅　(42) 熊膽
(43) 惡魔　(44) 駐在
(45) 恐怖

2. 다음 漢字의 訓과 音을 쓰시오. (46~70)

(46) 閨　(47) 裵
(48) 垛　(49) 玲
(50) 扁　(51) 滉
(52) 弼　(53) 鉢
(54) 沃　(55) 趙
(56) 穩　(57) 邕
(58) 燮　(59) 瑞
(60) 稷　(61) 喆
(62) 遲　(63) 惹
(64) 甕　(65) 鈞
(66) 珥　(67) 峻
(68) 瑾　(69) 壕
(70) 濊

3. 다음 [ ]속에 적당한 漢字를 써넣어 四字成語를 完成하시오. (71~80)

(71) 滄[ ][ ]滴　(72) 泰然[자][약]
(73) 街[ ]巷[ ]　(74) 春雉[ ][ ]
(75) [ ]淵之[ ]　(76) 管鮑[지][교]
(77) 焦心[ ][ ]　(78) [단]機[지]戒
(79) [방]聲[ ]哭　(80) 兎[영][삼]窟

4. 다음 각 單語의 同音異義語를 쓰되, 提示된 뜻에 맞추시오. (81~85) 〈長短音 差異는 무시함〉

(81) 兵力 - [ ] : 지금까지 앓은 일이 있는 병의 경험
(82) 港口 - [ ] : 변하지 아니하고 오래감
(83) 存續 - [ ] : 부모와 같은 항렬 이상의 혈족
(84) 地圖 - [ ] : 어떤 목적이나 방향으로 남을 가르쳐 이끎
(85) 白米 - [ ] : 흰 눈썹. 여럿 가운데 가장 뛰어난 사람이나 물건

5. 다음 漢字語 가운데 첫소리가 長音인 것을 골라 각각 그 번호를 쓰시오. (86~90)

(86) [ ] : ① 浦口 ② 覇權 ③ 思考 ④ 砲擊
(87) [ ] : ① 勤勉 ② 私物 ③ 屍身 ④ 筋骨
(88) [ ] : ① 憎惡 ② 紳士 ③ 禮物 ④ 約束
(89) [ ] : ① 幻覺 ② 切品 ③ 根源 ④ 傳統
(90) [ ] : ① 當選 ② 成熟 ③ 辭典 ④ 享年

6. 다음 글을 읽고 밑줄 친 單語를 漢字로 고치시오. (91~120)

[1] 호적[91] 제도의 주체는 말할것도 없이 국가이지만 어떠한 성격을 가진 국가인가에 따라 호적이 달성[92]해야하는 목적은 다르다. (중략) 또한 조세[93]와 노역[94]의 부담[95]者를 확정하여 권력의 물질적 기초[96]를 확립하는것만이 아니고 敎育, 産業, 위생[97]생활보장 기타의 행정의 기초 자료[98]내지 통계[99]자료로 한다. 더욱이 호적에 의하여 피지배[100]者의 개인으로서의 특정, 국적의 확정, 신분관계의 공증[101]을 행하고, 중혼[102], 친권[103], 후견[104], 부양[105], 상속[106]등의 규제를 통하여 가족·친족질서 나아가서는 사회질서를 유지하려고 한다.

[2] 식품[107]위생법은 식품으로 인한 위생상의 위해[108]를 防止하고 식품영양의 質的向上을 도모[109]함으로써 국민 保建의 增進에 이바지함을 목적으로 한다. 식품위생법상의 器具라함은 飮食器와 식품 또는 첨가물[110]의 채취[111], 제조[112], 가공[113], 조리[114], 저장[115], 運搬[116], 진열[117], 수수[118]또는 섭취[119]에 사용되는 것으로서 식품 또는 첨가물에 직접 접촉[120] 되는 機械, 器具, 기타의 물건을 말한다.

(91) 호적 [ ] (92) 달성 [ ]
(93) 조세 [ ] (94) 노역 [ ]
(95) 부담 [ ] (96) 기초 [ ]
(97) 위생 [ ] (98) 자료 [ ]
(99) 통계 [ ] (100) 피지배 [ ]
(101) 공증 [ ] (102) 중혼 [ ]
(103) 친권 [ ] (104) 후견 [ ]
(105) 부양 [ ] (106) 상속 [ ]
(107) 식품 [ ] (108) 위해 [ ]
(109) 도모 [ ] (110) 첨가물 [ ]
(111) 채취 [ ] (112) 제조 [ ]
(113) 가공 [ ] (114) 조리 [ ]
(115) 저장 [ ] (116) 運搬 [ ]
(117) 진열 [ ] (118) 수수 [ ]
(119) 섭취 [ ] (120) 접촉 [ ]

7. 다음 각 單語와 意味上 對立(반대)되는 單語를 쓰시오. (121~130)

(121) 濃厚 ↔ [ ] (122) 經度 ↔ [ ]
(123) 故意 ↔ [ ] (124) 斬新 ↔ [ ]
(125) 歡迎 ↔ [ ]

8. 다음 각 글자와 意味上 對立(반대)되는 漢字를 써서 單語를 完成하시오. (126~130)

(126) 雌 ↔ [ ] (127) [ ] ↔ 晩
(128) 遲 ↔ [ ] (129) [ ] ↔ 僞
(130) [ ] ↔ 辱

9. 다음 각 글자와 뜻이 비슷한 漢字를 연결하여 單語를 완성하시오. (131~140)

(131) [ ] - 塞 (132) [ ] - 葬
(133) 嫌 - [ ] (134) 峽 - [ ]
(135) 逮 - [ ] (136) 飜 - [ ]
(137) 誕 - [ ] (138) [ ] - 斥
(139) 網 - [ ] (140) [ ] - 愼

10. 다음 單語의 뜻을 쓰시오. (141~143)

(141) 殊勳 - [ ]
(142) 敷衍 - [ ]
(143) 落款 - [ ]

11. 다음 漢字의 部首를 쓰시오. (144~147)

(144) 斬 - [ ] (145) 熏 - [ ]
(146) 吳 - [ ] (147) 衷 - [ ]

12. 다음 漢字의 略字를 쓰시오. (148~150)

(148) 螢 - [ ] (149) 擇 - [ ]
(150) 棄 - [ ]

합격점수 : 105점
제한시간 : 60분

국가공인
제11회 한자능력검정시험 2급 예상문제

1. 다음 漢字語의 讀音을 쓰시오. (1~45)

(1) 措處 (2) 圈點
(3) 窒塞 (4) 籠絡
(5) 握手 (6) 哨兵
(7) 陽傘 (8) 深淵
(9) 歪曲 (10) 鍛鍊
(11) 廬幕 (12) 魅惑
(13) 編輯 (14) 刑措
(15) 皮膚 (16) 窒素
(17) 棟梁 (18) 雇傭
(19) 凝視 (20) 診察
(21) 把握 (22) 耽溺
(23) 暴惡 (24) 圈選
(25) 贈呈 (26) 浮彫
(27) 乳脂 (28) 着帽
(29) 暴騰 (30) 弗素
(31) 殊勳 (32) 閱覽
(33) 睿智 (34) 殿閣
(35) 渤海 (36) 竊盜
(37) 絞殺 (38) 逝去
(39) 胸膜 (40) 纖細
(41) 旌善 (42) 醉客
(43) 隻眼 (44) 技巧
(45) 鎔鑛爐

2. 다음 漢字의 訓과 音을 쓰시오. (46~70)

(46) 喉 (47) 毖
(48) 磻 (49) 槐
(50) 譜 (51) 炊
(52) 圭 (53) 偵
(54) 蔣 (55) 盈
(56) 璣 (57) 掘
(58) 諮 (59) 茅
(60) 汶 (61) 伽
(62) 窒 (63) 柰
(64) 匪 (65) 湜
(66) 鷗 (67) 鴨
(68) 楸 (69) 謨
(70) 珏

3. 다음 [ ]속에 적당한 漢字를 써넣어 四字成語를 완성하시오. (71~80)

(71) 吐[ ][ ]膽 (72) 破[과]之[ ]
(73) 騎[ ][ ]勢 (74) 風餐[ ][ ]
(75) 奇[ ]天[ ] (76) 知彼[지][기]
(77) 芝[ ]之[ ] (78) 亢龍[유][회]
(79) 博[ ]强[ ] (80) 傍若[ ][ ]

4. 다음 각 單語의 同音異義語를 쓰되, 提示된 뜻에 맞추시오. (81~85) 〈長短音 差異는 무시함〉

(81) (舊說) : 시비하거나 헐뜯는 말 ············ [ ]
(82) (後代) : 후하게 대접함 ············ [ ]
(83) (赤旗) : 적군의 비행기 ············ [ ]
(84) (加工) : 두려워할 만함 ············ [ ]
(85) (酒宴) : 연극, 영화의 주인공으로 출연함 ············ [ ]

5. 다음 漢字語 가운데 첫소리가 長音인 것을 골라 각각 그 번호를 쓰시오. (86~90)

(86) [ ] : ① 發刊 ② 人道 ③ 飼育 ④ 間諜
(87) [ ] : ① 師傅 ② 釋迦 ③ 大尉 ④ 殿閣
(88) [ ] : ① 凝集 ② 商圈 ③ 闕席 ④ 閨秀
(89) [ ] : ① 滯留 ② 遞信 ③ 窒素 ④ 肯定
(90) [ ] : ① 批准 ② 脈絡 ③ 書札 ④ 屍身

6. 다음 글을 읽고 밑줄 친 單語를 漢字로 쓰시오 (91~120)

[가] 피고인[91]의 자백[92]이 고문, 폭행[93], 협박[94], 구속[95]의 不當한 長期化 또는 기망[96]기타의 방법에 의하여 自意로 진술[97]된 것이 아니라고 인정될때 또는 正式 재판[98]에 있어서 피고인의 자백이 그에게 不利한 유일한 증거[99]일 때에는 이를 有罪의 증거로 삼거나 이를 이유로 처벌[100]할수 없다.

[나] 군인, 군무원[101], 경찰[102], 공무원[103]기타 법률이 정하는자가 전투[104], 훈련[105]등 직무 집행[106]과 관련하여 받은 손해[107]에 대하여는 법률이 정하는 보상 외에 국가 또는 공공단체[108]에 공무원의 직무상[109]불법행위로 인한 배상[110]은 청구할수 없다.

[다] 모든 국민은 身體의 자유를 가진다. 누구든지 법률에 의하지 않고는 체포[111]구속 압수[112]수색[113]또는 심문[114]을 받지 아니하며, 법률과 적법한 절차[115]에 의하지 아니하고는 처벌[116]·보안처분 또는 강제 노역[117]을 받지 아니한다. 모든 국민은 고문을 받지 아니하며 형사상[118] 자기에게 불리[119]한 진술을 강요[120]당하지 아니한다.

(91) 피고인 [ ] (92) 자백 [ ]
(93) 폭행 [ ] (94) 협박 [ ]
(95) 구속 [ ] (96) 기망 [ ]
(97) 진술 [ ] (98) 재판 [ ]
(99) 증거 [ ] (100) 처벌 [ ]
(101) 군무원 [ ] (102) 경찰 [ ]
(103) 공무원 [ ] (104) 전투 [ ]
(105) 훈련 [ ] (106) 집행 [ ]
(107) 손해 [ ] (108) 단체 [ ]
(109) 직무상 [ ] (110) 배상 [ ]
(111) 체포 [ ] (112) 압수 [ ]
(113) 수색 [ ] (114) 심문 [ ]
(115) 절차 [ ] (116) 처벌 [ ]
(117) 노역 [ ] (118) 형사상 [ ]
(119) 불리 [ ] (120) 강요 [ ]

7. 다음 각 글자와 意味上 對立(반대)되는 漢字를 적어 單語를 完成하시오. (121~125)

(121) 浮 ↔ [ ] (122) 任 ↔ [ ]
(123) [ ] ↔ 盾 (124) [ ] ↔ 姪
(125) [ ] ↔ 常

8. 다음 각 單語와 意味上 對立(반대)되는 單語를 쓰시오. (126~130)

(126) 縮小 ↔ [ ] (127) 空虛 ↔ [ ]
(128) 空想 ↔ [ ] (129) 都心 ↔ [ ]
(130) 拘束 ↔ [ ]

9. 다음 각 글자와 뜻이 비슷한 漢字를 연결하여 單語를 완성하시오. (131~140)

(131) 柰 – [ ] (132) 叛 – [ ]
(133) 賠 – [ ] (134) 煩 – [ ]
(135) 封 – [ ] (136) [ ] – 傅
(137) 飼 – [ ] (138) [ ] – 刹
(139) [ ] – 舶 (140) [ ] – 瑞

10. 다음 漢字의 部首를 쓰시오. (141~145)

(141) 壹 – [ ] (142) 鷹 – [ ]
(143) 甕 – [ ] (144) 胤 – [ ]
(145) 馨 – [ ]

11. 다음 漢字의 略字를 쓰시오. (146~150)

(146) 藝 – [ ] (147) 農 – [ ]
(148) 鐵 – [ ] (149) 遷 – [ ]
(150) 晝 – [ ]

국가공인
제12회 한자능력검정시험 2급 예상문제

합격점수 : 105점
제한시간 : 60분

1. 다음 漢字語의 讀音을 쓰시오. (1~45)

(1) 洞窟 (2) 徽琴
(3) 嘗膽 (4) 奴隷
(5) 遲滯 (6) 聚散
(7) 輔弼 (8) 乞食
(9) 遵守 (10) 潭深
(11) 紊亂 (12) 衣鉢
(13) 措置 (14) 押韻
(15) 嫌疑 (16) 秘苑
(17) 探偵 (18) 敎唆
(19) 蠶食 (20) 揷畵
(21) 同僚 (22) 陟降
(23) 懸隔 (24) 微震
(25) 購販 (26) 營繕
(27) 納徵 (28) 凝縮
(29) 補闕 (30) 肺炎
(31) 均衡 (32) 間諜
(33) 棋院 (34) 搜索
(35) 調劑 (36) 偏旁
(37) 示唆 (38) 主宰
(39) 斬首 (40) 彊壯
(41) 障礙 (42) 裁縫
(43) 誤謬 (44) 躍進
(45) 分秒

2. 다음 漢字의 訓과 音을 쓰시오. (46~72)

(46) 遼 (47) 扈
(48) 沔 (49) 傅
(50) 麒 (51) 瓚
(52) 胎 (53) 軾
(54) 銖 (55) 僻
(56) 購 (57) 洙
(58) 踰 (59) 侑
(60) 阜 (61) 峴
(62) 縫 (63) 邢
(64) 坡 (65) 艦
(66) 刃 (67) 謬
(68) 杏 (69) 箱
(70) 亢 (71) 僑
(72) 烋

3. 다음 [ ]속에 적당한 漢字를 써넣어 四字成語를 완성하시오. (73~82)

(73) 綠[ ][ ]傑 (74) [ ]翁[ ]鷗
(75) [ ][ ]齊楚 (76) 皓齒[ ][ ]
(77) 膠[ ][ ]瑟 (78) 愚公[이][산]
(79) 臨[ ]應[ ] (80) 足脫[불][급]
(81) [ ]璋之[ ] (82) [도]園[결]義

4. 다음 각 單語의 同音異義語를 쓰되, 提示된 뜻에 맞추시오. (83~87) 〈長短音 差異는 무시함〉

(83) 條理 - [ ] : 먹을 것을 만듦
(84) 常用 - [ ] : 상업상의 용무
(85) 私債 - [ ] : 회사가 진 빚
(86) 謝絕 - [ ] : 나라를 대표하여 외국에 파견되는 사람
(87) 急步 - [ ] : 겨를없이 서둘러 알림

5. 다음 漢字語 가운데 첫소리가 長音인 것을 골라 각각 그 번호를 쓰시오. (88~90)

(88) [ ] : ① 槿花 ② 船舶 ③ 綠江 ④ 需要
(89) [ ] : ① 蒸氣 ② 肺癌 ③ 委託 ④ 溺死
(90) [ ] : ① 陣痛 ② 哀悼 ③ 還買 ④ 預託

6. 다음 글을 읽고 밑줄 친 單語를 漢字로 고치거나 그 讀音을 쓰시오. (91~119)

추위와 감기[91]는 사실 별로 관계없다. 아무리 춥더라도 감기 바이러스가 없으면 감기에 걸리지 않는다. 너무 추워서 감기 바이러스가 살 수 없는 극지방[92]에 감기가 存在하지 않는 理由가 그것이다.

추위는 우리 몸의 저항력[93]을 弱化시켜 바이러스가 침투[94]하기 쉽게 만드는 이차적인 원인일 뿐이다. 코에서 폐[95]로 이어지는 기도[96]에서는 이물질[97]을 몸 밖으로 내보내는 纖毛[98]가 일어나는데 날시가 춥고 건조[99]한 겨울철에는 纖毛운동이 위축돼 병균[100]을 몸 밖으로 내보내지 못한다. 때문에 감기 예방[101]을 위해서는 보온에 신경[102]을 쓰는것도 필요하지만, 평소 규칙적인 운동과 올바른 영양[103]섭취[104]로 면역력[105]을 키우고 바이러스가 전염[106]되지 않도록 청결[107]에 힘쓰는 것이 더 중요하다.

감기는 코, 목, 기관지[108]등의 호흡기[109]점막에 생기는 염증[110]性 질환과 알레르기성 질환[111]을 모두 일컫는 말로, 100종도 훨씬 넘는 바이러스에 의해 감염[112]된다. 또한 이들 바이러스는 주기적[113]으로 변형[114]을 일으켜 수천~수만 종의 변종을 만들기 때문에 감기를 잡는 항바이러스제를 개발하는 것은 불가능에 가깝다. 흔히 먹는 감기약은 치료[115]劑라기 보다는 기침, 고열[116], 통증[117]을 억제[118]해 몸을 안정[119]시키는 데 도움을 준다.

(91) 감기	[ ]	(92) 극지방	[ ]
(93) 저항력	[ ]	(94) 침투	[ ]
(95) 폐	[ ]	(96) 기도	[ ]
(97) 이물질	[ ]	(98) 纖毛	[ ]
(99) 건조	[ ]	(100) 병균	[ ]
(101) 예방	[ ]	(102) 신경	[ ]
(103) 영양	[ ]	(104) 섭취	[ ]
(105) 면역력	[ ]	(106) 전염	[ ]
(107) 청결	[ ]	(108) 기관지	[ ]
(109) 호흡기	[ ]	(110) 염증	[ ]
(111) 질환	[ ]	(112) 감염	[ ]
(113) 주기적	[ ]	(114) 변형	[ ]
(115) 치료	[ ]	(116) 고열	[ ]
(117) 통증	[ ]	(118) 억제	[ ]
(119) 안정	[ ]		

7. 다음 각 單語와 意味上 對立(반대)되는 單語를 쓰시오. (121~129)

(120) 沃土 ↔ [ ]　　(121) 酷評 ↔ [ ]

(122) 投降 ↔ [ ]　　(123) 騷亂 ↔ [ ]

(124) 優勢 ↔ [ ]

8. 다음 각 글자와 意味上 對立(반대)되는 漢字를 써서 單語를 完成하시오. (125~129)

(125) 巧 ↔ [ ]　　(126) 隱 ↔ [ ]

(127) 忠 ↔ [ ]　　(128) 厚 ↔ [ ]

(129) 治 ↔ [ ]

9. 다음 각 글자와 뜻이 비슷한 漢字를 연결하여 單語를 완성하시오. (130~139)

(130) 傲 – [ ]　　(131) 捕 – [ ]

(132) 嚴 – [ ]　　(133) 郵 – [ ]

(134) 帥 – [ ]　　(135) 喜 – [ ]

(136) 織 – [ ]　　(137) [ ] – 謬

(138) 歪 – [ ]　　(139) [ ] – 託

10. 다음 單語의 뜻을 쓰시오. (140~143)

(140) 師傅 – [ ]

(141) 琴瑟 – [ ]

(142) 書札 – [ ]

(143) 誤謬 – [ ]

11. 다음 漢字의 部首를 쓰시오. (144~147)

(144) 卨 – [ ]　　(145) 鼎 – [ ]

(146) 秉 – [ ]　　(147) 雉 – [ ]

12. 다음 漢字의 略字를 쓰시오. (148~150)

(148) 鑛 – [ ]　　(149) 餘 – [ ]

(150) 邊 – [ ]

국가공인
제13회 한자능력검정시험 2급 예상문제

합격점수 : 105점
제한시간 : 60분

1. 다음 漢字語의 讀音을 쓰시오. (1~45)

(1) 杜絕　(2) 泌訣
(3) 免仰　(4) 貰赦
(5) 關鍵　(6) 獐角
(7) 白鷺　(8) 放尿
(9) 跳躍　(10) 飜覆
(11) 覇權　(12) 拘礙
(13) 阿膠　(14) 疏忽
(15) 添削　(16) 妖魅
(17) 幻滅　(18) 哀悼
(19) 聚落　(20) 獵等
(21) 飼育　(22) 沂水
(23) 龜浦　(24) 遵守
(25) 湯劑　(26) 平衡
(27) 震幅　(28) 駐屯
(29) 預買　(30) 瀋陽
(31) 晩餐　(32) 掛冠
(33) 哨所　(34) 幼沖
(35) 濠洲　(36) 坑儒
(37) 預託　(38) 表彰
(39) 津筏　(40) 秉燭
(41) 姙婦　(42) 步哨
(43) 東軒　(44) 店鋪
(45) 保佑

2. 다음 漢字의 訓과 音을 쓰시오. (46~70)

(46) 珉　(47) 昞
(48) 赫　(49) 范
(50) 旻　(51) 玟
(52) 閔　(53) 彬
(54) 晟　(55) 傑
(56) 彌　(57) 穆
(58) 挑　(59) 揭
(60) 昴　(61) 塵
(62) 帽　(63) 璇
(64) 峽　(65) 璿
(66) 脂　(67) 龐
(68) 唆　(69) 旼
(70) 蔑

3. 다음 [ ]속에 적당한 漢字를 써넣어 四字成語를 완성하시오. (71~80)

(71) 籠[ ]戀[ ]　(72) [ ]里滄[ ]
(73) [ ]萊之[ ]　(74) [ ][ ]彬彬
(75) 膽[ ]心[ ]　(76) 封[ ]罷[ ]
(77) 桑中[지][희]　(78) 南柯[일][몽]
(79) 新陳[대][사]　(80) 天佑[신][조]

4. 다음 각 單語의 同音異義語를 쓰되, 提示된 뜻에 맞추시오. (81~85) 〈長短音 差異는 무시함〉

(81) 略字 – [ ] : 힘이나 세력이 약한 사람이나 생물
(82) 空中 – [ ] : 사회의 대부분의 사람들
(83) 讀者 – [ ] : 외아들, 독신
(84) 以前 – [ ] : 장소나 주소 따위를 다른 데로 옮김
(85) 維持 – [ ] : 죽은 이가 생전에 이루지 못하고 남긴 뜻

5. 다음 漢字語 가운데 첫소리가 長音인 것을 골라 각각 그 번호를 쓰시오. (86~88)

(86) [ ] : ① 胎夢 ② 偶像 ③ 蔑視 ④ 皮膚
(87) [ ] : ① 紹介 ② 平穩 ③ 俊傑 ④ 乳菓
(88) [ ] : ① 妥當 ② 纖毛 ③ 胎生 ④ 隔通

6. 다음 訓과 音으로 연결된 單語를 漢字로 쓰시오. (89~118)

(89) 어찌 나 — 떨어질 락 ……[ ]
(90) 자주 빈 — 자주 삭 ……[ ]
(91) 사랑할 자 — 집 당 ……[ ]
(92) 만 백 — 버금 중 ……[ ]
(93) 쌀 미 — 목숨 수 ……[ ]
(94) 쾌할 쾌 — 맞을 적 ……[ ]
(95) 떨어질 타 — 떨어질 락 ……[ ]
(96) 서로 상 — 감할 쇄 ……[ ]
(97) 몰 구 — 핍박할 박 ……[ ]
(98) 허리 요 — 띠 대 ……[ ]
(99) 가둘 수 — 사람 인 ……[ ]
(100) 베풀 보 — 베풀 시 ……[ ]
(101) 일찍 조 — 벼 도 ……[ ]
(102) 헛될 도 — 수고할 로 ……[ ]
(103) 시끄러울 소 — 어지러울 란 ……[ ]
(104) 돌아볼 고 — 손 객 ……[ ]
(105) 처음 전 — 끝 말 ……[ ]
(106) 씨줄 위 — 정도 도 ……[ ]
(107) 밝을 통 — 살필 찰 ……[ ]
(108) 위협할 협 — 핍박할 박 ……[ ]
(109) 지칠 피 — 곤할 폐 ……[ ]
(110) 살찔 비 — 거리(재료)료……[ ]
(111) 칠 타 —넘어질 도 ……[ ]
(112) 떠다닐 표 —흐를 류 ……[ ]
(113) 맥 맥 —이을 락 ……[ ]
(114) 옮긴 천 —도읍 도 ……[ ]
(115) 마칠 필 —마칠 경 ……[ ]
(116) 겨우 근 —적을 소 ……[ ]
(117) 진압할 진 —누를 압 ……[ ]
(118) 벌 봉 —꿀 밀 ……[ ]

7. 다음 각 單語와 意味上 對立(반대)되는 單語를 쓰시오. (119~128)

(119) 忘却 ↔ [ ] (120) 往復 ↔ [ ]
(121) 假名 ↔ [ ] (122) 愛好 ↔ [ ]
(123) 融解 ↔ [ ] (124) 脫黨 ↔ [ ]
(125) 緊密 ↔ [ ] (126) 質疑 ↔ [ ]
(127) 主演 ↔ [ ] (128) 攻勢 ↔ [ ]

8. 다음 각 글자와 뜻이 비슷한 漢字를 연결하여 單語를 완성하시오. (129~138)

(129) 盟 – [ ] (130) [ ] – 哲
(131) 崩 – [ ] (132) [ ] – 蔑
(133) 飜 – [ ] (134) [ ] – 軟
(135) 諮 – [ ] (136) [ ] – 搬
(137) 偵 – [ ] (138) [ ] – 碍

9. 다음 單語의 뜻을 쓰시오. (139~142)

(139) 連繫 – [ ]
(140) 侮蔑 – [ ]
(141) 槿花 – [ ]
(142) 軌道 – [ ]

10. 다음 漢字의 部首를 쓰시오. (143~146)

(143) 奎 – [ ] (144) 熊 – [ ]
(145) 昆 – [ ] (146) 枚 – [ ]

11. 다음 漢字를 略字로 바꾸어 쓰시오. (147~150)

(147) 解 – [ ] (148) 爐 – [ ]
(149) 盡 – [ ] (150) 縣 – [ ]

한자능력 검정시험 2급 기출 · 예상문제(1~10회)

본 기출·예상문제는
한자능력검정시험에 출제되었든 문제를
수험생들에 의해 모아 만든 것입니다.
그러므로 실제 문제의
번호가 다를 수 있지만 내용은 같습니다.
그러므로 자신의 실제 합격 점수대를
예측하는데 큰 도움이
될 것입니다.

해답은 186쪽에 있음

국가공인
제1회 한자능력검정시험 2급 기출·예상문제

합격점수 : 105점
제한시간 : 60분

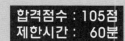

(社)한국어문회가 시행한 한자능력검정시험을 수험생들에 의해 재생하였습니다.

1. 다음 漢字語의 讀音을 쓰시오. (1~45)

(1) 峽農　(2) 厭離
(3) 隔隣　(4) 繕補
(5) 惇惠　(6) 締盟
(7) 溺沒　(8) 僻巷
(9) 恣放　(10) 酷似
(11) 脂漏　(12) 謬說
(13) 滑降　(14) 籠城
(15) 雇兵　(16) 熔融
(17) 屍臭　(18) 把杯
(19) 閱覽　(20) 胎毒
(21) 衷懷　(22) 哨戒
(23) 腎臟　(24) 憩息
(25) 押韻　(26) 傭夫
(27) 躍如　(28) 覆蓋
(29) 虐民　(30) 彫琢
(31) 穩和　(32) 搜索
(33) 坑陷　(34) 屯畓
(35) 隻步　(36) 惹端
(37) 炊煙　(38) 糾察
(39) 獵戶　(40) 怖畏
(41) 殿閣　(42) 抛棄
(43) 角戴　(44) 託宣
(45) 誕妄

2. 다음 漢字의 訓과 音을 쓰시오. (46~72)

(46) 吟　(47) 抽
(48) 枕　(49) 遣
(50) 芽　(51) 逐
(52) 毁　(53) 弦
(54) 庸　(55) 潭
(56) 奈　(57) 廉
(58) 汝　(59) 腐
(60) 湯　(61) 凍
(62) 抵　(63) 姪
(64) 雖　(65) 鹽
(66) 贈　(67) 蔽
(68) 淚　(69) 堤
(70) 抄　(71) 佐
(72) 刃

3. 다음 글 가운데 밑줄 친 單語를 漢字로 고치시오. (73~102)

[Ⅰ] 漢字는 기원[73]전에 이 땅에 들어왔다. 우리 선인[74]들은 이를 통하여 비로소 문자를 접하게 되었고, 이에 의하여 높은 수준의 文字文化를 영위[75]하여 왔다. 우리 선인들은 지속적[76]으로 한자 · 한문을 통하여 유교[77] 와 불교를 익히어 우리 민족의 정신세계를 정치(精緻)한 수준으로 올려놓았다. 또 중국을 통하여 집산[78]되는 세계의 문물을 흡수하여 우리 생활의 많은 용어들이 漢字語로 채워졌다. 오늘날 국어 어휘의 70% 이상이 한자어인 것은 이러한 과정이 축적[79]되어 이루어진 것이다.

고대부터 근대까지 동양 문화는 항상[80]서양 문화를 앞서 있었다. 여기에는 한자로 기록[81]하는 기록 문화가 공헌[82]한 바가 컸다. 19세기에 西歐의 물질 문명이 東洋에 전파되어 東洋文化를 압도[83]하게 되자 동양 문화가 뒤지게 된 원인이 漢字에 있는 것같이 인식[84] 하게 되었다. 이것은 동양의 낡은 관습[85]을 파괴하여야만 새로운 사회를 건설할 수 있다고 믿는 左派의 혁명론과 軌를 같이하는 것이었다. 그리하여 漢字文化圈 전반에서 알파벳이 뛰어난 문자이고 漢字는 舊時代의 낡은 유물[86]이라고 매도하는 기운이 생겨났다. 이러한 바람이 해방 후 문화적인 정체성[87]을 확보하지 못한 우리 나라에서 특히 오도[88] 되어 한글전용론[89]이 힘을 얻은 것이다.

한자문화권에서 漢字語는 다양[90]한 문화적인 내용을 축적한 자산[91]이며 보고[92]인 것이다. 따라서 한자는 영원히 보존[93]되어야 할 당위성[94]을 가지고 있다.

〈南豊鉉, 영원히 보존되어야 할 漢字, 語文생활 73호〉

[Ⅱ] 言語마다 수많은 單語들이 있다. 그래서 인간은 단어의 보고에서 사는 셈이다. 그때그때 필요한 단어를 골라 꺼내 쓰기도 하고 심지어 단어를 창조[95] 하기도 하며, 필요 없으면 옛 추억[96]으로 남겼다가 아예 기억 속에서 지워 버리기도 한다. 인간은 이렇게 인습[97]의 존재이기도 하고 창조의 존재이기도 하며 망각[98] 의 존재이기도 하다. 單語를 그 形式이나 기능[99]이나 意味를 알려고 할 때에 우리는 흔히 사전[100]을 찾는다. 정확하고도 규범적[101] 인 언어를 구사[102] 하고 理解할 수 있는 기초를 쌓으려면 사전과 함께 生活하는 이상 더 좋은 방법이 없다.

〈李秉根, 사전과 함께 생활하자, 語文 생활 78호〉

(73) 기원 [ ] (74) 선인 [ ]
(75) 영위 [ ] (76) 지속적 [ ]
(77) 유교 [ ] (78) 집산 [ ]
(79) 축적 [ ] (80) 항상 [ ]
(81) 기록 [ ] (82) 공헌 [ ]
(83) 압도 [ ] (84) 인식 [ ]
(85) 관습 [ ] (86) 유물 [ ]
(87) 정체성 [ ] (88) 오도 [ ]
(89) 전용론 [ ] (90) 다양 [ ]
(91) 자산 [ ] (92) 보고 [ ]
(93) 보존 [ ] (94) 당위성 [ ]
(95) 창조 [ ] (96) 추억 [ ]
(97) 인습 [ ] (98) 망각 [ ]
(99) 기능 [ ] (100) 사전 [ ]
(101) 규범적 [ ] (102) 구사 [ ]

4. 다음 괄호 속의 말을 漢字로 고쳐 故事成語를 完成하시오. (103~107)

(103) (신상)必罰 [ ]
(104) 肝膽(상조) [ ]
(105) (견리)思義 [ ]
(106) (연목)求魚 [ ]
(107) 有備(무환) [ ]

5. 다음 俗談과 같은 뜻을 지닌 四字成語를 漢字로 쓰시오. (108~112)

(108) 비단 옷 입고 밤길 가기 [ ]
(109) 도랑 치고 가재 잡는다 [ ]
(110) 낫 놓고 ㄱ자도 모른다. [ ]
(111) 같은 값이면 다홍치마 [ ]
(112) 외손뼉이 울랴 [ ]

6. 다음 괄호 속에 든 單語를 漢字로 고쳐 쓰시오. (113~116)

(113) (봉밀) : 벌의 꿀 [ ]
(114) (선율) : 멜로디 [ ]
(115) (공하) : 공경하여 축하함 [ ]
(116) (전파) 전하여 널리 퍼뜨림 [ ]

7. 다음 單語의 同音異義語를 쓰되, 제시된 뜻을 유념하시오. (117~121) 〈단, 長短音이나 硬軟音의 差異는 무시함〉

(117) (停止) : 땅바닥을 반반하게 고름 [ ]
(118) (寺基) : 꾀로 남을 속임 [ ]
(119) (首都) : 감옥에 갇혀 있는 죄수 [ ]
(120) (公轉) : 비교할 만한 것이 전에는 없음 [ ]
(121) (冬期) : 구리로 만든 그릇 [ ]

8. 다음 각 항에서 첫 音節이 長音인 單語를 골라 그 번호를 쓰시오. (122~124)

(122) [ ] : ① 盤上 ② 飮酒 ③ 班列 ④ 返還
(123) [ ] : ① 喪配 ② 喪失 ③ 祥兆 ④ 祥瑞
(124) [ ] : ① 豪傑 ② 虎口 ③ 湖水 ④ 胡服

9. 다음 글자와 意味上 對立되는 漢字를 적어 單語를 完成하시오. (125~132)

(125) 尊 ↔ [ ] (126) 進 ↔ [ ]
(127) [ ] ↔ 僞 (128) [ ] ↔ 薄
(129) [ ] ↔ 急 (130) [ ] ↔ 敗
(131) 優 ↔ [ ] (132) 親 ↔ [ ]

10. 다음 각 글자와 뜻이 비슷한 漢字를 적어 單語를 完成하시오. (133~140)

(133) [ ] 蔬 (134) 憂 [ ]
(135) [ ] 承 (136) [ ] 眠
(137) 崩 [ ] (138) [ ] 勵
(139) 選 [ ] (140) 飼 [ ]

11. 다음 漢字의 部首를 쓰시오. (141~145)

(141) 垂 – [ ] (142) 殉 – [ ]
(143) 獸 – [ ] (144) 熙 – [ ]
(145) 艦 – [ ]

12. 다음 漢字를 略字로 바꾸어 쓰시오. (146~150)

(146) 關 – [ ] (147) 實 – [ ]
(148) 獨 – [ ] (149) 聲 – [ ]
(150) 亂 – [ ]

국가공인
제2회 한자능력검정시험 2급 기출·예상문제

합격점수 : 105점
제한시간 : 60분

(社)한국어문회가 시행한 한자능력검정시험을 수험생들에 의해 재생하였습니다.

1. 다음 漢字語의 讀音을 쓰시오. (1~40)

(1) 導輿	(2) 紹述
(3) 覇權	(4) 紳帶
(5) 碩輔	(6) 揷架
(7) 屯陣	(8) 把握
(9) 薰陶	(10) 塗泥
(11) 輯穆	(12) 妖邪
(13) 沮抑	(14) 淨刹
(15) 窮愁	(16) 卿宰
(17) 棟樑	(18) 跳躍
(19) 擁蔽	(20) 燕雁
(21) 澤皐	(22) 雇聘
(23) 綜練	(24) 惇謹
(25) 靜止	(26) 礎址
(27) 苑沼	(28) 圈點
(29) 耆蒙	(30) 貰赦
(31) 揮毫	(32) 懸哨
(33) 棋譜	(34) 宣誓
(35) 遷怒	(36) 融暢
(37) 彌縫	(38) 聚軍
(39) 胎毒	(40) 敵膽

2. 다음 漢字의 訓과 音을 쓰시오. (41~67)

(41) 瑞	(42) 尉
(43) 遮	(44) 飼
(45) 溺	(46) 掘
(47) 繕	(48) 塵
(49) 憾	(50) 謄
(51) 殖	(52) 敷
(53) 翰	(54) 俸
(55) 傀	(56) 賠
(57) 偵	(58) 軌
(59) 措	(60) 舶
(61) 煉	(62) 旨
(63) 蔑	(64) 隔
(65) 酷	(66) 摩
(67) 奏	

3. 다음 글을 읽고 밑줄 친 單語를 漢字로 고치거나 그 讀音 쓰시오. (68~103)

[1] 세상에서는 민족적 선열 위인을 위하여 비각[68]을 짓고 동상[69]을 세우며 또 그가 출생한 茅屋[98]과 그의 손이 닿은 一樹一石이라도 보호[70]하여 후세의 자손으로 하여금 百代千代까지라도 그들을 欽慕[99]하여 민족적 자부심을 기르며 그들을 추앙[71]하여 민족적 향상심을 분발[72]케 한다. 그러므로 민족적 향상의 목표가 없이 어찌 단결 진취[73]의 민족적 노력이 있을 것인가.

이 충무공의 인물과 업적[74]은 우리가 다 아는 바다. 국난에 임하여 민토를 누란[75]의 위기[76]에서 구출했으니 민족의 은인이요 褒貶(포폄)을 초월[77]하여 오직 대의를 위했으니 민족의 儀範이다. 그런데 그 어른을 위한 비각 하나 없다는 것은 민족의 치욕[78]이라 할 것이다.

[2] 대한민국은 1910년 8월 22일에 締結[100]한 合倂[101] 조약[79]의 영원 폐기[80]를 요구한다. 이 合倂 조약은 사기[81]와 폭력으로써 締結한 것이므로 그 효력을 상실[82]한 것이다.

대한민국은 괴뢰가 된 황제[83]의 조약 締結 권리를 부인[84]한다. 우리가 금수[85]가 아닌 이상 이것을 결코 승낙[86]할 수 없다. 각 민족은 자유 평등의 권리를 향유[87]하며 생존의 안녕[88]에 공평의 기회를 주어 국제상 葛藤[102]을 해결하는 원칙을 삼는다. 그런데 일본은 그 의사를 거역[89]하고 폭력을 사용하고 있다.

우리는 1세기 동안 압박[90]아래에 있던 波蘭이 부활[91]하였으므로 이 정의의 원칙은 한국에도 적용될 수 있으니 한국을 일본 무단정치 아래에 두는 것은 이 정의에 순사[92]한 원칙에 위반[93]된다. 한국 독립의 침해[94]는 일본의 범행[95]이다. 아울러 일본의 통치가 잔인[96] 暴虐[103]하고 한국인의 영예[97]를 짓밟고 있다.

(68) 비각 [ ]	(69) 동상 [ ]
(70) 보호 [ ]	(71) 추앙 [ ]
(72) 분발 [ ]	(73) 진취 [ ]
(74) 업적 [ ]	(75) 누란 [ ]
(76) 위기 [ ]	(77) 초월 [ ]
(78) 치욕 [ ]	(79) 조약 [ ]
(80) 폐기 [ ]	(81) 사기 [ ]

(82) 상실 [ ] (83) 황제 [ ]
(84) 부인 [ ] (85) 금수 [ ]
(86) 승낙 [ ] (87) 향유 [ ]
(88) 안녕 [ ] (89) 거역 [ ]
(90) 압박 [ ] (91) 부활 [ ]
(92) 순사 [ ] (93) 위반 [ ]
(94) 침해 [ ] (95) 범행 [ ]
(96) 잔인 [ ] (97) 영예 [ ]
(98) 茅屋 [ ] (99) 欽慕 [ ]
(100) 締結 [ ] (101) 合併 [ ]
(102) 葛藤 [ ] (103) 暴虐 [ ]

4. 다음 글자와 意味上 對立되는 漢字를 적어 單語를 完成하시오. (104~108)

(104) 屈 ↔ [ ] (105) 向 ↔ [ ]
(106) 起 ↔ [ ] (107) 衆 ↔ [ ]
(108) [ ] ↔ 忙

5. 다음 각 단어와 意味上 對立되는 單語를 쓰시오. (109~113)

(109) 飽食 ↔ [ ] (110) 經常 ↔ [ ]
(111) 名篇 ↔ [ ] (112) 離別 ↔ [ ]
(113) 深夜 ↔ [ ]

6. 다음 각 항에서 첫 音節이 長音인 單語를 골라 그 번호를 쓰시오. (114~118)

(114) [ ] : ① 焦土 ② 診察 ③ 艦船 ④ 驚氣
(115) [ ] : ① 呈狀 ② 搖動 ③ 豫測 ④ 渴望
(116) [ ] : ① 殿堂 ② 旦夕 ③ 傘下 ④ 蔘田
(117) [ ] : ① 誕生 ② 覇蓋 ③ 拉致 ④ 趨勢
(118) [ ] : ① 忌避 ② 繫留 ③ 墨畵 ④ 魔魁

7. 다음의 同音異義語를 쓰되, 제시된 뜻에 맞는 單語를 쓰시오.〈長短音 무시함〉 (119~123)

(119) 巢蜜 – [ ] : 성김과 빽빽함
(120) 刀錢 – [ ] : 싸움을 걺
(121) 悲鳴 – [ ] : 재해나 사고 등으로 죽는 일
(122) 聖歌 – [ ] : 좋은 평판
(123) 朔祭 – [ ] : 깎아서 없앰.

8. 다음 ( ) 속에 적당한 漢字를 써넣어 四字成語를 完成하시오. (124~133)

(124) [ ][ ]雷同 (125) [ ][ ]無人
(126) [ ][ ]殺牛 (127) 龍頭[ ][ ]
(128) [ ][ ]梨落 (129) 切齒[ ][ ]
(130) 朝令[ ][ ] (131) 錦上[ ][ ]
(132) 塞翁[ ][ ] (133) 貪官[ ][ ]

9. 다음 單語와 뜻이 비슷한 單語를 골라 〈보기〉에서 골라 그 번호를 쓰시오. (134~138)

〈보기〉	①險口	②火急	③冥途	④號泣
	⑤困難	⑥風聞	⑦分明	

(134) 毁言[ ] (135) 巷說[ ]
(136) 燒眉[ ] (137) 痛哭[ ]
(138) 皓然[ ]

10. 다음 漢字의 部首를 쓰시오. (139~143)

(139) 矣 – [ ] (140) 酉 – [ ]
(141) 哉 – [ ] (142) 篤 – [ ]
(143) 肩 – [ ]

11. 다음 單語의 뜻을 쓰시오. (144~148)

(144) 慙悔 – [ ]
(145) 懇請 – [ ]
(146) 鑄鍾 – [ ]
(147) 垂憐 – [ ]
(148) 撤退 – [ ]

12. 다음 漢字를 略字로 바꾸어 쓰시오. (149~150)

(149) 假 – [ ] (150) 雙 – [ ]

국가공인
제3회 한자능력검정시험 2급 기출·예상문제

합격점수 : 105점
제한시간 : 60분

(社)한국어문회가 시행한 한자능력검정시험을 수험생들에 의해 재생하였습니다.

1. 다음 漢字語의 讀音을 쓰시오. (1~45)

(1) 哨戒	(2) 傭聘
(3) 誕妄	(4) 謬誤
(5) 脂膠	(6) 挿架
(7) 騰踐	(8) 跳躍
(9) 凝滯	(10) 塗炭
(11) 魅了	(12) 纖腰
(13) 僻巷	(14) 紹述
(15) 擁蔽	(16) 侮笑
(17) 毁譽	(18) 獵鳥
(19) 敷奏	(20) 罷漏
(21) 震懼	(22) 塵網
(23) 謨質	(24) 漆夜
(25) 絞布	(26) 酷似
(27) 焦爛	(28) 託宣
(29) 籠彫	(30) 遮遷
(31) 沮抑	(32) 溺惑
(33) 鬱屈	(34) 峽灣
(35) 牽聯	(36) 融和
(37) 胥候	(38) 炊湯
(39) 匪徒	(40) 釣舟
(41) 屯耕	(42) 糾察
(43) 硫酸	(44) 妥安
(45) 滑降	

2. 다음 漢字의 訓과 音을 쓰시오. (46~65)

(46) 衡	(47) 胎
(48) 蔑	(49) 怖
(50) 幻	(51) 戴
(52) 呈	(53) 拉
(54) 把	(55) 悼
(56) 虐	(57) 逮
(58) 縫	(59) 軸
(60) 紳	(61) 憾
(62) 偏	(63) 垂
(64) 惹	(65) 摩

3. 다음 각 문장의 밑줄 친 單語 중 한글로 記錄된 것은 漢字로 바꾸어 쓰고, 漢字로 표기된 것은 그 讀音 쓰시오. (66~87)

[ㄱ] 지금까지의 여러 기록과 문자 발달상의 과정[66]으로 보아 훈민정음 창제 이전에는 우리말을 표기하는 고유문자가 없었고, 鄕札[67] 이두[68] 구결[69]등의 漢字 차용[70] 표기 체계만이 있었던 것으로 보인다.

[ㄴ] 오늘날 대학 교육에서 漢字 실력의 저하를 우려[71]하는 논의가 빈발[72]하고 적절[73]한 대책을 강구[74]하려는 시도가 곳곳에서 행해지고 있다.

[ㄷ] 漢文學은 舊時代의 유물[75]로 돌아가고 말았다. 이제 數千의 文集, 數萬卷의 한적이 독자를 상실한 채 서고[76]에 갇혀 있다.

[ㄹ] 갑오경장이란 사회 개혁을 경험하고 새로운 패러다임으로 사회가 재정비되면서 국어가 민족국가와 표리[77] 일체로 인식[78]되는 시기였다. 이 시기에 주시경의 학문적 열정[79]은 국어에 대한 일반의 대오[80]각성을 촉발하였으나, 지나치게 민족의 고유성을 강조하면서 과거의 전통을 불신하였기 때문에 그의 학풍은 은연[81]중 배타적[82] 민족주의를 드러내게 되었다.

[ㅁ] 이들 지순 도치형[83]의 의미 관계도 무척 복잡 다기(多岐)한 양상을 드러낸다. 거의 완전한 同義關係에 있는 두 어형은 언중[84]에 의하여 한 쪽으로 굳어질 것으로 예상[85]된다. 그러나 의미상 구상화나 추상화[86], 또는 의미 범위의 확대나 축소 등의 과정을 거쳐 상당한 전이[87]를 일으키고 있는 語例들은 더욱 넓게 활용될 것으로 기대된다.

(66) 과정 [ ]	(67) 鄕札 [ ]
(68) 이두 [ ]	(69) 구결 [ ]
(70) 차용 [ ]	(71) 우려 [ ]
(72) 빈발 [ ]	(73) 적절 [ ]
(74) 강구 [ ]	(75) 유물 [ ]
(76) 서고 [ ]	(77) 표리 [ ]
(78) 인식 [ ]	(79) 열정 [ ]
(80) 대오 [ ]	(81) 은연 [ ]
(82) 배타적 [ ]	(83) 도치형 [ ]
(84) 언중 [ ]	(85) 예상 [ ]
(86) 추상화 [ ]	(87) 전이 [ ]

4. 다음 訓과 音으로 연결된 漢字 單語를 漢字로 쓰시오. (88~99)

(88) 이을 계 – 이을 승 [ ]
(89) 도울 찬 – 아닐 부 [ ]
(90) 글 경 – 법 전 [ ]
(91) 엷을 박 – 밝을 명 [ ]
(92) 나물 소 – 나물 채 [ ]
(93) 뾰족할 첨 – 끝 단 [ ]
(94) 돌아올 반 – 돌아올 환 [ ]
(95) 신령 령 – 넋 혼 [ ]
(96) 급할 급 – 빠를 속 [ ]
(97) 마칠 종 – 꼬리 미 [ ]
(98) 덜 손 – 다칠 상 [ ]
(99) 좇을 순 – 거스릴 역 [ ]

5. 다음 괄호 속에 든 單語를 漢字로 고쳐 쓰시오. (100~104)

(100) (부불) : 여러 번으로 나누어 지불함 [ ]
(101) (석교) : 불교 [ ]
(102) (조상) : 남의 상사에 대하여 조의를 표함 [ ]
(103) (수걸) : 재주와 기상이 뛰어남 [ ]
(104) (당구) : 서당에서 기르는 개 [ ]

6. 다음 뜻을 지닌 四字成語를 漢字로 쓰시오. (105~109)

(105) 지나친 욕심을 누르고 예의범절을 따름. [ ]
(106) 우연한 일치로 범죄를 저질렀으리라는 의심을 받게 됨. [ ]
(107) 모순된 것을 끝까지 우겨 남을 속이려는 것을 이름. [ ]
(108) 궁지에 몰려 나아갈 수도 물러설 수도 없이 됨. [ ]
(109) 그릇된 것을 깨뜨리고 바른 것을 나타냄. [ ]

7. 다음 故事成語가 완성되도록 괄호 속의 말을 漢字로 고쳐 쓰시오. (110~115)

(110) (고장)難鳴 [ ] (111) (공전)絕後 [ ]
(112) 肝膽(상조) [ ] (113) 雪膚(화용) [ ]
(114) 有備(무환) [ ] (115) 支離(멸렬) [ ]

8. 다음 각 항에서 첫 音節이 長音인 單語를 찾아 그 번호를 쓰시오. (116~118)

(116) [ ] : ① 供給 ② 工員 ③ 功勞 ④ 公務
(117) [ ] : ① 塊鑛 ② 塊土 ③ 怪異 ④ 怪變
(118) [ ] : ① 奉獻 ② 封印 ③ 逢變 ④ 蜂起

9. 다음 각 글자와 意味上 對立되는 漢字를 적어 單語를 完成하시오. (119~120)

(119) 清 ↔ [ ] (120) 銳 ↔ [ ]
(121) [ ] ↔ 重 (122) 尊 ↔ [ ]
(123) 寒 ↔ [ ] (124) [ ] ↔ 悲
(125) 盛 ↔ [ ] (126) 勤 ↔ [ ]
(127) 眞 ↔ [ ]

10. 다음 각 글자와 뜻이 비슷한 漢字를 연결하여 單語를 完成하시오. (128~135)

(128) [ ] 慢 (129) 勉 [ ]
(130) 紀 [ ] (131) [ ] 眠
(132) [ ] 愼 (133) 洗 [ ]
(134) 吟 [ ] (135) 飼 [ ]

11. 다음 각 單語의 同音異義語를 漢字로 쓰되, 提示된 뜻에 맞추시오. (136~140) 〈長短音의 差異는 무시함〉

(136) (房廳) : 회의 · 공판 등을 옆에서 들음. [ ]
(137) (聖世) : 명성과 위세 [ ]
(138) (當到) : 과실이나 통조림 따위에 포함된 당분의 양을 백분율로 나타낸 것. [ ]
(139) (夢死) : 죽음을 무릅쓰는 것 [ ]
(140) (開場) : 다시 새롭게 꾸밈 [ ]

12. 다음 漢字의 部首를 쓰시오. (141~145)

(141) 廟 – [ ] (142) 寢 – [ ]
(143) 戰 – [ ] (144) 鮮 – [ ]
(145) 敵 – [ ]

13. 다음 漢字를 略字로 바꾸어 쓰시오. (146~150)

(146) 麥 – [ ] (147) 濕 – [ ]
(148) 擴 – [ ] (149) 藝 – [ ]
(150) 擔 – [ ]

국가공인
제4회 한자능력검정시험 2급 기출·예상문제

합격점수 : 105점
제한시간 : 60분

(社)한국어문회가 시행한 한자능력검정시험을 수험생들에 의해 재생하였습니다.

1. 다음 漢字語의 讀音을 쓰시오. (1~41)

(1) 勉勵　(2) 濠橋
(3) 芬馨　(4) 幻滅
(5) 濊貊　(6) 機軸
(7) 締結　(8) 兌換
(9) 腐爛　(10) 耽溺
(11) 悽慘　(12) 籠絡
(13) 解雇　(14) 挿畫
(15) 戱弄　(16) 冕服
(17) 腦膜　(18) 麒麟
(19) 冀願　(20) 草廬
(21) 欽慕　(22) 繩糾
(23) 惇德　(24) 徽章
(25) 恐怖　(26) 移搬
(27) 肝膽　(28) 誤謬
(29) 欄干　(30) 晃耀
(31) 杏壇　(32) 妖怪
(33) 皓髮　(34) 矛盾
(35) 痲醉　(36) 刹那
(37) 澮潭　(38) 硫酸
(39) 融暢　(40) 敦穆
(41) 甄陶

2. 다음 漢字의 訓과 音을 쓰시오. (42~68)

(42) 敷　(43) 握
(44) 塹　(45) 輔
(46) 貰　(47) 拋
(48) 繕　(49) 僻
(50) 沮　(51) 熙
(52) 碍　(53) 厭
(54) 舶　(55) 閥
(56) 梧　(57) 熔
(58) 覇　(59) 紡
(60) 喉　(61) 趨
(62) 峽　(63) 鑽
(64) 弦　(65) 炊
(66) 帽　(67) 諮
(68) 託

3. 다음 글을 읽고 밑줄 친 漢字語를 漢字 正字로 쓰거나, 그 讀音을 쓰시오. (69~102)

[가]율곡[69] 선생이 활동하던 시기는 조선 왕조가 흥성[70] 시기로부터 점차[71] 쇠잔[72]의 길을 밟기 시작한 시기이며, 신유학자들은 전후 몇 차례의 사화[73]의 피비린 교훈으로 출사를 단념[74]하고 산림에 隱遁(은둔)하여 오로지 修己的인 학문에만 몰두[75]하는 경향[76]이 감돌았다. 15世紀末부터 지방에서 일어난 사림은 勳舊[77]派의 수차에 걸친 유혈적인 탄압[78]을 받았다. 사림파들은 정주이학을 이론 무기로 삼아 勳舊派의 토지併合[79]과 전횡[80], 탐관[81]오리[82]들의 인민에 대한 侮蔑[83]과 酷毒[84]한 약탈[85]을 반대하면서 왕도정치의 이상세계를 건립하려고 하였다.

[나]퇴계[86]선생의 인품은 장중[87]하고 바르고 성실하며, 비와 밝음을 통찰[88]했고, 이해를 따지지 않았으며, 오만[89]하지 않았고, 엄격[90]하되 사납지 않았으며, 간결[91]하되 세속과 구차[92]히 함께하지 않았다.

[다](세계인원선언에서)

· 누구든지 비인도적 또는 치욕[93]적인 대우나 처벌[94]을 받지 않는다.
· 누구든지 헌법[95]또는 법으로 부여[96]된 기본적 권리를 침해[97]하는 행위에 대해서는 권한 있는 내국재판[98]소에서 유효한 구제[99]를 받을 권리를 갖는다.
· 누구든지 전단적인 체포[100]나 구치[101] 또는 추방[102]을 받지 않는다.

(69) 율곡 [　　]　(70) 흥성 [　　]
(71) 점차 [　　]　(72) 쇠잔 [　　]
(73) 사화 [　　]　(74) 단념 [　　]
(75) 몰두 [　　]　(76) 경향 [　　]
(77) 勳舊 [　　]　(78) 탄압 [　　]
(79) 併合 [　　]　(80) 전횡 [　　]
(81) 탐관 [　　]　(82) 오리 [　　]
(83) 侮蔑 [　　]　(84) 酷毒 [　　]
(85) 약탈 [　　]　(86) 퇴계 [　　]

(87) 장중 [ ] (88) 통찰 [ ]

(89) 오만 [ ] (90) 엄격 [ ]

(91) 간결 [ ] (92) 구차 [ ]

(93) 치욕 [ ] (94) 처벌 [ ]

(95) 헌법 [ ] (96) 부여 [ ]

(97) 침해 [ ] (98) 재판 [ ]

(99) 구제 [ ] (100) 체포 [ ]

(101) 구치 [ ] (102) 추방 [ ]

4. 다음 漢字語 가운데 첫소리가 長音인 것을 골라 각각 그 번호를 쓰시오. (103~107)

(103) [ ] : ① 自愧 ② 旋毛 ③ 僞裝 ④ 翰墨

(104) [ ] : ① 至近 ② 納采 ③ 頓飯 ④ 琢器

(105) [ ] : ① 揭載 ② 親執 ③ 亮窓 ④ 翁姑

(106) [ ] : ① 驚懼 ② 款項 ③ 枚擧 ④ 闕漏

(107) [ ] : ① 盈滿 ② 濃縮 ③ 綜覽 ④ 組閣

5. 다음 각 단어와 意味上 對立(반대)되는 單語를 쓰시오. (108~117)

(108) 剛健 ↔ [ ] (109) 喪失 ↔ [ ]

(110) 飢餓 ↔ [ ] (111) 稱讚 ↔ [ ]

(112) 反目 ↔ [ ] (113) 濕潤 ↔ [ ]

(114) 供給 ↔ [ ] (115) 敏速 ↔ [ ]

(116) 巧妙 ↔ [ ] (117) 添加 ↔ [ ]

6. 다음 [ ] 속에 적당한 漢字를 써넣어 四字成語를 완성하시오. (118~127)

(118) 隻手[ ][ ] (119) [ ]定[ ]省

(120) 旁岐[ ][ ] (121) [ ]瞻右[ ]

(122) 琴瑟[ ][ ] (123) [ ]角[ ]牛

(124) [ ]寒[ ]柏 (125) [ ]釜[ ]鳴

(126) 不[ ]戴[ ] (127) [ ]前沃[ ]

7. 다음의 同音異義語를 쓰되, 제시된 뜻에 맞는 單語를 쓰시오. 〈長短音 무시함〉 (128~132)

(128) 進呈 – [ ] : 가라앉힘

(129) 布帶 – [ ] : 군대의 화포 진지

(130) 開腹 – [ ] : 덮개를 덮음

(131) 幼稚 – [ ] : 행사나 사업 따위를 끌어들임

(132) 殖財 – [ ] : 초목을 심어 재배함.

8. 다음 單語의 뜻을 쓰시오. (133~137)

(133) 狀貌 – [ ]

(134) 城塞 – [ ]

(135) 星彩 – [ ]

(136) 朔望 – [ ]

(137) 幽閉 – [ ]

9. 다음 單語와 뜻이 비슷한 單語를 〈보기〉에서 골라 골라 그 번호를 쓰시오. (138~142)

〈보기〉	①分別	②冷淡	③風燭	④好惡
	⑤去就	⑥等閑	⑦冠省	⑧模範

(138) 累卵 – [ ] (139) 薄情 – [ ]

(140) 除煩 – [ ] (141) 思慮 – [ ]

(142) 清濁 – [ ]

10. 다음 漢字의 部首를 쓰시오. (143~147)

(143) 膠 – [ ] (144) 串 – [ ]

(145) 劉 – [ ] (146) 鷺 – [ ]

(147) 尼 – [ ]

11. 다음 漢字를 略字로 쓰시오. (148~150)

(148) 辭 – [ ] (149) 攝 – [ ]

(150) 棄 – [ ]

국가공인
제5회 한자능력검정시험 2급 기출·예상문제

합격점수 : 105점
제한시간 : 60분

(社)한국어문회가 시행한 한자능력검정시험을 수험생들에 의해 재생하였습니다.

[問 1–40] 다음 漢字語의 讀音을 쓰시오.

(1) 爛熟　(2) 鼎銘
(3) 亮察　(4) 懇曲
(5) 肝膽　(6) 紹述
(7) 硯滴　(8) 俊傑
(9) 魔窟　(10) 茂盛
(11) 焦燥　(12) 悲憾
(13) 聰敏　(14) 纖細
(15) 駐留　(16) 耽樂
(17) 閨怨　(18) 棋盤
(19) 哀悼　(20) 裸體
(21) 慈惠　(22) 旌旗
(23) 葛藤　(24) 奉戴
(25) 拉致　(26) 揭載
(27) 商圈　(28) 贈呈
(29) 沒溺　(30) 鍛鍊
(31) 謄錄　(32) 濫獲
(33) 激勵　(34) 涉獵
(35) 雇傭　(36) 賤隸
(37) 愚弄　(38) 誤謬
(39) 八佾　(40) 干戈

[問 41～55] 다음 漢字의 訓과 音을 쓰시오.

(41) 凝　(42) 惹
(43) 購　(44) 繕
(45) 塘　(46) 貰
(47) 崗　(48) 巢
(49) 傀　(50) 鴨
(51) 僑　(52) 姸
(53) 潭　(54) 燮
(55) 釣

※ 다음 글을 읽고 물음에 답하시오.

1. 재능이 탁월(66)한 演奏(56)자끼리 개최(67)한 모임에서 기획(68)자에 대한 비판(69)이 홍수(70)처럼 쏟아지는데 희소(71)하나마 擁護(57)者도 있었다.
2. 초과(72) 가계 대출은 주택 투자(73)를 魅惑(58)적으로 만드는데 공헌(74)했으나 경제 발전을 沮害(59)하고 지체(75)시키기도 했다.
3. 유네스코는 강대국의 무력 침탈(76)과 약소국의 문화재 搬出(60)까지 유출문화재에 포함(77)시킨다.
4. 世宗(가)은 百姓(나)에게 국자를 賦與(다)하고 韻書(라)를 飜譯(마)하여 混亂(바)에 빠진 한자음을 整理(사)코자 하였다.
5. 工場(아) 賣渡(자) 작업이 霧散(차)되어 債權(카)단은 精密(타) 診斷(파)을 검토 중이다.
6. 법원은 시위(78)를 주도(79)한 혐의(80)로 신청한 구속(81) 영장(82)을 기각(83)하였다.
7. 15세기 초에 주조(84)된 한글 을해(85)자 금속(86) 활자가 처음으로 확인됐다. 각종 책을 인쇄(87)하는데 사용한 갑인(88)자와 계미(89)자는 남아 있지 않다.
8. 우리 앞에 닥친 도전(90)은 우리가 손잡고 예방(91)해야만 극복(92)할 수 있다. 지구적 재앙(93)은 아집(94)과 오만(95)을 청산해야 막을 수 있다.

[問 56–60] 윗글 [1–3] 가운데 밑줄 친 (56)～(60)의 漢字語의 讀音을 쓰시오.

(56) 演奏　(57) 擁護　(58) 魅惑
(59) 沮害　(60) 搬出

[問 61–65] 윗글 [4–5] 가운데 밑줄 친 (가)～(파)에서 첫 音節이 長音으로 발음되지 않는 漢字語의 기호를 순서대로 다섯만 쓰시오.

(61)________　(62)________　(63)________
(64)________　(65)________

[問 66–95] 윗글 [1–8] 가운데 밑줄 친 (66)～(95)의 漢字語를 漢字[正字]로 쓰시오.

(66) [　　　]　(67) [　　　]　(68) [　　　]
(69) [　　　]　(70) [　　　]　(71) [　　　]
(72) [　　　]　(73) [　　　]　(74) [　　　]

(75) [　　] (76) [　　] (77) [　　]
(78) [　　] (79) [　　] (80) [　　]
(81) [　　] (82) [　　] (83) [　　]
(84) [　　] (85) [　　] (86) [　　]
(87) [　　] (88) [　　] (89) [　　]
(90) [　　] (91) [　　] (92) [　　]
(93) [　　] (94) [　　] (95) [　　]

[問 96–107] 다음의 訓과 音으로 연결된 單語를 漢字(正字)로 쓰시오.

〈보기〉 한수 한 – 글자 자 (漢字)

(96) 치우칠 편 – 자못 파 [　　]
(97) 자랑 과 – 꾸밀 식 [　　]
(98) 돌아볼 고 – 생각할 려 [　　]
(99) 공손할 공 – 공경 경 [　　]
(100) 밟을 답 – 엄습할 습 [　　]
(101) 봉할 봉 – 벼슬 작 [　　]
(102) 뛸 도 – 뛸 약 [　　]
(103) 도타울 돈 – 도타울 독 [　　]
(104) 빌 공 – 난간 란 [　　]
(105) 북 고 – 불 취 [　　]
(106) 뿌릴 파 – 옮길 천 [　　]
(107) 형통할 형 – 통할 통 [　　]

[問 108–117] 다음에서 對立되는 뜻의 漢字나 漢字語를 正字로 쓰시오.

(108) 甘 ↔ [　　] (109) 呼 ↔ [　　]
(110) 雌 ↔ [　　] (111) 眞 ↔ [　　]
(112) 榮 ↔ [　　] (113) 斬新 ↔ [　　]
(114) 柔軟 ↔ [　　] (115) 破壞 ↔ [　　]
(116) 親近 ↔ [　　] (117) 差別 ↔ [　　]

[問 118–122] 〈다음〉에서 비슷한 뜻을 가진 漢字끼리 結合된 단어의 번호를 순서대로 다섯만 쓰시오.

〈다음〉 ①高卑 ②懇誠 ③方圓 ④告白
⑤還拂 ⑥除煩 ⑦低價 ⑧祥瑞
⑨放念 ⑩聚集 ⑪削減

(118) [　　] (119) [　　] (120) [　　]
(121) [　　] (122) [　　]

[問 123–132] 다음 왼쪽의 뜻을 참고하여 (　)속에 漢字[正字]를 써 넣어 四字(故事)成語를 完成하시오.

(123) 서로 꼭 필요한 깊은 관계 脣[ ]輔[ ]
(124) 간단한 것도 모르는 까막눈 [ ]魯不[ ]
(125) 간사한 꾀로 남을 속임 [ ]三[ ]四
(126) 권세를 마음대로 함 [ ]鹿[ ]馬
(127) 뻔뻔스러워 부끄럼이 없음 厚[ ]無[ ]
(128) 부부 사이가 다정함 [ ]瑟[ ]和
(129) 책을 열심히 읽음 韋[ ]三[ ]
(130) 밑천이 넉넉하면 장가 잘 됨 多[ ][ ]賈
(131) 처자가 있는 사람은 거기에 얽매여 자유롭게 행동할 수 없음 [ ]城子[ ]
(132) 강자를 누르고 약자를 도움 [ ]强扶[ ]

[問 133–137] 다음 漢字語의 뜻을 쓰시오.

(133) 惟獨 (134) 恣行
(135) 兢懼 (136) 彫琢
(137) 窒礙

[問 138–142] 다음 同音異義語의 설명에 맞는 漢字語를 正字로 쓰시오.

(138) (縱轉) – [　　] 이전부터의 그대로
(139) (懸軍) – [　　] 어진 임금
(140) (製紙) – [　　] 말려서 못하게 함
(141) (推問) – [　　] 아름답지 못한 소문
(142) (油脂) – [　　] 죽은 사람의 생전의 뜻

[問 143–147] 다음 漢字의 部首를 쓰시오.

(143) 栗 (144) 妄 (145) 衍
(146) 賓 (147) 秉

[問 148–150] 다음 漢字의 略字를 쓰시오.

(148) 觀 (149) 聯 (150) 龍

국가공인 제6회 한자능력검정시험 2급 기출·예상문제

합격점수 : 105점
제한시간 : 60분

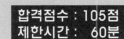

(社)한국어문회가 시행한 한자능력검정시험을 수험생들에 의해 재생하였습니다.

[問 1-45] 다음 漢字語의 讀音을 쓰시오.

(1) 賠償　(2) 纖細
(3) 傘下　(4) 聘丈
(5) 釣臺　(6) 恕諒
(7) 濃淡　(8) 款項
(9) 僻巷　(10) 杆太
(11) 潛影　(12) 遮蔽
(13) 欽遵　(14) 覇權
(15) 醴泉　(16) 敦睦
(17) 滑降　(18) 罷散
(19) 敷衍　(20) 琴瑟
(21) 酷暑　(22) 耽溺
(23) 腎臟　(24) 沮止
(25) 雉尾　(26) 兢懼
(27) 瑞兆　(28) 紡績
(29) 琢磨　(30) 諜報
(31) 矛盾　(32) 鬪逢
(33) 哨戒　(34) 坑殺
(35) 亢龍　(36) 傭員
(37) 沖積　(38) 鬱寂
(39) 哀悼　(40) 膽弱
(41) 奔走　(42) 丹誠
(43) 播種　(44) 妥當
(45) 畏怖

[問 46~72] 다음 漢字의 訓과 音을 쓰시오.

(46) 杓　(47) 鄒
(48) 庠　(49) 湍
(50) 頗　(51) 刃
(52) 崗　(53) 娩
(54) 硯　(55) 插
(56) 籠　(57) 晟
(58) 硫　(59) 悽
(60) 熹　(61) 皐
(62) 芸　(63) 峙
(64) 昴　(65) 璇
(66) 礪　(67) 濂
(68) 巢　(69) 稙
(70) 遼　(71) 傀
(72) 紳

[問 73-87] 다음 각 문장의 밑줄 친 單語 중 한글로 기록된 것은 漢字로 고치고, 漢字로 表記된 것에는 그 讀音을 쓰고, (　) 속에는 적당한 말을 쓰시오.

(가) 주지[73]하는 바와 같이 한국어 어휘의 양대 산맥[74]은 고유어[75]와 漢字語인데, 이 두 요소가 놀라울 정도로 絶妙[76]한 조화[77]를 이루고 있다. 감각어[78], 상징어[79], 위상어(특히 존비어)가 세계 최고로 발달한 고유어는 地上의 어떤 언어도 따르지 못할 만큼 精密[80]한 감정 묘사를 가능하게 해 준다. 반면에 고유어의 큰 缺陷[81]이 되는 개념[82]과 논리성의 부족을 한자어가 대신 메워주고 있다. 이 두 날개가 서로 補完함으로써 지적 표현과 情的 묘사를 완벽하게 수행하고 있는 것이다. 東西洋의 어느 언어도 이처럼 조화로운 것은 없다.

(나) '龜'字는 "거북 (　)[83]"와 "거북 (　)[84]", 그리고 "(　)[85] 균"으로 읽히는 글자요, '狀'字는 "형상 (　)[86]"과 (　)[87]장"으로 읽히는 一字多音字이다.

(73) 주지　(74) 산맥　(75) 고유어
(76) 絶妙　(77) 조화　(78) 감각어
(79) 상징어　(80) 精密　(81) 缺陷
(82) 개념
(83) (　)　(84) (　)　(85) (　)
(86) (　)　(87) (　)

[問 88-95] 다음의 訓과 音으로 연결된 單語를 漢字(正字)로 쓰시오.

〈보기〉 한수 한 - 글자 자 (漢字)

(88) 깨뜨릴 파 - 무너질 괴 [ ]
(89) 부끄러울 치 - 욕될 욕 [ ]
(90) 높을 숭 - 우러를 앙 [ ]
(91) 졸할 졸 - 원고 고 [ ]
(92) 밀칠 배 - 물리칠 척 [ ]
(93) 빌릴 대 - 빌 차 [ ]
(94) 빚 채 - 힘쓸 무 [ ]
(95) 물따라갈 연 - 언덕 안 [ ]

[問 96-105] 다음 각 글자와 意味上 對立되는 漢字를 적어 實用性 있는 單語를 만드시오.

(96) 尊↔( ) (97) ( )↔怠 (98) 美↔( )
(99) ( )↔淺 (100) 賞↔( ) (101) ( )↔負
(102) 朝↔( ) (103) ( )↔削 (104) 緩↔( )
(105) ( )↔落

[問 106-115] 다음 각 글자에 同訓字를 적어 單語를 完成하시오.

(106) ( )越 (107) 尖( ) (108) 飢( )
(109) ( )欺 (110) 賓( ) (111) ( )黨
(112) 抑( ) (113) ( )踏 (114) 傲( )
(115) 認( )

[問 116-120] 다음 四字成語가 完成되도록 ( )속의 말을 漢字로 쓰시오.

(116) 泥田(투구) (117) (전화)爲福
(118) 興亡(성쇠) (119) (거안)齊眉
(120) 同病(상련)

[問 121-125] 다음에 提示된 뜻을 지닌 四字成語가 完成되도록 ( ) 속의 말을 漢字로 쓰시오.

(121) (환골)奪胎 : 딴 사람이 된 듯이 용모가 환하게 트이어 아름다워짐.
(122) (초지)一貫 : 처음 생각을 바꾸지 않음.
(123) 克己(복례) : 과도한 욕망을 누르고 예절을 좇도록 함.
(124) (도탄)之苦 : 진구렁에 빠지고 불에 타는 듯한 극도의 곤궁함.
(125) 拔本(색원) : 폐단의 근원을 아주 뽑아서 없애 버림.

[問 126-130] 다음 각 漢字語 중 첫 音節이 長音인 單語를 골라 그 번호를 쓰시오.

(126) ① 問答 ② 文章 ③ 紋石 ④ 門前
(127) ① 純度 ② 循環 ③ 瞬間 ④ 順理
(128) ① 數學 ② 手足 ③ 需要 ④ 隨行
(129) ① 單語 ② 斷言 ③ 段階 ④ 檀君
(130) ① 煙氣 ② 燃燒 ③ 研究 ④ 連結

[問 131-136] 다음 ( ) 속의 單語를 漢字로 바꾸어 쓰시오.

(131) (사귀) : 요사스러운 귀신.
(132) (방부) : 썩지 못하게 함.
(133) (미수) : 잠시 눈을 붙임.
(134) (심사) : 자세히 조사함.
(135) (운항) : 배 또는 항공기에 화물 여객 등을 싣고 항행함.

[問 136-140] 다음 뜻에 맞는 同音異義語를 쓰시오. 〈硬軟音, 長短音의 차이는 무시함〉

(136) (富裕) : 이러저리 떠다님.
(137) (四果) : 잘못에 대하여 용서를 빎.
(138) (公格) : 적을 침.
(139) (玉成) : 성처럼 높이 둘러싸여 있는 감옥.
(140) (驛名) : 임금이나 윗사람의 명령을 어김.

[問 141-145] 다음 漢字의 部首를 쓰시오.

(141) 鴻 (142) 隆 (143) 雜
(144) 額 (145) 貢

[問 146-150] 다음 漢字 중 略字는 正字로, 正字는 略字로 바꾸어 쓰시오.

(146) 欢 (147) 猟 (148) 麥
(149) 灮 (150) 鹽

제7회 한자능력검정시험 2급 기출·예상문제

합격점수 : 105점
제한시간 : 60분

(社)한국어문회가 시행한 한자능력검정시험을 수험생들에 의해 재생하였습니다.

[問 1-45] 다음 漢字語의 讀音을 쓰시오.

(1) 釣臺 (2) 垠際 (3) 勳階
(4) 履鞨 (5) 瓊章 (6) 將弁
(7) 補翊 (8) 崩湍 (9) 沙彌
(10) 旌賞 (11) 牽制 (12) 押韻
(13) 鬩塞 (14) 尖纖 (15) 槿域
(16) 欲塵 (17) 班媛 (18) 鷹視
(19) 昴宿 (20) 爗然 (21) 廷尉
(22) 垛邑 (23) 攝政
(24) 예의 바른 紳士.
(25) 왕이 입는 冕服.
(26) 공자께서 제자를 가르치시던 杏壇.
(27) 외적이 침입하리라는 牒報.
(28) 가장 많은 자료를 輯錄함.
(29) 유학을 하는 사람의 자손인 儒胤.
(30) 뚜껑이 없는 작은 가마인 藍輿.
(31) 양쪽의 의견을 조절하는 折衷.
(32) 추위를 피하려면 써야 하는 暖帽.
(33) 깊은 산속으로 들어가는 僻路.
(34) 誤謬 (35) 稻稷 (36) 軒項
(37) 滑降 (38) 繩索 (39) 般桓
(40) 彫琢 (41) 南誾 (42) 割賦
(43) 皇祚 (44) 翰札 (45) 覆鉢

[問 46-50] 위 [24-43] 漢字語의 가운데 첫 音節이 長音인 漢字語의 번호를 5개 쓰시오

(46) (47) (48)
(49) (50)

[問 51-77] 다음 漢字의 訓과 音을 쓰시오.

(51) 杓 (52) 淮 (53) 雉
(54) 蔣 (55) 珥 (56) 熹
(57) 兌 (58) 耽 (59) 尿
(60) 敷 (61) 揷 (62) 槐
(63) 惜 (64) 庾 (65) 煜
(66) 昺 (67) 潘 (68) 焦
(69) 剎 (70) 碩 (71) 硫
(72) 遮 (73) 覇 (74) 龐
(75) 蟾 (76) 殷 (77) 喆

[問 78-95] 다음 문장에서 밑줄 친 漢字語의 漢字를 正字로 쓰시오.

(78) 각자에게 교부된 자료를 참고하십시오.
(79) 약자에게만 강경한 태도는 바람직하지 않지요.
(80) 농약을 사용치 않고 재배한 채소랍니다.
(81) 김군은 매우 정제된 언어를 구사합니다.
(82) 아침마다 조반을 드셔야 합니다.
(83) 서명할 때는 반드시 친필로 해야지요.
(84) 어떠한 불합리한 위협에도 굴하지 않아야 합니다.
(85) 우리 학자들의 발표 현장을 참관하고자 합니다.
(86) 바닷가를 달리는 버스의 차창 밖으로 펼쳐지는
(87) 멋진 풍경 여관을 다른 말로 하면 역려라고도 한다네.
(88) 이곳이 바로 최고 작품들의 산실이었지요.
(89) 자네가 농구 경기의 주심을 맡아주게.
(90) 올림픽의 금메달에 비견될 수 있는 훌륭한 성과이지요.
(91) 엊그제 보내온 물건 값은 현금으로 완불했습니다.
(92) 한려수도는 정말로 미려하기가 천하제일입니다.
(93) 힘든 일도 서로 역할을 분담하면 쉽게 할 수 있지요.
(94) 우리는 자주 중국으로 학술답사를 갑니다.
(95) 한국인의 궁술은 세계 최고 수준입니다.

[問 96-107] 다음 ( ) 속의 單語를 漢字로 쓰시오.

(96) (방담) : 생각나는 대로 거리낌없이 자유롭게 말함.

(97) (교졸) : 교묘하면서도 졸렬함.
(98) (향로) : 향을 피울 때 쓰는 작은 화로.
(99) (정좌) : 몸과 마음을 바르게 하고 조용히 앉음
(100) (여파) : 큰 물결 뒤에 오는 작은 물결을 말함.
(101) (저장) : 재물을 모아서 간수함.
(102) (문예) : 문학과 예술을 아울러 이르는 말.
(103) (요망) : 멀리 바라보다.
(104) (권형) : 저울추와 저울대로서 "저울" 을 이르는 말.
(105) (삭망) : 음력 초하룻날과 보름날을 한꺼번에 이르는 말.
(106) (은사) : 임금이 은혜로써 신하에게 물건을 내려 주던 일. 또는 그 물건.
(107) (책동) : 좋지 않은 일을 몰래 꾸며 시행함.

[問 108–117] 다음 뜻에 맞는 四字成語를 ( )속에 적당한 漢字를 넣어 완성하시오.

(108) ( )骨( )風 : 옥과 같은 골격과 선인과 같은 풍채.
(109) ( )禍召( ) : 화를 멀리하고 복을 불러들임.
(110) 深山( )( ) : 깊은 산의 으슥한 골짜기.
(111) ( )出( )藍 : 쪽에서 나온 푸른 물감이 쪽보다 더 푸르다는 뜻으로 제자가 스승보다 나음을 이르는 말.
(112) 咸( )( )使 : 한번 가면 깜깜 무소식이라는 말.
(113) ( )定( )省 : 저녁에 이부자리를 보고 아침에 자리를 돌아본다는 뜻으로, 자식이 조석으로 부모의 안부를 물어서 살핌을 이르는 말
(114) 恒( )( )事 : 늘 있는 일.
(115) ( )脫不( ) : 맨발로 뛰어도 미치지 못함을 말하는 것으로 능력이나 역량이 현저히 차이가 남을 이르는 말.
(116) 立( )揚( ) : 입신하여 이름을 널리 알림.
(117) 泥( )( )狗 : 진흙 밭에서 싸우는 개의 뜻으로, 저급한 싸움을 이름.

[問 118–127] 다음에서 對立되는 漢字를 넣어 漢字語를 完成하시오.

(118) ( ) ↔ 歡　　(119) 送 ↔ ( )
(120) 呼 ↔ ( )　　(121) ( ) ↔ 婦
(122) ( ) ↔ 落　　(123) 供 ↔ ( )
(124) ( ) ↔ 防　　(125) ( ) ↔ 負
(126) ( ) ↔ 使　　(127) 尊 ↔ ( )

[問 128–132] 다음에서 비슷한 뜻을 가진 漢字를 넣어 漢字語를 完成하시오.

(128) ( ) – 端　　(129) ( ) – 視
(130) 孔 – ( )　　(131) ( ) – 陵
(132) ( ) – 逸

[問 133–137] 다음 각 單語의 同音異義語를 漢字로 쓰되, 미리 제시된 뜻에 맞추시오.

(133) 異體 : 서로 갈리고 바뀜.
(134) 初代 : 어떤 모임에 참가해줄 것을 청함.
(135) 花郎 : 그림 따위의 미술품을 진열하여 전람하도록 만든 방.
(136) 方向 : 꽃다운 향기.
(137) 後事 : 후하게 사례함.

[問 138–142] 다음 漢字語의 뜻을 고유어로 쓰시오.

(138) 態膽　　(139) 滑氷　　(140) 露天
(141) 胡蝶　　(412) 模型

[問 143–145] 다음 漢字의 略字를 쓰시오.

(143) 鹽　　(144) 竊　　(145) 縣

[問 146–150] 다음 漢字의 部首를 쓰시오.

(146) 雅　　(147) 尾　　(148) 禽
(149) 癸　　(150) 幹

국가공인 제8회 한자능력검정시험 2급 기출·예상문제

합격점수 : 105점
제한시간 : 60분

(社)한국어문회가 시행한 한자능력검정시험을 수험생들에 의해 재생하였습니다.

[問 1-23] 다음 밑줄 친 漢字語의 讀音을 쓰시오.

(1) 임금은 그의 효심을 지극히 여겨 赦免(1)을 允許(2)하였다.

(2) 대항해 시대 스페인의 艦隊(3)는 현지의 淳朴(4)한 원주민과 奴隷(5)를 약탈하고, 그들의 문명 붕괴를 惹起(6)했다.

(3) 그는 諜報(7)원에게 密偵(8)을 依賴(9)했다. 揷畵(10)를 이용한 敷衍(11)설명으로 '矛盾(12)'에 대한 이해를 높였다.

(4) 호텔 欄杆(13)에 龜裂(14)이 생겨 내부공사를 시작했다.

(5) 정부의 금연정책으로 많은 시민들은 간접 吸煙(15)의 恐怖(16)에서 벗어날 수 있었다.

(6) 물품을 運搬(17)하던 자국 선원들이 해적에게 被拉(18)되는 騷亂(19)이 있었으나, 선장의

(7) 聰敏(20)하고 明晳(21)한 기지로 무사히 풀려났다. 한미 자유무역협정 締結(22)은 纖維(23)업계의 미국 시장 진출에 도움이 될것이라고 밝혔다.

[問 24-45] 다음 漢字語의 讀音을 쓰시오.

(24) 陜川	(25) 釣臺	(26) 閥閱
(27) 和穆	(28) 坑道	(29) 獐毫
(30) 陽傘	(31) 鄭澈	(32) 慙愧
(33) 楞嚴	(34) 籠絡	(35) 幻滅
(36) 銀杏	(37) 診療	(38) 妥當
(39) 編輯	(40) 增殖	(41) 飜覆
(42) 整頓	(43) 雇傭	(44) 馨香
(45) 濊貊		

[問 46-72] 다음 漢字의 訓과 音을 쓰시오.

(46) 屍	(47) 柯	(48) 爛	(49) 揆
(50) 鉢	(51) 蹴	(52) 枚	(53) 玆
(54) 輿	(55) 彬	(56) 闕	(57) 惇
(58) 宴	(59) 耽	(60) 雌	(61) 甄
(62) 梧	(63) 弔	(64) 型	(65) 皐
(66) 湜	(67) 綜	(68) 予	(69) 颱
(70) 礪	(71) 址	(72) 傀	

[問 73-102] 다음 문장에서 밑줄 친 漢字語를 漢字 正字로 쓰시오.

(1) 컴퓨터 시스템 (호환)[73]의 (착오)[74]로 인해 황사가 한 시간 가량 (지연)[75]되었다.

(2) 산림의 (남획)[76]은 목재자원 (고갈)[77]과 환경 (오염)[78]을 초래할 수 있으므로 (감독)[79]과 감시를 (태만)[80]히 해서는 안 된다.

(3) 명절에 모처럼 모인 친·(인척)[81]들이 서로 (포옹)[82]을 나누며 반가워했다.

(4) 한국 양궁 국가대표팀이 세계선수권대회에서 전 종목을 (석권)[83]하고 왕좌의 (영예)[84]를 얻으며 한 단계 더 (도약)[85] 발전했다.

(5) 칠레 당국은 북부 산호세 광산이 (붕괴)[86]된 후 (수색)[87]에 (난항)[88]을 겪어 대부분 사망했을 것으로 추정했으나, 두 달 넘게 (매몰)[89]됐던 (광부)[90] 33명이 모두 구조되어 무사히 (귀환)[91]했다. 이들은 마지막 생존자가 구조될때까지 자리를 지키며 (돈독)[92]한 (동료애)[93]를 보여 지켜보는 이들의 가슴을 뜨겁게 하였다.

(6) 보건복지부는 성인병의 (위협)[94]에서 벗어날 수 있는 방법으로 음식의 (균형)[95]있는 (섭취)[96]와 꾸준한 운동을 (장려)[97]하고 있다.

(7) 낙동강에 (빈번)[98]하게 (폐기)[99]물을 투척한 (혐의)[100]가 (포착)[101]된 용의자를 (압송)[102]했다.

[問 103–107] 다음 漢字語 가운데 첫음절이 長音인 漢字語의 번호를 쓰시오.

(103) ① 堅決 ② 腎臟 ③ 賢輔 ④ 肩骨
(104) ① 攻擊 ② 功勳 ③ 空砲 ④ 公布
(105) ① 滄波 ② 潛伏 ③ 讚辭 ④ 請託
(106) ① 恒星 ② 割據 ③ 港灣 ④ 僻巷
(107) ① 蒙塵 ② 階段 ③ 溪谷 ④ 啓蒙

[問 108–112] 다음 밑줄 친 漢字語의 제시된 漢字와 뜻이 對立되는 漢字를 ( )안에 넣어 漢字語를 완성하시오.(반드시 正字)로 쓸 것)

(1) 경제 안정을 위해서는 생필품의 균형있는 ( )給[108] 조절이 중요하다.
(2) 시민들의 협조로 사건의 經( )[109]가 낱낱이 밝혀졌다.
(3) 두 사람의 한자 실력은 優( )[110]을 가리기가 어렵다.
(4) 그녀의 발음에는 경상도 ( )揚[111]이 섞여 있었다.
(5) 박태환은 광저우 아시안게임 자유형 400m 종목에서 속도의 ( )急[112]조절에 성공하여 금메달을 획득하였다.

[問 113–117] 다음 漢字語의 反義語를 漢字 正字로 쓰시오.

(113) 巨視 ↔ ( )( ) (114) 獨創 ↔ ( )( )
(115) 溶解 ↔ ( )( ) (116) 公平 ↔ ( )( )
(117) 傑作 ↔ ( )( )

[問 118–127] 다음 ( )안에 알맞은 漢字 正字를 넣어 뜻에 맞는 四字(故事)成語를 완성하시오.

(118) 過猶( )( ) – 정도를 지나침은 미치지 못함과 같음
(119) ( )( )觀天 – 우물에 앉아 하늘을 본다는 뜻으로, 견문이 좁아 세상 물정을 너무 모름을 이름
(120) 晝( )夜讀 – 낮에는 일하고 밤에는 책을 읽는다는 뜻으로 어려운 여건속에서도 꿋꿋이 공부함을 이르는 말
(121) 朝三( )四 – 간사한 꾀로 남을 속여 희롱함
(122) ( )木求( ) – 나무에 올라가서 물고기를 구한다는 뜻으로, 도저히 불가능한 일을 굳이 하려함을 비유적으로 이르는 말
(123) ( )( )君子 – 들보 위의 군자라는 뜻으로, 도둑을 완곡하게 이르는 말
(124) 三( )草廬 – 인재를 맞아들이기 위하여 참을성 있게 노력함
(125) 丹( )皓齒 – 붉은 입술과 하얀 치아라는 뜻으로, 아름다운 여자를 이르는 말
(126) ( )( )殺牛 – 소뿔을 바로잡으려다가 소를 잡는다는 뜻으로, 잘못된 점을 고치려다가 오히려 일을 그르침
(127) 曲學( )世 – 학문을 왜곡하여 세속에 아부함.

[問 128–132] 다음 밑줄 친 漢字語의 제시된 漢字와 뜻이 비슷한 漢字를 ( )안에 넣어 널리 쓰이는 漢字語를 완성하시오. (반드시 正字로 쓸 것)

(128) 탈선 차량의 ( )引
(129) 서로 조화를 이루는 ( )瑟
(130) 넝마를 걸친 ( )酷한 몰골
(131) 활동을 중단하고 謹( )함
(132) 글이 散( )하여 읽기 어려움

[問 133–137] 다음 漢字語의 同音異義語를 제시된 뜻에 맞추어 漢字 正字로 쓰시오.

(133) 基地 – ( )( ) : 경우에 따라 재치 있게 대응하는 자세
(134) 網膜 – ( )( ) : 넓고 멀다. 뚜렷한 구별이 없다.
(135) 科場 – ( )( ) : 사실보다 지나치게 불려서 나타냄
(136) 沙器 – ( )( ) : 나쁜 꾀로 남을 속임
(137) 高趣 – ( )( ) : 힘을 내도록 격려하여 용기를 북돋음

[問 138–142] 다음 漢字語의 뜻을 10자 이내의 고유어로 쓰시오.(141번은 고유어가 아니어도 좋음)

(138) 專橫 (139) 分娩 (140) 飢餓
(141) 脫帽 (142) 岐路

[問 143–145] 다음 漢字중 略字는 正字로, 正字는 略字로 쓰시오.

(143) 岩 (144) 壽 (145) 竊

[問 146–150] 다음 漢字의 部首를 쓰시오.

(146) 岡 (147) 熏 (148) 巢
(149) 亮 (150) 者

국가공인
제9회 한자능력검정시험 2급 기출·예상문제

합격점수 : 105점
제한시간 : 60분

(社)한국어문회가 시행한 한자능력검정시험을 수험생들에 의해 재생하였습니다.

[問 1-45] 다음 밑줄 친 漢字語의 讀音을 쓰시오.

[가] 韓國語文敎育研究會는 1969년 7월에 創立(1)되어 42년의 세월 동안 學會誌(2) 발간과 學術發表會, 그리고 語文 講演會(3)를 계속해 왔다. 그 학술 활동의 根底(4)에는 언제나 "국어 表記文字에는 한글과 漢字가 양 날개로서 서로 補完(5)하고 있으며, 제2外國語나 漢文 교육의 수단이 아니라 국어 교육의 一環(6)으로 漢字교육을 초등학교부터 실시해야 한다"는 精神이 자리하고 있다. 이 정신을 살리기 위하여 社團法人 韓國語文會를 發足시켜 學會를 後援(7)하는 母體로 자리 잡았고, 다시 韓國漢字能力檢定會를 출범시켜 漢字敎育의 價値를 사회에 널리 鼓吹(8) 擴散(9)시키고 있는 것이다.

[나] 이름의 생명은 나와 너와 그의 辯別(10)에 있으니, 같은 人名이나 지명이 여럿 존재하면 매우 불편한 일이다. 그런데 固有語式 作名은 그 資源(11)이 극히 한정되어 있어 必然的(12)으로 同名異人이 많을 수밖에 없다. 作名에서 또 한가지 留念(13)할 일은 의미가 淺薄野卑(14)하지 않아야 한다는 점이다.

[다] 우리 인간이 享有(15)하는 財貨(16)에는 정신문화와 물질문명의 양면이 있음은 周知(17)하는 바이거니와, 물질 면에서는 우리는 주변 강대국과 競爭(18)할 조건을 갖추지 못하고 있다. 국토의 넓이나 인구의 수에서도 그러하고, 지하자원 등 賦存(19)資源 또한 매우 劣惡(20)한 狀況(21)이다.

[라] 원래 文字는 세 가지 要素(22)를 가지는 것이니, 모양(形), 소리(音), 뜻(意)이 그것이다. 그런데 漢字의 3要素중 '形'은 韓國, 中國, 日本이 비슷한 모습으로 쓰인다. -중국에 繁體字(23)와 簡體字(24)가 있고 한국과 일본에서 正字와 略字가 쓰이지만, 簡字體는 略字體와 너무 달라 글자 모양도 三國이 완전히 같다고는 할 수 없다.- 이에 비하여 音價는 判異하게 달라서 '國語'를 [국어. 구거]로 읽는 나라는 우리밖에 없다. 한편 意味에 있어서는 삼국이 비슷한 境遇와 전혀 달리 쓰이는 境遇(25)가 섞여 있어, 折半(26)의 동질성 밖에 인정할 수가 없다. '東西'가 중국 白話文에서는 '물건'의 뜻이고, '大丈夫(27)'가 일본어에서는 '괜찮다'라는 의미로 쓰이는 境遇가 더 많다. 이처럼 모양이 같은 漢字語라도 그 音이 다르고 뜻도 다른 때가 많으니, 漢字는 準國字(28)요 漢字語도 國語인 것이다. 이 엄연한 진실을 度外視(29)하고 지금도 "한글만 쓰자"거나, "漢字語는 우리말이 아니다"하는 잘못된 주장을 固執(30)하는 이들이 있다. 그 결과 오늘의 한국어는 漢字 表記와 漢字語 사용은 극력 忌避(31)하면서 온갖, 西歐 외국어가 범람하는 전시장이 되어 버렸다.

[마] 신라는 三國 중 가장 후진이었고 漢字의 전래도 늦었으나, 吏讀(32)나 鄕札(33)과 같은 借字表記法(34)이 크게 발달하였다. 또한 신라어에 중국어의 影響(35) 이 커져서 한자어 사용이 증가한 흔적이 많다. 8세기에 지명과 官職(36)명 등을 중국식으로 改稱(37)하고 나중에 人名에까지 중국식이 일반화된 사실은 그 이전의 한자어와는 系譜(38)를 달리 하는 國內 起源의 新造語(39)가 量産(40)되었음을 알려준다.

[바] 中世國語의 마감을 임진왜란까지로 보는 것은 이 전쟁이 우리 역사상 가장 긴 戰亂(41)이었을 뿐 아니라, 물질적인 破壞(42)와 동시에 눈에 보이지 않는 정신 영역에까지 새로운 變革(43)을 초래하였고, 그러한 社會相이 언어에까지 큰 변화를 주었기 때문이다. 音韻史上 'ㅿ, ㆁ'등의 音價와 字母까지 消滅(44)되었고, 이전의 성조 體系를 나타내던 사성의 방점 또한 廢棄(45)되었다.

[問 46-75] 다음 문장에서 밑줄 친 漢字語를 漢字 正字로 쓰시오.

[가] 행복은 물질적(46) 윤택(47)보다는 정신적 여유(48)에 더 크게 의지(49)하는 것이다.

[나] 문화의 초기(50) 원시(51) 단계(52)에는 어떤 언어사회이든, 많은 어휘를 보유 구사(53)하지 못하여 각 單語의 의미가 광막(54) 모호(模糊)할 수 밖에 없다. 문화가 진전(55)함에 따라 思考와 상상(56)의 범위(57)가 넓어져 어휘 증가가 요구되고, 한편으로는 같은 事象에 관하여도 개념을 세분(58)할 필요가 생기게 마련이다. 그러한 필요성과 욕구(59)를 충족시키기 위하여 자주 新語의 창안을 시도(60)하지만, 그 증가 속도가

思考의 확대와 분화 속도를 따르지 못하여 신조어는 언제나 한정적(61)일 수밖에 없다. 그러므로 쉽게 빌어 쓸 수 있는 외국어가 손쉬운 자원으로 활용되곤 하는 것이다. 현대의 국어생활에서 외국어가 남용(62)되는 일도 이와 유관한 것임은 물론이나, 그것이 이유의 전부는 아니다. 오늘날에는 오히려 고유 국어와 문화의 소중(63)함에 대한 인식이 점점 희박해지고, 西歐語 사용이 유식함의 과시(64)인 듯한 천박한 의식의 산물인 경우가 더 많아 보인다.

[다] 한글과 漢字는 서로 단점(65)을 보완하여 최고의 문자 기능을 수행(66)하는 국어 表記의 양 날개이다. 표음문자와 표의문자의 대표적 문자 체계라 할 한글과 漢字는 절묘(67)한 조화(68)를 이루며 정서(69)와 사상,감성과 이성을 담는 그릇 노릇을 충실(70)히 수행하고 있는 것이다. 고유어와 漢字語를 필요에 따라 자유로이 섞어 쓸 수 있는 언어 환경을 가진 한국어는 축복(71)받은 것이지, 재앙(72)이 아닌 것이다.

[라] 漢字語가 국어에서 지니는 가치로는 어휘의 증대와 생동감(73) 있는 표현력 부여, 의미 영역(74)의 분화, 同音 충돌(75)의 해소, 그리고 무한한 造語源의 확보 등을 指摘할 수 있다.

[問 76-80] 위 [1-14]의 漢字語 중에서 첫 音節이 장음으로 發音되는 單語를 다섯만 찾아 그 번호를 쓰시오.

(76) (　　)　(77) (　　)　(78) (　　)
(79) (　　)　(80) (　　)

[問 81-107] 다음 漢字의 訓과 音을 쓰시오.

(81) 餓　(82) 殖　(83) 呈　(84) 秉
(85) 鑽　(86) 冥　(87) 妥　(88) 漏
(89) 偏　(90) 垈　(91) 峽　(92) 溺
(93) 屢　(94) 徑　(95) 拋　(96) 濃
(97) 吐　(98) 稻　(99) 漆　(100) 籠
(101) 奏　(102) 茫　(103) 鬱　(104) 閥
(105) 瑞　(106) 宜　(107) 仲

[問 108-112] 다음 漢字의 部首를 쓰시오.

(108) 往　(109) 夜　(110) 枕
(111) 航　(112) 益

[問 113-117] 다음 四字成語가 完成되도록 (　)속의 글자를 漢字(正字) 쓰시오.

(113) (소인)墨客 - 시문과 서화를 일삼는 사람
(114) 苦盡(감래) - 고생 끝에 즐거움이 옴
(115) (상전)碧海 - 세상 일이 덧없이 변천함이 심함
(116) 綠衣(홍상) - 젊은 여자의 곱게 치장한 복색
(117) (화사)添足 - 뱀 그림에 발을 보태는 것처럼 쓸데없는 일을 함.

[問 118-122] 다음 (　)속의 말을 漢字(正字)로 적어 뒤의 속담과 같은 뜻이 되게 하시오.

(118) (소탐)大失 - 기름 쏟고 깨 줍는다.
(119) 識字(우환) - 아는 것이 병
(120) (당구)風月 - 서당 개 삼 년에 풍월한다.
(121) (계란)有骨 - 안 되는 놈은 두부에도 뼈라.
(122) 孤掌(난명) - 외손뼉이 울랴.

[問 123-132] 다음 각 글자와 意味上 對立되는 漢字를 적어 실용성 있는 單語를 만드시오.

(123) 送(　)　(124) (　)尾　(125) 榮(　)
(126) (　)怠　(127) 縱(　)　(128) (　)淺
(129) 昇(　)　(130) (　)借　(131) 伸(　)
(132) (　)急

[問 133-137] 다음 각 글자와 同訓字를 적어 單語를 완성하시오.

(133) 空(　)　(134) (　)船　(135) 詐(　)
(136) (　)壓　(137) 敦(　)

[問 138-142] 다음 漢字語의 同音異義語를 漢字(正字)로 쓰되, 제시된 뜻에 맞추시오.

(138) (訪韓) : 추위를 막음.
(139) (黃紙) : 거칠거나 묵은 땅.
(140) (脫臭) : 빼앗아 가짐.
(141) (曲城) : 우는 소리.
(142) (經史) : 비스듬히 기울어짐.

[問 143-145] 다음 漢字의 통용되는 略字를 쓰시오.

(143) 肅　(144) 鹽　(145) 鑛

[問 146-150] 다음 漢字語의 뜻을 쓰시오.

(146) 炎天 : (　　　　)
(147) 移住 : (　　　　)
(148) 歸天 : (　　　　)
(149) 陵蔑 : (　　　　)
(150) 銅鏡 : (　　　　)

국가공인
제10회 한자능력검정시험 2급 기출·예상문제

합격점수 : 105점
제한시간 : 60분

(社)한국어문회가 시행한 한자능력검정시험을 수험생들에 의해 재생하였습니다.

[問 1-45] 다음 漢字語의 讀音을 쓰시오.

(1) 도란 것은 暫時도 떠날 수 없으니, 떠날 수 있으면 도가 아니다.
(2) 시경에 이르길, "융적을 이에 征伐하니, 형서가 이에 다스려져 나를 감히 대적할 자가 없다." 고 했다.
(3) 전 날 달밤으로 산에 기도를 다닐적의 얼굴을 聯想케 했다.
(4) 매번 因緣이 그러하였으니, 한 잔 그늘이 깊고 쓸쓸하다.
(5) 추신수가 아시아 출신 선수 중 최고의 연봉 계약을 締結했다.
(6) 이것은 민족주의라는 낙인이 찍힘과 동시에 우리 민족과 나 개인이 입은 損失이다.
(7) 모름지기 사랑하는 이와 爐邊에 속삭이는 행복된 시간을 가져라.
(8) 전기 전자에서 화학, 신소재까지 다양한 분야가 만나는 尖端 융합 산업
(9) 외국어 학습의 秘訣은 노우하우(know-how)가 아닌 노우와이(know-why)에 있다고 생각한다.
(10) 복사꽃과 자두 꽃이 아름답기는 하나 어찌 松柏의 곧고 굳음과 같겠는가.
(11) 연어가 떼 지어 오면 궁중에서는 잔치를 베풀었을 만큼 祥瑞로운 징조로 여겼다.
(12) 공군, 이어도서 매일 硝戒 활동.
(13) 산골의 閨中 처녀가 일손이 뜬다.
(14) 하루의 鬱憤을 씻을 바 없어 가만히 눈을 감으면 마음속으로
(15) 속도가 장인의 纖細함을 이긴다.
(16) 영겁의 세월에 비하면 우리 인생은 한낱 刹那에 불과하다.
(17) 한중일 방공 구역 마찰은 전면 갈등 양상으로 비화될 憂慮가 있다.
(18) 추위보다도 酷毒한 것은 생활고이다
(19) 전쟁으로 荒廢해진 터전 속에서 한강의 기적을 이룬 자랑스러운 대한민국. 그 중심에 교육이 있다.
(20) 시는 含蓄을 귀하게 여긴다.

(21) 吹奏 (22) 盟邦 (23) 錯誤
(24) 歪曲 (25) 被拉 (26) 堯舜
(27) 捕捉 (28) 對峙 (29) 踏襲
(30) 尋訪 (31) 示唆 (32) 癸丑
(33) 研鑽 (34) 遮陽 (35) 乾燥
(36) 賠償 (37) 埋葬 (38) 燒却
(39) 享樂 (40) 馨香 (41) 赦免
(42) 崩壞 (43) 逸民 (44) 忽然
(45) 更張

[問 46-72] 다음 漢字의 訓과 音을 쓰시오.

(46) 覓 (47) 雇 (48) 謄 (49) 艮
(50) 挑 (51) 旌 (52) 窒 (53) 礪
(54) 抛 (55) 牟 (56) 董 (57) 桓
(58) 諮 (59) 崗 (60) 喆 (61) 璿
(62) 彊 (63) 翊 (64) 甕 (65) 玟
(66) 殖 (67) 庠 (68) 肅 (69) 趨
(70) 繩 (71) 郵 (72) 蝶

[問 73-77] 다음 漢字語 가운데 첫음절이 長音인 漢字語의 번호를 쓰시오.

(73) ① 童話 ② 文名 ③ 絕景 ④ 寒冷
(74) ① 高麗 ② 決死 ③ 進退 ④ 朝餐
(75) ① 海峽 ② 梨花 ③ 體感 ④ 修辭
(76) ① 科學 ② 寶物 ③ 觀覽 ④ 三才
(77) ① 極樂 ② 哀惜 ③ 著名 ④ 酒席

[問 78-107] 다음 문장에서 밑줄 친 漢字語를 漢字 正字로 쓰시오.

(78) 이별이 주는 고통의 예리한 칼날에 찢겨
(79) 마음은 제 고향 지니지 않고 머언 항구로 떠도는 구름
(80) 두고 갈 것도 없고, 가져갈 것도 없는, 가벼운 충만함이여.
(81) 꽃도 피면 지는 것이 자연계의 이치이다.
(82) 지울 수도 있는 우리가 가진 최선의 무기는 사랑이외다!
(83) 번역은 단순한 옮김이 아니라 작가와의 내밀한 연애를 통해 이루어지는 소통이다.
(84) 예는 사치하기보다는 차라리 검소한 것이 낫다.
(85) 예의는 나라의 근간이다.
(86) 커피의 본능은 유혹, 진한 향기는 와인보다 달콤하다.
(87) 흔히 기억은 조작되고, 과거는 미화된다.
(88) 흑백 화합의 상징, 넬슨 만델라의 95년 인생 역정
(89) 들풀의 생명력이 얼마나 강합니까. 귀하게 자란 화초는 얼마나 연약합니까.
(90) 자연의 봄은 오는데, 남북 간 해빙의 봄은 정녕 언제나 오려나.

(91) 우리 아이에게 정말 필요한 것은 명품 가방이나 고가의 휴대전화가 아닌, 일상 속의 작은 관심이다.
(92) 여러분의 아이를 '별로'가 아닌 '별'로 보십시오. 훗날 '기적의 무대'를 연출할 주인공이 될 것입니다.
(93) 오늘 운동장 정지 작업을 하였다.
(94) 누구의 주재런가 맑고 고운 산
(95) 조선, 그 찬란한 기록의 역사. 의궤, 기록 문화의 꽃
(96) 악어는 포식 동물이다.
(97) 눈물 한숨 웃음 노여움 모두 한물에 몰아서 온갖 오욕을 삼킨채
(98) 다리를 절며 하루를 걷는다. 아마도 봄 신령이 지폈나 보다.
(99) 한시는 다른 문학 양식에서는 찾아볼 수 없는 매력이 있다.
(100) 혈전을 벌인 진주성 싸움에서 전의병이 장렬히 순국하였다.
(101) 창자가 끊어질 정도로 슬픈 이별의 아픔을 나타낼 때 단장이란 말을 쓴다.
(102) 약속의 사슬로 나를 묶는다.
(103) 월드컵 원정 4강 진출은 우리의 간절한 소망이다.
(104) 오늘의 녹슨 파편들이 이 시대에 홍수처럼 흘러가고 있다.
(105) 나의 비밀은 떨리는 가슴을 거쳐서 당신의 촉각으로 들어갔습니다.
(106) 얼어붙은 심장 밑으로 흐르던
(107) 한국 독립군 양성의 요람, 신흥무관학교

[問 108-112] 다음 漢字와 비슷한 뜻을 가진 漢字를 ( )안에 써넣어 문장에 적합한 漢字語가 되게 하시오.

(108) 고가도로로 覆( )되어 있던 청계천이 생태하천으로 다시 태어났다.
(109) TV 화면을 2시간 이상 보는 학생은 수업 집중력이 散( )하다는 연구 결과가 있다.
(110) 귀농에 대한 確( )한 신념과 의지가 무엇보다도 필요하다.
(111) 공포 분위기를 조성하고주민들을 脅( )하는 북한 독재 정권
(112) 한국경제를 牽( )할 미래의 유만 종목이 무엇일까를 심각히 고민할 때다.

[問 113-117] 다음 漢字와 뜻이 反對 또는 相對되는 漢字(正字)를 써서 漢字語를 完成하시오.

(113) 添 - ( ) (114) 昇 - ( )
(115) 奴 - ( ) (115) 伸 - ( )
(117) 表 - ( )

[問 118-122] 다음 漢字語의 反義語 또는 相對語를 2음절로 된 漢字(正字)로 쓰시오.

(118) 陷沒 ↔ ( )( ) (119) 年頭 ↔ ( )( )
(120) 興奮 ↔ ( )( ) (121) 緩慢 ↔ ( )( )
(122) 干涉 ↔ ( )( )

[問 123-132] 다음 ( )안에 알맞은 漢字(正字)를 써 넣어 四字成語를 완성하시오.

(123) ( )之不動 – 흔들어도 조금도 움직이지 않음
(124) 口蜜( )劍 – 입으로는 달콤한 말을 하면서 뱃속에는 칼을 지녔다.
(125) 泥田鬪( ) – 진창에서 싸우는 개
(126) 氣高萬( ) – 일이 뜻대로 되어 기세가 대단함.
(127) 同聲相( ) – 같은 무리끼리 서로 통하여 응함.
(128) 名公巨( ) – 이름난 재상과 높은 벼슬아치
(129) 指( )之間 – 손짓으로 부를 만한 가까운 거리
(130) 名不( )傳 – 이름은 헛되이 전해지는 것이 아님
(131) 明( )觀火 – 불을 보듯이 명백함.
(132) 三( )草廬 – 인재를 맞기 위해 참을성 있게 노력함

[問 133-137] 다음 漢字語의 同音異義語를 漢字(正字)로 쓰되, 제시된 뜻에 맞는 것으로 하시오.

(133) 火傷 – (중국 상인)
(134) 棋院 – (햇수를 세는 기준이 되는 해)
(135) 父情 – (그렇지 않다고 함)
(136) 意思 – (회의에서, 어떤 안건을 토의함)
(137) 家長 – (거짓으로 꾸밈)

[問 138-142] 다음 漢字의 部首를 쓰시오.

(138) 隸 (139) 麻 (140) 罔
(141) 冒 (142) 甚

[問 143-145] 다음 漢字의 略字를 쓰시오.

(143) 據 (144) 拂 (145) 鹽

[問 146-150] 다음 漢字語의 뜻을 각각 10음절 이내로 쓰시오.

(146) 寸陰
(147) 奇妙
(148) 脫盡
(149) 朔望
(150) 暗躍

2급 예상문제 정답

제1회

1. 노양 2. 박래 3. 전납 4. 척벌 5. 간좌 6. 삽화 7. 철수 8. 탁규 9. 모욕 10. 보전 11. 연박 12. 오동 13. 요갈 14. 어전 15. 응시 16. 병덕 17. 동료 18. 빙과 19. 패기 20. 경멸 21. 찬연 22. 촉진 23. 규벌 24.호천 25. 요매 26. 파착 27. 면수 28. 응축 29. 단강 30. 염라 31. 변상 32. 우체 33. 갈등 34. 설탕 35. 현격 36. 신탄 37. 호창 38. 알지 39. 개탄 40. 성충 41. 추세 42. 위장 43. 위궐 44. 찬견 45. 단련 46. 성우 47. 계집희 48. 뜻지 49. 거리낄애 50. 부탁할탁 51. 구라파구 52. 자석자 53. 티끌애 54. 성송 55. 성로 56. 편지한 57. 복희희 58. 순임금순 59. 쇠녹일용 60. 던질포 61. 물이름기 62. 태풍태 63. 노끈승 64. 도울익 65. 넓을항 66. 녹을융 67. 목맬교 68. 身, 影 69. 千, 一 70. 失, 機 71. 擧, 不 72. 梁, 材 73. 李, 下 74. 腹, 絕 75. 百, 八 76. 獨, 尊 77. 失, 當 78. 江邊 79. 煙氣 80. 寶石 81. 肖像 82. 企圖 83. ① 84. ③ 85. ③ 86. ② 87. ① 88. 高句麗 89. 滿洲 90. 部族 91. 聯盟體 92. 鐵器 93. 韓半島 94. 王權 95. 征服 96. 相符 97. 面貌 98. 大陸 99. 隣接 100. 侵入 101. 危險 102. 擴張 103. 物産 104. 豊富 105. 制御 106. 律令 107. 統治 108. 基盤 109. 佛教 110. 受容 111. 太學 112. 體制 113. 整備 114. 集權力 115. 混亂 116. 北間島 117. 大帝國 118. 요동 119. 옥저 120. 숙신 121. 한예 122. 아산만 123. 添 124. 密 125. 取 126. 獸 127. 忙 128. 隱蔽 129. 釋放 130. 攻勢 131. 略述 132. 騷亂 133. 劣 134. 留 135. 險 136. 派 137. 磨 138. 寢139. 棄 140. 貫,通,透 141. 擁 142.偏 143. 刀 144.冂 145. 衣 146. 赤 147. 尸 148.応 149.胆 150.賎

제2회

1. 반롱 2. 요괴 3. 회림 4. 봉래 5. 교접 6. 형감 7. 취반 8. 예지 9. 소개 10. 간격 11. 잔학 12. 사육 13. 동헌 14. 폐암 15. 성수 16. 비적 17. 야단 18. 휴게 19. 매혹 20. 악수 21. 추오 22. 면앙 23. 선박 24. 가도 25. 둔취 26. 배뇨 27. 벽유 28. 귀추 29. 탄생 30. 우산 31. 흉막 32. 혐의 33. 영창 34. 고용 35. 마술 36. 응축 37. 혁노 38. 반야 39. 당뇨 40. 교포 41. 보궐 42. 파악 43. 구축 44. 모멸 45. 준일 46. 은나라은 47. 꽂을삽 48. 빠질닉 49. 물이름위 50. 포도포 51. 높을준 52. 국문할국 53. 나루진 54. 성위 55. 상서로울정 56. 되승 47. 달굴련 58. 성원 59. 클개 60. 곰웅 61. 밝을현 62. 답답할울 63. 느릅나무유 64. 고을이름울 65. 거둘철 66. 공경할흠 67. 향풀운 68. 삼갈욱 69. 시위현 70. 갑옷갑 71. 쑥애 72. 負, 女 73. 邪, 顯 74. 枝, 玉 75. 中, 七 76. 對, 牛 77. 錢, 善 78. 喪, 魂 79. 貨, 居 80. 不, 辨 81. 服, 車 82. 國教 83. 遵守 84. 歲入 85. 動靜 86. 口錢 87. ② 88. ① 89. ③ 90. ③ 91. ① 92. 貨幣 93. 流通 94. 원활 95. 價値 96. 尺度 97. 機能 98. 支拂 99. 厚農 100. 副業 101. 力說 102. 曆書 103. 禁忌 104. 迷信 105. 廢止 106. 種穀 107. 畜産 108.配布 109. 確立 110. 鑛山 111. 主張 112. 官吏 113. 派遣 114. 接受 115. 金屬 116. 鑄造 117. 歲入 118. 充當 119. 租稅 120. 負擔 121. 富裕 122. 背 123. 淸 124. 益 125. 縱 126. 鈍 127. 左遷 128. 優待 129. 權利 130. 文明 131. 公開 132. 刻 133. 曲 134. 誤 135. 遠 136. 販 137. ① 138. ⑧ 139. ③ 140. ⑥ 141. ④ 142. 田 143. 皿 144. 八 145. 牛 146. 肉 147.条 148.岩 149.梦 150.称

제3회

1. 정탐 2. 누액 3. 납치 4. 목욕 5. 축구 6. 준위 7. 녹봉 8. 격진 9. 수계 10. 만용 11. 쇄도 12. 협곡 13. 섭렵 14. 체포 15. 석망 16. 탄신 17. 석가 18. 유형 19. 호걸 20. 모멸 21. 방석 22. 왕성 23. 소개 24. 교포 25. 경단 26. 결형 27. 매거 28. 적라 29. 탁발 30. 사면 31. 보좌 32. 은행 33. 고도 34. 포복 35. 당뇨 36. 윤활 37. 서안 38. 예치 39. 요순 40. 활약 41. 궐석 42. 포옹 43. 관섭 44. 섭취 45. 신탄진 46. 쇠북용 47. 물이름락 48. 향기분 49. 밝을석 50. 누애잠 51. 노루장 52. 품팔고 53. 막을알 54. 깊을준 55. 옥피리관 56. 고깔변 57. 모을집 58. 요임금요 59. 두꺼비섬 60. 클보 61. 솥귀현 62. 물맑을형 63. 창과 64. 늙을기 65.도울보 66. 땅이름소 67. 땅이름섬 68. 새집소 69. 아닐불 70. 해길창 71. 왜나라왜 72. 지초지 73. 利, 貞 74. 同, 舟 75. 門, 沃 76. 斯, 亂 77. 風, 之 78. 中, 之 79. 不, 厭 80. 茶, 飯 81. 迷, 寶 82. 炭, 之 83. 清算 84. 孝誠 85. 施賞 86. 睡眠 87. 高手 88. ① 89. ② 90. ④ 91. ① 92. ③ 93. 混用 94. 併用 95. 發芽 96. 末葉 97. 懸案 98. 爭點 99. 修正 100. 變革 101. 光復 102. 植民地 103. 代名詞 104. 階層 105. 區劃 106. 風潮 107. 潛定 108. 固有 109. 平易性 110. 卓越 111. 表音 112. 肯持 113. 再論 114. 文化圈 115. 廣範 116. 否認 117. 施策 118. 前提 119. 基準 120. 適用 121. 要請 122. 急進 123. 友好 124. 退步 125. 保守 126. 硬直 127. 容易 128. 濕潤 129. 消費 130. 盛 131. 毒 132. 納 133. 結 134. 傲,怠 135. 船 136. 停,遲 137. 損 138. 歎 139. 마음이 서로 통하는 친한 벗 140. 맑고 고상한 이야기 141. 어깨에 붙이는 직위나 계급을 밝히는 표장 142. 결석 143. 鹿 144. 目 145. 言 146. 白 147.彳 148.当149.欠 150.伝

제4회

1. 절충 2. 소굴 3. 사찰 4. 수요 5. 종정 6. 궁궐 7. 이십 8. 부설 9. 반주 10. 잔학 11. 선박 12. 기지 13. 항만 14. 역체 15. 배상 16. 함정 17. 교위 18. 섭리 19. 봉직 20. 주말 21. 신장 22. 융성 23. 섬유 24. 조근 25. 찬란 26. 파조 27. 진료 28. 간좌 29. 체신 30. 준령 31. 원활 32. 폐암 33. 익사 34. 위관 35. 나신 36. 단규 37. 경멸 38. 증기 39. 근역 40. 등사 41. 위탁 42. 금융 43. 후두 44. 맑을정 45. 슬기예 46. 지경강 47. 모을취 48. 화할충 49. 언덕치 50. 꿩치 51. 여울탄 52. 별태 53. 물어줄배 54. 바다이름발 55. 길쌈방 56. 즐길탐 57. 옮길반 58. 배박 59. 굳셀환 60. 아름다울휘 61. 펼서 62. 바꿀태 63. 수나라수 64. 성반 65. 곁방 66. 막을두 67. 갈림길기 68. 문지를마 69. 옥이름기 70. 휠호 71. 相, 依 72. 中, 魚 73. 曲, 徑 74. 隱, 心 75. 羅, 場 76. 雪上 77. 苦盡 78. 亡子 79. 之間 80. 無患 81. 救護 82. 强盜 83. 戰後 84. 冬至 85. 家務 86. ② 87. ④ 88. ① 89. ① 90. ③ 91. 大統領 92. 就任 93. 宣誓 94. 憲法 95. 遵守 96. 保衛 97. 暢達 98. 職責 99. 遂行 100. 嚴肅 101. 內憂 102. 外患 103. 天災 104. 地變 105. 危機 106. 保障 107. 秩序 108. 維持 109. 緊急 110. 措置 111. 赦免 112. 減刑 113. 復權 114. 勳章 115. 榮典 116. 宣戰 117. 布告 118. 派遣 119. 領域 120. 駐留 121. 自立 122. 陷沒 123. 專門家 124. 强風 125. 必然 126. 矛 127. 怒,悲 128. 向,腹 129. 守,防 130. 乘,昇 131. 細 132. 慘 133. 怖 134. 秀, 傑 135. 姻 136. 當 137. 倣, 範 138. 蔬 139. 得 140. 把 141. 가는털 142. 온갖 책을 널리 읽음 143. 쉬거나 흐린 목소리 144. 日 145. 口 146. 口 147.冂 148.斉 149.灵 150.氷

제5회

1. 조식 2. 염증 3. 서찰 4. 견평 5. 내진 6. 조대 7. 정문 8. 옥답
9. 계양 10. 자웅 11. 수선 12. 전형 13. 승마 14. 견발 15. 허탄
16. 수모 17. 맥락 18. 간현 19. 개탄 20. 옹희 21. 조각 22. 장애
23. 연적 24. 둔취 25. 종합 26. 신상 27. 소홀 28. 탈모 29. 저애
30. 응체 31. 탁규 32. 시신 33. 증혐 34. 견별 35. 옹기 36. 비준
37. 봉래 38. 규별 39. 화목 40. 교착 41. 갈등 42. 자기 43. 난소
44. 염주 45. 녹강 46. 구부릴면 47. 분비할비 48. 불빛돈
49.땅이름합 50. 물굽이만 51. 주검시 52. 향풀훈 53. 못소
54. 별규 55. 일대 56. 夏王 이름걸 57. 높은땅개 58. 갈대로
59. 못당 60. 광나무정 61. 노나라노 62. 우리권 63. 고울연
64. 모을종 65. 진찰할진 66. 물이름회 67. 드릴정 68. 벨참
69. 매혹할매 70. 약제제 71. 자작나무화 72. 탐스러울화 73. 楚, 歌
74. 魂, 落 75. 玉, 手 76. 茂, 悅 77. 學, 世 78. 考, 無 79. 暴, 暴
80. 生, 不 81. 卵, 破 82. 億, 蒼 83. 告解 84. 謝禮 85. 在庫
86. 急傳 87. 加算 88. ② 89. ① 90. ④ 91. ④ 92. ① 93. 欲望
94. 郵便 95. 媒體 96. 嫌惡感 97. 音響 98. 圖畵 99. 映像
100. 淫亂 101. 저촉 102. 列車 103. 電動車 104. 航空機 105. 선박
106. 乘合 107. 病院 108. 진료소 109. 圖書館 110. 研究所
111. 試驗所 112. 演說 113. 騷音 114. 機械 115. 裝備 116. 運轉
117. 相異 118. 周邊 119. 狀況 120. 背景 121. 濕度 122. 장애물
123. 難解 124. 疏遠 125. 不調 126. 銳利 127. 抽象的 128. 債務者
129. 縮小 130. 被害者 131. 索, 訪 132. 墮 133. 號, 讚 134. 燃 135. 介
136. 收 137. 徹 138. 略 139. 讓 140. 急 141. 죽어 세상을 떠남
142. 돕거나 감싸서 지킴 143. 한쪽눈 144. 木 145. 釆 146. 玉
147. 馬 148.証 149.酔 150.恋

제6회

1. 환상 2. 삽입 3. 견직 4. 요절 5. 추세 6. 편파 7. 박봉 8. 구지
9. 파수 10. 긍정 11. 초조 12. 대만 13. 질소 14. 맹서 15. 예덕
16. 송척 17. 구로 18. 묘결 19. 예맥 20. 전세 21. 면려 22. 목연
23. 방뇨 24.기린 25. 분규 26. 각료 27. 격리 28. 척벌 29. 체류
30. 배우 31. 봉록 32. 혐노 33. 어원 34. 용해 35. 석광 36. 위액
37. 승양 38. 섬유 39. 계박 40. 상권 41. 응고 42. 철거 43. 조형
44. 방적 45. 미봉 46. 매웅 47. 모질학 48. 언덕강 49. 다듬을탁
50. 막을저 51. 단술례 52. 마을염 53. 전장장 54. 아름다울희
55. 쑥봉 56. 대바구니롱 57. 심할혹 58. 조아릴돈 59. 콩팥신
60. 기울선 61. 산이름륜 62. 굴굴 63. 병고칠료 64. 홀장 65. 밝을량
66. 복희 67. 왕후후 68. 헤아릴규 69. 밝을준 70. 준마준 71. 도울비
72. 질나팔훈 73. 惡, 道 74. 枯, 一 75. 軒, 夫 76. 瓦, 鳴 77. 氣, 心
78. 筆, 硯 79. 孤, 節 80. 妥, 當 81. 編, 三 82. 不, 忘 83. 校監
84. 浮上 85. 國基 86. 埋葬 87. 歌詞 88. ① 89. ④ 90. ② 91. ② 92. ④
93. 忠武公 94. 智慧 95. 戰船 96. 龜船 97. 龍頭 98. 銃穴 99. 編矛
100. 內襲 101. 登船 102. 無敵 103. 壬辰 104. 倭亂 105. 부장
106.百官 107. 복궐 108. 上疏 109. 時勢 110. 自決 111. 遺書 112. 警告
113. 國恥 114. 民辱 115. 將次 116. 破滅 117. 苟且 118. 提供 119. 皇恩
120. 仰報 121. 同胞 122. 謝罪 123. 弔 124. 抑 125. 愚 126. 貸 127. 縮
128. 美 129. 坤,濕 130. 起 131. 怒,悲 132. 功 133. 爛 134. 助
135. 催,督 136. 丘 137. 驅 138. 張 139. 龜 140. 奴 141. 肉 142. 衣
143.匚 144. 山 145. 大 146.並 147.庙 148.触 149.実150.双

제7회

1. 파악 2. 녹봉 3. 비약 4. 진애 5. 예종 6. 성수 7. 졸속 8. 세탁
9. 용액 10. 철수 11. 태풍 12. 탁월 13. 유감 14. 기제 15. 구매
16. 약탈 17. 약제 18. 검열 19. 응집 20. 혐기 21. 편벽 22. 금슬
23. 장악 24. 주축 25. 체결 26. 징후 27. 규수 28. 비뇨 29. 도모
30. 급서 31. 명석 32. 편차 33. 미만 34. 근화 35. 용빙 36. 금원
37. 정돈 38. 광란 39. 취사 40. 저지 41. 보선 42. 진노 43. 주폐
44. 웅담 45. 적라 46. 무궁화근 47. 질그릇견 48. 기울왜
49. 아가씨양 50. 추나라추 51. 진나라진 52. 빛날경 53. 떨릴궁
54. 순박할순 55. 바를동 56. 빛날희 57. 하늘호 58. 복호 59. 열쇠건
60. 큰덕 61. 대궐궐 62. 구덩이갱 63. 경계할경 64. 옥이름순
65. 옥홀종 66. 마룻대동 67. 이름돌 68. 오동나무동 69. 솥정
70. 깊게할준 71. 섶시 72. 머무를주 73. 網, 打 74. 月, 則
75. 山, 蓋 76. 江, 雲 77. 忍, 不 78. 無, 雙 79. 鑑, 不 80. 亡, 羊
81. 婚, 喪 82. 鶴, 子 83. 變死 84. 糧食 85. 施肥 86. 否認
87. 壽石 88. ③ 89. ② 90. ④ 91. ① 92. ③ 93. 誕生 94. 樣相
95. 禁忌 96. 落胎 97. 超越 98. 茶飯事 99. 論爭 100. 所在
101. 분만 102. 切開 103. 比率 104. 複製 105. 錯誤 106. 自殺
107. 收容 108. 宣誓 109. 臟器 110. 腦死 111. 安樂死 112. 極甚
113. 緩化 114. 承諾 115. 妥當 116. 平穩 117. 年頭 118. 憎惡
119. 合法化 120. 愚鈍 121. 受動 122. 分析 123. 傍系 124. 閉鎖的
125. 不當 126. 剛健 127. 竊 128. 裝 129. 隱 130. 駐, 停 131. 依
132. 篤 133. 樣 134. 躍 135. 還 136. 撤 137. 폭력을 써서 남의
것을 억지로 빼앗음 138. 그릇해석함 139. 남의 집 처녀를 정중하게
이르는 말 140. 실상이 없는 헛된 기세 141. 食 142. 阜 143. 儿 144. 鬼
145. 皿 146. 壽 147. 蛮 148. 壓 149. 属 150. 珍

제8회

1. 기족 2. 검열 3. 단규 4. 편벽 5. 애도 6. 호걸 7. 탄진 8. 감원
9. 구지 10. 낙양 11. 양산 12. 내하 13. 비구 14. 전각 15. 보궐
16. 응견 17. 탁마 18. 사직 19. 요도 20. 동량 21. 섭정 22. 응고
23. 회임 24. 편파 25. 잠수 26. 규탄 27. 차양 28. 망막 29. 동기
30. 모옥 31. 기숙 32. 진료 33. 마약 34. 번복 35. 대위 36. 방직
37. 현격 38. 부설 39. 마려 40. 대관 41. 부창 42. 연체 43. 교살
44. 방착 45. 금렵 46. 복조 47. 못담 48. 학교상 49. 오동오
50. 물가오 51. 시원할창 52. 성강 53. 두려워할포 54. 펼포
55. 주석석 56. 계집원 57. 구슬원 58. 아침해욱 59. 패옥소리용
60. 가죽위 61. 복우 62. 벼슬위 63. 잣나무백 64. 옥빛영 65. 성할욱
66. 도울우 67. 뗏목벌 68. 문벌벌 69. 편지찰 70. 올벼직 71. 옥돌구
72. 배우배 73. 執, 中 74. 臣, 子 75. 之, 夢 76. 假, 威 77. 衛, 音
78. 末, 倒 79. 足, 尿 80. 字, 患 81. 青, 藍 82. 虎威 83. 失禮
84. 免責 85. 風速 86. 暴酒 87. 稀少 88. ① 89. ② 90. ④ 91. ④
92. ② 93. 疾病 94. 症狀 95. 輕微 96. 治療 97. 암세포 98. 他臟器
99. 轉移 100. 浸透 101. 招來 102. 同伴 103. 患者 104. 休息
105. 睡眠 106. 장애 107. 恐怖 108. 加重 109. 調節 110. 看護
111. 必須 112. 鎮痛 113. 間隔 114. 投與 115. 領域 116. 血液
117. 濃度 118. 傷害 119. 極度 120. 拒否 121. 排除 122. 포기 123. 怠
124. 圓 125. 劣 126. 表 127. 經 128. 隆盛 129. 敬語 130. 未熟
131. 愚鈍 132. 減産 133. 述 134. 寫 135. 澤 136. 鍊 137. 績, 勳
138. 餓 139. 遲, 停 140. 獎, 勉 141. 接 142. 차이가 매우 심함. 143. 쇠붙이
를 녹이어 화폐를 만듦, 동전 144. 목을 졸라 죽임 145. 戶 146. 革
147. 艸(++) 148. 写 149. 関 150. 脳

제9회

1. 궤도 2. 합천 3. 혹독 4. 매개 5. 간과 6. 견인 7. 연주 8. 섭정 9. 파천 10. 총포 11. 가람 12. 회피 13. 융통 14. 사지 15. 연계 16. 비로 17. 섬유 18. 과장 19. 보빙 20. 가장 21. 야기 22. 상서 23. 연봉 24. 파문 25. 운반 26. 모험 27. 모욕 28. 장혈 29. 곡부 30. 몽진 31. 비율 32. 침울 33. 빙정 34. 돈독 35. 귀추 36. 융자 37. 부연 38. 적석 39. 휘장 40. 왕후 41. 진척 42. 첨시 43. 다과 44. 슬퍼할도 45. 외짝척 46. 둘조 47. 큰거문고슬 48. 들보량 49. 배정 50. 오랑캐흉 51. 기정 52. 절찰 53. 비칠영 54. 성예 55. 삼삼 56. 검은말려 57. 홀규 58. 죽순순 59. 방패순 60. 빛날희 61. 용서할사 62. 쪽람 63. 참으로순 64. 새길조 65. 성채 66. 집터대 67.언덕구 68. 햇빛밝을욱 69. 물이름렴 70. 실산 71. 萬, 象 72. 骨, 心 73. 右, 顧 74. 手, 空 75. 角, 殺 76. 履, 薄 77. 今, 之 78. 畫, 添 79. 合, 山 80. 廳, 室 81. 詐欺, 82. 戰時 83. 弔旗 84. 符號 85. 軍需 86. ① 87. ③ 88. ④ 89. ② 90. ④ 91. 處方 92. 職能 93. 發揮 94. 治療 95. 誤 · 濫用 96. 保健 97. 極大化 98. 窮極 99. 東洋圈 100. 導入 101.定着 102. 對策 103. 姿勢 104. 氣血 105. 血液 106. 循環 107. 關節 108. 柔軟 109. 骨盤 110. 卓越 111. 生理 112. 不順 113. 肝臟 114. 疾患 115. 克服 116. 진단 117. 조제 118. 구미 119. 불임증 120. 분만 121. 尊 122. 盛 123. 俗 124. 主 125. 此, 我 126. 早 127. 落 128. 寡 129. 往 130. 畓 131. 暴 132. 鬼 133. 須 134. 祿 135. 祀 136. ③ 137. ⑩ 138. ⑦ 139. ① 140. ⑨ 141. 糸 142. 鬼 143. 隹 144. 見 145. 辔 146. 亂 147. 同 148. 蠶 149. 桥 150. 點

제10회

1. 훈적 2. 각료 3. 걸가 4. 권점 5. 농구 6. 복강 7. 수훈 8. 연박 9. 복개 10. 초소 11. 조찬 12. 노둔 13. 주류 14. 첨성 15. 장악 16. 완도 17. 정첩 18. 정담 19. 나충 20. 예과 21. 규탄 22. 영창 23. 종합 24. 준지 25. 상담 26. 목연 27. 충간 28. 섬호 29. 간첩 30. 반이 31. 규책 32. 미봉 33. 탈모 34. 난포 35. 정상 36. 멸시 37. 서안 38. 병욱 39. 열람 40. 관희 41. 사부 42. 웅담 43. 악마 44. 주재 45. 공포 46. 안방규 47. 성배 48. 사패지채 49. 옥소리령 50. 작을편 51. 깊을황 52. 도울필 53. 바리때발 54. 기름질옥 55. 나라조 56. 편안할온 57. 막힐옹 58. 불꽃섭 59. 상서로울서 60. 피직 61. 밝을철 62. 햇살치밀섬 63. 이끌야 64. 독옹 65. 낚을조 66. 귀고리이 67. 높을준 68. 아름다운옥근 69. 해자호 70. 종족이름예 71. 海, 一 72. 自, 若 73. 談, 說 74. 自, 鳴 75. 天, 差 76. 之, 交 77. 苦, 慮 78. 斷, 之 79. 放, 大 80. 營, 三 81. 病歷 82. 恒久 83. 尊屬 84. 指導 85. 白眉 86. ② 87. ③ 88. ② 89. ① 90. ④ 91. 戶籍 92. 達成 93. 租稅 94. 勞役 95. 負擔 96. 基礎 97. 衛生 98. 資料 99. 統計 100. 被支配 101. 公證 102. 重婚 103. 親權 104. 後見 105. 扶養 106. 相續 107. 食品 108. 危害 109. 圖謀 110. 添加物 111. 採取 112. 製造 113. 加工 114. 調理 115. 貯藏 116. 운반 117. 陳列 118. 授受 119. 攝取 120. 接觸 121. 稀薄 122. 緯度 123. 過失 124. 陳腐 125. 歡送 126. 雄 127. 早 128. 速 129. 眞 130. 榮 131. 窒, 閉 132. 埋 133. 惡, 疑 134. 谷 135. 捕 136. 譯137. 生 138. 排 139. 羅 140. 謹 141. 뛰어난 공훈 142. 알기쉽게 덧붙여 자세히 설명함 143. 글이나 그림위에 작가가 자신의 이름이나 도장을 찍음 144. 斤 145. 火 146. 口 147. 衣 148.蛍 149.択 150. 弁

제11회

1. 조처 2. 권점 3. 질색 4. 농락 5. 악수 6. 초병 7. 양산 8. 심연 9. 왜곡 10. 단련 11. 여막 12. 매혹 13. 편집 14. 형조 15. 피부 16. 질소 17. 동량 18. 고용 19. 응시 20. 진찰 21. 파악 22. 탐닉 23. 포악 24. 권선 25. 증정 26. 부조 27. 유지 28. 착모 29. 폭등 30. 불소 31. 수훈 32. 열람 33. 예지 34. 전각 35. 발해 36. 절도 37. 교살 38. 서거 39. 흉막 40. 섬세 41. 정선 42. 취객 43. 척안 44. 기교 45. 용광로 46. 목구멍후 47. 삼갈비 48. 반계반 49. 회화무괴/느티나무괴 50. 족보보 51. 불땔취 52. 서옥규 53. 염탐할정 54. 성장 55. 찰영 56. 별이름기 57. 팔굴 58. 물을자 59. 띠모 60. 물이름문 61. 절가 62. 막힐질 63. 문란할문 64. 비적비 65. 물맑을식 66. 갈매기구 67. 오리압 68. 가래추 69. 꾀모 70. 쌍옥각 71. 盡, 肝 72. 瓜, 年 73. 虎, 之 74. 露, 宿 75. 想, 外 76. 知, 己 77. 蘭, 交 78. 有, 悔 79. 覽, 記 80. 無人 81. 口舌 82. 厚待 83. 敵機 84. 可恐 85. 主演 86. ④ 87. ③ 88. ① 89. ④ 90. ① 91. 被告人 92. 自白 93. 暴行 94. 脅迫 95. 拘束 96. 欺罔 97. 陳述 98. 裁判 99. 證據 100. 處罰 101. 軍務員 102. 警察 103. 公務員 104. 戰鬪 105. 訓練 106. 執行 107. 損害 108. 團體 109. 職務上 110. 賠償 111. 逮捕 112. 押收 113. 搜索 114. 審問 115. 節次 116. 處罰 117. 勞役 118. 刑事上 119. 不利 120. 强要 121. 沈,沒 122. 免 123. 矛 124. 叔 125. 班 126. 擴大 127. 充實 128. 現實 129. 郊外 130. 釋放 131. 亂 132. 逆 133. 償 134. 惱 135. 鎖 136. 師 137. 育 138. 寺 139. 船 140. 祥 141. 士 142. 鳥 143. 瓦 144. 肉 145. 香 146. 艺,芸 147. 农 148.鉄 149. 迁 150.画

제12회

1. 동굴 2. 휘금 3. 상담 4. 노예 5. 지체 6. 취산 7. 보필 8. 걸식 9. 준수 10. 담심 11. 문란 12. 의발 13. 조치 14. 압운 15. 혐의 16. 비원 17. 탐정 18. 교사 19. 잠식 20. 삽화 21. 동료 22. 척강 23. 현격 24. 미진 25. 구판 26. 영선 27. 납징 28. 응축 29. 보궐 30. 폐렴 31. 균형 32. 간첩 33. 기원 34. 수색 35. 조제 36. 편방 37. 시사 38. 주재 39. 참수 40. 강장 41. 장애 42. 재봉 43. 오류 44. 약진 45. 분초 46. 멸료 47. 따를호 48. 물이름면 49. 스승부 50. 기린기 51. 옥잔찬 52. 아이밸태 53. 수레가로나무식 54. 저울눈수 55. 궁벽할벽 56. 살구 57. 물가수 58. 넘을유 59. 줄춤일 60. 언덕부 61. 고개현 62. 꿰맬봉 63. 성형 64. 언덕파 65. 큰배함 66. 칼날인 67. 그릇될류 68. 살구행 69. 상자상 70. 높을항 71. 더부살이교 72. 아름다울휴 73. 林, 豪 74. 海, 好 75. 間, 於 76. 丹, 脣 77. 柱, 鼓 78. 移, 山 79. 機, 變 80. 不, 及 81. 弄, 慶 82. 桃, 結 83. 調理 84. 商用 85. 社債 86. 使節 87. 急報 88. ① 89. ② 90. ④ 91. 感氣 92. 極地方 93. 抵抗力 94. 浸透 95. 肺 96. 氣道 97. 異物質 98. 섬모 99. 乾燥 100. 病菌 101. 豫防 102. 神經 103. 營養 104. 攝取 105. 免役力 106. 傳染 107. 淸潔 108. 氣管支 109. 呼吸器 110. 炎症 111. 疾患 112. 感染 113. 週期的 114. 變形 115. 治療 116. 高熱 117. 痛症 118. 抑制 119. 安定 120. 薄土 121. 絶讚 122. 抵抗 123. 靜肅 124. 劣勢 125. 拙 126. 現,顯 127. 逆 128. 薄129. 亂130. 慢 131. 獲, 捉 132. 肅 133. 遞 134. 將 135. 悅 136. 細 137. 誤 138. 曲 139. 付 140. 스승 141. 부부사이의 애정, 거문고와 비파 142. 편지 143. 그릇되어 이치에 어긋남 144. 卜 145. 鼎 146. 禾 147. 隹 148. 鉱 149. 余 150. 辺, 边

제13회

1. 두절 2. 비결 3. 면앙 4. 세사 5. 관건 6. 장각 7. 백로 8. 방뇨 9. 도약 10. 번복 11. 패권 12. 구애 13. 아교 14. 소홀 15. 첨삭 16.요매 17. 환멸 18. 애도 19. 취락 20. 엽등 21. 사육 22. 기수 23. 구포 24. 준수 25. 탕제 26. 평형 27. 진폭 28. 주둔 29. 예매 30. 심양 31. 만찬 32. 괘관 33. 초소 34. 유충 35. 호주 36. 갱유 37. 예탁 38. 표창 39. 진벌 40. 병촉 41. 임부 42. 보초 43. 동헌 44. 점포 45. 보우 46. 옥돌민 47. 밝을병 48. 빛날혁 49. 성범 50. 하늘민 51. 아름다운돌민 52. 성민 53. 빛날빈 54. 밝을성 55. 뛰어날걸 56. 미륵미 57. 화목할목 58. 돋을도 59. 높이들게 60. 별이름묘 61. 티끌진 62. 모자모 63. 옥선 64. 골짜기협 65. 구슬선 66. 기름지 67. 높은집방 68. 부추길사 69. 화할민 70. 업신여길멸 71. 鳥, 雲 72. 萬, 波 73. 老, 戲 74. 文, 質 75. 大, 小 76. 庫, 職 77. 之, 喜 78. 一, 夢 79. 代, 謝 80. 神, 助 81. 弱者 82. 公衆 83. 獨子 84. 移轉 85. 遺志 86. ② 87. ③ 88. ① 89.奈落 90. 頻數 91. 慈堂 92. 伯, 仲 93. 米壽 94. 快適 95. 墮落 96. 相殺 97. 驅迫 98. 腰帶 99. 囚人 100. 布施 101. 早稻 102. 徒勞 103. 騷亂 104. 顧客 105. 顚末 106. 緯度 107. 洞察 108. 脅迫 109. 疲弊 110. 肥料 111. 打倒 112. 漂流 113. 脈絡 114. 遷都 115. 畢竟 116. 僅少 117. 鎭壓 118. 蜂蜜 119. 記憶 120. 片道 121. 實名 122. 憎惡 123. 凝固 124. 入黨 125. 疏遠 126. 應答 127. 助演 128. 守勢 129. 誓 130. 明 131. 壞 132. 侮 133. 譯 134. 柔 135. 問 136. 移,運 137. 察,探 138. 障 139. 이어서맴 140. 업신여기어 깔봄 141. 무궁화 142. 차가 다니는 길, 천체가 공전하는 일정한 길 143. 大 144. 火 145. 比 146. 木 147.解 148.炉 149.尽 150.県

♧ 2급 기출·예상문제 정답

제1회

1. 협농 2. 염리 3. 격린 4. 선보 5. 돈혜 6. 체맹 7. 익몰 8. 벽항 9. 자방 10. 혹사 11. 지루 12. 유설 13. 활강 14. 농성 15. 고병 16. 용융 17. 시취 18. 파배 19. 열람 20. 태독 21. 충회 22. 초계 23. 신장 24. 게식 25. 압운 26. 용부 27. 약여 28. 복개 29. 학민 30. 조탁 31. 온화 32. 수색 33. 갱함 34. 둔답 35. 척보 36. 야단 37. 취연 38. 규찰 39. 엽호 40. 포외 41. 전각 42. 포기 43. 각대 44. 탁선 45. 탄망 46. 읊을음 47. 뽑을추 48. 베개침 49. 보낼견 50. 싹아 51. 좇을축 52. 혈훼 53. 시위현 54. 떳떳할용 55. 못담 56. 어찌내 57. 청렴할렴 58. 너여 59. 썩을부 60. 끓을탕 61. 얼동 62. 막을저 63. 조카질 64. 비록수 65. 소금염 66. 줄증 67. 덮을폐 68. 눈물루 69. 둑제 70. 뽑을초 71. 도울좌 72. 칼날인 73. 紀元 74. 先人 75. 營爲 76. 持續的 77. 儒敎 78. 集散 79. 蓄積 80. 恒常 81. 記錄 82. 貢獻 83. 壓倒 84. 認識 85. 慣習 86. 遺物 87. 正體性 88. 誤導 89. 專用論 90. 多樣 91. 資産 92. 寶庫 93. 保存 94. 當爲性 95. 創造 96. 追憶 97. 因習 98. 忘却 99. 機能 100. 辭典 101. 規範的 102. 驅使 103. 信賞 104. 相照 105. 見利 106. 緣木 107. 無患 108. 錦衣夜行 109. 一石二鳥 110. 目不識丁 111. 同價紅裳 112. 孤掌難鳴 113. 蜂蜜 114. 旋律 115. 恭賀 116. 傳播 117. 整地 118. 詐欺 119. 囚徒 120. 空前 121. 銅器 122. ④ 123. ① 124. ② 125. 卑 126. 退 127. 眞 128. 厚 129. 緩 130. 成, 勝 131. 劣 132. 疏 133. 榮 134. 患, 愁 135. 繼 136. 睡 137. 壞 138. 勉, 奬 139. 擇, 拔 140. 育 141. 土 142.歹,歺 143. 犬 144. 灬(火) 145. 舟 146.関147.実 148.独 149.声 150.乱

제2회

1. 도여 2. 소술 3. 패권 4. 신대 5. 석보 6. 삽가 7. 둔진 8. 파악 9. 훈도 10. 도니 11. 집목 12. 요사 13. 저억 14. 정찰 15. 궁수 16. 경재 17. 동량 18. 도약 19. 옹폐 20. 연안 21. 택고 22. 고빙 23. 종련 24. 돈근 25. 정지 26. 초지 27. 원소 28. 권점 29. 기몽 30. 세사 31. 휘호 32. 현초 33. 기보 34. 선서 35. 천노 36. 융창 37.미봉 38. 취군 39. 태독 40. 적담 41. 상서서 42. 벼슬위 43. 가릴차 44. 기를사 45. 빠질닉 46. 팔굴 47. 기울선 48. 티끌진 49. 섭섭할감 50. 베낄등 51. 불릴식 52. 펼부 53. 편지한 54. 녹봉 55. 허수아비괴 56. 물어줄배 57. 염탐할정 58. 수레바퀴궤 59 둘조 60. 배박 61. 달굴련 62. 뜻지 63. 업신여길멸 64. 사이뜰격 65. 심할혹 66. 문지를마 67. 아뢸주 68. 碑閣 69. 銅像 70. 保護 71. 推仰 72. 奮發 73. 進就 74. 業績 75. 累卵 76. 危機 77. 超越 78. 恥辱 79. 條約 80. 廢棄 81. 詐欺 82. 喪失 83. 皇帝 84. 否認 85. 禽獸 86. 承諾 87. 享有 88. 安寧 89. 拒逆 90. 壓迫 91. 復活 92. 殉死 93. 違反 94. 侵害 95. 犯行 96. 殘忍 97. 榮譽 98. 모옥 99. 흠모 100. 체결 101. 합병 102. 갈등 103. 포학 104. 伸 105. 後, 背 106. 伏, 寢 107. 寡 108. 閑 109. 飢餓 110. 臨時 111. 拙作 112. 相逢 113. 白晝 114. ③ 115. ③ 116. ① 117. ① 118. ② 119. 疏密 120. 挑戰 121. 非命 122. 聲價 123. 削除 124. 附和 125. 眼下 126. 矯角 127. 蛇尾 128. 烏飛 129. 腐心 130. 暮改 131. 添花 132. 之馬 133. 汚吏 134. ① 135. ⑥ 136. ② 137. ④ 138. ⑦ 139. 矢 140. 酉 141. 口 142.⺮(竹) 143. 肉(月) 144. 부끄럽게 여김 145. 간곡히 청함 146. 종을 주조함 147. 가련하게 여겨 돌봄 148. 거두어 물러감 149. 仮 150. 双

제3회

1. 초계 2. 용빙 3. 탄망 4. 유오 5. 지교 6. 삽가 7. 등천 8. 도약 9. 응체 10. 도탄 11. 매료 12. 섬요 13. 벽항 14. 소술 15. 옹폐 16. 모소 17. 훼예 18. 엽조 19. 부주 20. 파루 21. 진구 22. 진망 23. 모질 24. 칠야 25. 교포 26. 혹사 27 초란 28. 탁선 29. 농조 30. 체천 31. 저억 32. 익혹 33. 울굴 34. 협만 35. 견련 36. 융화 37. 신후 38. 취탕 39. 비도 40. 조주 41. 둔경 42. 규찰 43. 유산 44. 타안 45. 활강 46. 저울대형 47. 아이밸태 48. 업신여길멸 49. 두려워할포 50. 헛보일환 51. 일대 52. 드릴정 53. 끌랍 54. 잡을파 55. 슬퍼할도 56. 모질학 57. 잡을체 58. 꿰멜봉 59. 굴대축 60. 띠신 61. 섭섭할감 62. 치우칠편 63. 드리울수 64. 이끌야 65. 문지를마 66. 過程 67. 향찰 68. 吏讀 69. 口訣 70. 借用 71. 憂慮 72. 頻發 73. 適切 74. 講究 75. 遺物 76. 書庫 77. 表裏 78. 認識 79. 熱情 80. 大悟 81. 隱然 82. 排他的 83. 倒置形 84. 言衆 85. 豫想 86. 抽象化 87. 轉移 88. 繼承 89. 贊否 90. 經典 91. 薄明 92. 蔬菜 93. 尖端 94. 返還 95. 靈魂 96. 急速 97. 終尾 98. 損傷 99. 順逆 100. 賦拂 101. 釋敎 102. 弔喪 103. 秀傑 104. 堂狗 105. 克己復禮 106. 烏飛梨落 107. 指鹿爲馬 108. 進退維谷, 進退兩難 109. 破邪顯正 110. 孤掌 111. 空前 112. 相照 113. 花容 114. 無患 115. 滅裂 116. ① 117. ④ 118. ① 119. 濁 120. 鈍 121. 輕 122. 卑 123. 暑 124. 喜 125. 衰 126. 怠 127. 僞 128. 傲, 怠 129. 勵 130. 綱 131. 睡 132. 謹 133. 濯 134. 詠 135. 育 136. 傍聽 137. 聲勢 138. 糖度 139. 蒙死 140. 改裝 141. 广 142. 宀 143. 戈 144. 魚 145. 攵(攴) 146. 麦 147. 湿 148. 拡 149. 芸 150. 担

제4회

1. 면려 2. 호교 3. 분형 4. 환멸 5. 예맥 6. 기축 7. 체결 8. 태환 9. 부란 10. 탐닉 11. 처참 12. 농락 13. 해고 14. 삽화 15. 희롱 16. 면복 17. 뇌막 18. 기린 19. 기원 20. 초려 21. 흠모 22. 승규 23. 돈덕 24. 휘장 25. 공포 26. 이반 27. 간담 28. 오류 29. 난간 30. 황요 31. 행단 32. 요괴 33. 호발 34. 모순 35. 마취 36. 찰나 37. 준담 38. 유산 39. 융창 40. 돈목 41. 견도 42. 폄부 43. 절악 44. 부끄러울참 45. 도울보 46. 세놓을세 47. 던질포 48. 기울선 49. 궁벽할벽 50. 막을저 51. 빛날희 52. 거리낄애 53. 싫어할염 54. 배박 55. 문벌벌 56. 오동나무오 57. 녹을용 58. 으뜸패 59. 길쌈방 60. 목구멍후 61. 달아날추 62. 골짜기협 63. 뚫을찬 64. 시위현 65. 불땔취 66. 모자모 67 물을자 68. 부탁할 탁 69. 栗谷 70. 興盛 71. 漸次 72. 衰殘 73. 士禍 74. 斷念 75. 沒頭 76. 傾向 77. 훈구 78. 彈壓 79. 병합 80. 專橫 81. 貪官 82. 汚吏 83. 모멸 84. 혹독 85. 掠奪 86. 退溪 87. 莊重 88. 洞察 89. 傲慢 90. 嚴格 91. 簡潔 92. 苟且 93. 恥辱 94. 處罰 95. 憲法 96. 附與 97. 侵害 98. 裁判 99. 救濟 100. 逮捕 101. 拘置 102. 追放 103. ④ 104. ③ 105. ① 106. ② 107. ② 108. 柔弱 109. 獲得 110. 飽食 111. 非難 112. 和睦 113. 乾燥 114. 需要 115. 遲鈍 116. 拙劣 117. 削減 118. 空, 拳 119. 昏, 晨 120. 曲, 徑 121. 左, 顧 122. 相, 和 123. 矯, 殺 124. 歲, 松 125. 瓦, 雷 126. 俱(共), 天 127. 門, 畓 128. 鎭靜 129. 砲臺 130. 蓋覆 131. 誘致 132. 植栽 133. 얼굴생김새 134. 성과 요새 135. 별빛 136. 음력 초하룻날과 보름달 137. 깊숙히 가둠 138. ③ 139. ② 140. ⑦ 141. ① 142. ④ 143. 月(肉) 144. 丨 145. 刀(刂) 146. 鳥 147. 尸 148. 辞 149. 摂 150. 弃

제5회

1. 난숙 2. 정명 3. 양찰 4. 간곡 5. 간담 6. 소술 7. 연적 8. 준걸 9. 마굴 10. 무성 11. 초조 12. 비감 13. 총민 14. 섬세 15. 주류 16. 탐락 17. 규원 18. 기반 19. 애도 20. 나체 21. 자혜 22. 정기 23. 갈등 24. 봉대 25. 납치 26. 게재 27. 상권 28. 증정 29. 몰닉 30. 단련 31. 등록 32. 남획 33. 격려 34. 섭렵 35. 고용 36. 천예 37. 우롱 38. 오류 39. 팔일 40. 간과 41. 엉길응 42. 이끌야 43. 살구 44. 기울선 45. 못당 46. 세놓을세 47. 언덕강 48. 새집소 49. 허수아비괴 50. 오리압 51. 더부살이교 52. 고울연 53. 못담 54. 불꽃섭 55. 낚시조 56. 연주 57. 옹호 58. 매혹 59. 저해 60. 반출 61. 나 62. 마 63. 아 64. 타 65. 파 66 卓越 67. 開催 68. 企畫 69. 批判 70. 洪水 71. 稀少 72. 超過 73. 投資 74. 貢獻 75. 遲滯 76. 侵奪 77. 包含 78. 示威 79. 主導 80. 嫌疑 81. 拘束 82. 令狀 83. 棄却 84. 鑄造 85. 乙亥 86. 金屬 87. 印刷 88. 甲寅 89. 癸未 90. 挑戰 91. 豫防 92. 克服 93. 災殃 94. 我執 95. 傲慢 96. 偏頗 97. 誇飾 98. 顧慮 99. 恭敬 100. 踏襲 101. 封爵 102. 跳躍 103. 敦篤 104. 空欄 105. 鼓吹 106. 播遷 107. 亨通 108. 苦 109. 吸, 應 110. 雄 111. 假, 僞 112. 枯, 辱 113. 陳腐 114. 强硬 115. 建設 116. 疏遠 117. 平等 118. ② 119. ④ 120. ⑧ 121. ⑩ 122. ⑪ 123. 齒, 車 124. 魚, 辨 125. 朝, 暮 126. 指, 爲 127. 顔, 恥 128. 琴, 相 129. 編, 絕 130. 錢, 善 131. 妻, 獄 132. 抑, 弱 133. 오직홀로 134. 방자하게 행동함 135. 삼가하고 조심함 136. 보석같은것을 새기거나 쪼는 일 137. 막혀 방해가 됨 138. 終前 139. 賢君 140. 制止 141. 醜聞 142. 遺志 143. 木 144. 女 145. 行 146. 貝 147. 禾 148. 覌, 娊 149. 联 150. 竜

제6회

1. 배상 2. 섬세 3. 산하 4. 빙장 5. 조대 6. 서량 7. 농담 8. 관항 9. 벽항 10. 간태 11. 잠영 12. 차폐 13. 흠준 14. 패권 15. 예천 16. 돈목 17. 활강 18. 파산 19. 부연 20. 금슬 21. 혹서 22. 탐닉 23. 신장 24. 저지 25. 치미 26. 긍구 27. 서조 28. 방적 29. 탁마 30. 첩보 31. 모순 32. 알봉 33. 초계 34. 갱살 35. 항룡 36. 용원 37. 충적 38. 울적 39. 애도 40. 담약 41. 분주 42. 단성 43. 파종 44. 타당 45. 외포 46. 북두자루표 47. 추나라추 48. 학교상 49. 여울단 50. 자못파 51. 칼날인 52. 언덕강 53. 낳을만 54. 벼루연 55. 꽂을삽 56. 대바구니롱 57. 밝을성 58. 유황류 59. 슬퍼할처 60. 빛날희 61. 언덕고 62. 향풀운 63. 언덕치 64. 별이름묘 65. 옥선 66. 숫돌려 67. 물이름렴 68. 새집소 59. 올벼직 70. 멀요 71. 허수아비괴 72. 띠신 73. 周知 74. 山脈 75. 固有語 76. 절묘 77. 調和 78. 感覺語 79. 象徵語 80. 정밀 81. 결함 82. 概念 83. 귀 84. 구 85. 터질균 86. 상 87. 문서 88. 破壞 89. 恥辱 90. 崇仰 91. 拙稿 92. 排斥 93. 貸借 94. 債務 95. 沿岸 96. 卑 97. 勤 98. 醜 99. 深 100. 罰 101. 勝 102. 夕, 野 103. 添 104. 急 105. 當, 及 106. 超 107. 端, 銳 108. 餓 109. 詐 110. 客 111. 徒 112. 壓 113. 踐 114. 慢 115. 知, 識 116. 鬪狗 117. 轉禍 118. 盛衰 119. 擧案 120. 相燐 121. 換骨 122. 初志 123. 復禮 124. 塗炭 125. 塞源 126. ① 127. ④ 128. ① 129. ② 130. ③ 131. 邪鬼 132. 防腐 133. 眉睡 134. 審査 135. 運航 136. 浮遊 137. 謝過 138. 攻擊 139. 獄城 140. 逆命 141. 鳥 142. 阜 143. 隹 144. 頁 145. 貝 146. 歡 147. 獵 148. 麦 149. 哉 150. 塩

제7회

1. 조대 2. 은제 3. 훈계 4. 이갈 5. 경장 6. 장변 7. 보익 8. 붕단 9. 사미 10. 정상 11. 견제 12. 압운 13. 알색 14. 첨섬 15. 근역 16. 욕진 17. 반원 18. 응시 19. 묘수 20. 엽연 21. 정위 22. 채읍 23. 섭정 24. 신사 25. 면복 26. 행단 27. 첩보 28. 집록 29. 유윤 30. 남여 31. 절충 32. 난모 33. 벽로 34. 오류 35. 도직 36. 헌욱 37. 활강 38. 승삭 39. 반환 40. 조탁 41. 남은 42. 할부 43. 황조 44. 한찰 45. 복발 46. [24]紳士 47. [25]冕服 48. [26]杏壇 49. [32]暖帽 50. [34]誤謬 51. 북두자루 표 52. 물이름 회 53. 꿩 치 54. 성 장 55. 귀고리 이 56. 빛날 희 57. 바꿀/기쁠 태 58. 즐길 탐 59. 오줌 뇨 60. 펼 부 61. 꽂을 삽 62. 회화나무/느티나무 괴 63. 아낄 석 64. 곳집/노적가리 유 65. 빛날 욱 66. 밝을 병 67. 성 반 68. 탈 초 69. 절 찰 70. 클 석 71. 유황 류 72. 가릴 차 73. 으뜸 패 74. 높은집 방 75. 두꺼비 섬 76. 은나라 은 77. 밝을/쌍길 철 78. 交付 79. 强(強)硬 80. 栽培 81. 整齊 82. 朝飯 83. 親筆 84. 威脅 85. 參觀 86. 車窓 87. 逆旅 88. 産室 89. 主審 90. 比肩 91. 完拂 92. 美麗 93. 分擔 94. 踏査 95. 弓術 96. 放談 97. 巧拙 98. 香爐 99. 靜坐 100. 餘波 101. 貯藏 102. 文藝 103. 遙望 104. 權衡 105. 朔望 106. 恩賜 107. 策動 108. 玉,山 109. 遠,福 110. 幽谷 111. 青,於 112. 興,差 113. 昏,晨 114. 茶,飯 115. 足,及 116. 身,名 117. 田,鬪 118. 哀 119. 迎 120. 吸 121. 姑 122. 當 123. 需 124. 攻 125. 勝 126. 勞 127. 卑 128. 末 129. 監 130. 穴 131. 丘 132. 安,寧 133. 移替 134. 招待 135. 畫(畵)廊 136. 芳香 137. 厚謝 138. 곰쓸개 139. 얼음지치기 140. 한데 141. 나비 142. 틀 143. 塩 144. 窃 145. 県 146. 隹 147. 尸 148. 内 149. 癶 150. 干

제8회

1. 사면 2. 윤허 3. 함대 4. 순박 5. 노예 6. 야기 7. 첩보 8. 밀정 9. 의뢰 10. 삽화 11. 부연 12. 모순 13. 난간 14. 균열 15. 흡연 16. 공포 17. 운반 18. 피랍 19. 소란 20. 총민 21. 명석 22. 체결 23. 섬유 24. 합천 25. 조대 26. 벌열 27. 화목 28. 갱도 29. 장호 30. 양산 31. 정철 32. 참괴 33. 능엄 34. 농락 35. 환멸 36. 은행 37. 진료 38. 타당 39. 편집 40. 증식 41. 번복 42. 정돈 43. 고용 44. 형향 45. 예맥 46. 주검 시 47. 가지 가 48. 빛날 란 49. 헤아릴 규 50. 바리때 발 51. 찰 축 52. 낱 매 53. 이 자 54. 수레 여 55. 빛날 빈 56. 막을 알 57. 도타울 돈 58. 잔치 연 59. 즐길 탐 60. 암컷 자 61. 질그릇 견 62. 오동나무 오 63. 조상할 조 64. 모형 형 65. 언덕 고 66. 물맑을 식 67. 모을 종 68. 나 여 69. 태풍 태 70. 숫돌 려 71. 터 지 72. 허수아비 괴 73. 互換 74. 錯誤 75. 遲延 76. 濫獲 77. 枯渴 78. 汚染 79. 監督 80. 怠慢 81. 姻戚 82. 抱擁 83. 席卷 84. 榮譽 85. 跳躍 86. 崩壞 87. 搜索 88. 難航 89. 埋沒 90. 鑛夫 91. 歸還 92. 敦篤 93. 同僚愛 94. 威脅 95. 均衡 96. 攝取 97. 奬勵 98. 頻繁 99. 廢棄 100. 嫌疑 101. 捕捉 102. 押送 103. ② 腎臟 104. ① 攻擊 105. ③ 讚辭 106. ③ 港灣 107. ④ 啓蒙 108. 需 109. 緯 110. 劣 111. 抑 112. 緩 113. 微視 114. 模倣 115. 凝固 116. 偏頗 117. 拙作 118. 不,及 119. 坐,井 120. 耕 121. 暮 122. 緣,魚 123. 梁,上 124. 顧 125. 脣 126. 矯,角 127. 阿 128. 牽 129. 琴 130. 慘 131. 愼 132. 漫 133. 機智 134. 茫漠 135. 誇張 136. 詐欺 137. 鼓吹 138. 제 마음대로 함 139. 아이를 낳음 140. 굶주림 141. 쓰개(모자)를 벗음 142. 갈림길 143. 巖 144. 寿 145. 窃 146. 山 147. 火 / 灬 148. 巛 149. 亠 150. 老

제9회

1. 창립 2. 학회지 3. 강연회 4. 근저 5. 보완 6. 일환 7. 후원 8. 고취 9. 확산 10. 변별 11. 자원 12. 필연적 13. 유념 14. 야비 15. 향유 16. 재화 17. 주지 18. 경쟁 19. 부존 20. 열악 21. 상황 22. 요소 23. 번체자 24. 간체자 25. 경우 26. 절반 27. 대장부 28. 준국자 29. 도외시 30. 고집 31. 기피 32. 이두 33. 향찰 34. 차자표기법 35. 영향 36. 관직 37. 개칭 38. 계보 39. 신조어 40. 양산 41. 전란 42. 파괴 43. 변혁 44. 소멸 45. 폐기 46. 物質的 47. 潤澤 48. 餘裕 49. 依支 50. 初期 51. 原始(元始) 52. 段階 53. 鷗使 54. 廣漠 55. 進展 56. 想像 57. 範圍 58. 細分 59. 慾求(欲求) 60. 試圖 61. 限定的 62. 濫用 63. 所重 64. 誇示 65. 短點 66 遂行 67. 絶妙 68. 調和 69. 情緖 70. 充實 71. 祝福 72. 災殃 73. 生動感 74. 領域 75. 衝突 76.~80. (1)創立 (3)講演會 (5)補完 (7)後援 (10)辨別 (14)野卑 81. 주릴아 82. 불릴식 83. 드릴정 84. 잡을병 85. 뚫을찬 86. 어두울 명 87. 온당할 타 88. 샐루 89. 치우칠편 90. 집터대 91. 골짜기협 92. 빠질닉 93. 따를호 94. 길(지름길)경 95. 던질포 96. 짙을농 97. 토할토 98. 벼도 99. 옻칠 100. 대바구니롱 101. 아뢸주 102. 아득할망 103. 답답할울 104. 문벌벌 105. 상서서 106. 마땅의 107. 버금중 108. 彳 109. 夕 110. 木 111. 舟 112. 皿 113. 騷人114. 甘來 115. 桑田 116. 紅裳 117. 畵蛇 118. 小貪 119. 憂患 120. 堂狗 121. 鷄卵 122. 難鳴 123. 迎 124. 首(頭) 125. 辱 126. 勤 127. 橫 128. 深 129. 降 130. 貸 131. 縮 132. 緩 133. 虛 134. 船 135. 欺 136. 抑 137. 篤 138. 防寒 139. 荒地 140. 奪取 141.哭聲 142. 傾斜 143. 肅肅 144.塩 145. 鉱 146. 여름의 몹시 더운 날씨 147. 집을 옮겨 삶 148. 죽음 149. 업신여겨 깔봄 150. 구리로 만든 거울

제10회

1. 잠시 2. 정벌 3. 연상 4. 인연 5. 체결 6. 손실 7. 노변 8. 첨단 9. 비결 10. 송백 11. 상서 12. 초계 13. 규중 14. 울분 15. 섬세 16. 찰나 17. 우려 18. 혹독 19. 황폐 20. 함축 21. 취지 22. 맹방 23. 착오 24. 왜곡 25. 피랍 26. 요순 27. 포착 28. 대치 29. 답습 30. 심방 31. 시사 32. 계축 33. 연찬 34. 차양 35. 건조 36. 배상 37. 매장 38. 소각 39. 향락 40. 형향 41. 사면 42. 붕괴 43. 일민 44. 흘연 45. 경장 46. 찾을(멱) 47. 품팔(고) 48. 베낄(등) 49. 괘이름(간) 50. 돋울(도) 51. 기(정) 52. 막힐(질) 53. 숫돌(려) 54. 던질(포) 55.성(姓)/보리(모) 56. 바를(동) 57. 굳셀(환) 58. 물을(자) 59. 언덕(강) 60. 밝을/쌍길(철) 61. 구슬(선) 62. 굳셀(강) 63. 도울(익) 64. 독(옹) 65. 아름다운돌(민) 66. 불릴(식) 67. 학교(상) 68. 엄숙할(숙) 59. 달아날(추) 70. 노끈(승) 71. 우편(우) 72. 나비(접) 73. ①童話 74. ③進退 75. ①海峽 76. ②寶物 77. ③著名 78. 銳利 79. 港口 80. 充滿 81. 理致 82. 武器 83. 疏通 84. 儉素 85. 根幹 86. 誘惑 87. 記憶 88. 象徵 89. 軟弱 90. 解氷 91. 日常 92. 演出 93. 整地 94. 主宰 95. 儀軌 96. 捕食 97. 汚辱 98. 神靈 99. 樣式 100. 殉國 101. 斷腸 102. 約束 103. 懇切 104. 破片 105. 觸覺 106. 心臟 107. 養成 108. 蓋 109. 漫 110. 固 111. 追 112. 引 113. 削 114. 降 115. 婢 116. 縮 117. 裏 118. 隆起 119. 歲暮 120. 鎭靜 121. 急激 122. 放任 123. 搖 124. 腹 125. 狗 126. 丈127. 應128. 卿 129. 呼 130. 虛 131. 若 132. 顧 133. 華商 134. 紀元 135. 否定 136. 議事 137. 假裝 138. 隶 139. 麻 140. 网(罒) 141. 冂 142. 甘 143. 抛 144. 払 145.塩 146. 매우 짧은 시간 147. 기이하고 묘함 148. 기운이 다 빠져 없어짐 149. 음력 초하루와 보름 150. 몰래 활동함

절 취 선

사단법인 한국어문회·한국한자능력검정회 □□□

수험번호 □□□□ – □□ – □□□□ 성 명 □□□□□

주민등록번호 □□□□□□ – □□□□□□□ ※ 유성 사인펜, 연필, 붉은색 필기구 사용 불가.

※ 답안지는 컴퓨터로 처리되므로 구기거나 더럽히지 마시고, 정답 칸 안에만 쓰십시오.
글씨가 채점란으로 들어오면 오답처리가 됩니다.

전국한자능력검정시험 2급 모의고사 답안지(1)

답 안 란		채점란		답 안 란		채점란		답 안 란		채점란	
번호	정 답	1검	2검	번호	정 답	1검	2검	번호	정 답	1검	2검
1				24				47			
2				25				48			
3				26				49			
4				27				50			
5				28				51			
6				29				52			
7				30				53			
8				31				54			
9				32				55			
10				33				56			
11				34				57			
12				35				58			
13				36				59			
14				37				60			
15				38				61			
16				39				62			
17				40				63			
18				41				64			
19				42				65			
20				43				66			
21				44				67			
22				45				68			
23				46				69			

감 독 위 원	채점위원(1)		채점위원(2)		채점위원(3)	
(서명)	(득점)	(서명)	(득점)	(서명)	(득점)	(서명)

※ 뒷면으로 이어짐 ↓

사단법인 한국어문회·한국한자능력검정회

※ 답안지는 컴퓨터로 처리되므로 구기거나 더럽히지 않도록 조심하시고 글씨를 칸 안에 정확히 쓰세요.

전국한자능력검정시험 2급 모의고사 답안지(2)

답 안 란		채점란		답 안 란		채점란		답 안 란		채점란	
번호	정 답	1검	2검	번호	정 답	1검	2검	번호	정 답	1검	2검
70				97				124			
71				98				125			
72				99				126			
73				100				127			
74				101				128			
75				102				129			
76				103				130			
77				104				131			
78				105				132			
79				106				133			
80				107				134			
81				108				135			
82				109				136			
83				110				137			
84				111				138			
85				112				139			
86				113				140			
87				114				141			
88				115				142			
89				116				143			
90				117				144			
91				118				145			
92				119				146			
93				120				147			
94				121				148			
95				122				149			
96				123				150			

절 취 선

사단법인 한국어문회·한국한자능력검정회

수험번호 □□□□ – □□ – □□□□ 성 명 □□□□□

주민등록번호 □□□□□□ – □□□□□□□

※ 유성 사인펜, 연필, 붉은색 필기구 사용 불가.

※ 답안지는 컴퓨터로 처리되므로 구기거나 더럽히지 마시고, 정답 칸 안에만 쓰십시오.
글씨가 채점란으로 들어오면 오답처리가 됩니다.

전국한자능력검정시험 2급 모의고사 답안지(1)

답안란		채점란		답안란		채점란		답안란		채점란	
번호	정답	1검	2검	번호	정답	1검	2검	번호	정답	1검	2검
1				24				47			
2				25				48			
3				26				49			
4				27				50			
5				28				51			
6				29				52			
7				30				53			
8				31				54			
9				32				55			
10				33				56			
11				34				57			
12				35				58			
13				36				59			
14				37				60			
15				38				61			
16				39				62			
17				40				63			
18				41				64			
19				42				65			
20				43				66			
21				44				67			
22				45				68			
23				46				69			

감독위원	채점위원(1)		채점위원(2)		채점위원(3)	
(서명)	(득점)	(서명)	(득점)	(서명)	(득점)	(서명)

※ 뒷면으로 이어짐 ↓

사단법인 한국어문회·한국한자능력검정회

※ 답안지는 컴퓨터로 처리되므로 구기거나 더럽히지 않도록 조심하시고 글씨를 칸 안에 정확히 쓰세요.

전국한자능력검정시험 2급 모의고사 답안지(2)

답안란		채점란		답안란		채점란		답안란		채점란	
번호	정답	1검	2검	번호	정답	1검	2검	번호	정답	1검	2검
70				97				124			
71				98				125			
72				99				126			
73				100				127			
74				101				128			
75				102				129			
76				103				130			
77				104				131			
78				105				132			
79				106				133			
80				107				134			
81				108				135			
82				109				136			
83				110				137			
84				111				138			
85				112				139			
86				113				140			
87				114				141			
88				115				142			
89				116				143			
90				117				144			
91				118				145			
92				119				146			
93				120				147			
94				121				148			
95				122				149			
96				123				150			

절 취 선

사단법인 한국어문회·한국한자능력검정회

수험번호 □□□□ - □□ - □□□□　　　성 명 □□□□□

주민등록번호 □□□□□□ - □□□□□□□　　　※ 유성 사인펜, 연필, 붉은색 필기구 사용 불가.

※ 답안지는 컴퓨터로 처리되므로 구기거나 더럽히지 마시고, 정답 칸 안에만 쓰십시오.
글씨가 채점란으로 들어오면 오답처리가 됩니다.

전국한자능력검정시험 2급 모의고사 답안지(1)

답 안 란		채점란		답 안 란		채점란		답 안 란		채점란	
번호	정 답	1검	2검	번호	정 답	1검	2검	번호	정 답	1검	2검
1				24				47			
2				25				48			
3				26				49			
4				27				50			
5				28				51			
6				29				52			
7				30				53			
8				31				54			
9				32				55			
10				33				56			
11				34				57			
12				35				58			
13				36				59			
14				37				60			
15				38				61			
16				39				62			
17				40				63			
18				41				64			
19				42				65			
20				43				66			
21				44				67			
22				45				68			
23				46				69			

감 독 위 원	채점위원(1)		채점위원(2)		채점위원(3)	
(서명)	(득점)	(서명)	(득점)	(서명)	(득점)	(서명)

※ 뒷면으로 이어짐 ↓

※ 답안지는 컴퓨터로 처리되므로 구기거나 더럽히지 않도록 조심하시고 글씨를 칸 안에 정확히 쓰세요.

전국한자능력검정시험 2급 모의고사 답안지(2)

답안란		채점란		답안란		채점란		답안란		채점란	
번호	정답	1검	2검	번호	정답	1검	2검	번호	정답	1검	2검
70				97				124			
71				98				125			
72				99				126			
73				100				127			
74				101				128			
75				102				129			
76				103				130			
77				104				131			
78				105				132			
79				106				133			
80				107				134			
81				108				135			
82				109				136			
83				110				137			
84				111				138			
85				112				139			
86				113				140			
87				114				141			
88				115				142			
89				116				143			
90				117				144			
91				118				145			
92				119				146			
93				120				147			
94				121				148			
95				122				149			
96				123				150			

절 취 선

■ 사단법인 한국어문회·한국한자능력검정회

수험번호 □□□□ – □□ – □□□□ 성 명 □□□□□

주민등록번호 □□□□□□ – □□□□□□□ ※ 유성 사인펜, 연필, 붉은색 필기구 사용 불가.

※ 답안지는 컴퓨터로 처리되므로 구기거나 더럽히지 마시고, 정답 칸 안에만 쓰십시오. 글씨가 채점란으로 들어오면 오답처리가 됩니다.

전국한자능력검정시험 2급 모의고사 답안지(1)

답안란		채점란		답안란		채점란		답안란		채점란	
번호	정답	1검	2검	번호	정답	1검	2검	번호	정답	1검	2검
1				24				47			
2				25				48			
3				26				49			
4				27				50			
5				28				51			
6				29				52			
7				30				53			
8				31				54			
9				32				55			
10				33				56			
11				34				57			
12				35				58			
13				36				59			
14				37				60			
15				38				61			
16				39				62			
17				40				63			
18				41				64			
19				42				65			
20				43				66			
21				44				67			
22				45				68			
23				46				69			

감독위원	채점위원(1)		채점위원(2)		채점위원(3)	
(서명)	(득점)	(서명)	(득점)	(서명)	(득점)	(서명)

※ 뒷면으로 이어짐 ↓

사단법인 한국어문회·한국한자능력검정회

※ 답안지는 컴퓨터로 처리되므로 구기거나 더럽히지 않도록 조심하시고 글씨를 칸 안에 정확히 쓰세요.

전국한자능력검정시험 2급 모의고사 답안지(2)

답안란		채점란		답안란		채점란		답안란		채점란	
번호	정답	1검	2검	번호	정답	1검	2검	번호	정답	1검	2검
70				97				124			
71				98				125			
72				99				126			
73				100				127			
74				101				128			
75				102				129			
76				103				130			
77				104				131			
78				105				132			
79				106				133			
80				107				134			
81				108				135			
82				109				136			
83				110				137			
84				111				138			
85				112				139			
86				113				140			
87				114				141			
88				115				142			
89				116				143			
90				117				144			
91				118				145			
92				119				146			
93				120				147			
94				121				148			
95				122				149			
96				123				150			

절 취 선

사단법인 한국어문회·한국한자능력검정회

수험번호 □□□□ - □□ - □□□□□ 성 명 □□□□□

주민등록번호 □□□□□□ - □□□□□□□ ※ 유성 사인펜, 연필, 붉은색 필기구 사용 불가.

※ 답안지는 컴퓨터로 처리되므로 구기거나 더럽히지 마시고, 정답 칸 안에만 쓰십시오.
글씨가 채점란으로 들어오면 오답처리가 됩니다.

전국한자능력검정시험 2급 모의고사 답안지(1)

답안란		채점란		답안란		채점란		답안란		채점란	
번호	정답	1검	2검	번호	정답	1검	2검	번호	정답	1검	2검
1				24				47			
2				25				48			
3				26				49			
4				27				50			
5				28				51			
6				29				52			
7				30				53			
8				31				54			
9				32				55			
10				33				56			
11				34				57			
12				35				58			
13				36				59			
14				37				60			
15				38				61			
16				39				62			
17				40				63			
18				41				64			
19				42				65			
20				43				66			
21				44				67			
22				45				68			
23				46				69			

감독위원	채점위원(1)		채점위원(2)		채점위원(3)	
(서명)	(득점)	(서명)	(득점)	(서명)	(득점)	(서명)

※ 뒷면으로 이어짐 ↓

※ 답안지는 컴퓨터로 처리되므로 구기거나 더럽히지 않도록 조심하시고 글씨를 칸 안에 정확히 쓰세요.

전국한자능력검정시험 2급 모의고사 답안지(2)

답안란		채점란		답안란		채점란		답안란		채점란	
번호	정답	1검	2검	번호	정답	1검	2검	번호	정답	1검	2검
70				97				124			
71				98				125			
72				99				126			
73				100				127			
74				101				128			
75				102				129			
76				103				130			
77				104				131			
78				105				132			
79				106				133			
80				107				134			
81				108				135			
82				109				136			
83				110				137			
84				111				138			
85				112				139			
86				113				140			
87				114				141			
88				115				142			
89				116				143			
90				117				144			
91				118				145			
92				119				146			
93				120				147			
94				121				148			
95				122				149			
96				123				150			

한자능력 검정시험 2급

특허 : 제10-0636034호
발명의 명칭 : 한자학습교재
발명특허권자 : 백 상 빈

2006년 6월 20일 초판발행
2009년 1월 5일 2판 발행
2011년 5월 10일 3판 발행
2014년 1월 1일 4판 발행
2017년 3월 1일 5판 발행
2018년 1월 1일 6판 발행
2020년 1월 1일 7판 발행
2024년 4월 1일 8판 발행

엮은이 백상빈 · 김금초
발행인 백상빈

주소 | 서울특별시 영등포구 도림동 283-5
전화 | (02) 843-1246

등록 | 제 05-04-0211

도서출판 능률원

定價 19,000원